# Da capo

## SEVENTH EDITION

**ANTONIO MORENA**
HARVARD UNIVERSITY

**DONATELLA MELUCCI**
GEORGE WASHINGTON UNIVERSITY

**ANNAMARIA MONETI**
SYRACUSE UNIVERSITY

**GRAZIANA LAZZARINO**
UNIVERSITY OF COLORADO AT BOULDER

HEINLE
CENGAGE Learning

Australia • Brazil • Japan • Korea • Mexico • Singapore • Spain • United Kingdom • United States

HEINLE
CENGAGE Learning™

**Da capo: Seventh Edition**
**Antonio Morena, Donatella Melucci,**
**Annamaria Moneti, Graziana Lazzarino**

Publisher: Beth Kramer

Executive Editor: Lara Semones

Associate Development Editor: Catharine
   Thomson

Assistant Editor: Katie Latour

Editorial Assistant: Maria Colina

Senior Media Editor: Philip Lanza

Marketing Manager: Mary Jo Prinaris

Marketing Coordinator: Janine Enos

Marketing Communications Manager:
   Stacey Purviance

Content Project Manager: Tiffany Kayes

Art Director: Linda Jurras

Print Buyer: Elizabeth Donaghey

Senior Rights Acquisition Account Manager:
   Katie Huha

Text Researcher: Veruska Cantelli

Production Service/Compositor:
   Pre-Press PMG

Text Designer: Carol Maglitta/
   One Visual Mind

Photo Manager: Deanna Ettinger

Photo Researcher: Bill Smith Image Group

Cover Designer: Curio Press, LLC

Cover Image: Giorgio Fochesato/istock.com

Library of Congress Control Number: 2009933130

ISBN-13: 978-1-4282-6274-4

ISBN-10: 1-4282-6274-1

**Heinle**
20 Channel Center Street
Boston, MA 02210-1202
USA

Cengage Learning is a leading provider of customized learning solutions
with office locations around the globe, including Singapore, the United
Kingdom, Australia, Mexico, Brazil, and Japan. Locate your local office
at: **international.cengage.com/region**

Cengage Learning products are represented in Canada by Nelson
Education, Ltd.

For your course and learning solutions, visit **www.cengage.com.**

Purchase any of our products at your local college store or at our
preferred online store **www.ichapters.com.**

Printed in the United States of America
2 3 4 5 13 12 11 10

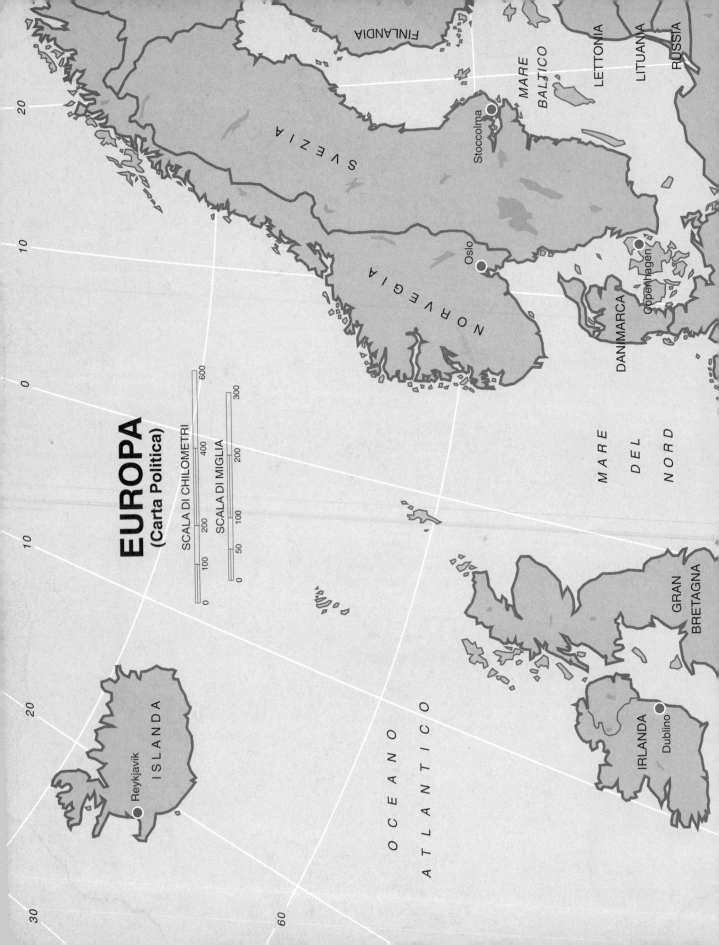

# EUROPA
### (Carta Politica)

SCALA DI CHILOMETRI

0 — 100 — 200 — 400 — 600

SCALA DI MIGLIA

0 — 50 — 100 — 200 — 300

FINLANDIA

SVEZIA

NORVEGIA

Stoccolma

Oslo

MARE BALTICO

LETTONIA

LITUANIA

RUSSIA

DANIMARCA

Copenhagen

MARE DEL NORD

GRAN BRETAGNA

IRLANDA

Dublino

ISLANDA

Reykjavik

OCEANO ATLANTICO

20

10

0

10

20

30

60

# PREFACE

Welcome to **Da capo**! This program will provide you with all the tools you need to make a smooth transition from introductory to intermediate competency in reading, writing, understanding, and speaking Italian. The clear, streamlined, yet comprehensive grammar presentations provide a solid review while introducing you to new concepts and grammar points, enabling you to express your ideas and opinions more effectively in Italian. **Da capo's** readings, both literary and contemporary, combined with the all-new song and video activities, provide you with interesting insight into Italian culture and bring it all to life. Below you will find an outline of how you can best make use of the textbook and Student Activities Manual, as well as a comprehensive list of all components of the program.

Buon divertimento!

 **DA CAPO ORGANIZATION AT A GLANCE**

| TEXTBOOK | DA CAPO STUDENT ACTIVITIES MANUAL (WORKBOOK AND LAB MANUAL) |
|---|---|
| *Per cominciare* | *Parole ed espressioni nuove* |
| ■ Introduction to chapter theme, vocabulary, and grammar through an opening dialogue | ■ Written and listening theme-based practice using new chapter vocabulary |
| ■ *Vocabolario utile*—chapter vocabulary | |
| ■ *Pratica* and *A voi la parola*—practice with vocabulary and expansion of chapter theme | *Cantiamo!* |
| ■ *Vivere in Italia*—brief cultural reading | ■ Continuation of song-based activities from the textbook (found in the Workbook section of the Student Activities Manual) |
| ■ *Cantiamo!*—introduction of song-based activities tied closely to the chapter theme | |
| *Struttura* | *Struttura* |
| ■ Presentation of grammar structures and related activities | ■ Written and listening practice using new grammar structures |
| *Lettura* | *Viaggio in Italia* |
| ■ Reading and exercises designed to illustrate the grammatical focus and enhance the cultural theme of the chapter | ■ Continuation of video-based activities from the textbook (found in the Lab Manual section of the Student Activities Manual) |
| ■ *Temi per componimento e discussione*—topics related to the chapter theme for extended discussion and/or composition | |
| ■ *Viaggio in Italia*—introduction of video-based activities for further exploration of the chapter theme | |

| TEXTBOOK | DA CAPO STUDENT ACTIVITIES MANUAL (WORKBOOK AND LAB MANUAL) |
|---|---|
| *Per cominciare* <br><br> ■ Conversation and idiomatic language activities include an introductory dialogue <br> ■ *Che cosa diciamo?* and *Situazioni*: communicative activities for in-class discussion <br><br> *Four-color photo insert* <br><br> ■ Sixteen page insert of photos inspired by the themes featured in the text and the new *Viaggio in Italia* video section | *Per cominciare* <br><br> ■ *Scriviamo e comunichiamo!*—guided writing exercises based on the *Per comunicare* section of the textbook |

## COMPONENTS OF THE SEVENTH EDITION

The Student Edition with Text Audio Program, which includes both the **Per cominciare** and **Per comunicare** dialogues.

- The newly revised Student Activities Manual, containing the Workbook and Lab Manual, provides opportunities for students to strengthen their skills through a variety of contextualized activities, thematically oriented song and video activities, and student-guided writing activities.

- The Lab Audio Program, available on CD and in MP3 format on the **Da capo** premium website, is designed to accompany the Laboratory Manual. Students must listen to the audio to complete the Lab Manual exercises.

The **Da capo** program has a premium website (**www.cengage.com/login**), which features the Text and Lab Audio Programs, and **Viaggio in Italia** video clips. Available on both the premium website and the companion website (**www.cengage.com/Italian/dacapo**) are an iTunes™ playlist of songs for the **Cantiamo!** activities, MP3-ready grammar tutorials, cultural activities and self-correcting grammar tutorials for each chapter of the book. The cultural exercises are web-based using authentic Italian sites. Students can respond to questions and guided writing activities using the website interface, and their work can then be submitted electronically to the instructor.

# ACKNOWLEDGMENTS

The authors would like to acknowledge the work of the many reviewers who have provided insightful comments and constructive criticism for improving this edition of *Da capo:*

## Reviewers

Silvia Abbiati, *Ithaca College*

Cristina Abbona-Sneider, *Brown University*

Evelina Badery Anderson, *University of Montana*

David P. Bénéteau, *Seton Hall*

Mary Ann Carolan, *Fairfield University*

Linda L. Carroll, *Tulane University*

Clarissa Clo, *San Diego State University*

Rosa Angela Commisso, *Kent State University*

Claudio Concin, *City College of San Fransisco*

Julia Cozzarelli, *Ithaca College*

Nanette Granuzzo, *Middlesex County College*

Lucia Hannau, *Purdue University*

Pamela Marcantonio, *University of Colorado at Boulder*

Gaetana Marrone, *Princeton University*

Cristina Mazzoni, *University of Vermont*

Mirta Pagnucci, *Northern Illinois University*

Augustus Pallotta, *Syracuse University*

Rosanne Perla, *East Syracuse Minoa High School*

Virginia Picchietti, *University of Scranton*

Gabriella Romani, *Seton Hall University*

Paola Servino, *Brandeis University*

Anne Urbancic, *University of Toronto*

A special and very heartfelt thanks goes to Julia Cozzarelli and Silvia Abbiati, who did an excellent job revising the Student Activities Manual with the textbook revisions in mind. They also wrote the **Cantiamo!** and **Viaggio in Italia** song and video activities. Additionally, we would like to express our gratitude to Julia Cozzarelli for her significant contributions to the reading presentations and associated activities in the Student Text.

Thanks also to the Heinle, Cengage Learning staff who have helped to bring out *Da capo,* **Seventh Edition**: Lara Semones, Executive Editor; Cat Thomson, Associate Development Editor; Katie Latour, Assistant Editor; David Naden, Media Editor; Tiffany Kayes, Content Project Manager. The assistance of the freelancers is also appreciated, in particular Antonella Giglio, native reader and copyeditor; Jenna Gray and Pre-Press PMG, project management; Veruska Cantelli, proofreader and text researcher; Cammy Richelli, indexer; and Melina Citino-Masterson of Melrose High School, for writing the cultural activities and grammar quizzes for the companion website. Thank you!

# INDICE

# DEDICATION

*Ad Alessandro, Francesca e Nicolò.*
*—D.M.*

# L'estate? È italiana.

Travelshots.com/Alamy

**In ferie.** Giovanna scrive all'amica Mirella e le racconta che cosa succede nella cittadina di Sabaudia.

---

Sabaudia, 10 luglio 2009

Carissima Mirella,

da tre giorni sono a Sabaudia, una cittadina a sud di Roma. Abito in una bella villa con giardino non lontano dal mare; l'affitto è molto caro, ma per fortuna non lo pago io. Sono qui con mia madre e mia sorella, papà deve lavorare e viene solo per il fine settimana. La mattina Ada ed io usciamo presto e andiamo al mare a piedi, qualche volta prendiamo la barca a vela o andiamo a pescare. La mamma viene più tardi in macchina.

A Sabaudia d'estate ci sono molte attività interessanti: concerti, mostre d'arte e piccoli festival di musica popolare, ed è facile incontrare musicisti, pittori, scrittori, cantanti e artisti di ogni genere.

Spesso la sera usciamo con i ragazzi che abitano nella casa accanto alla nostra e andiamo al cinema, in discoteca o a prendere il gelato al bar della piazza, dove spesso restiamo a chiacchierare fino a mezzanotte.

E tu cosa fai di bello?

Ciao. Ti lascio perché è molto tardi.

Cari saluti a tutti e a te un abbraccio.

*Giovanna*

---

## ■ Esercizi

**a.** *Completare le frasi con le parole o le espressioni opportune.*

1. La mattina Giovanna e sua sorella ___.
2. Quando hanno del tempo libero, gli abitanti di Sabaudia possono ___.
3. La sera le due ragazze ___.
4. I giovani di solito vanno ___.
5. Spesso passano la serata ___.
6. Il papà di Giovanna raggiunge la famiglia ___.

**b.** *Vero o falso?*

___ 1. Sabaudia è una grande città del Nord.
___ 2. Le ville in affitto per l'estate sono molto costose.
___ 3. A Sabaudia la gente va alla spiaggia.
___ 4. Non c'è nient'altro da fare.
___ 5. La mamma di Giovanna passa la giornata in giardino.

In latino «feriae» indica i giorni di riposo dal lavoro, e la tradizione continua in Italia dove le ferie sono il periodo di riposo a cui i lavoratori hanno diritto. La legge prevede ventisei giorni, esclusi i festivi, dopo un anno di servizio. Molti scelgono di distribuire le ferie in periodi di una o due settimane per volta da trascorrere svolgendo attività differenti a seconda della stagione.

Il periodo principale delle ferie è intorno a Ferragosto, cioè i giorni o le settimane prima e dopo il quindici del mese, quando la chiesa cattolica celebra la festa dell'Assunzione della Madonna *(Assumption Day)*. La festa moderna ricrea le «Feriae Augusti» istituite dall'imperatore romano Augusto come periodo di riposo alla fine del raccolto *(harvest)*. Per Ferragosto la Società Autostrade prevede *(foresees)* milioni e milioni di automobili in viaggio verso località di vacanza in montagna, al mare o in campagna. L'automobile è il mezzo di trasporto preferito dal 55% degli Italiani; il 25% sceglie il treno, il 19% l'aereo. Naturalmente in aereo viaggiano molti di quelli che vanno all'estero.

Non tutti partono, circa il 30% della popolazione resta a casa. Molti uffici e negozi sono «chiusi per ferie», c'è meno gente per le strade ma non mancano attività ricreative quali musica, teatri, mostre e, spesso, spettacoli e trattenimenti di vario genere all'aperto organizzati dal Comune.

Based in part on information from «Autostrade, un weekend di grande traffico». *Il Corriere della sera*, 25 luglio 2004.

## ■ Vocabolario utile

### Le vacanze

**il giorno festivo** holiday and/or day off
**il periodo di riposo** break/time off
**il giorno di lavoro** work day
**Ferragosto** Holiday: 15 August
**«Chiusi per ferie»** "Closed for vacation"

**la vacanza lampo** quick vacation
**il soggiorno breve** brief stay
**il «mordi e fuggi»** stop and go (vacation)
**la microvacanza** mini-vacation

**l'alta / bassa stagione** high/low season
**la tariffa** rate
**la meta, destinazione** destination
**la località di villeggiatura** holiday/vacation spot
**la città gettonata** a popular city
**l'esodo / il controesodo** massive departure/return (for/from vacation)
**il turismo «fai da te»** "do-it-yourself" tourism
**il turismo «tutto compreso»** "all inclusive" tourism
**il pacchetto vacanza** vacation package

### Come vai in vacanza?

**il volo *low cost*** low-cost flight
**la barca a vela** sailboat
**l'autobus** bus
**il treno** train
**l'auto** car
**la bicicletta** bicycle
**la moto** motorcycle
**il *camper*** camper

### Espressioni per parlare delle vacanze

**prendere le ferie dal lavoro** take time off
**distribuire le ferie** spread out vacation time
**prevedere** to forecast (the traffic, the weather)
**organizzarsi in anticipo** to organize oneself / plan ahead
**prendere in affitto una casa, un *camper*** rent a house, a camper, etc.
**\*partire all'avventura**[1] to depart with little planning
**trascorrere le ferie al mare, in campagna, in montagna, all'agriturismo** to spend vacation at the beach, countryside, in the mountains, at a farm

---

[1] In vocabulary lists in this text, an asterisk before a verb indicates that the verb requires **essere** in compound tenses.

*Espressioni da usare in vacanza*

\*andare in barca a vela to go sailing
\*andare a pescare to go fishing
\*andare a sciare to go skiing
 fare una crociera to go on a cruise
\*scendere in spiaggia to head down to the beach

\*uscire to go out
 vedere un film all'aperto to attend an open-air
  movie
 ascoltare musica all'aperto to attend an open-air
  concert
 frequentare il circolo to frequent the club
 visitare la mostra d'arte to visit an art exhibition
 fare una passeggiata to take a walk
\*essere iperattivi / pigri to be hyperactive / lazy

*Un ripasso*

trattare di *Il film tratta delle avventure di due
 giovani.*
\*trattarsi di *Il pilota ha detto che si tratta di un
 breve ritardo.*
 fermare *L'autista ferma l'autobus.*
\*fermarsi *Il treno si ferma a Firenze.*
\*permettersi *Non ho soldi e non posso
 permettermi di andare in vacanza.*
\*sbagliarsi *Mirko si è sbagliato con la data di
 partenza.*
 smettere di *Ha smesso di nevicare in montagna.*
 avere torto *Avevi torto! In Calabria non nevica
 d'estate!*

*to be wrong* [handwritten note]

circa *Il viaggio dura circa quattro ore.*
verso *L'aereo è partito verso Ibiza.*

di, su, a proposito di, riguardo a
about, concerning, regarding, on the subject of
*Chi ha letto l'articolo su Firenze?*
*A proposito di stasera, come ti vesti?*

*Un ripasso: Espressioni con avere*

avere ragione *Quanto traffico! Avevi ragione!*
… anni *Quanti anni hanno i tuoi fratelli?*
… bisogno di *Abbiamo bisogno di attraversare
 l'Adriatico.*
… caldo *Ho sempre caldo d'estate.*
… fame *Hai fame? Prendiamo un panino
 al chiosco.*
… freddo *Avete freddo? Siete stati in acqua per ore!*
… fretta *L'autista ha fretta perché deve arrivare
 in orario.*
… paura *Mara ha paura di andare in barca.*
… sete *Ho una sete …! Prendiamoci un'aranciata
 fredda.*
… sonno *Dopo tante ore di volo anch'io avrei
 sonno.*
… voglia di *Avete voglia di un caffè?*

## ■ Pratica

**a.** *Scegliere la parola che completa meglio la frase.*

1. Oggi non vado a lavorare. È un (giorno festivo / un soggiorno breve).
2. Firenze è una città (gettonata / «fai da te») con molti turisti.
3. Non ho tempo per pensare ad organizzare le mie vacanze. Preferisco (il pacchetto vacanza / l'esodo).
4. Luca è molto organizzato: (si organizza in anticipo / parte all'avventura).
5. Orsola corre ogni mattina: è (iperattiva / pigra).

**b.** *Domande.*

1. Descrivi la località di villeggiatura che preferisci.
2. Come vai di solito in vacanza?
3. Come organizzi le tue ferie?
4. Cosa fai durante il giorno mentre sei in vacanza?
5. E la sera? Quale attività preferisci?

## ■ A voi la parola

**a. Le ferie.** *In gruppi di due o tre, discutete le domande che seguono.*

1. Scambiate opinioni sulle vacanze della vostra famiglia rispetto alle ferie delle famiglie italiane. Considerate vantaggi e svantaggi, similitudini e differenze, possibili costi.
2. Quando siete in ferie (dalla scuola o dal lavoro) vi organizzate per le vacanze in anticipo o fate tutto all'ultimo momento e partite all'avventura? Preferite lunghi periodi di riposo o vi accontentate di una vacanza «mordi e fuggi»?

3. Dove andate in vacanza? Per quanto tempo? Con che mezzo di trasporto? Preferite i pacchetti-vacanza dove tutto è compreso o preferite il turismo «fai da te»? Avete dei criteri per scegliere le località di villeggiatura?
4. Immaginate di essere in vacanza e telefonate ad un amico/un'amica che all'ultimo momento ha avuto un imprevisto e non è potuto/a venire con voi; parlate della località, delle attività della giornata e dei nuovi amici.

Un'oasi di riposo e aria pulita. Avete un posto preferito, un rifugio tranquillo?

**b. L'agriturismo.** *Molte antiche aziende agricole sono ora centri di agriturismo. Offrono pensione (lodging with meals) in casali ristrutturati (refurbished farmhouses), aria pulita, cibi sani ed ecologici. La scelta del trattamento permette di organizzare le giornate in modi diversi. Gli ospiti possono riposarsi, fare passeggiate nella proprietà o visitare le località vicine. I bambini dispongono di ampi spazi per giocare. Esamina l'annuncio sull'agriturismo e rispondi alle domande che seguono.*

> **AGRITURISMO LA PIEVE**
> Azienda agricola biologica in provincia di Perugia a pochi chilometri da Spoleto.
> Trattamento: bed and breakfast/mezza pensione/ pensione completa.
> Tipo di sistemazione: camere con bagno.
> Prezzo pensione completa: 280 euro la settimana a persona.
> Telefono: (0743)57.783
> clarab@caspur.it

1. Ti sembra una buona idea passare un periodo di vacanze in campagna presso un'azienda agricola? Perché sì? Perché no?
2. Ti sembra conveniente il costo della pensione completa? Sì? No? Perché?
3. Immagina di essere alla Pieve. Cosa pensi di fare oggi?
4. Perché, secondo te, l'annuncio pubblicitario menziona Perugia e Spoleto?
5. Che tipo di vacanze puoi fare tu per divertirti spendendo poco?

## 🌐 CANTIAMO! | Lùnapop – *50 Special*

Questo Capitolo è dedicato alle vacanze! Spesso in estate una canzone diventa particolarmente famosa e nella nostra memoria viene associata con quel periodo. «50 Special» è una canzone che riporta i giovani italiani all'estate del 1999. Per ascoltarla, vai al sito web **www.cengage.com/ login** (clicca sul «iTunes playlist»). Puoi trovare altre informazioni ed attività su questa canzone alla fine del Capitolo 1 del *Lab Manual* (nel *Student Activities Manual*) che accompagna questo libro.

## STRUTTURA

### I. Indicativo presente

#### Verbi regolari

**A.** Italian verbs are divided into three conjugations according to their infinitive endings:

- First-conjugation verbs end in **-are** (characteristic vowel **-a-**): **amare** *(to love)*.
- Second-conjugation verbs end in **-ere** (characteristic vowel **-e-**): **credere** *(to believe)*.
- Third-conjugation verbs end in **-ire** (characteristic vowel **-i-**): **finire** *(to finish)*.

To form the **indicativo presente** *(present indicative)*, drop the infinitive endings **-are, -ere, -ire** and add the appropriate endings to the stems (**am-, cred-, fin-**).

|  | AMARE | CREDERE | FINIRE | PARTIRE |
|---|---|---|---|---|
| **Singular** | | | | |
| 1st person | am**o** | cred**o** | fin**isco** | part**o** |
| 2nd person | am**i** | cred**i** | fin**isci** | part**i** |
| 3rd person | am**a** | cred**e** | fin**isce** | part**e** |
| **Plural** | | | | |
| 1st person | am**iamo** | cred**iamo** | fin**iamo** | part**iamo** |
| 2nd person | am**ate** | cred**ete** | fin**ite** | part**ite** |
| 3rd person | **a**m**ano** | cr**e**d**ono** | fin**iscono** | p**a**rt**ono** |

1. In the present tense, **-ire** verbs fall into two groups:
   - Verbs requiring that **-isc-** be inserted between the stem and the endings, except in the first- and second-persons plural. (See the conjugation of **finire,** above.) These are the majority of **-ire** verbs.
   - Verbs not requiring the insertion of **-isc-**. (See the conjugation of **partire,** above.)

2. Following is a list of the most common verbs conjugated without **-isc-**:

| | | | |
|---|---|---|---|
| aprire *to open* | apr**o** | *partire *to leave, depart* | part**o** |
| avvertire *to inform, warn* | avvert**o** | scoprire *to discover* | scopr**o** |
| coprire *to cover* | copr**o** | seguire *to follow* | segu**o** |
| divertire *to amuse* | divert**o** | sentire *to hear, feel* | sent**o** |
| dormire *to sleep* | dorm**o** | servire *to serve* | serv**o** |
| *fuggire *to flee* | fugg**o** | soffrire *to suffer* | soffr**o** |
| offrire *to offer* | offr**o** | vestire *to dress* | vest**o** |

3. The list below instead contains some common verbs with **-isc-** like *finire*:

| | | | |
|---|---|---|---|
| capire *to understand* | cap**isco** | preferire *to prefer* | *prefer**isco*** |
| costruire *to build* | costru**isco** | pulire *to clean* | *pul**isco*** |

**B.** Certain verbs require spelling changes in the present indicative.

1. Verbs ending in **-care** and **-gare**, such as **cercare** *(to look for)* and **pagare** *(to pay)*, add **-h-** between the stem and endings that begin with **-i-** (second-person singular and first-person plural) in order to retain the original sound of the stem (hard **c** or **g**).

   cerc-o, cerc-**h**-i, cerc-**h**-iamo
   pag-o, pag-**h**-i, pag-**h**-iamo

2. Verbs ending in **-ciare**, **-giare**, and **-sciare**, such as **incominciare** *(to begin)*, **mangiare** *(to eat)*, and **lasciare** *(to leave)*, drop the **-i-** of the stem when the verb ending begins with **-i-** (second-person singular and first-person plural).

   incominci-o, incominc-**i**, incominc-**iamo**
   mangi-o, mang-**i**, mang-**iamo**
   lasci-o, lasc-**i**, lasc-**iamo**

3. Verbs ending in **-gliare**, such as **sbagliare** *(to be mistaken)*, also drop the **-i-** of the stem in the same two cases.

   sbagli-o, sbagl-**i**, sbagl-**iamo**

4. Verbs ending in **-iare**, such as **studiare** *(to study)* and **inviare** *(to send)*, drop the **-i-** of the stem in the second-person singular only if the **-i-** is not stressed in the first person singular.

   studio, stud-**i**
   invio, invi-**i**

## Uso dell'indicativo presente

**A.** The **indicativo presente** corresponds to three forms in English:

**lavoro**  { *I work*
            { *I am working*
            { *I do work*

The **indicativo presente** is also used to express an action in the future that is considered certain. There are usually other words in the sentence that indicate a future time.

Arrivano **fra un'ora.**
*They'll arrive in an hour.*

Quest'estate studio in Inghilterra.
*This summer I'll be studying in England.*

**B.** The **indicativo presente** accompanied by **da** + *a time expression* indicates an action or state that began in the past and continues in the present; that is, it indicates for how long or since when something has been going on. **Da** expresses both *for* and *since*. English uses the present perfect tense *(I have worked, I have been working)* to express this idea.

**da quanto tempo** + *presente* + *?*
*presente* + **da** + *time expression*

—Da quanto tempo lavori?
   *How long have you been working?*

—Lavoro da due mesi.
   *I have been working two months.*

—Da quanto tempo conosci Laura?
   *How long have you known Laura?*

—Conosco Laura da un anno.
   *I have known Laura for a year.*

—Da quanto tempo non andate in ferie?
   *How long has it been since you have not taken a vacation?*

—Non andiamo in ferie dal 2003.
   *We have not taken a vacation since 2003.*

—Attenzione, arrivano le formiche.

Alternative ways of expressing the same idea are:

**quanto tempo è che** + *presente* + *?*

**è** + *time expression in the singular*
**sono** + *time expression in the plural* } + **che** + *presente*

or

**è** + **da** + *time expression (singular or plural)* + **che** + *presente*

—Quanto tempo è che lavori?
 *How long have you been working?*

—Quanto tempo è che conosci Laura?
 *How long have you known Laura?*

—Quanto tempo è che non giocate a tennis?
 *How long has it been since you last played tennis?*

—Sono due mesi che lavoro.
—È da due mesi che lavoro.
 *I have been working two months.*

—È un anno che conosco Laura.
—È da un anno che conosco Laura.
 *I have known Laura for a year.*

—È da giugno che non giochiamo a tennis.
 *We haven't played tennis since June.*

## ■ Esercizi

**a.** *Trasformare le frasi sostituendo il soggetto fra parentesi.*

1. I signori Borzini non ricordano nulla. (papà, io e Luca)
2. Tu e Paolo non studiate e perdete tempo. (Angela, io e Vittorio)
3. Io non cucino e non pulisco mai il frigo. (voi due, Diana e Marcello)
4. Gianni quando incomincia una cosa la finisce. (io, voi)
5. Il treno parte la sera e arriva la mattina. (gli aerei per l'Italia, noi)
6. Filippo dipinge quadri astratti e suona il violoncello. (io, tu e Silvia)

**b.** *Rispondere alle domande usando le espressioni utili indicate.*

ESEMPIO    Luca passa sempre le serate al bar. E tuo marito?
**Lui invece passa sempre le serate a casa.**

| anch'io | anche noi | neanch'io | neanche lui | io non |
|---------|-----------|-----------|-------------|--------|
| lui invece | mai | sempre | domani | |

1. Maria segue un corso di sci quest'inverno. E tu?
2. Riccardo oggi paga l'affitto della barca. E noi?
3. I vostri genitori passano le vacanze al mare. E voi ragazzi?
4. Io e Giorgio non finiamo mai i libri noiosi. E tu?
5. Loro visitano la mostra d'arte. E voi?
6. Io parto per una vacanza all'avventura questa settimana. E tu e Gabriella?
7. I ragazzi in Italia incominciano l'università ad ottobre. E noi?
8. Io e Pia partiamo in macchina. E Marisa?

**c.** *Esprimere le seguenti frasi in un altro modo.*

ESEMPIO    Vive in America da molti anni.
**Sono molti anni che vive in America.**

1. Conosciamo quella ragazza da molti mesi.
2. È molto tempo che non prendiamo una casa al mare.
3. Da quanto tempo aspettate il treno?
4. Sono tre notti che vanno al cinema all'aperto.
5. Non vado a prendere un gelato da Ferragosto.
6. È scesa in spiaggia da mezz'ora.

**d.** *Fare le domande mancanti.*

ESEMPIO    Non la vedo da luglio.
**Da quanto tempo non la vedi?**

1. Sono quattro ore che aspettiamo alla fermata e siamo stanchi.
2. È tanto tempo che non faccio una crociera!
3. Gianni ed io andiamo in ferie in una località molto gettonata.
4. Sono anni che i Di Mauro possono solo permettersi una vacanza «mordi e fuggi».

**e.** *Lavorando in coppia, fai a un compagno / una compagna le domande che seguono. Lui / Lei risponde e fa domande a sua volta. Domanda…*

1. da quanto tempo prende in affitto questa barca.
2. da quando è in ferie.
3. da quanto tempo frequenta il circolo d'arte.
4. cosa fa questa sera.
5. se prevede molto traffico durante l'esodo estivo.
6. se vuole venire con te al chiosco in spiaggia.
7. con quale mezzo e a che ora potete andare.
8. se dopo lo spettacolo c'è tempo per andare in quella discoteca supergettonata.

## Verbi irregolari

**A.** Two of the most important irregular verbs in the Italian language are **avere** *(to have)* and **essere** *(to be)*.[1]

| AVERE | | ESSERE | |
|---|---|---|---|
| ho | abbiamo | sono | siamo |
| hai | avete | sei | siete |
| ha | hanno | è | sono |

**B.** There are only four irregular verbs in the first conjugation: **andare** *(to go)*, **dare** *(to give)*, **fare** *(to do, to make)*, and **stare** *(to stay)*.

| ANDARE | DARE | FARE | STARE |
|---|---|---|---|
| vado | do | faccio | sto |
| vai | dai | fai | stai |
| va | dà | fa | sta |
| andiamo | diamo | facciamo | stiamo |
| andate | date | fate | state |
| vanno | danno | fanno | stanno |

**C.** Most irregular verbs belong to either the second or the third conjugation. There is no easy way to learn irregular verbs: they must be memorized. Some of them exhibit shared patterns.

| RIMANERE *to stay, remain* | SALIRE *to go up* | TENERE *to keep* | VENIRE *to come* |
|---|---|---|---|
| rimango | salgo | tengo | vengo |
| rimani | sali | tieni | vieni |
| rimane | sale | tiene | viene |
| rimaniamo | saliamo | teniamo | veniamo |
| rimanete | salite | tenete | venite |
| rimangono | salgono | tengono | vengono |

Note that the first-person singular and third-person plural add **-g-** to the stem.

| BERE *to drink* | TRADURRE *to translate* | DIRE *to say, tell* |
|---|---|---|
| bevo | traduco | dico |
| bevi | traduci | dici |
| beve | traduce | dice |
| beviamo | traduciamo | diciamo |
| bevete | traducete | dite |
| bevono | traducono | dicono |

These verbs use the Latin stems **bev-**, **dic-**, and **traduc-** plus the regular endings of the second and third conjugations. The one exception is **dite**.

---

[1] For a list of idiomatic expressions using the verb **avere**, see p. 4.

| SAPERE *to know* | MORIRE *to die* | USCIRE *to go out* |
|---|---|---|
| so | muoio | esco |
| sai | muori | esci |
| sa | muore | esce |
| sappiamo | moriamo | usciamo |
| sapete | morite | uscite |
| sanno | muoiono | escono |

Note that **sapere** follows the general pattern of first-conjugation irregular verbs.

**D.** Three frequently used verbs of the second conjugation are **dovere, potere,** and **volere.** Usually these verbs are followed by an infinitive.

| DOVERE *to have to, must* | POTERE *to be able, can, may* | VOLERE *to want* |
|---|---|---|
| devo/debbo | posso | voglio |
| devi | puoi | vuoi |
| deve | può | vuole |
| dobbiamo | possiamo | vogliamo |
| dovete | potete | volete |
| devono/debbono | possono | vogliono |

Non devi ridere quando sbaglio.
*You mustn't laugh when I make a mistake.*

Sono tristi perché non possono andare in ferie.
*They're unhappy because they cannot go on vacation.*

Luigino non vuole studiare. Vuole uscire!
*Luigino doesn't want to study. He wants to go out!*

## ■ Esercizi

**a. I sedici anni di Pietro.** *Completare il paragrafo scegliendo una forma di* **avere** *o* **essere.**

Paolo e Pietro ___hanno___ in casa e aspettano i loro amici. Oggi ___è___ il loro compleanno. Compiono sedici anni, _____ gemelli (*twins*). In casa c'_____ aria di festa. Ci _____ tante cose da mangiare e Paolo _____ una gran voglia di assaggiare (*taste*) tutto. Pietro invece _____ preoccupato, _____ paura di non _____ abbastanza simpatico, di non _____ successo con le ragazze. Pietro _____ innamorato di Patrizia, ma lei non _____ nessuna intenzione di _____ il ragazzo. «Tu, Patrizia, _____ ragione» dice la mamma, «voi ragazzi _____ giovani e _____ tanto tempo davanti a voi!» Ma Pietro non _____ d'accordo. Gli adulti _____ strane idee sui giovani. _____ chiaro che non capiscono niente!

**b.** *Formare frasi di senso compiuto con i soggetti e le parole indicate.*

1. tu / cosa dire // quando / vedere un amico?
2. noi / non / promettere niente // venire / se / potere
3. loro / non salire // scendere
4. Gina e Aldo / sapere // che / essere tanto simpatici?
5. gli Italiani / dare del tu alle persone // che / conoscere bene
6. voi / non dovere dare una risposta // se / non essere pronti
7. papà e mamma / non partire più // rimanere in Italia
8. tu e Maria / non potere fare l'esame // se / stare male

**c. Anche noi.** *Marina e le sue compagne di stanza scoprono di avere molte cose in comune. Seguire l'esempio usando soggetti diversi.*

ESEMPIO    MARINA:    Io bevo solo acqua.
            ELENA:    **Anch'io e Antonella beviamo solo acqua.**

1. rimanere a casa la domenica sera
2. fare la spesa spesso
3. non potere spendere tanti soldi
4. volere studiare in spiaggia
5. dovere lavorare part-time
6. non sapere dov'è l'ombrellone
7. uscire con altri ragazzi

**d. Storie italiane.** *Completare le seguenti frasi con la forma corretta del presente indicativo dell'infinito fra parentesi.*

1. Io e Silvia _____ (abitare) insieme. _____ (dividere) un appartamento di tre stanze e _____ (andare) molto d'accordo. Io _____
(lavorare) part-time; lei _____ (studiare): _____ (fare) il primo anno
di Lettere. La sera, quando lei _____ (finire) di studiare, noi _____
(giocare) a carte, _____ (chiacchierare), _____ (sentire) dischi. Poi
_____ (andare) a dormire. La mattina, mentre Silvia ancora _____
(dormire), io _____ (uscire) a fare la spesa, _____ (mettere) in ordine
la casa, poi _____ (andare) in ufficio. Quasi sempre _____ (mangiare) insieme. _____ (essere) buone amiche.

2. Il protagonista del romanzo, Silvestro, _____ (avere) trent'anni,
_____ (vivere) e _____ (lavorare) a Milano e da quindici anni
non _____ (vedere) la Sicilia, dove è nato e dove _____ (vivere)
ancora sua madre. _____ (essere) gli anni del fascismo e della guerra. Un
giorno Silvestro _____ (ricevere) una lettera del padre, da Venezia, che gli
_____ (chiedere) di andare in Sicilia, a trovare la madre per l'onomastico di lei
*(her Saint's day)*. Silvestro non _____ (prendere) subito la decisione di partire, ma
_____ (essere) quasi costretto a farlo: _____ (andare) alla stazione
per impostare una cartolina di auguri alla madre, ma qui _____ (vedere) un cartellone che _____ (invitare) a visitare la Sicilia e _____ (offrire) uno
sconto sul biglietto di andata e ritorno. Ma soprattutto _____ (sentire) una specie
di richiamo magico per la sua terra natale. Silvestro _____ (seguire) quel richiamo
e _____ (salire) sul treno diretto in Sicilia.

**e. Parliamo un po'.** *Lavorando in coppia, fai a un compagno / una compagna le domande che seguono. Lui / Lei risponde e fa domande a sua volta. Domanda …*

1. che cosa fai la sera quando stai a casa.
2. che cosa leggi o che cosa guardi alla televisione.
3. se fai una passeggiata in centro dopo cena.
4. dove vai quando esci con gli amici.
5. quali sono i posti che preferisci.
6. dove ti piace mangiare.
7. se vuoi venire con me a un ristorante italiano questa sera.

## II. Pronomi personali soggetto

**A.** The subject pronouns in Italian are:

| SINGULAR | | PLURAL | |
|---|---|---|---|
| io | *I* | noi | *we* |
| tu | *you (informal)* | voi | *you (informal)* |
| Lei[1] | *you (formal)* | Loro[1] | *you (formal)* |
| lui/egli | *he* | loro | *they (m, f)* |
| lei/ella | *she* | | |
| esso | *it (m)* | essi | *they (m)* |
| essa | *it (f)* | esse | *they* |

**Egli** and **ella** refer to people and are used instead of **lui** and **lei** in literary or formal style. **Esso** and **essa** refer to animals and things. The plural forms **essi/esse** can refer to people, animals, or things. In everyday language, these pronouns (esso/esso/essi/esse) are completely omitted.

Subject pronouns are normally omitted because the verb ending indicates the person and number of the subject.

Quando andate in ferie?
*When are you going to take time off from work?*

Paghiamo l'affitto domani.
*We pay the rent tomorrow.*

**B.** Subject pronouns are used, however, in the following cases:

1. after verbs, particularly after the verb **essere,** to emphasize the subject.

Lo dice lei.
*She's the one who says it.*

Siamo noi che lo vogliamo.
*We're the ones who want it.*

Pagano loro.
*They're going to pay.*

—Sei tu, Maria? / —Sì, sono io.
*Is it you, Mary? / Yes, it's me.*

Note that with **essere** the corresponding English construction often uses the impersonal *it*.

---

[1] **Lei** and **Loro,** meaning *you,* are not to be confused with **lei** *(she)* and **loro** *(they).* The capitalization is a visual clue indicating the difference. Although capitalization is optional, we use it in this text.

2. to emphasize the subject with such words as:

solo, solamente, soltanto     *only*
anche, pure, perfino     *also, too, even*
neanche, nemmeno, neppure     *not even, neither, not . . . either*

Solo tu puoi uscire!               Neanche noi mangiamo carne.
*You're the only one who is allowed*    *We don't eat meat either.*
   *to go out!*

3. to contrast one subject with another subject.

Tu dici la verità; lei dice bugie.      Lei può andare; noi restiamo.
*You tell the truth; she tells lies.*     *You may go; we'll stay.*

## ■ Esercizi

**a.** *Completare con la forma corretta del pronome.*

1. Anche ____ vai al mare a Ferragosto?
2. ____ non dobbiamo pagare l'affitto della villa, lo pagano ____.
3. ____, signora, non va in vacanza quest'anno?
4. ____ ti porto in macchina, e ____ paghi la benzina, va bene?
5. ____, professore, viene con noi alla gita scolastica?
6. ____ facciamo una crociera, e ____, Luca e Lisa, cosa fate quest'estate?
7. Signori, ____ non sono soci del circolo?
8. Ci dispiace, ma ____ non conosciamo il vostro agriturismo.
9. Ragazzi, ____ avete voglia di vedere una mostra?
10. ____ vado in barca a vela e ____ fa alpinismo.

**b.** **La festa.** *Graziella ha organizzato una festa. Adriana è molto curiosa e fa domande sui preparativi. Rispondere usando i pronomi personali.*

1. Viene Andrea? (sì)
2. Solo Anna e Mario non possono venire? (sì)
3. Neanche Franco sa ballare? (no)
4. Anche le ragazze Giannelli portano le paste? (no)
5. Soltanto io e Lucia ti aiutiamo a preparare i rinfreschi? (sì)
6. Neppure Adriana porta un bel dolce? (no)
7. Soltanto Nicola e Paola portano i dischi? (sì)
8. Solamente io e Michele restiamo dopo la festa? (sì)

## Genere

All nouns are either masculine or feminine. Most end in a vowel. As a general rule, nouns ending in -**o** are masculine, and nouns ending in -**a** are feminine. Nouns ending in -**e** can be either masculine or feminine. Although there is no systematic way of determining the gender of nouns, especially those designating objects, abstract ideas, and concepts, there are some practical rules. Below are a few of the most helpful rules.

1. Nouns ending in -**ore** are masculine.

   autore    colore    fiore    pittore

2. Nouns ending in -**tà**, -**trice**, -**gione**, and -**zione** are feminine.

   città    autrice    stagione    complicazione

3. Most nouns ending in -**i**, -**ie**, and -**ù** are feminine.

   crisi    serie    gioventù

## Formazione del femminile

**A.** Many nouns referring to people or animals are changed to the feminine form by replacing the masculine ending with a feminine ending.

| ENDING | MASCULINE | FEMININE |
|---|---|---|
| -o → -a | amico | amica |
| -e → -a | signore | signora |
| -a → -essa | poeta | poetessa |
| -e → -essa | studente | studentessa |
| -tore → -trice | lettore | lettrice |

**B.** Some nouns ending in -**e**, -**ga**, and -**ista** are masculine or feminine depending on the person referred to and do not change endings in the singular.

| | | | |
|---|---|---|---|
| **un cantante** | *a singer (m)* | **una cantante** | *a singer (f)* |
| **un collega** | *a colleague (m)* | **una collega** | *a colleague (f)* |
| **un pianista** | *a pianist (m)* | **una pianista** | *a pianist (f)* |

**C. ATTENZIONE!** Note the differences in meaning between the following pairs of nouns, which appear to be related.

| MASCULINE | | FEMININE | | MASCULINE | | FEMININE | |
|---|---|---|---|---|---|---|---|
| **busto** | *bust* | **busta** | *envelope* | **pasto** | *meal* | **pasta** | *noodles* |
| **caso** | *case* | **casa** | *house* | **porto** | *port* | **porta** | *door* |
| **collo** | *neck* | **colla** | *glue* | **torto** | *wrong* | **torta** | *cake* |
| **foglio** | *sheet* | **foglia** | *leaf* | | | | |

# Formazione del plurale

**A.** Most nouns become plural by changing the endings. The following chart shows the most common changes.

| CHANGE | SINGULAR | PLURAL |
|---|---|---|
| -o → -i | bambino | bambini |
| -a → -e | ragazza | ragazze |
| -e → -i | padre/madre | padri/madri |

**B.** Some masculine nouns change gender when they become plural; thus the singular is masculine and the plural is feminine.

| SINGULAR | | PLURAL | SINGULAR | | PLURAL |
|---|---|---|---|---|---|
| **braccio** | *arm* | **braccia** | **osso** | *bone* | **ossa** |
| **ciglio** | *eyelash* | **ciglia** | **paio** | *pair, couple* | **paia** |
| **dito** | *finger, toe* | **dita** | **sopracciglio** | *eyebrow* | **sopracciglia** |
| **labbro** | *lip* | **labbra** | **uovo** | *egg* | **uova** |
| **miglio** | *mile* | **miglia** | | | |

**C.** The plural of certain nouns depends on whether they are masculine or feminine.

1. Masculine nouns ending in **-a:**

| CHANGE | SINGULAR | PLURAL |
|---|---|---|
| -a → -i | poeta | poeti |
| -ista → -isti | pianista | pianisti |
| -ca → -chi | duca | duchi |
| -ga → -ghi | collega | colleghi |

2. Feminine nouns:

| CHANGE | SINGULAR | PLURAL |
|---|---|---|
| -ista → -iste | pianista | pianiste |
| -ca → -che | banca | banche |
| -ga → -ghe | collega | colleghe |

**D.** The plural of certain nouns depends on where the stress falls in the word.

1. Masculine nouns:

| STRESS | CHANGE | SINGULAR | PLURAL |
|---|---|---|---|
| the **-i** is not stressed | -io → -i | negozio | negozi |
| the **-i** is stressed | -io → -ii | zio | zii |
| stress is on syllable preceding **-co**[1] | -co → -chi | tedesco | tedeschi |
| stress is on second syllable preceding **-co** | -co → -ci | medico | medici |

---

[1] Exceptions: **amico/amici; nemico/nemici; greco/greci; porco/porci.**

2. Feminine nouns:

| STRESS | CHANGE | SINGULAR | PLURAL |
|---|---|---|---|
| the -**i** is not stressed | -**cia** → -**ce** | do**cc**ia | do**cc**e |
| the -**i** is stressed | -**cia** → -**cie** | farma**cia** | farma**cie** |
| the -**i** is not stressed | -**gia** → -**ge** | pio**ggia** | pio**gge** |
| the -**i** is stressed | -**gia** → -**gie** | aller**gia** | aller**gie** |

**E.** Masculine nouns ending in -**go** have the following changes:

| CHANGE | SINGULAR | PLURAL |
|---|---|---|
| -**go** → -**ghi** | la**go** | la**ghi** |
| -**ologo** → -**ologi** | psic**o**lo**go** | psic**o**lo**gi** |

**F.** Invariable nouns: The following types of nouns have the same form in both the singular and the plural.

1. Nouns ending in a consonant; most of which are foreign words:

   un film        **due film**        un camion        **due camion**

2. Nouns ending in an accented vowel:

   un caffè        **due caffè**        una città        **due città**

3. Nouns ending in -**i**:

   una crisi        **due crisi**        una tesi        **due tesi**

4. Nouns ending in -**ie**:

   una serie        **due serie**

   Exception:        una moglie        **due mogli**

5. Family names:

   i Costa        *the Costas*

6. One-syllable nouns:

   un re        **due re**

7. Abbreviations:

   | | |
   |---|---|
   | una radio | **due radio** (*from* radiotelefonia) |
   | un cinema | **due cinema** (*from* cinematografo) |
   | una bici | **due bici** (*from* bicicletta) |
   | una foto | **due foto** (*from* fotografia) |
   | un frigo | **due frigo** (*from* frigorifero) |
   | una moto | **due moto** (*from* motocicletta) |
   | un'auto | **due auto** (*from* automobile) |
   | un prof/una prof | **due prof** (*from* professore/professoressa) |

NOTE: Abbreviations keep the gender of the words from which they are derived.

## ■ Esercizi

**a.** **Una zona turistica.** *Elisabetta parla degli alberghi e delle pensioni di suo padre. Completare il paragrafo con le seguenti parole e fare le modifiche necessarie.*

| | | | | |
|---|---|---|---|---|
| lago | parco | albergo [2 volte] | pensione [2 volte] | bagno |
| doccia | ristorante | giacca | cravatta | giardino |
| pesca | arancia | banca | chiesa | biblioteca |
| negozio | | | | |

Abitiamo in una zona turistica vicino a dei _____ e a dei grandi _____. Mio padre ha due _____ e due piccole _____ familiari. Gli _____ sono molto eleganti, i _____ e le _____ sono di ceramica italiana; ci sono due _____ famosi in cui gli uomini sfoggiano *(show off)* _____ e _____ di stilisti *(designers)* internazionali. Anche le signore sono sempre molto eleganti. Le _____ sono più modeste ma l'atmosfera è molto simpatica. Ogni mattina, a colazione, offriamo agli ospiti la frutta dei nostri _____: delle _____ o delle _____ a seconda della stagione. Nella città vicina ci sono due _____, due _____, una cattolica e una protestante, e due _____, una pubblica e una privata. Ci sono anche tanti _____ di abbigliamento. Quando venite a trovarci?

**b.** **A casa Cattani.** *Riscrivere il brano cambiando il genere di tutti i sostantivi che denotano persone.*

Questa sera c'è una festa a casa della signora Cattani. Viene molta gente: il professor Parenti che è l'autore di un nuovo libro sull'ecologia, il pianista Rovere con la moglie pittrice e il padre poeta, e la zia della padrona di casa, una cardiologa famosa, con il suo collega pediatra. Ci saranno anche la cantante Gina Presti e l'attore cinematografico Paolo Santini. Forse verrà anche una scrittrice americana in compagnia di un regista neozelandese che ha vinto un premio a Venezia. La cameriera è disperata. Vuole chiamare suo fratello in aiuto e magari anche suo cugino, ma non sa se la signora sarà d'accordo.

© Lorenzo Nigro

Un ricevimento importante.

## ■ Prima di leggere

Beppe Severgnini è un giornalista e scrittore di fama internazionale. Dal 1995 scrive per il *Corriere della Sera*, uno dei maggiori quotidiani italiani. È stato corrispondente in Italia per *The Economist* e nel 2004, a Bruxelles, è stato votato «European Journalist of the Year». Dal 2007 il suo lavoro giornalistico è distribuito dal *New York Times Syndicate*.

Davide Scheneti

Le traduzioni di alcuni suoi libri, *Inglesi* e *Un italiano in America* sono arrivate ai primi posti anche nelle classifiche inglesi e statunitensi.

Con il suo umorismo benevolo, Beppe Severgnini osserva e poi descrive usi e costumi, pregi e difetti della gente comune facendo sorridere i suoi lettori che si rispecchiano in quello che leggono. Nel libro intitolato *Manuale dell'imperfetto viaggiatore*, da cui è tratto il brano che segue, Severgnini osserva i viaggiatori italiani in luoghi di vacanza come alberghi, ristoranti, campeggi, crociere. Gli italiani sono considerati «imperfetti» viaggiatori perché sono curiosi, avventurosi, generosi, sentimentali ma anche rumorosi, frettolosi, schiavi del telefonino e poco pratici soprattutto quando riempiono le loro valigie di cose inutili e superflue. Severgnini racconta gli Italiani nei loro comportamenti senza però mai giudicarli e condannarli perché lui stesso si riconosce nelle pagine del libro. «Se ho saputo descrivere la commedia umana che circonda i nostri viaggi – scrive infatti Beppe Severgnini – il motivo è uno solo: tra gli attori ci sono anch'io, e di solito mi diverto come un matto.»

*In gruppi di due o tre studenti, discutete le seguenti domande.*

1. Avete mai fatto una vacanza particolare, per esempio in campeggio o in crociera? Se no, perché? Se sì, descrivete l'esperienza.

2. Secondo voi, è importante viaggiare all'estero? Perché?

3. Abbiamo tutti bisogno di andare in vacanza. Siete d'accordo? Spiegate!

4. Che cosa vi piace fare in vacanza? Preferite andare in vacanza da soli o con gli amici?

5. Quando viaggiamo all'estero, è importante conoscere la lingua del luogo che visitiamo? Perché sì? Perché no?

## Il sapore del rimpianto: ristoranti, alberghi, pensioni

| | |
|---|---|
| water down | Se le stagioni avessero il passaporto, l'autunno sarebbe inglese; l'inverno, russo; la primavera, americana. Ma l'estate, senza dubbio, è italiana. L'estate è emotiva, relativa, esagerata. Nel caldo le convenzioni sociali si stemperano°; le regole si confondono; le norme morali si allentano°. |
| loosen | |
| account, report / of course | Se, in settembre, ogni italiano consegnasse un resoconto° (anonimo, beninteso°) delle proprie avventure estive, ne uscirebbe un'opera a mezza strada tra il libro Cuore, il Decameron e Giamburrasca°. |
| *Cuore... : titles of famous classics of Italian literature* | |
| moved | Le pagine migliori sarebbero quelle dove il vacanziere ricorda, commosso°, le piccole astuzie° che gli hanno permesso di ottenere il trattamento particolare, il posto davanti, la camera con vista, lo sconto, la specialità della casa. |
| *le piccole... : forms of wit* | |
| | Tutto quello che conforta la nostra convinzione di essere speciali ci entusiasma. Per alimentare questa illusione, siamo disposti a pagare un prezzo molto alto. L'aneddotica, in proposito, è ricca. Prendiamo gli alberghi. Per molti italiani, il nome stesso - «hotel» - porta con sé un profumo di permissivismo. L'idea di non dover lavare, riassettare°, pulire e pagare le bollette° provoca la «sindrome del maharajah», una patologia ancora poco studiata. |
| to tidy up | |
| bills | |
| *non... : does not turn off / pillows / si... : throws himself / il tocco... : touch of dissoluteness* | Sintomi: l'ospite non spegne° le luci uscendo dalla camera; dorme con due cuscini° (anche se per tutta la vita ne ha usato uno soltanto); si butta° voluttuosamente sul copriletto, col telecomando in mano e le scarpe ai piedi. Infine, il tocco di débauche°: dopo la doccia, l'ospite usa tutte le salviette°, abbandonandole poi sul pavimento del bagno, con gesto molle° e decadente, sapendo che una mano caritatevole provvederà° alla sostituzione. |
| napkin | |
| soft / will take care of | |
| silent / wink | Anche il nostro rapporto col personale alberghiero è curioso. Un tempo era complice, e vagamente omertoso°: il marchio del turista italiano era la strizzata° d'occhio. |
| concierge | Negli alberghi, scriveva Guido Piovene, «ci piace chiuderci in un piccolo giro fatto di amici, camerieri e portieri°, ai quali ci lega una specie di convenzione segreta, che ci dà l'illusione di essere importanti». |
| *comanda... : rules with an iron fist (lit. iron rod)* | Oggi, quel «piccolo giro» si è allargato. Il portiere ci comanda a bacchetta°, fingendo di essere a nostra disposizione. |
| cashiers | La cameriera del piano ci riconosce. I cassieri° guardano la lista dei nostri extra, e si commuovono. Camerieri, facchini° e maître ci adorano. Come in passato, chiediamo solo di essere considerati casi eccezionali e spesso veniamo accontentati. |
| porters | |
| generosity | Talvolta, qualcuno approfitta della nostra magnanimità°. |
| *non ci... : doesn't trouble us / to muddle, mix up* | La cosa, in genere, non ci turba°. |
| | Nessun popolo al mondo si lascia imbrogliare° con la classe degli italiani. |
| deceptions / nobleness | Non siamo ingenui, tutt'altro. Siamo dei signori che, nell'esser vittime di piccoli inganni°, vedono la prova della propria nobiltà°. Per capire lo strano rapporto che ci lega agli alberghi che visitiamo - un po' teatri e un po' cucce°, un po' collegi° e un po' alcove - basta aspettare il momento della partenza. |
| dog houses / boarding schools | |
| *un cenno... : nod* | Al termine delle vacanze, una famiglia tedesca lascia un albergo con un grazie, un cenno del capo° (e una controllatina al conto). Una famiglia italiana, dopo un soggiorno di un mese, se ne va lasciando dietro di sé strascichi° di promesse, piogge di arrivederci, un indirizzo e qualche lacrima°. |
| sequels | |
| tear | |
| | I camerieri salutano i bambini; i bambini non vogliono staccarsi dai camerieri. Tutti sono prodighi di consigli su come caricare l'automobile; ognuno suggerisce un itinerario per il ritorno. Le carovane di tuareg si mettono in cammino con meno preparativi e cerimonie. Ma cosa ci volete fare. L'estate - lo dicevamo all'inizio - è emotiva, relativa, esagerata. In una parola: italiana. |

Beppe Severgnini, *Manuale dell'imperfetto viaggiatore* @RCS Libri S. p. A., Milano.

## ■ Comprensione

1. Secondo l'autore, il viaggiatore italiano usa l'astuzia per ottenere dei trattamenti particolari? Quali? E il viaggiatore americano cosa fa? E quello canadese? E quello della tua nazionalità?

2. Quali sono i sintomi della «sindrome del maharajah» di cui soffre il viaggiatore italiano quando va in un albergo? Anche tu soffri della stessa sindrome quando viaggi?

3. Cosa fa il viaggiatore italiano per essere considerato un caso eccezionale?

4. Secondo l'autore, che cosa fa una famiglia tedesca al termine di una vacanza? e quella italiana? E secondo te, cosa fa una famiglia americana o canadese o della tua nazionalità?

5. Dopo aver letto il testo, che cosa intende l'autore quando dice che l'estate è italiana? Sei d'accordo? Esprimi le tue opinioni.

## ■ Temi per componimento o discussione

1. In Italia, a causa dell'alto costo della vita, molti Italiani sono costretti a rinunciare alle vacanze o a scegliere luoghi economici per trascorrere le loro ferie. Esiste lo stesso problema anche nel tuo paese? Se sì, come viene risolto? Se no, perché? Discutine insieme ai tuoi compagni.

2. Per molti Italiani, l'automobile è il mezzo di trasporto più usato soprattutto se scelgono di andare in vacanza in una località italiana. Secondo te, quali sono i vantaggi e gli svantaggi di viaggiare in macchina e perché?

3. Qual è il mezzo di trasporto più diffuso per andare in vacanza nel paese dove vivi tu? Perché? Sai spiegare la differenza rispetto all'Italia?

4. Immagina di essere in Italia, a Firenze, con tre amici. Questa sera c'è il concerto del vostro gruppo preferito a Roma. Purtroppo non avete una macchina e non avete soldi per pagare un albergo. Cosa fate? Scrivete insieme un dialogo e rappresentatelo in classe.

5. Immagina di scrivere un articolo od una pagina di un libro sui viaggiatori del tuo paese. Come li descrivi? Quali sono i comportamenti tipici, pregi e difetti della gente del tuo paese quando viaggia?

6. Le ferie ed il tempo libero sono momenti molto importanti nella vita di una persona. Secondo te, perché? Purtroppo, sempre più spesso, andare in vacanza è molto costoso e ormai è considerato un lusso. Secondo te, quali sono le soluzioni per trascorrere una bella vacanza senza spendere molti soldi?

## Le vacanze

L'estate è la stagione delle vacanze in Italia! La scuola è finita, molte aziende chiudono nel mese di agosto, e il tempo è bello e caldo! Le vacanze estive sono generalmente lunghe e la maggior parte degli Italiani le passa in compagnia della famiglia e degli amici. Le destinazioni preferite sono il mare, sia in Italia che in altri paesi del Mediterraneo, la campagna e la montagna. Più raramente gli Italiani visitano le città perché il caldo è torrido e in agosto molti negozi sono chiusi. La maggior parte dei turisti che visitano le città italiane in questo periodo sono stranieri.

***E tu, come preferisci passare le vacanze estive? Considera le seguenti domande e presenta le tue risposte ai compagni.***

1. Secondo te, qual è la stagione più bella per andare in vacanza? Quanti altri compagni nella tua classe preferiscono la tua stessa stagione?

2. Preferisci andare in vacanza con la famiglia, con gli amici o da solo/a?

3. Qual è la tua destinazione preferita per le vacanze? Vai mai all'estero?

Adesso guarda il video al sito web **www.cengage.com/login**, in cui alcune persone italiane parlano delle loro vacanze. Quale delle vacanze descritte ti piace di più? Perché? Parlane con i tuoi compagni di classe. Puoi trovare altre attività basate sul video alla fine del Capitolo 1 del *Workbook* (nel *Student Activities Manual*) che accompagna questo libro.

## PER COMUNICARE

Track 3

**Ti va di... ?** Adele invita Laura ad andare a vedere la mostra di De Chirico.

| | |
|---|---|
| ADELE: | Pronto, Laura? |
| LAURA: | Ciao, Adele! Allora, ti va di vedere la mostra? |
| ADELE: | Ma certo. Marco dice che è stupenda. Dove ci vediamo? |
| LAURA: | Hai voglia di prendere qualcosa prima? Ci troviamo al Bar degli Artisti ed entriamo alle dieci; il museo è aperto dalle nove alle due. |
| ADELE: | Va bene. Allora, alle nove e mezzo al bar. Ciao. |

### Estendere un invito

Che ne dici di andare / fare... ?           *What about going / doing . . . ?*
Ti va / Le va di... ?
Hai voglia di... ?                           *Do you feel like . . . ?*
Andiamo a / da... !                          *Let's go to . . . !*
Puoi / Può venire stasera a... ?             *Can you come tonight to . . . ?*

### Accettare un invito

Ma certo!
Certamente!                                  *Certainly!*
Con piacere.

| Va bene. Dove ci troviamo? | OK. Where should we meet? |
| A che ora ci vediamo? | What time shall we meet? |

### Rifiutare un invito

| Mi dispiace, ma devo… | I'm sorry, but I have to . . . |
| Grazie, ma non posso proprio. | (Thank you, but) I really can't. |
| Non mi è proprio possibile. | |
| L'avessi saputo prima! | If only I'd known it before! |
| Se me lo avessi / avesse detto prima! | If you'd only told me before! |

### Parlare al telefono

| Pronto, è in casa / c'è… , per favore? | Hello, is . . . home, please? |
| Chi parla? | Who's calling? |
| Con chi parlo? | |
| Sono… , mi fa parlare con… ? | It's . . . Could I speak to . . . ? |
| Buongiorno, sono… , mi passa / mi può passare… ? | |
| Le spiace se lascio un messaggio? | Do you mind if I leave a message? |
| Le / Gli dica che ha telefonato… | Tell him / her that . . . called. |
| Grazie. ArrivederLa / ci. | Thank you. Goodbye. |
| Ci sentiamo, allora. | Let's be in touch. |

## ▪ Che cosa diciamo?

1. Un amico ti telefona per proporti di andare insieme in pizzeria ma hai un esame domani.

2. Il tuo professore di Relazioni Internazionali t'invita ad una festa in onore di studenti cinesi in visita all'università.

3. Tu telefoni a un amico / un'amica per invitarlo/la a un concerto di musica rock, ma risponde il compagno / la compagna di stanza.

4. Degli amici di famiglia, che tu trovi antipatici, ti propongono un campeggio di una settimana in montagna.

5. Un ragazzo / Una ragazza che ti piace molto ti telefona per invitarti in discoteca questa sera, ma hai appena accettato di fare da baby-sitter per i tuoi vicini di casa.

6. Tu telefoni a un amico / un'amica per proporgli/le di venire con te in barca il prossimo fine settimana.

## ▪ Situazioni

1. Sei all'università. Tuo padre viene a farti visita e vuole sapere quanto tempo libero hai e come lo passi.

2. Sei un atleta iperattivo/a, ma la tua ragazza / il tuo ragazzo non è affatto sportiva/o. Dicci cosa lei / lui fa quando non deve studiare o lavorare e se sei d'accordo o no.

3. I tuoi genitori intendono fare una festa per il tuo compleanno, ma tu hai vinto una crociera per due persone nell'Adriatico e intendi andarci con il tuo ragazzo / la tua ragazza. Parlane con tua madre.

4. C'è una mostra di Carlo Levi nella tua città. Telefona a degli amici e fai dei programmi precisi per andare in gruppo a vedere i suoi dipinti.

# 2

## Capitolo

# Ti ricordi? Adesso e prima.

Network Photographers/Alamy

## PER COMINCIARE

Track 4

**Come eravamo.** Luciano racconta alla sua amica americana Leslie di quando era piccolo.

LUCIANO: Abitavo a Roma con i miei genitori, mia sorella e la tata, *Nanny* una filippina che viveva con noi. La mamma è insegnante e aveva bisogno di aiuto.

LESLIE: Com'eri? Eri bravo a scuola?

LUCIANO: Ma sì. Di solito prendevo dei bei voti. Ero allegro e spensierato. Avevo amici per giocare e, due volte alla settimana, di pomeriggio, frequentavo con mia sorella un centro culturale ricreativo per bambini. Monica passava molto tempo nella stanza della musica; io avevo una passione per il laboratorio di chimica.

LESLIE: E gli altri pomeriggi? Non ti divertivi con i videogiochi?

LUCIANO: Poco. Non potevamo usare il computer di papà. Avevamo due o tre giochi elettronici giapponesi, di quelli che si tengono in mano.

LESLIE: Facevi sport?

LUCIANO: Oh sì, ma più tardi, quando uscivo da solo. Il giovedì giocavo a mini-calcio, nell'area di un campo da tennis. Due volte la settimana io e mia sorella avevamo lezione di nuoto.

LESLIE: A scuola?

LUCIANO: No, no! La scuola è un grande palazzo del quartiere dove abitavamo. La piscina è in un centro sportivo privato con palestra, campi da tennis, da basket. All'inizio ci andavamo in autobus, poi in motorino.

LESLIE: Ah, ma non avevi qualche lavoro dopo scuola?

LUCIANO: Solo raramente. Monica faceva un po' di babysitting; io davo ripetizioni di matematica. Avevamo la paghetta settimanale per le piccole spese, cioè la benzina per il motorino, il cinema, una birra con gli amici... E poi, è una questione culturale, la maggioranza dei ragazzi italiani non lavora durante gli anni di scuola.

LESLIE: Ho capito, siete proprio fortunati!

## ■ Esercizi

**a.** *Scegliere l'espressione che meglio descrive il testo letto.*

1. Luciano era un bambino _____.

   a. triste
   b. solitario
   c. contento
   d. timido

2. La mamma di Luciano _____.

   a. lavorava in un laboratorio di chimica
   b. dava lezioni ogni giorno
   c. portava i bambini in piscina
   d. era istruttrice di nuoto

3. Monica _____.

   a. andava in palestra
   b. nuotava ogni giorno
   c. giocava a pallacanestro
   d. amava la musica

4. Luciano _____.

   a. faceva la baby-sitter
   b. si muoveva in bicicletta
   c. dava lezioni private
   d. aveva tanti videogiochi

5. Molti adolescenti italiani _____.

   a. lavorano durante l'estate
   b. ricevono soldi dai genitori
   c. hanno l'automobile
   d. frequentano scuole con piscina e campi sportivi

**b. Come sei?** *Che cosa fa un bambino / una bambina...*

   1. malato/a?
   2. sano/a?
   3. solitario/a?
   4. tranquillo/a?
   5. scatenato/a?
   6. malinconico/a?

## VIVERE IN ITALIA | I giovani oggi

Secondo un sondaggio recente il 91% degli adolescenti italiani è telefonino-dipendente. I genitori lo considerano uno strumento di controllo e di emergenza ed i figli lo usano per mandare messaggini, perfino a scuola tra un banco e l'altro. Sono molto diffusi anche i videogiochi ed i lettori MP3. Una buona parte del tempo libero è dedicata alla televisione, notiziari compresi per fortuna. Internet risulta molto utile per fare le ricerche assegnate a scuola come compito per casa, ma non tutte le famiglie possiedono un computer e gli «Internet Bar» sono a pagamento. Nel pomeriggio, a parte gli inevitabili compiti, molti giovani si dedicano allo sport. Ci sono alcune piscine comunali e si può sempre andare in bicicletta, giocare a pallavolo *(volleyball)* o fare footing. Esistono anche centri sportivi (a pagamento) ben attrezzati e scuole di arti marziali. Infine, ci sono club socioculturali che offrono ai ragazzi un luogo di ritrovo con musica, film e altre attività. Per adesso sono pochi i giovani che lavorano in età scolare, al massimo portano a spasso i cani o fanno piccole commissioni.

## ■ Vocabolario utile

*Come eravamo...*

**l'infanzia** childhood
**l'adolescenza** adolescence
**la vita adulta** adult life

**il bambino / la bambina** child
**il migliore amico / la migliore amica** best friend
**il nucleo familiare** family unit
**il gruppo** the group
**il luogo di ritrovo** meeting place
**il ragazzo / la ragazza** girlfriend / boyfriend
**il / la fidanzato/a** fiancé / fiancée
**lo sposo / la sposa / gli sposi** groom / bride / newlyweds

**la famiglia** family
**l'istruzione** education
**la scuola** school

**prendere un bel / brutto voto** receive a good / bad grade
**la paghetta settimanale** weekly allowance

**l'identità** identity, sense of self
**l'ansia** anxiety
**lo stress** stress
**il conflitto** conflict
**i genitori iperprotettivi** very protective parents
**i genitori permissivi / autoritari** permissive / authoritarian parents
**«da grande»** as a grown-up
**le esperienze quotidiane** day-to-day experiences
**una figura di riferimento** role model
***essere critici** to be critical of

*Espressioni per parlare di come eravamo*

**abitare** to reside
**vivere** to live

**frequentare** to attend (a school, class etc.), to mix with (a group etc.)
**passare il tempo** to pass time
**fare delle commissioni** to do errands
**dare ripetizioni** to tutor
**giocare a calcio** to play soccer
**andare a piedi** to go on foot
*muoversi in bicicletta** to get around by bicycle
**fare una passeggiata** to take a walk
**portare a spasso il cane** to take the dog out for a walk
**svolgere attività di volontariato** to volunteer
**litigare** to quarrel, bicker
*rimanere / stare a casa** to stay home

### Mandiamo un SMS!

**mandare un SMS** to send an sms
**TVB (ti voglio bene)!** Love you!
**C6? (Ci sei?)** Are you there?
**C.A. (Caro amico)** Dear friend
**8bre (ottobre)** October
**cmq (comunque)** anyway
**xché (perché)** why?
**mmt+ (mi manchi tantissimo)** miss you a lot

### Un ripasso

*svegliarsi** *Mi svegliavo alle sette per andare a scuola.*
*alzarsi** *Da piccola Laura non si alzava mai dal letto prima delle 9.*
*mettersi** *Fa freddo! Cosa mi metto? Il maglione di cashmere?*
*vestirsi** *I bambini si vestivano velocemente per non fare tardi a scuola.*

*prepararsi per uscire** *Ci prepariamo per uscire in dieci minuti.*
*vedersi con...** *Stasera mi vedo con Lisa e Marta per cena.*
*divertirsi** *Da piccolo mi divertivo moltissimo con i LEGO.*
*sposarsi** *Beatrice si è sposata molto giovane.*
*dedicarsi allo sport** *Al liceo mi dedicavo molto allo sport.*
*addormentarsi** *Spesso mi addormentavo sull'autobus del liceo.*

### Un ripasso: Espressioni con essere

*essere**
... **allegro/a** happy
... **malato/a** sick
... **innamorato/a** in love
... **triste** sad
... **ubbidiente** obedient
... **scatenato/a** out of control, wild
... **solitario/a** solitary, alone
... **spensierato/a** carefree
... **tranquillo/a** easy going
... **capriccioso/a** naughty
... **educato/a** well-mannered
... **maleducato/a** rude
... **viziato/a** spoiled
... **sposato/a** married
... **affettuoso/a** affectionate
... **determinato/a** determined

**fare il / la prepotente** to act as a bully
**fare il professore / la professoressa, l'avvocato, il muratore** to be a professor, lawyer, bricklayer

## ■ Pratica

**a.** *Scegliere la parola che completa meglio la frase.*

1. Da quanto tempo (sono sposati / si sposano) i tuoi genitori?
2. Come vai all'università? Ci (cammino / vado a piedi).
3. A molte persone piace correre; a me piace (camminare / andare).
4. Che cosa pensate (a / di) questo libro?
5. Giorgio è molto (educato / istruito): ha tre lauree!

**b.** *Domande.*

1. Da piccolo/a cosa facevi dopo la scuola? E durante il week-end?
2. Come eri da bambino/a?

3. Hai una foto dei tuoi genitori quando tu eri piccolo/a? Mostra la foto alla classe se vuoi e descrivi com'erano i tuoi genitori.
4. Ti ricordi la casa e la città in cui vivevi quando eri piccolo/a? Com'erano?
5. Dove vai a piedi / in bicicletta / in macchina?
6. Ti piace camminare? Se sì, dove e per quanto tempo?
7. Come passavi il tempo quando eri piccolo/a?
8. Manda un SMS al tuo ragazzo / alla tua ragazza! Cosa scrivi?

Parco giochi in città: Sono differenti i parchi giochi dei bambini che conoscete voi?

## ■ A voi la parola

**a. I giovani oggi.** *In piccoli gruppi rispondete alle domande che seguono, e paragonate* (compare) *le vostre conclusioni con quelle degli altri gruppi.*

1. Possedete un telefonino? Lo considerate necessario? Sì? No? Perché? Secondo voi, gli adolescenti americani lo considerano indispensabile come i ragazzi italiani?
2. Perché usate il cellulare? Quando lo usate? I messaggini sono utili / importanti?
3. Appartenete a un club culturale, ricreativo, caritativo *(volunteer)*? Sono attività diffuse nel vostro gruppo? tra i ragazzi più giovani?
4. Secondo voi, chi usa i videogiochi? Ed i lettori MP3? Sono importanti per voi? E per i vostri amici?
5. Pensate di cercare un lavoro durante le vacanze? I vostri amici lavorano? Che attività praticano?

**b. Offerte d'estate.** *Immaginate di avere tempo libero durante l'estate. Leggete gli annunci (offerte d'estate) e rispondete alle domande che seguono.*

> **AMS VACANZE** cerca ragazzi/e per i propri villaggi turistici in Italia e all'estero. Mansioni varie (animatori, giardinieri, cuochi, camerieri, addetti pulizie). Età tra i 20 e i 35 anni.
> Contatti: www.amsvacanze@iol.com

> **SOCIETÀ VILLAGGI TURISTICI** cerca:
> 1. Animatori per attività bambini (esperienze psico-pedagogiche, scout, feste per bambini, assistenza all'infanzia).
> 2. Accompagnatori escursioni (attività comunicativa, due lingue).
> 3. Governanti (esperienza nel settore alberghiero).
> Contatti: www.socivilla@aiol.it

1. Vi interessano i lavori offerti da AMS VACANZE e Soci Villa? Sì? No? Perché? Pensate di avere le qualifiche necessarie per fare domanda *(apply)*?
2. Quali sono i lavori estivi tipici della zona dove abitate voi?
3. Un amico / Un'amica vi chiede consigli su un lavoro all'estero. Che cosa rispondete?

# CANTIAMO! | Ladri di Biciclette – *Sotto questo sole*

Andare in bicicletta è uno dei passatempi preferiti in Italia, soprattutto quando la stagione è bella. «Sotto questo sole» ci fa vivere le emozioni di un giro in bicicletta sotto il caldo sole d'estate. Per ascoltarla, vai al sito web **www.cengage.com/login** (clicca sul «iTunes playlist»). Puoi trovare altre informazioni ed attività su questa canzone alla fine del Capitolo 2 del *Lab Manual* (nel *Student Activities Manual*) che accompagna questo libro.

## STRUTTURA

### I. Imperfetto

#### Verbi regolari

The **imperfetto** (*imperfect* or *past descriptive*) is formed by adding the characteristic vowel and the appropriate endings to the stem. The endings are the same for all three verb conjugations: **-vo, -vi, -va, -vamo, -vate, -vano.**

| AMARE | CREDERE | FINIRE |
|---|---|---|
| ama**vo** | crede**vo** | fini**vo** |
| ama**vi** | crede**vi** | fini**vi** |
| ama**va** | crede**va** | fini**va** |
| ama**vamo** | crede**vamo** | fini**vamo** |
| ama**vate** | crede**vate** | fini**vate** |
| am**a**vano | cred**e**vano | fin**i**vano |

#### Verbi irregolari

Very few verbs are irregular in the **imperfetto.** The most common are shown below.

| ESSERE | BERE | DIRE | FARE | TRADURRE[1] |
|---|---|---|---|---|
| ero | bevevo | dicevo | facevo | traducevo |
| eri | bevevi | dicevi | facevi | traducevi |
| era | beveva | diceva | faceva | traduceva |
| eravamo | bevevamo | dicevamo | facevamo | traducevamo |
| eravate | bevevate | dicevate | facevate | traducevate |
| erano | bevevano | dicevano | facevano | traducevano |

---

[1]In the **imperfetto,** as in the **presente,** the verbs **bere, dire, fare,** and **tradurre** use the stems **bev-, dic-, fac-,** and **traduc-.**

**C'era** and **c'erano** correspond to the English *there was, there were.*

—C'era un pacco per noi.
*There was a package for us.*

—Non c'erano molte lettere.
*There weren't many letters.*

## Uso dell'imperfetto

**A.** The **imperfetto** is used:

1. to express an habitual action in the past (equivalent to the past tense, or to *used to* or *would* + verb, in English).

   **Andavamo** in campagna ogni week-end.
   *We used to go to the country every weekend*

2. to express an action in progress in the past (equivalent to *was / were* + *-ing* in English).

   I bambini **dormivano** mentre io **lavavo** i piatti.
   *The children were sleeping while I was doing the dishes.*

3. to describe conditions and states of being (physical, mental, and emotional) in the past including time, weather, and age.

   Quand'**ero** bambina, **ero** molto timida.
   *When I was a child, I was very shy.*

   I miei genitori **sapevano** che **avevo** paura del buio.
   *My parents knew that I was afraid of the dark.*

> **Un antico messaggio d'amore.**
>
> **Era** di maggio e ben me ne ricordo
> quando ci cominciammo a benvolere.
> **Eran** fiorite le rose nell'orto e le ciliegie **diventavan** nere.
> Le **diventavan** nere in su la rama
> io ti conobbi e fosti la mia dama.

**B.** The **imperfetto** may also indicate for how long or since when something had been going on.

—Da quanto tempo lavoravi?
*How long had you been working?*

—Quanto tempo era che lavoravi?
*How long had you been working?*

—Lavoravo da due mesi.
*I had been working for two months.*

—Erano due mesi che lavoravo.
*I had been working for two months.*

## ■ Esercizi

**a. Adesso e prima.** *Abiti lontano da casa. Racconta ai tuoi nuovi amici come è cambiata la tua vita. Usa la forma affermativa con le parole suggerite e il verbo all'imperfetto.*

ESEMPIO    Adesso non viaggiamo più.
           **Prima viaggiavamo sempre.**

1. Ora non faccio più passeggiate in montagna.
2. Ora non vado più allo zoo o al circo.
3. Ora io e Andrea non giochiamo più a tennis.
4. Adesso non mi diverto più a cucinare per gli amici.
5. Ora non devo più prendere le vitamine per far contenta mia madre.
6. Ora gli amici non vengono più da me la sera a sentire la musica.
7. Adesso io e Maria non ci vediamo più ogni giorno.
8. Adesso mio padre non protesta più quando torno tardi.

**b.** *Marco si sente in colpa* (guilty), *vuole scusarsi ma gli piace anche fare un po' la vittima. Completa con la forma corretta di* **essere** *o* **avere.**

1. Sono venuto a casa tua ma tu non c' _____.
2. Non ho aspettato perché _____ fretta.
3. La mia macchina _____ dal meccanico, quindi _____ a piedi.
4. Il tempo _____ bruttissimo e (io) _____ un gran freddo.
5. Al bar ho ordinato un tè, ma quando me l'hanno portato _____ appena tiepido (lukewarm).
6. Sono andato a comprare i biglietti del teatro ma il botteghino (box office) _____ chiuso.
7. Quando sono arrivato a casa _____ tardi.
8. Non ti ho telefonato perché _____ paura di disturbare.
9. Volevo chiederti scusa. Ieri tu _____ ragione. (Io) _____ uno snob insopportabile e non voglio ammetterlo.

**c.** **Il mio eroe.** *Un astronauta famoso visita la scuola elementare di Gabriele. Gabriele, che sogna di diventare pilota, gli fa molte domande. Trasforma i verbi in parentesi all'imperfetto, poi immagina di essere l'astronauta e rispondi alle domande.*

1. Che cosa (volere) _____ diventare Lei quando (essere) _____ piccolo?
2. (Lei) (prendere) _____ dei bei voti quando (fare) _____ le elementari?
3. Quanti anni (avere) _____ quando ha volato per la prima volta?
4. (Essere) _____ nervoso? (Avere) _____ paura?
5. Mentre (volare) _____ verso la luna, a che cosa (pensare) _____? Che cosa (mangiare) _____ e (bere) _____?
6. Sulla luna (esserci) _____ degli extraterrestri? (Parlare) _____ italiano?

**d.** *Riscrivere ogni frase sostituendo i verbi al presente con l'imperfetto.*

1. Quando il tempo è buono, i ragazzi giocano a calcetto; quando piove restano a casa.
2. Non so mai cosa fare la domenica pomeriggio. I miei amici vanno a vedere la partita ma a me il calcio non interessa. Così sto a casa e mi annoio.
3. Anna lavora come animatrice in un villaggio turistico, il suo collega Alberto è barista. Anna è una ragazza molto carina e simpatica. Alberto la guarda con ammirazione e tutti dicono che è innamorato di lei. Ma Alberto non ha il coraggio di parlarle perché è timido e ha paura di un rifiuto (refusal).

**e.** **Da quanto tempo... ? Quanto tempo era che... ?** *Esprimere in un altro modo le seguenti frasi.*

ESEMPIO    Luca aspettava Patrizia da tre ore.
           **Erano tre ore che Luca aspettava Patrizia.**

1. Fausto era innamorato di Luisa da diversi anni.
2. Erano quasi due mesi che aspettava una sua lettera.
3. Ma lo sciopero (strike) della posta durava ormai da sei settimane.
4. Era tanto tempo che provava a telefonarle.
5. Ma il telefono di Luisa era guasto (out of order) da più di un mese.
6. Non si vedevano da Natale.
7. Erano due anni che vivevano lontani.
8. Forse Luisa da un po' di tempo aveva un altro ragazzo.

**f. Il paese della cuccagna** *(The land of plenty). Da bambino/a qual era il tuo gioco preferito? Avevi tanti giocattoli? Preferivi giocare da solo/a o con gli amici / le amiche? Che cosa ti piaceva fare quando faceva freddo? E quando faceva caldo? Cosa ti piaceva (o non ti piaceva) fare quando eri malato/a? Con un compagno / una compagna di classe, parla della tua infanzia. Alternatevi nel fare domande e rispondere. Poi riferite le informazioni alla classe. Alcune parole utili:*

| | |
|---|---|
| il Monopoli™ | il trenino *toy train* |
| la palla *ball* | le figurine *trading cards* |
| le macchinine *toy cars* | la bambola *doll* |
| i soldatini *toy soldiers* | le biglie *marbles* |
| i LEGO™ | la bicicletta *bicycle* |

NOTE: **giocare a** *to play (a game)* Ex: I bambini giocano a Monopoli.

## II. Aggettivi

**A.** Italian adjectives agree in gender and number with the nouns they modify. They can be divided into three classes, depending on the ending of the adjective in the masculine singular: **-o**, **-e**, or **-a**.

| | SINGULAR | | PLURAL | |
|---|---|---|---|---|
| | **Masculine** | **Feminine** | **Masculine** | **Feminine** |
| First class (4 endings) | -o | -a | -i | -e |
| Second class (2 endings) | -e | | -i | |
| Third class[1] (3 endings) | -a | | -i | -e |

| | | |
|---|---|---|
| **First class:** | nuov**o** / nuov**a** | nuov**i** / nuov**e** |
| **Second class:** | intelligent**e** | intelligent**i** |
| **Third class:** | ottimist**a** | ottimist**i** / ottimist**e** |

È un ragazzo ottimist**a**.
*He is an optimistic young man.*

Fabio ha due figlie intelligent**i**.
*Fabio has two intelligent daughters.*

Diana è una donna intelligent**e**.
*Diana is an intelligent woman.*

Studiamo parole nuov**e**.
*We are studying new words.*

1. A few adjectives, such as **ogni** *(every)*, **qualsiasi** *(any)*, and **qualche** *(some)*, have only one form and are used only with singular nouns.

ogni ragazzo e ogni ragazza
*every boy and girl*

qualsiasi richiesta
*any request*

qualche uomo e qualche donna
*some men and women*

---

[1] There are only a few adjectives in this class, but they are frequently used. The most common are: **comunista, fascista, socialista, femminista, ottimista, pessimista,** and **egoista.**

2. The adjective **blu** (*blue*) and other adjectives of color that were originally nouns (**rosa, viola,** etc.) are invariable.

un vestito rosa e un vestito rosso
*a pink dress and a red dress*

scarpe nere e guanti marroni
*black shoes and brown gloves*

3. If an adjective modifies two or more nouns of different genders, the masculine plural form is used.

Il vino e la birra sono cari.
*Wine and beer are expensive.*

4. Certain adjectives change their spelling in the plural. These changes follow the same patterns that nouns do. (See pages 16–17.) Other spelling changes in adjectives depend on where the stress falls in the word.

| | CHANGE | SINGULAR | PLURAL |
|---|---|---|---|
| stress on syllable preceding **-co/go** | -co → **chi** | stan**co** | stan**chi** |
| | -ca → -**che** | stan**ca** | stan**che** |
| | -go → -**ghi** | lun**go** | lun**ghi** |
| | -ga → -**ghe** | lun**ga** | lun**ghe** |
| stress on second syllable preceding **-co/-go** | -co → -**ci** | antip**atico** | antip**atici** |
| | -ca → -**che** | antip**atica** | antip**atiche** |
| | -go → **gi** | psic**ologo** | psic**ologi** |
| | -ga → -**ghe** | psic**ologa** | psic**ologhe** |
| the -**i**- is not stressed | -io → -**i** | vec**chio** | vec**chi** |
| | -ia → -**ie** | vec**chia** | vec**chie** |
| the -**i**- is stressed | -io → -**ii** | rest**io** | rest**ii** |
| | -ia → -**ie** | rest**ia** | rest**ie** |
| | -cio → -**ci** | ric**cio** | ric**ci** |
| | -cia → -**ce** | ric**cia** | ric**ce** |
| | -gio → -**gi** | greg**gio** | greg**gi** |
| | -gia → -**ge** | greg**gia** | greg**ge** |

B. The position of adjectives is governed by the following rules:

1. Descriptive adjectives generally follow the noun they modify.

una ragazza simpatica
*a pleasant girl*

un vino rosso
*a red wine*

due vestiti eleganti
*two elegant dresses*

They always follow the noun when modified by **molto** (*very*) or another adverb.

un palazzo molto bello
*a very beautiful palace*

una signora abbastanza giovane
*a fairly young lady*

2. Numerals and demonstrative, possessive, interrogative, and indefinite adjectives generally precede the noun they modify.

le prime cinque lezioni
*the first five lessons*

i nostri zii
*our uncles*

un'altra strada
*another road*

3. A few common descriptive adjectives usually precede the noun.

| bello | buono | grande | giovane | lungo |
|-------|-------|--------|---------|-------|
| brutto | cattivo | piccolo | vecchio | |

Facevamo lunghe passeggiate.
*We used to take long walks.*

C'era sempre un cattivo odore in cucina.
*There was always a bad smell in the kitchen.*

## ■ Esercizi

**a.** *Mettere al femminile e poi cambiare dal singolare al plurale.*

ESEMPIO    simpatico e gentile
**simpatica e gentile**
**simpatiche e gentili**

1. povero ma onesto
2. bello ma egoista
3. stanco morto
4. sano e salvo *(safe and sound)*
5. lungo e difficile
6. utile e necessario
7. stretto o largo *(narrow or wide)*
8. dolce o amaro *(sweet or bitter)*
9. grande e grosso
10. studioso e intelligente
11. felice e contento
12. brutto e antipatico
13. vecchio e malato
14. bianco, rosso e verde

**b.** *Completare le frasi con la forma corretta dell'aggettivo fra parentesi. Mettere l'aggettivo al posto giusto.*

ESEMPIO    (straniero) Studiamo due lingue.
**Studiamo due lingue straniere.**

1. (italiano) Conosci questo pittore?
2. (giallo) Mi piacciono le rose.
3. (antico) Voglio comprare dei mobili.
4. (pubblico) I giardini erano magnifici.
5. (vecchio) Sono quadri.
6. (insopportabile) Hanno due bambini.
7. (cattivo) Che odore!
8. (altro) Abbiamo un professore di fisica.
9. (barocco) Capite la musica?
10. (riccio) Mi piacciono i tuoi capelli.

**c.** *Cambiare al plurale.*

ESEMPIO    occhio nero
**occhi neri**

1. persona ricca
2. uovo fresco
3. giacca blu
4. moglie giovane
5. braccio lungo
6. catalogo artistico
7. albergo centrale
8. figlio unico
9. commedia magnifica
10. crisi inutile
11. parco famoso
12. esempio giusto
13. partito fascista
14. dito sporco
15. caffè caldo
16. film idiota
17. rivista comunista
18. ingegnere tedesco
19. specie rara
20. esercizio noioso

**d.** *Com'eri da bambino/a? Lavorando in coppia, ciascuno/a dei due interlocutori descrive all'altro com'era da bambino/a usando le parole che seguono in frasi complete.*

ESEMPIO **Quando ero bambino/a, ero studioso/a.**

1. biondo / bruno
2. grasso / magro
3. malinconico / allegro
4. timido / esuberante

5. nervoso / tranquillo
6. disordinato / ordinato
7. ribelle / ubbidiente
8. riflessivo / impulsivo

## Grande e santo

In addition to their regular forms, **grande** and **santo** may have shortened forms, but only when they precede the noun they modify.

1. **Grande** (*great, big*) can be shortened to **gran** before singular or plural nouns beginning with a consonant other than s + *consonant*, **z**, or **ps**.

   un gran poeta          una gran fame          gran signori
   (*but* un grande scrittore)

   The invariable form **gran** can be used as an adverb before an adjective to express the meaning of *quite*.

   una gran bella casa                    un gran bell'uomo
   *quite a beautiful home*               *quite a handsome man*

2. **Santo** (*saint*) is shortened to **San** before masculine names beginning with a consonant other than s + *consonant*, and to **Sant'** before masculine and feminine names beginning with a vowel.

   San Pietro          Santa Teresa          Sant'Antonio          Sant'Elena
   (*but* Santo Stefano)

   **Santo** (meaning *holy* or *blessed*) follows the regular pattern **santo, santa, santi, sante** and may precede or follow a noun.

   la Terra Santa          il Santo Padre          tutto il santo giorno
   *the Holy Land*          *the Holy Father*          *the whole blessed day*

## ■ Esercizio

*Inserire la forma corretta di* **grande** *o* **santo**. *Usare la forma abbreviata quando è possibile.*

ESEMPIO    Il tempo è una **gran** medicina.

1. Mi fate un _____ piacere se venite a trovarmi.
2. La festa di _____ Giovanni è il 24 giugno; quand'è la festa di _____ Anna?
3. Conosci la vita di _____ Caterina?
4. C'era una _____ folla in piazza quel giorno.
5. Silvio Berlusconi, oltre ad essere un politico, è un _____ industriale.
6. Il palazzo non sembrava _____.
7. È vero che studiate tutto il _____ giorno?
8. Monica Bellucci è una _____ bella donna.
9. Il santo protettore di Bari è _____ Nicola.
10. Le due _____ passioni di Marco sono il cinema e la televisione.

## III. Articolo indeterminativo

The forms of the **articolo indeterminativo** *(indefinite article)* are shown below. The form used depends on the gender of the noun it modifies and on the first letter of the word that follows it.

|  | MASCULINE | FEMININE |
|---|---|---|
| before a consonant | un | una |
| before **s** + *consonant*, **z**, or **ps** | uno | una |
| before a vowel | un | un' |

un romanzo e una commedia
*a novel and a comedy*

uno zio e una zia
*an uncle and an aunt*

un amico e un'amica
*a male friend and a female friend*

The word immediately following the article determines the form used (as in English: *an egg, a rotten egg*).

**uno** studente
**un'**edizione

**un** altro studente
**una** nuova edizione

**A.** **Un, uno, una,** and **un'** correspond to the English article *a, an*; they are also the forms of the numeral **uno** *(one)*.

Un caffè e una Coca-Cola, per favore!
*One coffee and one Coca-Cola, please!*

**B.** The indefinite article is omitted after the verbs **essere** and **diventare** *(to become)* before unmodified nouns indicating profession, nationality, religion, political affiliation, titles, and marital status.

Giancarlo vuole diventare medico.
*Giancarlo wants to become a doctor.*

Enrico era avvocato; era un bravo avvocato.
*Henry was a lawyer; he was a good lawyer.*

Lei era cattolica e lui era protestante.
*She was a Catholic and he was a Protestant.*

È sposato o è scapolo?
*Is he married or is he a bachelor?*

NOTE: **Fare** + *definite article* + *profession* is an alternative to **essere** + *profession*.

Enrico era avvocato.

Enrico faceva l'avvocato.

**C.** The article is also omitted after **che** *(what a)* in exclamations.

Che bella ragazza!
*What a beautiful girl!*

Che peccato!
*What a pity!*

**a.** *Inserire la forma corretta dell'articolo indeterminativo.*

1. È vero che la lezione di musica dura _____un'_____ ora e _____ quarto?
2. Ho _____ dubbio: mi hai detto che hai _____ nuovo videogioco o _____ lettore MP3?
3. Gianni fa _____ studio sugli immigrati calabresi a Toronto.
4. Abbiamo bisogno di _____ insegnante di educazione fisica.
5. Andare in palestra è _____ buona idea.
6. Paolo dice che ha _____ paghetta insufficiente.
7. Devo comprare _____ zaino *(backpack)* nuovo.
8. Aldo scrive _____ storia sulla vita di suo zio che abita a Buenos Aires.

**b.** *Cambiare dal plurale al singolare.*

ESEMPIO    due giornali e due riviste
   **un giornale e una rivista**

1. due alberghi e due pensioni
2. due mani e due piedi
3. due pere e due fichi
4. due italiani e due tedeschi
5. due signori e due signore
6. due automobili e due biciclette
7. due città e due paesi
8. due mogli e due mariti

**c. Antonio.** *Inserire le forme opportune dell'articolo indeterminativo, indicando con una X gli spazi vuoti in cui l'articolo non serve.*

Antonio era _____ cameriere. Era _____ italiano, ma voleva diventare _____ americano. Lavorava in _____ ristorante francese in _____ piccola città americana. Era _____ buon lavoro e lui era contento perché guadagnava _____ mucchio *(a lot)* di soldi. Voleva frequentare _____ università prestigiosa e diventare _____ avvocato. Sperava di trovare _____ ragazza simpatica e di abitare con lei in _____ bella casa vicino a _____ lago. Invece ha vinto alla lotteria ed è diventato _____ buono a nulla *(good for nothing)*.

## Buono e nessuno

**Buono** *(good)* and **nessuno** *(no, not . . . any)* have parallel forms when they directly precede the noun they modify. Note the similarity with the forms of the indefinite article **un.**

|  | SINGULAR | |
| --- | --- | --- |
|  | **Masculine** | **Feminine** |
| before a consonant | un / buon / nessun | una / buona / nessuna |
| before **s** + *consonant*, **z,** or **ps** | uno / buono / nessuno | una / buona / nessuna |
| before a vowel | un / buon / nessun | un' / buon' / nessun' |

**Buono** is regular in the plural: **buoni** and **buone**.

| | |
|---|---|
| buon amico | nessun Italiano |
| buon libro | nessun padre |
| buon'aranciata | nessun'Italiana |
| buono stipendio | nessuno zio |

When **buono** follows the noun it modifies, either directly or after the verb, the regular pattern applies: **buono, buona, buoni, buone.**

| | |
|---|---|
| un libro buono | Quest'arancia non sembra buona. |
| *a good book* | *This orange doesn't seem good.* |

## ■ Esercizio

*Inserire la forma corretta di* **buono** *o* **nessuno.**

ESEMPIO   Non c'era **nessuno** sbaglio.

1. Oggi sono di _____ umore perché ho ricevuto una _____ notizia.
2. _____ altro negozio vende questi dolci.
3. Le sue intenzioni non erano _____.
4. Non avete _____ ragione per criticarmi.
5. Ti raccomando i _____ spettacoli e i _____ compagni.
6. Gigi non ama _____ altra donna.
7. Non avevo _____ voglia di andare al cinema.
8. Non devi farlo, non è una _____ azione!
9. Non conosco _____ psichiatra italiano.
10. Il vino diventa _____ con gli anni.

## IV. Numeri cardinali

**A.** Cardinal numbers are used in counting, in indicating quantities, and in stating most dates. The Italian cardinal numbers from one to thirty are:

| | | |
|---|---|---|
| 1 uno | 11 undici | 21 ventuno |
| 2 due | 12 dodici | 22 ventidue |
| 3 tre | 13 tredici | 23 ventitré |
| 4 quattro | 14 quattordici | 24 ventiquattro |
| 5 cinque | 15 quindici | 25 venticinque |
| 6 sei | 16 sedici | 26 ventisei |
| 7 sette | 17 diciassette | 27 ventisette |
| 8 otto | 18 diciotto | 28 ventotto |
| 9 nove | 19 diciannove | 29 ventinove |
| 10 dieci | 20 venti | 30 trenta |

The numbers from forty on are:

| | | | |
|---|---|---|---|
| 40 quaranta | 100 cento | 700 settecento | 1.000.000 un milione |
| 50 cinquanta | 200 duecento | 800 ottocento | 2.000.000 due milioni |
| 60 sessanta | 300 trecento | 900 novecento | 1.000.000.000 un miliardo |
| 70 settanta | 400 quattrocento | 1.000 mille | 2.000.000.000 due miliardi |
| 80 ottanta | 500 cinquecento | 2.000 duemila | |
| 90 novanta | 600 seicento | | |

**B.** The following are some points to remember when using numbers.

1. The number **uno** follows the rules of the indefinite article.

   un caffè             uno scotch              un'aranciata
   un espresso          una Coca-Cola

2. Numbers ending with -**uno** (21, 31, etc.) may drop the -**o** in front of a plural noun.

   ventun ragazzi                        trentun ragazze

3. The indefinite article is not used with **cento** (*hundred*) and **mille** (*thousand*), but it is used with **milione.**

   cento soldati        mille soldati          un milione di soldati

4. *Eleven hundred, twelve hundred*, etc., are expressed as **millecento** (*one thousand one hundred*), **milleduecento** (*one thousand two hundred*).

5. The plural of **mille** is **mila:**

   mille euro           duemila euro           centomila euro

6. **Milione** (pl. **milioni**) and **miliardo** (pl. **miliardi**) are nouns and take **di** before another noun.

   sessanta milioni **di** italiani            un miliardo **di** euro

   *But:* due milioni cinquecentomila euro

**C.** Numbers are written differently in Italian compared to English.

1. In Italian, a comma is used instead of a decimal point to separate whole numbers from decimals.

   14,95 (read **quattordici e novantacinque**) = 14.95

2. A period is used instead of a comma to separate thousands from hundreds and millions from thousands.

   10.000 = 10,000                        57.000.000 = 57,000,000

**D.** Approximate quantities can be indicated with collective numbers, most of which are formed by adding the suffix -**ina** to the cardinal number (minus the final letter).

   venti                **una ventina**         *about twenty*
   quaranta             **una quarantina**      *about forty*

Exceptions: **un centinaio** (pl. **centinaia**) *about a hundred (hundreds)*; **un migliaio** (pl. **migliaia**) *about a thousand (thousands).*

These collective numbers are nouns and take **di** before another noun. In the singular they are preceded by the indefinite article.

Conosco una ventina di persone.          Ho visto centinaia di studenti.
*I know about twenty people.*            *I saw hundreds of students.*

—*Deve smettere di pensare ai soldi. Ma davvero possiede quattrocento milioni di euro?*

## ■ Esercizi

**a.** L'elenco telefonico *(telephone book)*. *Ecco alcuni numeri di telefono e il relativo prefisso* (area code). *Impara a pronunciarli e a scriverli all'italiana.*

ESEMPI    Roma: (06) 47 53 64 **(zero / sei)** **quattro / sette / cinque / tre / sei / quattro**
                 47 53 64 **quarantasette / cinquantatré / sessantaquattro**
                 69 97 462 **sessantanove / novantasette / quattrocentosessantadue**

| | | | |
|---|---|---|---|
| 1. | Genova: | (10) | 34 78 092    20 56 79 |
| 2. | Firenze: | (55) | 44 60 92    57 94 563 |
| 3. | Milano: | (02) | 79 86 345    70 84 21 |
| 4. | Napoli: | (81) | 78 76 75    90 74 20 |
| 5. | Pisa: | (50) | 44 37 869    23 33 43 |

**b.** **Anna immagina di essere molto ricca e di fare grandi spese.** *Pronunciare i numeri ad alta voce e poi scriverli.*

| | |
|---|---|
| un appartamento in città | € 700.000,00 |
| un'automobile di marca | € 45.000,00 |
| una collana di perle | € 1.800,00 |
| un bell'orologio d'oro | € 2.100,00 |
| un grande tappeto persiano | € 3.850,00 |
| TOTALE | € 752.750.00,00 |

## V. Il tempo

There are different ways to talk about weather conditions.

**A.** Che tempo fa?      *How's the weather?*
    Com'è il tempo?      *What's the weather like?*

    Fa bello (bel tempo).
    (Il tempo) È bello.    }    *It's nice (fine) weather.*

    Fa brutto (tempo).
    Fa cattivo tempo.   }    *It's bad weather.*
    (Il tempo) È brutto.

    Fa caldo (freddo, fresco).      *It's hot (cold, cool).*

**B.** C'è afa.      *It's muggy.*
    C'è foschia.      *It's hazy.*
    C'è (la) nebbia.      *It's foggy.*
    C'è il sole.      *It's sunny.*
    C'è (Tira) vento.      *It's windy.*
    È sereno.      *It's clear.*
    È coperto (nuvoloso).      *It's cloudy (overcast).*

**C.** Piove. (piovere)      *It's raining.*      la pioggia *rain*
    Nevica. (nevicare)      *It's snowing.*      la neve *snow*
    Grandina. (grandinare)      *It's hailing.*      la grandine *hail*

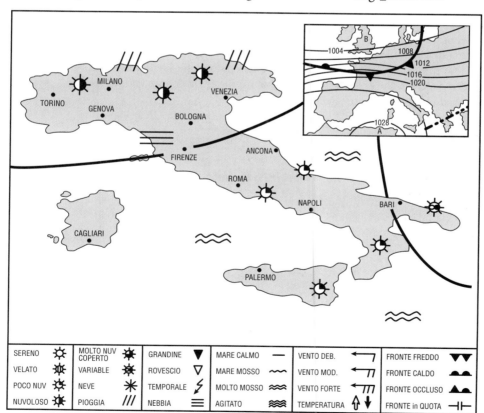

## ■ Esercizio

**Che tempo fa?** *In gruppi di due o tre studenti, fate delle domande sul tempo. Date tutte le informazioni possibili.*

1. Che tempo fa oggi?
2. Come sono le stagioni a San Francisco? E nel tuo paese di origine?
3. Com'è l'inverno a New York? E nella tua città di origine?
4. È bello l'autunno nella tua città?
5. Nevica qualche volta a Pasqua a Washington D.C.? E a Ottawa?
6. Dove fa bello oggi in Italia?
7. Che tempo fa a Milano? E a Palermo?
8. Se andiamo in Italia a luglio, che tempo troviamo?
9. E se andiamo a Natale?

 **LETTURA**

## ■ Prima di leggere

Susanna Tamaro è nata a Trieste nel 1957. A Roma frequenta il Centro Sperimentale di Cinematografia e si diploma in regia°. Nel 1989 esordisce° con *La testa fra le nuvole*, seguito da *Per voce sola* (1991) e poi da un libro per ragazzi, *Cuore di ciccia* (1992). *Va' dove ti porta il cuore* (1994), da cui è tratto il brano che segue, è diventato il libro italiano di maggior successo del secolo ed uno dei più tradotti per la stampa internazionale. Nel 1995 è anche diventato un film dal titolo omonimo.

*movie direction / begins*

Scritto in forma di diario, *Va' dove ti porta il cuore* si basa sul concetto del ricordo. Infatti è il ricordo il mezzo con cui la protagonista, Olga, prima che sia troppo tardi, vuole far rinascere° l'affetto che era esistito tra lei e la nipote nella speranza di chiarire e risolvere rancori° ed incomprensioni° del passato.

*revive*

*grudge, resentment / lack of understanding*

Il brano che segue, «22 dicembre», è l'ultima delle tante lettere che Olga scrive alla nipote che si trova in America e si conclude con un forte messaggio di amore e di speranza.

In gruppi di due o tre studenti, discutete le seguenti domande:

1. Vi ricordate di un rapporto d'infanzia con un parente anziano? Nonni, bisnonni, zii, prozii? Che rapporto avevate? Qual è il ricordo più intenso? Descrivetelo.

2. Vi ricordate come e con chi trascorrevate le feste? Quali erano i preparativi? Avete ancora un bel ricordo di tutto o c'era qualcosa che non sopportavate? Parlate dei vostri ricordi e delle vostre emozioni.

3. Avete dei ricordi che associano un cibo specifico ad una persona particolare della vostra infanzia? Se sì, spiegatelo.

4. Da bambini, avevate dei sogni o delle speranze per il vostro futuro? Spiegate quali. E adesso che siete cresciuti, li avete realizzati? Parlatene.

# ■ 22 dicembre

*allestire... : prepare the Nativity scene*

*muschio... : dried moss / hut / il bue... : the ox and the donkey comet / sideboard / la fila... : the three Wise Men in a row*

*non... : could not stand / were / avanzare... : slowly move forward*

*manger*

*sheep*

*non ti... : you would never get tired / flock unexpected / to bleat*

*pecorella... : lost sheep*

*ti porto... : I will rescue you*

*attic / Abbi... : Take good care of yourself*

*to fight*

*molta... : many leaves and a few roots / viene... : is uprooted scorre... : barely runs / uguale / ombra... : shade and shelter*

*non imboccarne... : don't enter one at random / Respira... : breathe deeply, trustingly*

Oggi, dopo la colazione, sono andata in salotto e ho cominciato ad allestire il presepe° al solito posto, vicino al camino. [...] Per prima cosa ho sistemato la carta verde, poi i pezzetti di muschio secco°, le palme, la capanna° con dentro san Giuseppe e la Madonna, il bue e l'asinello° [...] poi sono andata dall'altro lato della stanza e ho appeso la stella° sulla credenza°; sotto, un po' distante, ho disposto la fila dei Re° e dei cammelli.

Ti ricordi? Quand'eri piccola, con il furore di coerenza che contraddistingue i bambini, non sopportavi° che la stella e i tre Re stessero° fin dall'inizio vicino al presepe. Dovevano stare lontano e avanzare piano piano°, la stella un po' avanti e i tre Re subito dietro. Allo stesso modo non sopportavi che Gesù Bambino stesse prima del tempo nella greppia° e così dal cielo lo facevamo planare nella stalla alla mezzanotte in punto del ventiquattro. Mentre sistemavo le pecore° sul loro tappetino verde mi è tornata in mente un'altra cosa che amavi fare con il presepe, un gioco che avevi inventato tu e non ti stufavi° mai di ripetere. [...] Per Natale [...] nascondevi le pecorelle, quando io non vedevo ne prendevi una dal gregge° e la mettevi nei luoghi più impensati°, poi mi raggiungevi dov'ero e cominciavi a belare° con voce disperata. Allora iniziava la ricerca, lasciavo ciò che stavo facendo e con te dietro che ridevi e belavi giravo per la casa dicendo: «Dove sei pecorella smarrita°? Fatti trovare che ti porto in salvo°».

E adesso, pecorella, dove sei? Sei laggiù adesso mentre scrivo, tra i coyote e i cactus; quando starai leggendo con ogni probabilità sarai qui e le mie cose saranno già in soffitta°. Le mie parole ti avranno portato in salvo? [...] Abbi cura di te°. Ogni volta in cui, crescendo, avrai voglia di cambiare le cose sbagliate in cose giuste, ricordati che la prima rivoluzione da fare è quella dentro se stessi, la prima e la più importante. Lottare° per un'idea senza avere un'idea di sé è una delle cose più pericolose che si possano fare.

Ogni volta che ti sentirai smarrita, confusa, pensa agli alberi, ricordati del loro modo di crescere. Ricordati che un albero con molta chioma e poche radici° viene sradicato° al primo colpo di vento, mentre in un albero con molte radici e poca chioma la linfa scorre a stento°. Radici e chioma devono crescere in egual° misura, devi stare nelle cose e starci sopra, solo così potrai offrire ombra e riparo°, solo così alla stagione giusta potrai coprirti di fiori e di frutti.

E quando poi davanti a te si apriranno tante strade e non saprai quale prendere, non imboccarne° una a caso, ma siediti e aspetta. Respira con la profondità fiduciosa° con cui hai respirato il giorno in cui sei venuta al mondo, senza farti distrarre da nulla, aspetta e aspetta ancora. Stai ferma, in silenzio, e ascolta il tuo cuore. Quando poi ti parla, alzati e va' dove lui ti porta.

5

10

15

20

25

30

35

Susanna Tamaro, *Va' dove ti porta il cuore*

## ■ Comprensione

1. In che periodo dell'anno la nonna scrive la lettera? Che cosa preparava la nonna? Di cosa aveva bisogno?

2. Che cosa non sopportava la bambina nella sistemazione del presepe? Secondo te, perché la bambina si comportava così? Quali potevano essere le sue ragioni?

3. Quale gioco la nonna e la bambina facevano sempre a Natale?

4. Secondo te, dov'è la nipote quando la nonna scrive la lettera? Puoi immaginare in quale posto del mondo in particolare? E dov'è la nonna quando la nipote legge la lettera?

5. Perché la nonna parla degli alberi e delle radici? Che cosa significa questa metafora? Sei d'accordo? Discuti.

6. Quali sono i consigli che la nonna dà alla nipote? Scegli uno dei consigli ed esprimi le tue opinioni.

7. Qual è il messaggio finale che la nonna dà a sua nipote nella lettera? Sei d'accordo? Esprimi le tue opinioni.

## ■ Temi per componimento o discussione

1. Secondo voi com'era la vita degli adolescenti trent'anni o quarant'anni fa senza i computer ed i videogiochi? Chiedete ai vostri genitori, ai vostri zii, a qualche amico, e fatevi raccontare che cosa facevano per divertirsi, per passare il tempo libero. Poi fate un confronto tra l'adolescenza di allora e quella dei nostri giorni. Discutetene in classe.

2. La maggior parte delle persone in Italia è cattolica. Però, ci sono anche altri gruppi religiosi come gli ebrei e i musulmani. Quindi in Italia è possibile trovare, oltre alle chiese cristiane, alcune sinagoghe e qualche moschea. Parlate delle differenze delle tradizioni, soprattutto nelle feste, tra il vostro paese di origine e l'Italia.

3. Nel libro da cui è tratto il brano che hai letto, la nonna Olga era una figura molto importante nella vita della nipote. In Italia, in generale, la figura dei nonni è fondamentale nella famiglia. Infatti, quando i nonni vanno in pensione (retire), di solito rimangono vicino ai loro figli, e spesso vivono con loro. Qual è il ruolo dei nonni nella vostra famiglia? Cosa fanno i vostri nonni? Discutete le differenze tra il vostro paese e l'Italia.

4. Ricordi d'infanzia. Come trascorrevate il week-end quando eravate piccoli? Cosa facevate con gli amici? Avevate un amico / un'amica inseparabile? Com'era?

5. In gruppi di almeno tre studenti, immaginate di trovarvi nella situazione descritta qui sotto ed impersonate i seguenti ruoli:
   - una ragazza di 15 anni deve trascorrere una festività importante con tutta la sua famiglia, ma non ne ha voglia perché quella sera c'è una festa in discoteca con gli amici;
   - un amico della ragazza arriva per convincerla di andare alla festa;
   - la nonna della ragazza, scandalizzata, non capisce la nipote e dice che ai suoi tempi era diverso e le tradizioni familiari venivano rispettate.

   Cosa fa la ragazza? Va alla festa con i suoi amici o resta a casa con la famiglia? Scrivete un dialogo fra gli amici, e poi fra nonna e nipote, e rappresentatelo in classe. Usate l'imperfetto quando è necessario.

## Che tempo fa?

Il tempo influenza non solo i passatempi delle persone, ma anche il turismo. Che tempo fa in Italia? In inverno fa freddo al nord. Spesso nevica, principalmente sulle Alpi e sugli Appennini, con grande gioia degli sciatori! Al sud il tempo è più mite e l'inverno più corto. In autunno e in inverno la nebbia può diventare un problema serio, specialmente al nord.

L'estate è molto calda e afosa, in particolare nell'Italia meridionale, e non piove molto. In questa stagione è preferibile fare attività all'aperto di mattina o di sera. In autunno e in primavera la pioggia è più abbondante, soprattutto al nord e al centro. Generalmente, in queste stagioni il tempo è mite e molto apprezzato dai turisti.

**E tu, che tempo preferisci? Considera le seguenti domande e presenta le tue risposte ai compagni.**

1. Quali attività preferivi fare da piccolo/a? Come erano influenzate dal tempo?

2. Facevi dei viaggi da bambino/a? In quale stagione?

3. Secondo te, quale stagione è migliore per visitare Venezia? e la Sicilia? Perché?

Adesso guarda il video al sito web **www.cengage.com/login**. Quali sono le preferenze di questi giovani italiani? E quali sono le tue? Parlane con i tuoi compagni di classe. Puoi trovare altre attività basate sul video alla fine del Capitolo 2 del *Workbook* (nel *Student Activities Manual*) che accompagna questo libro.

## PER COMUNICARE

Track 5

**Dai, racconta!** Leslie, l'amica americana di Luciano, non è mai stata in Italia ed è molto curiosa.

| | |
|---|---|
| LESLIE: | A Milano abitavi in centro, non è vero? |
| LUCIANO: | Sì, avevamo una casa in via Manzoni. |
| LESLIE: | Era una casa grande? |
| LUCIANO: | Sì, cioè, mi spiego: non era una casa, era un grande appartamento in un vecchio palazzo. |
| LESLIE: | Ah sì? Ma è vero che in Italia sono pochi quelli che vivono in una casa con giardino e garage come in America? |
| LUCIANO: | Eh, sì. Grande o piccolo abbiamo quasi tutti un appartamento. |
| LESLIE: | Interessante! Dai, raccontami di più dell'Italia! |

*Controllare l'informazione*

| | |
|---|---|
| (Non) È vero che... ? | |
| (Non) È così? | *Isn't it so?* |
| Dico bene? | |
| Mi sbaglio? | *Am I wrong?* |
| Correggimi se sbaglio, ma... | *Tell me if I'm wrong, but . . .* |

*Chiarire e spiegare*

| | |
|---|---|
| Cioè, volevo dire... | *That is, I meant . . .* |
| Non proprio. | *Not really.* |
| O meglio | *Rather* |
| Piuttosto | |
| Mi spiego | *Let me explain* |
| A dir la verità | *To tell you the truth* |
| Veramente | |

*Sollecitare l'interlocutore*

| | |
|---|---|
| Dai, racconta! | *Come on, tell me!* |
| E poi che cosa ha detto / fatto? | *And then, what did he say / do?* |
| E dopo, com'è andata a finire? | *And then, how did it turn out?* |
| Vuoi dire che... ? | *Did you mean to say that . . . ?* |

*Esprimere incredulità*

| | |
|---|---|
| Ma è vero che... ? | *But is it true that . . . ?* |
| Mi hanno detto che... | *They told me that . . .* |
| Dici sul serio? | *Are you serious?* |
| Non sarà mica vero che... | *It isn't true that . . . , is it?* |
| È impossibile, non ci credo! | *It's impossible, I don't believe it!* |
| Stai scherzando! | *You must be joking!* |

## ■ Che cosa diciamo?

1. Un collega ti dice che è venuto a cercarti un signore che guidava una Ferrari rossa.

2. Hai comprato i biglietti per andare a sentire Andrea Bocelli ma un amico ti dice che il cantante è ammalato. Telefona al botteghino per avere conferma della notizia.

3. Hai detto al tuo ragazzo / alla tua ragazza che hai una macchina nuova, ma adesso spiega che invece l'hai comprata usata.

4. Un / Una collega ha preso in prestito il tuo libro d'italiano e ora ti dice che non lo trova più.

5. Hai promesso a un amico / un'amica di passare una settimana con lui / lei. Ora gli / le telefoni per cambiare il programma e dirgli/le che invece saranno solo tre giorni.

6. I tuoi amici sono certi che sei un ottimo suonatore di flauto e ti invitano a far parte di un gruppo musicale.

## ■ Situazioni

1. Stai guardando con un amico / un'amica un vecchio album di fotografie. Ci sono foto di te da bambino/a, dei tuoi familiari e della casa in cui abitavi quando eri piccolo/a. L'amico/a ti chiede di raccontargli/le della tua infanzia e anche tu vuoi informazioni sulla vita del tuo amico / della tua amica.

2. Un tuo compagno / una tua compagna ti dice di avere due biglietti per un ricevimento alla Casa Bianca e ti invita ad accompagnarlo/la. Tu non ci credi e lui / lei ti spiega come ha ottenuto i biglietti, ma tu sei convinto/a che ti sta prendendo in giro *(he is kidding you)*. Preparate insieme la conversazione e presentatela in classe.

3. Immagina di essere ospite di tuo nonno / tua nonna e di fargli/le molte domande sulla sua gioventù. Insieme ad un compagno / una compagna, che ti fa da interlocutore/-trice, prepara la conversazione.

# Che prezzi!

*Capitolo* **3**

Jupiterimages/Brand X Pictures/Getty Images

**In ascensore.** Marina incontra la signora Bussini, la vicina di casa, in ascensore. La signora è piena di buste e pacchetti.

MARINA: Buongiorno, signora. È stata in centro?

SIGNORA: Sì, da Benedettini, c'erano i saldi di fine stagione. Marina, non ho mai visto dei prezzi così bassi!

MARINA: Davvero? Normalmente Benedettini è così caro… anche durante i saldi è difficile trovare qualcosa veramente a buon mercato.

SIGNORA: Hai ragione. Comunque, dopo sono andata da Brogini e lì sì che ho speso un mucchio di soldi.

MARINA: Ha comprato il regalo per Giovanna?

SIGNORA: Ma sì; il commesso mi ha fatto un buono sconto su un servizio di posate stupendo, sai, l'ultima collezione di Alessi. Non ho saputo resistere. Naturalmente ho pagato con la VISA, ma non era il caso di risparmiare. Giovanna si sposa! Sai, hanno comprato un bell'appartamento in centro.

MARINA: Davvero? Mi fa proprio piacere. Ah, eccoci arrivate. ArriverderLa signora, e auguri a Giovanna.

SIGNORA: Grazie. Ciao, Marina, e tanti saluti alla mamma.

### ■ Esercizi

**a.** *Vero o falso?*

_____ 1. Marina ha incontrato la signora Bussini nel corridoio.
_____ 2. Benedettini ha sempre dei prezzi molto convenienti.
_____ 3. Da Brogini la signora ha risparmiato.
_____ 4. La signora ha comprato un regalo per Giovanna.
_____ 5. La signora ha pagato in contanti.
_____ 6. Marina fa gli auguri alla signora Bussini.

**b.** *Sostituire le parole in corsivo con un'espressione equivalente.*

1. La signora non aveva abbastanza *soldi* per pagare il servizio di posate.
2. Gli articoli di Benedettini sono belli ma molto *cari*.
3. La commessa *ha venduto il vestito ad un prezzo più basso*.
4. Durante *i saldi* i prezzi sono sempre *convenienti*.
5. *Ho pagato 25 euro in meno*.

## VIVERE IN ITALIA | Le spese

Fare le spese è divertente, ma è piacevole anche guardare le vetrine senza comprare niente. Non sono tanti coloro che possono fare acquisti nei negozi degli stilisti famosi. Gli abiti di Miuccia Prada e di Roberto Cavalli, le creazioni di Gianni Versace e Giorgio Armani, le borse, le scarpe e gli orologi di Gucci sono un privilegio di pochi. Gli Italiani comunque curano molto l'abbigliamento. In ogni quartiere ci sono negozi che offrono pochi modelli prodotti da

*(continues)*

piccole industrie: si tratta di articoli originali e di buona qualità anche se non firmati. Ci sono poi grandi magazzini come La Rinascente, che propone articoli a livello medio-alto e a prezzi ragionevoli, e UPIM, dove si può comprare più a buon mercato. Da una quindicina di anni sono comparsi gli outlet e altri negozi di vendita diretta dal produttore al consumatore. Lì si trovano spesso articoli di prima qualità ma invenduti, con sconti fino al 50%. Piacciono molto ai giovani, che frequentano volentieri anche i negozi di Gap e Benetton. Dall'estero sono apprezzati jeans, Abercrombie & Fitch, magliette, macchine fotografiche ed altri articoli elettronici. Hanno successo i mercatini all'aperto e quelli dell'usato. Sono di uso comune le carte di credito e ancora di più le carte di debito (Bancomat), considerate più sicure. In generale, nei negozi piccoli è consigliabile portare contanti perché non tutti hanno «la macchinetta». Attenzione a non acquistare un articolo sbagliato: nella maggior parte dei casi non è possibile restituirlo, al massimo si potrà cambiare oppure si otterrà un buono acquisto.

## ■ Vocabolario utile

### Fare la spesa

**il / la cliente** client
**il / la consumatore/-trice** consumer
**il / la negoziante** store owner
**il / la commerciante** shopkeeper
**il / la commesso/a** shop assistant
**il / la venditore/-trice ambulante** street seller/
   peddler

### Dove facciamo la spesa?

**il mercato** market
**il mercatino** small market
**la bancarella (di frutta)** (fruit) stand

**il negozio** shop
**il negozio di fiducia** "trusted shop"
**la boutique d'alta moda** high-fashion boutique

**il grande magazzino** department store
**il centro commerciale** mall
**l'_outlet_** outlet
**il supermercato** supermarket
**l'ipermercato** superstore
**il _discount_** discount market

### Nel negozio…

**la lista della spesa** shopping list
**il cestello, cestino** basket
**lo scaffale** shelf
**lo sconto** discount
**la cassa** check-out counter

**lo scontrino, la ricevuta** receipt
**il prezzo** price
**la carta Bancomat** debit card
**la carta di credito** credit card

**l'acquisto** the purchase
**la marca** brand
**il prodotto di marca** brand-name product
**firmato** designer (lit. "signed")

**l'etichetta** label
**lo / la stilista** stylist
**il cartellino dei prezzi** price tag
**la confezione regalo** gift set
**la busta** bag
**il pacchetto** small package
**la pubblicità** publicity
**il _depliant_** brochure/leaflet
**il prodotto in promozione** special-offer item
**a buon mercato** a good deal
**i saldi di fine stagione** end-of-season sale
**il buono acquisto** store credit

### Espressioni utili

**comprare** to purchase
**fare la spesa** to go grocery shopping
**fare le spese** to go shopping in general

**fare bella figura to** make a good impression
**fare una figuraccia to** make a very bad
   impression

fare acquisti to go shopping
fare commissioni to run errands
*andare in giro per negozi to go shopping
guardare le vetrine window-shopping

fare quadrare i conti to balance the checkbook

pagare in contanti to pay with cash
pagare a rate to pay by installment
pagare con la carta di credito to pay with a credit card
pagare con la carta Bancomat to pay with a debit card
pagare la bolletta (del gas) to pay the (gas) bill

curare l'abbigliamento / il proprio *look* to pay attention to your image

risparmiare (tempo, soldi) to save (time, money)
spendere un mucchio di soldi to spend a lot of money
*costare un occhio lit. "cost an eye": to cost a lot

evitare le fregature to avoid a swindle
*arrangiarsi to get by
*essere al verde to be broke

lo stipendio salary
le vendite sales
la vendita al dettaglio wholesale
la ditta company

*Un ripasso: Verbi*

alzare Perché hai alzato la mano?
*alzarsi La domenica mi alzo sempre tardi.
essere alzato/a Sono le sei e la mamma è già alzata.

aumentare Hanno aumentato il prezzo dell'olio.

*tornare Sei tornata tardi ieri sera.
*ritornare Devo ritornare a casa prima delle sette.
riportare Hai riportato i libri alla biblioteca?
restituire Gianni, ti devo restituire i soldi.

chiedere Ho chiesto il conto al cameriere.
domandare Ho domandato a papà quando torna.
fare una domanda Gli studenti devono fare domande in classe se non hanno capito l'esercizio.

## ■ Pratica

a. *Scegliere la parola che completa meglio la frase.*

1. Non dovete (chiedere / fare) domande imbarazzanti.
2. Non sono ancora le otto e la mamma (si alza / è alzata) da due ore!
3. Ho bisogno della ricevuta *(receipt)*. Ricordati di (chiederla / domandarla)!
4. Non sappiamo perché non hanno (alzato / aumentato) il prezzo della benzina quest'estate.
5. Perché non hai (restituito / ritornato) la macchina fotografica a Simona?

b. *Inserire le parole opportune.*

1. Abbiamo perso la strada! Perché non _____ indietro?
2. In periodo di esami noi _____ a studiare fino a tardi.
3. I miei studenti _____ sempre tante _____ e io rispondo.
4. Quando papà _____ la voce vuol dire che è arrabbiato.
5. Ho bisogno di soldi, ma non ho il coraggio di _____ li ancora a mia madre.
6. Diego voleva _____ ti un'informazione, ma non c'eri.

c. *Domande.*

1. In quali giorni della settimana ti alzi tardi? Quante volte ti sei alzato/a tardi questa settimana?
2. Trovi facile chiedere favori alla gente? Che cosa chiedi senza problema e che cosa non chiedi mai?

3. Hanno aumentato le tasse *(tuition)* alla tua università negli ultimi anni? Quanto paghi all'anno? Ti sembra troppo? poco? giusto? Perché?
4. Quando vai in vacanza ti piace tornare nei posti che conosci? Perché?
5. Riporti spesso i tuoi acquisti ai negozi dove li ha comprati? Perché?

## ■ A voi la parola

**Le spese.** *In gruppi di due o tre, discutete le domande che seguono.*

1. Nella vostra città ci sono strade eleganti dove è piacevole passeggiare e guardare le vetrine? Che negozi ci sono?

2. Quali negozi vendono articoli a buon mercato? Che cosa conviene comprare in questi negozi? Sono articoli di buona qualità?

3. In Italia, di solito un regalo di nozze è un oggetto per la casa piuttosto costoso. Sono famose, per esempio, le porcellane e i cristalli di Richard Ginori ma anche La Rinascente e altri negozi più modesti offrono «liste nozze» interessanti. Cosa vi piace regalare ai vostri amici che si sposano? In quali negozi fate i vostri acquisti?

4. Gli Italiani tendono a fare le spese nei loro «negozi di fiducia», oppure negli outlet dove sperano di trovare articoli di marca a buon mercato. Voi dove fate le spese?

5. Ci sono prodotti italiani che vi piacciono in particolare? Supponete di voler comprare qualcosa per voi, o per i vostri genitori, o per i vostri amici. Cosa scegliete?

6. Facciamo la spesa! Giriamo per i negozi! Immaginate di essere insieme ai vostri amici a fare la spesa oppure a fare acquisti. Rappresentate la scena.

**Spaccio Alessi**
via Privata Alessi 6
Crusinallo di Omegna
**SALDI**—Sconti dal 30 al 50%
Non si può cambiare la merce
acquistata in saldo.

***

**Centro Spendibene**
**Factory Outlet**
**Km 15, via Ardeatina, Roma**
Invenduto e rimanenze di classe:
camere letto / pranzo / soggiorno,
mobili studio, cucine e accessori
bagno a prezzi scontati.
Ribassi tra il 30 e il 40%.
Visitateci su Internet e
paragonate foto e prezzi.
www.superscntiarde@iol.it

Esempio di annuncio economico.
È simile o diverso dagli annunci che leggete nei giornali? In che senso?

Tutte le persone fanno domande, agli altri e a se stessi! «(Tanto)³» è una canzone rap italiana che rappresenta un dialogo interiore costituito da una serie di domande e risposte. Per ascoltarla, vai al sito web **www.cengage.com/login** (clicca sul «iTunes playlist»). Puoi trovare altre informazioni ed attività su questa canzone alla fine del Capitolo 3 del *Lab Manual* (nel *Student Activities Manual*) che accompagna questo libro.

## STRUTTURA

### I. Passato prossimo

The **passato prossimo** is a compound tense. It is formed with the appropriate form of the present tense of an auxiliary verb, either **avere** or **essere**, plus the past participle of the verb. The past participle is formed by adding the appropriate ending to the infinitive stem.

| INFINITIVE | ENDING | PAST PARTICIPLE |
|---|---|---|
| amare | -ato | amato |
| credere | -uto | creduto |
| finire | -ito | finito |

**A.** For verbs conjugated with **avere,** the past participle does not change form unless a direct-object pronoun precedes the verb (see p. 89).

| PASSATO PROSSIMO *WITH* AVERE | | |
|---|---|---|
| **Amare** | **Credere** | **Finire** |
| ho amato | ho creduto | ho finito |
| hai amato | hai creduto | hai finito |
| ha amato | ha creduto | ha finito |
| abbiamo amato | abbiamo creduto | abbiamo finito |
| avete amato | avete creduto | avete finito |
| hanno amato | hanno creduto | hanno finito |

La signora Bussini ha comprato un regalo per Giovanna.
*Mrs. Bussini bought a present for Giovanna.*

Hai risparmiato cento euro.
*You saved one hundred euros.*

**B.** For verbs conjugated with **essere,** the past participle functions like an adjective and agrees in gender and number with the subject of the verb. There are thus four possible endings: **-o, -a, -i, -e.**

| PASSATO PROSSIMO *WITH* ESSERE | | |
|---|---|---|
| **Entrare** | **Cadere** | **Uscire** |
| sono entrato/a | sono caduto/a | sono uscito/a |
| sei entrato/a | sei caduto/a | sei uscito/a |
| è entrato/a | è caduto/a | è uscito/a |
| siamo entrati/e | siamo caduti/e | siamo usciti/e |
| siete entrati/e | siete caduti/e | siete usciti/e |
| sono entrati/e | sono caduti/e | sono usciti/e |

Maria è andata in centro.
*Maria went downtown.*

Anche Anna e Pia sono andate in centro.
*Anna and Pia went downtown, too.*

**C.** **Essere** is used with:

1. many verbs of motion (**andare** *to go*, **partire** *to leave*) or being (**stare** *to stay*, **rimanere** *to remain*) and change of status (**dimagrire** *to lose weight*, **morire** *to die*). See the Appendix for a list of verbs requiring **essere** in the **passato prossimo.**

   Chi è andato in aereo?
   *Who went by plane?*

   La posta non è arrivata.
   *The mail didn't arrive.*

   Quando siete partiti?
   *When did you leave?*

   Le ragazze sono state all'outlet di Versace.
   *The girls went to the Versace outlet.*

   **Essere** uses the past participle of **stare** as its past participle: **stato.** Thus, the **passato prossimo** of **stare** and **essere** is the same:

   Sono stato fortunato.
   *I was lucky.*

   Sono stato a casa.
   *I stayed home.*

2. reflexive verbs and reciprocal actions (see **Capitolo 5**):

   Mi sono lavato.
   *I washed (myself).*

   Ci siamo visti al cinema.
   *We saw each other at the movies.*

**D.** The **passato prossimo** is used to report a completed action or event or fact that took place in the past. It has three equivalents in English:

ho lavorato $\begin{cases} \textit{I have worked} \\ \textit{I worked} \\ \textit{I did work} \end{cases}$

Note that the English equivalent of the **passato prossimo** can be either a compound form or, as is usually the case, a simple form.

## ■ Esercizio

*Inserire la forma appropriata di* **avere** *o* **essere** *e dare la terminazione corretta del participio.*

1. Il signor Bianchi _____ha_____ vendut_o____ molti dischi.
2. Quanto tempo _____ durat_____ i saldi?
3. Perché voi due non _____ venut_____ in giro per i negozi sabato pomeriggio?
4. Giovanna ed io _____ ricevut_____ tante confezioni regalo per Natale.
5. Mamma, non _____ uscit_____ ieri?
6. Gli studenti _____ avut_____ buoni voti.
7. Questo frigo non _____ costat_____ molto.
8. Papà, _____ finit_____ di leggere il giornale?
9. Teresa _____ stat_____ molto gentile con me.
10. ____avete____ capit_ø___, ragazzi?
11. Noi _____ rimast_____ in questo quartiere dieci anni.
12. Nonno, tu _____ nat_____ in Italia o in America?
13. Perché la professoressa si _____ arrabbiat_____?
14. I miei zii _____ viaggiat_____ molto.

## Participi passati irregolari

The following verbs have an irregular past participle. Most of them are second-conjugation verbs. An asterisk indicates those that require **essere**.

| INFINITIVE | PAST PARTICIPLE | INFINITIVE | PAST PARTICIPLE |
|---|---|---|---|
| accendere *to light; to turn on* | **acceso** | *rimanere *to remain* | **rimasto** |
| | | rispondere *to answer, reply* | **risposto** |
| aprire *to open* | **aperto** | | |
| bere *to drink* | **bevuto** | rompere *to break* | **rotto** |
| chiedere *to ask* | **chiesto** | scegliere *to choose* | **scelto** |
| chiudere *to close* | **chiuso** | *scendere *to go down* | **sceso** |
| correre *to run* | **corso** | scrivere *to write* | **scritto** |
| decidere *to decide* | **deciso** | smettere *to stop* | **smesso** |
| dire *to say, tell* | **detto** | spegnere *to turn off* | **spento** |
| fare *to do; to make* | **fatto** | spendere *to spend* | **speso** |
| leggere *to read* | **letto** | *succedere *to happen* | **successo** |
| mettere *to put* | **messo** | tradurre *to translate* | **tradotto** |
| *morire *to die* | **morto** | vedere *to see* | **visto / veduto** |
| *nascere *to be born* | **nato** | *venire *to come* | **venuto** |
| offrire *to offer* | **offerto** | vincere *to win* | **vinto** |
| perdere *to lose* | **perso / perduto** | vivere *to live* | **vissuto** |
| prendere *to take* | **preso** | uccidere *to kill* | **ucciso** |

Hanno speso cinque euro.
*They spent five euros.*

Chi ha rotto il bicchiere?
*Who broke the glass?*

Perché non siete venuti?
*Why didn't you come?*

Che cosa è successo?
*What happened?*

Verbs ending in **-scere** and **-cere** have a past participle ending in **-iuto**.

Ho conosciuto uno scrittore.          Il film è piaciuto a tutti.
*I met a writer.*                     *Everyone liked the film.*

## ■ Esercizi

**a.** *Inserire la forma corretta del passato prossimo del verbo fra parentesi.*

1. Che cosa (perdere) _____, mamma?
2. Tutti (prendere) _____ il caffè.
3. Alberto (diventare) __è diventato__ un famoso scrittore.
4. I prezzi in Italia mi (sembrare) _____ molto cari.
5. Signorina, quanto (spendere) __ha speso__ ?
6. Voi (venire) _____ a piedi?
7. Uno studente mi (chiedere) _____ se poteva fumare, ma io (rispondere) _____ di no.
8. Anche voi (bere) _____ birra?
9. Io (dire) _____ buon giorno, loro mi (dire) _____ ciao!
10. Neanche lei (tradurre) _____ le frasi.
11. I miei amici (decidere) _____ di aspettare un altro mese.
12. Che tempo (fare) _____ ieri?
13. Noi (scegliere) _____ un appartamento di quattro stanze.
14. Non ricordo che cosa (succedere) __è successo__ dieci anni fa.
15. Nessuno (accendere) __ha acceso__ la radio.

**b. Maschile, femminile.** *Riscrivi ogni frase cambiando dal maschile al femminile, e viceversa, facendo tutti i cambiamenti necessari. Ricorda che molti nomi hanno la stessa forma per il maschile e per il femminile e che il solo cambiamento necessario è quello dell'articolo o dell'aggettivo che li accompagna.*

1. Il protagonista del nuovo film ha annunciato il suo matrimonio.
2. Mio nipote è andato in vacanza.
3. Un uomo si è avvicinato al bambino.
4. Sua sorella è diventata farmacista.
5. Il dottore mi ha fatto i raggi X (*read* "ics").
6. Il grande scrittore ha tenuto una conferenza stampa.
7. Nessun amico mi ha scritto a Natale.
8. L'autrice del libro è morta.

**c. Gli scioperi.** *Michele racconta quello che ha fatto durante un periodo di scioperi. Riscrivere il brano al passato prossimo.*

Ci sono molti scioperi in questo mese e decido di partecipare anch'io. Invece di lavorare, faccio delle belle passeggiate. Prendo tanti libri in biblioteca e li leggo con interesse. Preparo dei pranzi meravigliosi e li offro agli amici. Qualche volta vado al cinema qui vicino e vedo dei vecchi film di Chaplin molto divertenti. Decido perfino di comprare un televisore nuovo e spendo un mucchio di soldi. Che bello fare sciopero!

**d. Che giornataccia (*What a bad day*)!** *Racconta ad un amico / un'amica che cosa hai fatto oggi. L'amico/a ti fa le domande e tu rispondi facendo riferimento alla lista seguente. Alternatevi nei ruoli.*

1. svegliarsi alle 7.00
2. fare la doccia
3. fare colazione e vestirsi in fretta e furia

4. correre alla fermata dell'autobus
5. perdere l'autobus
6. arrivare all'università in ritardo ed entrare nell'aula sbagliata
7. rimanere a lezione fino all'una
8. pranzare alla mensa con Roberta
9. cominciare la ricerca di storia in biblioteca
10. prendere l'autobus e scendere una fermata prima
11. fare due passi prima di arrivare a casa

**e.** **Il milionario eccentrico.** *Il signor Bonaventura è un milionario eccentrico. Un giorno ti offre die-cimila dollari a una condizione: devi poi dirgli come hai speso i soldi. Tu accetti e prendi i soldi, li spendi e adesso devi spiegare come li hai spesi.*

## ■ Essere o avere?

Some verbs may be conjugated with either **essere** or **avere** depending on how they are used.

**A.** Some weather expressions take either **essere** or **avere.**

| È piovuto. (Ha piovuto.) | È nevicato. (Ha nevicato.) | È grandinato. (Ha grandinato.) |
|---|---|---|
| *It rained.* | *It snowed.* | *It hailed.* |

**B.** Some verbs require **essere** when used intransitively (without a direct object) and **avere** when used transitively (with a direct object). Note that sometimes the meaning of the verb changes.

| passare | **Sono passato** in biblioteca.<br>*I stopped at the library.* | **Ho passato** un'ora in biblioteca.<br>*I spent one hour in the library.* |
|---|---|---|
| salire | **Sono saliti** sul treno.<br>*They boarded the train.* | **Hanno salito** la collina.<br>*They climbed the hill.* |
| scendere | **Siamo scesi** in cantina.<br>*We went down in the cellar.* | **Abbiamo sceso** le scale.<br>*We went down the stairs.* |
| cambiare | La mia vita **è cambiata.**<br>*My life has changed.* | **Ho cambiato** abitudini.<br>*I changed habits.* |
| cominciare | Quando **è cominciato** l'anno accademico?<br>*When did the academic year start?* | Quando **hai cominciato** la lezione?<br>*When did you begin the lesson?* |
| finire | Le vacanze **sono finite** il 30 agosto.<br>*Vacation was over on August 30.* | **Abbiamo finito** il libro.<br>*We have finished the book.* |

**C.** Some verbs of movement take **essere** if a point of departure or a point of arrival is mentioned, no matter how general; otherwise they take **avere.**

| correre | **Sono corso** a casa a prendere la chiave.<br>*I ran home to get the key.* | Sono stanco perché **ho corso.**<br>*I am tired because I ran.* |
|---|---|---|
| saltare | Il gatto **è saltato** dalla finestra.<br>*The cat jumped from the window.* | Il bambino **ha saltato** tutto il giorno.<br>*The child jumped up and down all day.* |
| volare | L'uccello **è volato** sull'albero e poi **è volato** via.<br>*The bird flew to the tree and then flew away.* | Il nonno non **ha** mai **volato.**<br>*Grandpa has never flown.* |

**D.** When used alone (not followed by an infinitive), **dovere, potere,** and **volere** require **avere.**

—Non sei andato?    —No, non ho potuto.
  *You didn't go?*      *No, I couldn't.*

When followed by an infinitive, these three verbs are conjugated with **avere** or **essere** depending on whether the verb in the infinitive normally requires **avere** or **essere.** It is, however, becoming more and more frequent to use **avere** with **dovere, potere,** and **volere** regardless of the infinitive.

Non ho potuto dormire.    È dovuto partire.
*I couldn't sleep.*          Ha dovuto partire.
                            *He had to leave.*

If **dovere, potere,** or **volere** accompany a reflexive verb, two constructions are possible: with **avere,** the reflexive pronoun is attached to the infinitive of the verb; with **essere,** the reflexive pronoun precedes the conjugated form of **essere.** (See p. 115).

Ho dovuto lavar**mi.**         Non avete voluto curar**vi.**
**Mi** sono dovuto lavare.     Non **vi** siete voluti curare.
*I had to wash.*              *You refused to take care of yourselves.*

## ■ Esercizio

*Riscrivere le seguenti frasi al passato prossimo.*

1. Quando andiamo all'università, passiamo davanti al monumento a Cristoforo Colombo.
2. Dove passi le vacanze?
3. Quando finiscono le lezioni?
4. Non vogliono partire in agosto.
5. La ragazza scende dal treno e corre verso i genitori.
6. Salgono e scendono le scale molte volte e così si stancano.
7. —Non vi fermate?
   —No, non possiamo fermarci.
8. A che ora comincia il film?
9. Corro a casa appena posso.
10. Voli sempre con l'Alitalia?

## II. Articolo determinativo

The **articolo determinativo** (*definite article*) has seven different forms according to the gender, number, and first letter of the word it precedes. The English equivalent is always *the.*
Its forms are:

|  | SINGULAR | | PLURAL | |
|---|---|---|---|---|
|  | Masculine | Feminine | Masculine | Feminine |
| before a consonant | il | la | i | le |
| before s + *consonant*, z, and ps | lo | la | gli | le |
| before a vowel | l' | l' | gli | le |

il dottore e lo psichiatra
la sorella e l'amica
gli americani e le americane

Note that the article is repeated before each noun.

The word immediately following the article determines its form.

**il** ragazzo
*the boy*

**lo** zio
*the uncle*

**l'**altro ragazzo
*the other boy*

**il** giovane zio
*the young uncle*

## Preposizioni articolate

Some common prepositions combine with the definite article to form a single word.

| PREPOSITIONS + ARTICLES | | | | | | | |
|---|---|---|---|---|---|---|---|
| | +il | +lo | +la | +l' | +i | +gli | + le |
| a | al | allo | alla | all' | ai | agli | alle |
| da | dal | dallo | dalla | dall' | dai | dagli | dalle |
| su | sul | sullo | sulla | sull' | sui | sugli | sulle |
| in | nel | nello | nella | nell' | nei | negli | nelle |
| di | del | dello | della | dell' | dei | degli | delle |
| con | col | | | | coi | | |

Note that in modern Italian **con** may combine with the article in only two instances:
con + il = **col**       con + i = **coi**

al caffè della stazione
*at the railroad-station bar*

nelle ore dei pasti
*at mealtimes*

sui treni e sugli aeroplani
*on the trains and on the planes*

tè col (con il) latte
*tea with milk*

nel palazzo dell'avvocato
*in the lawyer's building*

all'inizio e alla fine
*at the beginning and the end*

**A.** The preposition alone is used in common expressions referring to places and rooms of a house.

| | | | |
|---|---|---|---|
| **in campagna** | *in, to the country* | **in salotto** | *in, to the living room* |
| **in montagna** | *in, to the mountains* | **in biblioteca** | *in, at, to the library* |
| **in città** | *in, to the city / town, downtown* | **in giardino** | *in, to the garden* |
| **in paese** | *in, to the village* | **in chiesa** | *in, to the church* |
| **in cucina** | *in, to the kitchen* | **a teatro** | *at, to the theater* |

The article must be used, however, if the noun is modified by an adjective or phrase.

nel giardino pubblico
*in the public garden*

nella biblioteca dello zio
*in the uncle's library*

**B.** Note the following special idiomatic uses of prepositions.

| | | | |
|---|---|---|---|
| **alla** radio | *on the radio* | **al** telefono | *on the phone* |
| **alla** televisione | *on TV* | **sul** giornale | *in the newspaper* |

**C.** The prepositions listed in the chart above, especially **a** and **di,** may be used with other prepositions to form prepositional phrases.

| | | | |
|---|---|---|---|
| vicino a | *near* | prima di | *before* |
| lontano da | *far from* | oltre a | *in addition to* |
| davanti a | *in front of* | fino a | *till, until* |
| dietro (a) | *behind* | invece di | *instead of* |

Devo prendere la medicina prima
   dei pasti o dopo i pasti?
*Shall I take the medicine before meals
   or after meals?*

Bevono il tè invece del caffè.
*They drink tea instead of coffee.*

C'è una banca vicino all'università.
*There is a bank near the university.*

Cosa c'è dietro il (al) muro?
*What is behind the wall?*

## Uso dell'articolo determinativo

Unlike English, Italian uses the definite article in the following cases:

1. With geographical names (names of continents, countries, rivers, states, provinces, large islands, mountains, lakes).

   **L'**Italia è bella.
   *Italy is beautiful.*

   Conosci **il** Massachusetts?
   *Do you know Massachusetts?*

   However, the article is omitted after **in** if the geographical term is unmodified, feminine, and singular.

   La Toscana è **in** Italia, **nell'**Italia
      centrale.
   *Tuscany is in Italy, in central Italy.*

   Boston è **nel** Massachusetts, **nell'**America
      del Nord.
   *Boston is in Massachusetts, in North America.*

2. With days of the week in the singular to indicate a regular weekly occurrence.

   Mangiamo pesce **il** venerdì.
   *We eat fish on Fridays.*

   The definite article is omitted when referring to a specific day.

   Mario è arrivato venerdì.
   *Mario arrived on Friday.*

3. With proper names preceded by a title (Signore,[1] Dottore, Professore, Avvocato, Conte, Signora, Signorina, etc.).

   **Il** Professor Bianchi insegna bene.
   *Professor Bianchi teaches well.*

   The definite article is omitted, however, when speaking directly to the person in question.

   Professor Bianchi, ha letto il romanzo *Il bell'Antonio*?
   *Professor Bianchi, have you read the novel* Il bell'Antonio?

   Buon giorno, signora Rossi. Come sta?
   *Good morning, Mrs. Rossi, how are you?*

---

[1] Titles ending in **-ore** drop the **-e** before a proper name or noun. The capitalization of titles is optional.

```
┌─────────────────────────────────────────────┐
│                                               │
│      Dott. Prof. Arch. Luigi Nigro            │
│                                               │
│                                               │
│                                               │
│   Viale Carso 71          Tel. (06) 37.99.15.00 │
│   00195 Roma              architre@scalinet.it │
│                                               │
└─────────────────────────────────────────────┘
                          ┌────────────────────────────────────┐
                          │                                     │
                          │        Maria Claudia Vico           │
                          │  Assistenza turistica in francese ed inglese │
                          │                                     │
                          │                                     │
                          │   Corso Vannucci 80    Tel. (075) 36.150 │
                          │   06100 Perugia        mariavico@caspur.it │
┌─────────────────────────────────────────────┐│                                     │
│                                             │└────────────────────────────────────┘
│      Studio Medico Dentistico               │
│         Dott. Fabio Foschi                  │
│                                             │
│                                             │
│   Via San Martino 78      Tel. (06) 647.1324 │
│   00181 Roma              odofo@tiling.it    │
│                                             │
└─────────────────────────────────────────────┘
```

4. Before names of languages (all languages are masculine) unless they are preceded by **di** or **in.** The article is also frequently omitted when the language is the object of the verbs **parlare, insegnare,** or **studiare:**

Impariamo **il** francese.          Ecco il libro **di** francese.
*We are learning French.*          *Here is the French book.*

È scritto **in** francese.          In classe **parliamo francese.**
*It is written in French.*          *In class we speak French.*

5. Before nouns used as generalities or to designate an entire category.

**Gli** uomini sono mortali.        **La** pazienza è una virtù.
*Men are mortal.*                   *Patience is a virtue.*

**Lo** zucchero è bianco.
*Sugar is white.*

6. Instead of the possessive (*my, your, his,* etc.) when referring to parts of the body, articles of clothing, and personal effects belonging to the subject of the verb. (See p. 96).

Ha alzato **la** mano.              Ti sei messo **i** guanti?
*He raised his hand.*               *Did you put on your gloves?*

7. After the verb **avere** with nouns that describe a person physically.

Mirella ha **i** capelli biondi e **gli** occhi verdi.      La bambina aveva **le** mani fredde.
*Mirella has blond hair and green eyes.*      *The child had cold hands.*

8. When combined with **a** to convey *every* or *per*.

Lavoriamo otto ore **al** giorno.      Novanta chilometri **all'**ora.
*We work eight hours a day.*      *Ninety kilometers an (per) hour.*

Costa un euro **al** chilo.
*It costs one euro a kilo.*

## ■ Esercizio

*Inserire la forma corretta dell'articolo o della preposizione (semplice o articolata).*

1. Ho visto una bella giacca _____ vetrina di Gap.
2. Questo è un modello _____ stilista Roberto Cavalli.
3. Gli articoli _____ vestiario eleganti sono costosi.
4. I prezzi _____ grandi magazzini sono convenienti.
5. Abbiamo bisogno _____ contanti per il tassì.
6. Le svendite _____ negozi Benetton sono eccezionali.
7. Ho fatto acquisti _____ mercatino di Via Po.
8. Perché hai messo le scarpe _____ tavolo?
9. _____ mio quartiere c'è solo un supermercato.
10. Davvero hai ricevuto un invito _____ zii americani?
11. Abbiamo passato le vacanze _____ America del Sud.
12. Abbiamo fatto grande uso _____ carta di credito.
13. A settembre c'è stato il matrimonio _____ Giulia e Marco _____ Chiesa di San Guglielmo.
14. Mi puoi accompagnare _____ aeroporto?
15. Sono andata al concerto _____ Marcello.
16. Giulia e Marco hanno avuto tanti regali _____ amici _____ loro genitori.

### III. *Bello e quello*

**Bello** (*beautiful, handsome, fine*) and **quello** (*that*) have parallel forms when they precede the noun they modify. Note the similarity to the forms of the definite article.

| | SINGULAR | | PLURAL | |
|---|---|---|---|---|
| | **Masculine** | **Feminine** | **Masculine** | **Feminine** |
| before a consonant | il/bel/quel | la/bella/quella | i/bei/quei | le/belle/quelle |
| before s + *consonant*, **z**, and **ps** | lo/bello/quello | la/bella/quella | gli/begli/quegli | le/belle/quelle |
| before a vowel | l'/bell'/quell' | l'/bell'/quell' | gli/begli/quegli | le/belle/quelle |

**quell'**avvocato e **quello** psichiatra      **bei** negozi e **belle** vetrine      **quei begli** occhi

**A.** When **bello** follows the noun it modifies, either directly or after the verb, it takes the regular adjective endings: **bello, bella, belli, belle.**

Un ragazzo bello può essere egoista.
*A handsome young man can be selfish.*

I fiori diventano belli dopo la pioggia.
*Flowers become beautiful after the rain.*

L'Americana era bella.
*The American was beautiful.*

**B.** When **quello** is used as a pronoun, it follows the regular pattern: **quello, quella, quelli, quelle.**

Prendo quello.
*I'll take that one.*

Preferiamo questi, non quelli.
*We prefer these, not those.*

*Quello è complicato, ma questo è bello!*

## ■ Esercizio

**Lo spettacolo di ieri.** *Lucia è andata a teatro ieri sera e ora ne parla con Claudia. Inserire la forma corretta di* **quello** *e* **bello.**

LUCIA:     Ho visto un _____ spettacolo ieri sera.
CLAUDIA:  Dove?
LUCIA:     In _____ _____ teatro nuovo di via Pacini.
CLAUDIA:  Chi c'era?
LUCIA:     C'erano _____ _____ ragazzi che abbiamo conosciuto a casa
              di Enrico, e c'era anche _____ tipo strano che sembra Einstein.
CLAUDIA:  Chi erano gli attori?
LUCIA:     C'erano solo due personaggi: _____ maschile era un uomo
              sui quarant'anni molto affascinante, _____ femminile era una
              _____ signora che faceva la psichiatra.
CLAUDIA:  Com'era la scena *(stage set)*?
LUCIA:     Era molto _____. C'era un _____ scrittoio come
              _____ di tuo nonno e tanti altri _____ oggetti d'arte.
              Insomma, è stata proprio una _____ rappresentazione.

## IV. Interrogativi

**A.** The most common interrogative adverbs are:

| | |
|---|---|
| **come**[1] | *how* |
| **come mai** | *how come* |
| **dove**[1] | *where* |
| **quando** | *when* |
| **perché** | *why* |

In questions beginning with interrogative adverbs, the subject is usually placed at the end.[2]

Dove studia l'italiano Mario?
*Where does Mario study Italian?*

After **perché** and **come mai,** however, the subject may appear either at the end of the question or before the verb.

Perché studia l'italiano Mario?
Perché Mario studia l'italiano?
*Why does Mario study Italian?*

> Chi son?
> Sono un poeta.
> Che cosa faccio?
> Scrivo.
> E come vivo?
> Vivo. In povertà mia lieta
> scialo *(I spend freely)* da gran
> signore…
>
> From *La Bohème* (Puccini)

E tu chi sei? Che cosa fai? Come vivi?

**B.** The interrogative adjectives are:

| | |
|---|---|
| **quanto, -a, -i, -e** | *how much, how many* |
| **che** | *what, what kind of* |
| **quale, quali** | *which, what* |

As with all adjectives, interrogative adjectives agree in gender and in number with the noun they modify. **Che,** however, is invariable.

Quanto tempo avete?
*How much time do you have?*

Che frutta vende?
*What kind of fruit does he sell?*

Quanta birra hanno comprato?
*How much beer did they buy?*

In che modo intende pagare?
*How (In what way) do you plan to pay?*

Quanti figli hai?
*How many children do you have?*

In quale città sei nato?
*In which city were you born?*

**Quale** implies a choice between two or more alternatives, whereas **che** is used in a more general sense. In modern usage, however, **quale** and **che** are often used interchangeably.

Che (Quali) libri usiamo?
*What books are we using?*

In che (quale) anno è nato?
*What year were you born?*

**C.** The interrogative pronouns are:

| | |
|---|---|
| **chi** | *who, whom* |
| **che, cosa, che cosa** | *what* |
| **quanto, -a, -i, -e** | *how much, how many* |
| **quale (qual**[1]**), quali** | *which (one), which (ones)* |

---

[1] **Come** and **dove** USUALLY become **com'** and **dov'** before forms of **essere** beginning with **e-**: **Com'era il film?** *How was the movie?* **Dov'è il concerto?** *Where is the concert?*

[2] In Italian yes/no questions, the subject may be placed either at the beginning or at the end of the question: **Gino abita in Italia? Abita in Italia Gino?** *Does Gino live in Italy?*

Chi legge i fumetti?
*Who reads comic strips?*

Quanti hanno detto di sì?
*How many said yes?*

Che cosa (Che / Cosa) hai detto?
*What did you say?*

Quali hai preso?
*Which ones did you take?*

1. Prepositions, such as **di**, **a**, and **con**, always precede an interrogative pronoun because Italian sentences must never end with a preposition.

Di chi parliamo?
*Whom are we talking about?*

Con chi uscite stasera?
*With whom are you going out tonight?*

A chi dai questi fiori?
*To whom are you giving these flowers?*

2. **Di chi,** meaning *whose,* is directly followed by a form of **essere.**

Di chi è quel cane?
*Whose dog is that?*

Di chi sono i libri?
*Whose books are they?*

3. **Che cosa** + **essere** is used to ask for a definition of the word that follows **essere.**

Che cosa è la semiotica?
*What is semiotics?*

Che cos'è l'odio?
*What is hatred?*

Che cosa sono i diritti civili?
*What are "diritti civili"?*

4. **Quale (Qual), quali** + **essere** is used to ask for information, not for a definition.

Qual è la differenza?
*What is the difference?*

Qual è il problema?
*What's the problem?*

Quali sono le qualità di un buon marito?
*What are the qualities of a good husband?*

## ■ Esercizi

**a.** *Gli amici di Luigi sono tornati dalle vacanze. Marco vuole sapere com'è andata. In base alle risposte, formulare le domande di Marco usando le parole interrogative.*

1. Sono venuti in aereo.
2. Sono partiti da Londra.
3. Sono arrivati questa mattina.
4. Hanno detto che erano contenti di vederci.
5. Sono andato a prenderli io in macchina.
6. Sono andato a prenderli con la macchina di Roberta.
7. Hanno passato le vacanze in Europa.
8. Hanno passato le vacanze con i loro parenti italiani.
9. Sono stati in Italia tre settimane.
10. Erano cinque anni che non tornavano in Italia.
11. Hanno portato regali a me e ai miei genitori.
12. Ora si riposano per due giorni e lunedì tornano a lavorare.

**b. Come hanno passato le vacanze?** *Il signor Giannini e la signora Rosati sono in autobus e parlano delle loro vacanze. In gruppi di due studenti, mettete in scena la conversazione. Includete le espressioni seguenti:* **dove andare, perché, con chi, come / con quale mezzo di trasporto, quanto tempo restare, che cosa vedere, che cosa fare la sera, quanto spendere.**

---

[1] **Quale** may become **qual** before forms of **essere** beginning with **e-**.

## V. L'ora

**A.** Italians use both the twelve-hour and the twenty-four-hour clocks to tell time. Official time (for trains, buses, planes, theaters, movies, etc.) is expressed using the twenty-four-hour system. After twelve (noon), one continues counting up to twenty-four (midnight). Following is a list comparing the two systems.

| 12-HOUR CLOCK | | 24-HOUR CLOCK | |
|---|---|---|---|
| 12 noon | mezzogiorno | le dodici | 12:00 |
| 1 PM | l'una | le tredici | 13:00 |
| 2 PM | le due | le quattordici | 14:00 |
| 3 PM | le tre | le quindici | 15:00 |
| 4 PM | le quattro | le sedici | 16:00 |
| 5 PM | le cinque | le diciassette | 17:00 |
| 6 PM | le sei | le diciotto | 18:00 |
| 7 PM | le sette | le diciannove | 19:00 |
| 8 PM | le otto | le venti | 20:00 |
| 9 PM | le nove | le ventuno | 21:00 |
| 10 PM | le dieci | le ventidue | 22:00 |
| 11 PM | le undici | le ventitré | 23:00 |
| 12 midnight | mezzanotte | le ventiquattro | 24:00 |

The feminine definite article (**l'**, **le**) is used before the number of the hour. It agrees in form with **ora** *(hour)* or **ore** *(hours)*, which is not expressed. All times other than one o'clock are plural and thus require the feminine plural article **le**.

| l'una | le due | le undici |
|---|---|---|
| *one o'clock* | *two o'clock* | *eleven o'clock* |

**B.** A fraction greater than half an hour is also expressed as time remaining until the next full hour. Fractions of an hour are expressed with **e** + *the minutes elapsed.*

| le due e cinque | le quindici e trenta | l'una e quaranta (le due meno venti) |
|---|---|---|
| *2:05* | *3:30 PM* | *1:40* |

**Un quarto** *(a quarter)* and **mezzo** *(a half)* are also used, but not with the twenty-four-hour clock.

| le due e un quarto | le tre e mezzo | le cinque meno un quarto |
|---|---|---|
| le due e quindici | le tre e trenta | le quattro e quarantacinque |
| *2:15* | *3:30* | *4:45* |

In everyday conversation the distinction between AM and PM is made by adding the following expressions to the time: **di mattina** or **del mattino** *(in the morning)*, **del pomeriggio** *(in the afternoon)*, **di sera** or **della sera** *(in the evening)*, **di notte** *(at night)*.

| le otto di mattina | le quattro del pomeriggio |
|---|---|
| *8 AM* | *4 PM* |
| le nove di sera | le due di notte |
| *9 PM* | *2 AM* |

**C.** To ask and tell time in the present and in the past, use the following expressions:

| | | |
|---|---|---|
| Che ora è? | Che ora era? | A che ora? |
| Che ore sono? | Che ore erano? | *At what time?* |
| *What time is it?* | *What time was it?* | |
| È mezzogiorno. | Era mezzogiorno. | A mezzogiorno. |
| *It is noon.* | *It was noon.* | *At noon.* |
| È l'una. | Era l'una. | All'una. |
| *It is one o'clock.* | *It was one o'clock.* | *At one.* |
| Sono le due. | Erano le due. | Alle due. |
| *It is two o'clock.* | *It was two o'clock.* | *At two.* |

Note that **essere** is used in the third-person singular for **mezzogiorno, mezzanotte,** and **l'una** and in the third-person plural for all other hours.

The verb **mancare** may also be used to express time.

Mancano venti minuti alle due.
*It is twenty minutes to two.*

Mancava un minuto a mezzanotte.
*It was one minute to midnight.*

## Come esprimere la parola time

The English word time corresponds to several words in Italian, depending on the idea being expressed.

1. **Ora** means *time of day, hour,* or the proper time to do something.

Signorina, ha l'ora?
*Miss, do you have the time?*

Mamma, è già ora di mangiare?
*Mother, is it time to eat yet?*

2. **Volta** means an instance or an occasion. **Qualche volta** means *sometimes.*

Devi farlo ancora una volta.
*You must do it once more.*

Sono venuti tre volte.
*They came three times.*

3. **Tempo** refers to duration of time, a period of time, or time in the abstract.

Avete aspettato molto tempo?
*Did you wait a long time?*

Non ho tempo ora.
*I don't have time now.*

Il tempo è denaro.
*Time is money.*

4. **Divertirsi** means *to have a good time.*

Ci divertiamo sempre a Roma.
*We always have a good time in Rome.*

## ■ Esercizio

*Completa con **ora, volta** o **tempo**.*

1. Hanno visto il film tre _volte_.
2. Jack non ha _tempo_ per divertirsi.
3. Ogni _volta_ che viene lei, piove!
4. A che _ora_ è l'ultimo treno?
5. Bambini, è _tempo_ di andare a dormire.
6. Tu non perdi _tempo_!
7. Che _ora_ sono?
8. C'era una _volta_ una bella principessa.

**A.** I giorni

Days of the week are not capitalized and do not require an article unless a routine weekly action is expressed.

Sono arrivati s̲abato.
*They arrived (on) Saturday.*

Non lavorano **il** s̲abato.
*They don't work on Saturdays.*

**B.** Le stagioni

1. The names of the seasons are not capitalized and are usually preceded by the definite article.

   **La** primavera è la mia stagione preferita.
   *Spring is my favorite season.*

2. **In** or **di** is used without the definite article to express *in* + the season.

   **In** primavera piove spesso.
   *It often rains in the spring.*

   Dove vanno le mosche **d'**inverno?
   *Where do flies go in the winter?*

**C.** I mesi

1. Months are not capitalized, and do not require an article. All months are masculine.

   Di solito agosto è il mese più caldo.
   *Usually August is the hottest month.*

2. **In** or **a** is used to express *in* + the month.

   **In** gennaio fa freddo.
   *It's cold in January.*

   Si sono sposati **a** maggio.
   *They married in May.*

3. The masculine definite article + a cardinal number + a month is used to express a specific day of the month or *on* + the day of the month. An exception is *the first*, which is **il primo** + the month.

   | il due settembre | l'undici settembre | il primo settembre |
   |---|---|---|
   | *September second* | *September eleventh* | *September first* |
   | *on September second* | *on September eleventh* | *on September first* |

4. Italian uses a different word order than English in numerical abbreviations:

   9/5 = il nove maggio (not *September fifth!*)
   1/9 = il primo settembre (not *January ninth!*)

**D.** Gli anni

The masculine singular definite article is used when referring to a year. The article combines with prepositions.

**Il** 1929 è stato un anno molto difficile.
*1929 was a very difficult year.*

La guerra è finita **nel** 1945.
*The war ended in 1945.*

Kennedy fu presidente **dal** 1960 **al** 1963.
*Kennedy was president from 1960 to 1963.*

**E.** The following expressions are used to refer to dates and time.

1. To ask about dates:

—In che giorno? —Il cinque ottobre.
*On what day?    On October fifth.*

—Che giorno è oggi? —È il cinque ottobre.
*What day is today?    It is October fifth.*

—Quanti ne abbiamo oggi? —Ne abbiamo cinque.
*What's today's date?    It's the fifth.*

2. To express times of day:

di mattina (la mattina)
*in the morning*

di pomeriggio (nel pomeriggio)
*in the afternoon*

di sera (la sera)
*in the evening*

di notte (la notte)
*at night*

3. To indicate past time:

due ore (giorni, settimane, mesi) fa
*two hours (days, weeks, months) ago*

il mese scorso (la settimana scorsa, l'anno scorso)
*last month (last week, last year)*

4. To indicate future time:

fra due ore (giorni, settimane, mesi)
*in two hours (days, weeks, months)*

il mese prossimo (la settimana prossima, l'anno prossimo)
*next month (next week, next year)*

5. To indicate duration and approximation of time:

dalle due alle tre
*from two to three*

fino alle quattro
*until four*

verso le cinque
*around five o'clock*

## ■ Esercizi

**a.** **Parliamo un po'.**

1. Quando sei nato/a?
2. Quando vai in giro per fare acquisti, cosa compri?
3. Preferisci andare al supermercato di sera, di notte o di mattina?
4. Che giorno era ieri? Quanti ne avevamo?
5. Da che ora a che ora hai studiato ieri?
6. Qual è la tua stagione preferita?
7. Cosa c'è di bello da fare nei grandi magazzini?
8. Ti piace fare la spesa al mercato?

**b.** **Brevi interviste.**

1. Sei un esperto/a di oroscopi e Paolo è venuto da te per un consiglio. Chiedi le informazioni necessarie: la data di nascita, il giorno della settimana e l'ora.
2. Studi italiano in Minnesota. C'è un nuovo studente che viene dalla Repubblica Dominicana. Scambiatevi le informazioni sul tempo *(weather)* e le stagioni nei rispettivi paesi, e spiegate quali sono per voi i mesi migliori dell'anno e perché.
3. I tuoi genitori ti telefonano spesso. Oggi ti chiedono se sei molto impegnato/a. Spiega l'orario delle tue lezioni giorno per giorno.

c. *Scegliete l'ausiliare giusto e riscrivete il paragrafo al passato prossimo. Cambiate le parole in grassetto con altre simili. Infine, in piccoli gruppi, rappresentate il testo. Date un titolo al vostro «skit».*

Anthony e Krista <u>essere / avere decidere</u> di **fare** un viaggio per visitare i quartieri italiani del mondo. A New York <u>essere / avere</u> **passeggiare** per **le strade** di Williamsburg nel **quartiere** di Brooklyn. <u>Essere / Avere conoscere</u> molti artisti italiani che **vivono** lì. <u>Essere / Avere mangiare</u> una pizza tutti insieme da *La Nonna* su Bedford Avenue e <u>essere / avere comprare</u> molti prodotti alimentari *(food products)* in un negozio di fiducia per il loro loft: una macchina per fare l'espresso de **La Pavoni** e del caffè **Illy**. Quella sera Anthony <u>essere / avere ricevere</u> una telefonata dal suo amico Luigi di Toronto. Luigi ha invitato lui e Krista per la festa del suo compleanno a Toronto. Così, il giorno dopo sono andati a Toronto. Luigi cura molto **il suo look** e si veste solamente **firmato**. Sfortunatamente Anthony non <u>essere / avere trovare</u> **un regalo** nei **grandi magazzini** di Toronto ed ha cercato nelle boutique italiane su St. Claire Avenue, Weston Road e College Street. Niente! Alla fine Krista ha detto: «Perchè non possiamo risparmiare e fare lo stesso una bella figura? Andiamo all'**outlet**! Sono sicura che ci sono i saldi adesso.» I due hanno preso un taxi per quello più vicino, <u>essere / avere guardare</u> le vetrine per molte ore e grazie ad un commesso molto bravo <u>essere / avere prendere</u> una **bellissima** giacca D&G. Hanno comprato due giacche e <u>essere / avere andare</u> alla **festa** dove hanno ballato tutta la notte.

## LETTURA

### ■ Prima di leggere

Negli ultimi anni, in Italia, a causa dell'inflazione e del carovita°, la gente ha dovuto imparare a gestire il proprio stipendio ed i propri risparmi in modo particolarmente oculato° per poter arrivare alla fine del mese. Gli Italiani affollano i mercati di città e i negozi discount nel tentativo di riuscire a far quadrare i conti°. Fuorigrotta è una zona di Napoli in cui c'è un mercato all'aperto come tanti in Italia. L'articolo che segue descrive una tipica giornata in un mercato italiano.

*high cost of living*

*cautious*

**far... :** *to square accounts*

In gruppi di tre o più studenti, esaminate i vari modi di fare gli acquisti nel vostro paese rispondendo alle seguenti domande.

1. Quali negozi vendono articoli a buon mercato nel paese in cui vivi? Che cosa conviene comprare in questi negozi? Sono prodotti di buona qualità?

2. In generale, come sono i prezzi negli Stati Uniti, o in Canada o nel tuo paese di origine? È possibile vestirsi e mangiare spendendo abbastanza poco?

3. Agli Italiani piace fare bella figura. Secondo voi, è più importante essere eleganti o stare comodi? Perché?

4. Preferisci avere poche cose belle e costose o molte cose a buon mercato? Perché?

5. Hai mai avuto problemi a far quadrare i conti alla fine del mese? Che cosa hai fatto o fai in queste situazioni? Spiega e fai alcuni esempi.

© Massimo Borchi/Atlantide Phototravel/Corbis

## La spesa è una lenta ossessione: «Senza soldi giriamo a vuoto» (Go around in circles)

*ritual*
*balances*
*high costs*
*passageways*

*butcher*
*a bit at a time / insane*

*faces*
*stalls*
*scan*

*a... : arm in arm*
*rent*
*home owner association*

*gasoline*

*share*

*repercussion*

*small present*
*non... : I just cannot afford them / in... : all over*

Un rito° ossessivo, lento, collettivo. È il rito della spesa al mercato di Fuorigrotta, alla terza settimana di settembre, con la scuola appena cominciata, i conguagli° da pagare e il caroprezzi°.

[...] Alle 11.15 nei grandi corridoi° del mercato coperto c'è pochissima gente. [...] «Ho aperto prima delle otto e fino ad ora sono passati diciotto clienti - dice Michele [...] un macellaio° -. [...] In cassa ho in tutto 51 euro». Parlano i numeri. I soldi che non ci sono. [...] «La spesa la fanno con il contagocce° - dice [...] - eppure non abbiamo prezzi folli°. [...] Sono prezzi giusti, ma la gente non ha i soldi».

Dopo poco più di mezz'ora, nei corridoi si cominciano a notare le stesse facce°.

Anziani, casalinghe, giovani coppie che vanno avanti e indietro tra le bancarelle°, scrutano° i cartelli delle offerte, gli avvisi, i richiami dei vari banchi, fanno a mente i calcoli, a caccia del prezzo più basso.

Giri ossessivi. Una spesa lenta, attentissima. «Abitiamo a Pozzuoli, in famiglia siamo in quattro» - racconta Rosalba [...], che passeggia a braccetto° del marito -. «Lavora solo mio marito, uno stipendio di 1200 euro al mese. Paghiamo 550 euro di fitto°».

Se calcoliamo le bollette, il condominio° [...] e le spese di routine, alla fine ci rimangono circa 600 euro per fare tutto: mangiare, mandare i due ragazzi a scuola, mettere la benzina° nella macchina.

Per esempio, oggi siamo venuti al mercato in bus. E compriamo solo se ci sono delle offerte». E Rosalba [...] mostra l'acquisto della giornata, due magliette interne di cotone per il marito, che ha pagato 2 euro l'una.

Anche Imma [...] e la sua amica Maria [...] sono arrivate a Fuorigrotta in autobus: «Veniamo spesso a fare la spesa insieme perché se troviamo un'offerta compriamo insieme e poi dividiamo°. Così si risparmia».

Imma ha tre figlie, di cui due ancora vivono con lei. «La più grande va all'università e la piccola alle superiori. Io e mio marito da cinque anni non andiamo in vacanza, al cinema, a mangiare fuori. Dobbiamo fare delle scelte. Ormai è tutto così caro che o viviamo noi o cerchiamo di far vivere in modo decoroso le nostre ragazze». [...] Cambiano le abitudini dei clienti, ma anche il modo di vendere, la merce esposta subisce il contraccolpo° del carovita.

Poco più avanti tra i banchi dei fruttivendoli Maria [...]: «Vivo con la pensione sociale, 400 euro al mese, ora mi hanno appena aumentato il fitto di casa, se non fosse per l'aiuto dei miei figli sarei già per strada». Maria oggi è al mercato per fare la spesa per i prossimi tre giorni. Compra: 11,50 euro di verdure, quattro buste di latte da mezzo litro per 3 euro e sei centesimi, due mozzarelle da un chilo a 8 euro, un chilo di pane (2,79), un pacco di farina (0,95), sei uova in offerta a 1,49 (al posto di 2,03), un pacco di pasta per 0,40 centesimi e un giornalino [...] per la nipotina, 4,50 euro. Alla fine spende 33,23 euro. «Non ho comprato frutta, carne o pesce - precisa la signora [...] - e tutto per comprare un regalino° a mia nipote, perché più di 10 euro al giorno per la spesa non me li posso proprio permettere°».

Alle 13.30, dopo aver girato in lungo e in largo° il mercato a caccia dell'occasione, Rosalba, Maria, Imma e Teresa se ne vanno, con un paio di buste a testa. [...]

5

10

15

20

25

30

35

40

Cristina Zagaria "la spesa è una lenta ossessione: 'senza soldi giriamo a vuoto'" La *Repubblica* cronaca di Napoli, 18 Settembre, 2008

## ■ Comprensione

1. Perché, secondo te, l'articolo definisce la spesa «una lenta ossessione»? Spiega.

2. Di cosa si lamentano i commercianti che lavorano al mercato?

3. Quali sono i problemi e le difficoltà di Rosalba e come cerca di risolverli?

4. Qual è la situazione di Imma? Cosa fa per risparmiare? Perché fa la spesa con la sua amica?

5. Descrivi la situazione di Maria. Quali sono i suoi problemi? Che cosa compra al mercato e quanto spende in tutto?

6. A cosa rinuncia Maria e perché?

7. Dopo un'intera mattinata al mercato di Fuorigrotta, la gente va via con molti acquisti?

## ■ Temi per componimento o discussione

1. Quali sono i vantaggi e/o gli svantaggi di fare le spese in un grosso centro commerciale, dove si trova di tutto, invece che nei diversi negozi della città?

2. E tu dove fai acquisti?

3. Ogni volta che compriamo qualcosa facciamo delle scelte in relazione al nostro bilancio *(budget)*. Nel paese in cui vivi c'è una situazione economica simile a quella descritta nella lettura? Se sì, la gente come cerca di risolverla? Se no, quali sono le ragioni?

4. Paragona *(Compare)* il modo di acquistare i generi alimentari nel tuo paese con quello di altri paesi che conosci o di cui hai sentito parlare. Per esempio, come si farà la spesa in Europa, in Canada o in Cina? Tieni in considerazione fattori come l'organizzazione della società, la disponibilità *(availability)* dei prodotti a livello locale, la loro conservazione, i mezzi di trasporto, ecc.

5. Con un gruppo di amici, vuoi aprire un negozio di abbigliamento, ma avete delle idee differenti. Uno di voi vuole offrire vestiti a prezzi bassi e quindi non di buona qualità; un altro preferisce abiti firmati e molto costosi. Dovete mettervi d'accordo. In gruppo, scrivete un dialogo e discutete i vantaggi e gli svantaggi delle due proposte. Poi rappresentate il dialogo in classe.

## Quanto costa?

In Italia ci sono diverse possibilità per fare shopping. Alcuni Italiani preferiscono fare acquisti nei piccoli negozi, dove si può ricevere più attenzione da parte dei commessi. Altri, invece, preferiscono i grandi magazzini o i grandi centri commerciali, che offrono più scelta e spesso prezzi più convenienti. I vestiti italiani hanno stile e sono generalmente di buona qualità. Ecco perché la moda italiana è famosa in tutto il mondo! In Italia, comunque, sono diffuse anche marche straniere *(foreign brands)*, soprattutto francesi e americane.

***Qual è il tuo rapporto con la moda? Considera le seguenti domande e presenta le tue risposte ai compagni.***

1. Ti interessa la moda? Perché?

2. Quali marche italiane conosci? Ti piacciono i loro articoli? Perché?

3. Hai mai comprato vestiti di marca italiana? Se sì, dove?

Adesso guarda Marco che fa acquisti nel video al sito web **www.cengage.com/login**. Descrivi lo stile dei vestiti che indossa Marco. E tu, che cosa indossi di solito? E i tuoi compagni di classe che cosa preferiscono? Puoi trovare altre attività basate sul video alla fine del Capitolo 3 del *Workbook* (nel *Student Activities Manual*) che accompagna questo libro.

## PER COMUNICARE

Track 7

**Nel negozio di calzature.** Carla vuole comprare un paio di stivali in un negozio nel centro di Palermo.

| | |
|---|---|
| COMMESSO: | Prego, signorina. |
| CARLA: | Vorrei vedere quegli stivali esposti in vetrina, per favore. |
| COMMESSO: | Che numero porta? |
| CARLA: | Il trentotto e mezzo. |
| COMMESSO: | Vengo subito. |
| CARLA: | Sono proprio delle belle scarpe. Quanto vengono? |
| COMMESSO: | Cento euro con lo sconto del venticinque per cento. |
| CARLA: | Sono piuttosto cari! |
| COMMESSO: | Ma sono molto comodi e di ottima qualità. Vuole provare anche la sinistra? |
| CARLA: | No, grazie. Sono molto belle ma vorrei pensarci un po'. |

## Offrire un servizio

Desidera?  
Prego.  } How can I help you?  
Mi dica.

In che cosa Le posso essere utile?     *What can I do for you?*  
Tocca a Lei, mi dica.     *It's your turn.*

## Sollecitare un servizio

Per favore / piacere / cortesia…     *Please . . .*  
Mi dà / mostra / fa vedere… ?     *May I see . . . ?*  
Vorrei vedere / provare…     *I'd like to have a look at / try on . . .*  
Ho / avrei bisogno di…     *I need . . .*  
Non ha / avrebbe per caso… ?     *You wouldn't by any chance have . . . ?*  
Sa dove posso trovare… ?     *Do you know where I can find . . . ?*

## Fare acquisti

(Sì) mi piace. Lo / La prendo.     *(Yes) I like it. I'll take it.*  
Va bene. Prendo questo/a.     *Ok. I'll take this one.*  
(Non) è proprio quello che cercavo.     *This is (not) exactly what I was looking for.*  
Mi ci faccia pensare…     *Let me think about it . . .*  
Abbia pazienza! Non so quale/i scegliere.     *Be patient. I don't know what to choose.*  
Grazie, ma è troppo caro/a.     *Thanks, but it is too expensive.*

## Chiedere il prezzo

Quanto costa / viene? } *How much does it cost / is it?*  
Quanto fa in tutto?  
In tutto costa / viene / sono / fanno… euro.     *Altogether, it's . . . euros.*  
Mi fa lo sconto?     *Can I have a discount?*  
Che sconto mi fa?     *What sort of discount can you give me?*  
Allora, quanto Le devo?     *How much do I owe you, then?*

## ■ Che cosa diciamo?

1. Entri nella boutique «Mirella» perché vuoi vedere la giacca di pelle esposta in vetrina. Cosa Cosa chiedi?

2. Sei al verde e devi lavorare insieme a Pino nella «Salumeria Via Verdi 12», a Firenze, per poter pagare l'affitto. È sabato pomeriggio e la salumeria è piena di clienti. Dì a una signora che è il suo turno e chiedi cosa desidera.

3. È il compleanno del tuo fidanzato / della tua fidanzata e vuoi comprargli/le un gioiellino d'oro. Chiedi al gioielliere di farti vedere qualcosa.

4. Stai scegliendo una nuova montatura per gli occhiali dall'ottico di famiglia, ma non sai quale prendere. L'ottico deve servire altri clienti. Tu ti scusi e dici di essere indeciso/a.

1. Vuoi regalare una televisione al tuo ragazzo / alla tua ragazza. Il commesso ti propone alcuni apparecchi molto belli, ma costano troppo. Finalmente trovi quello che vuoi, ma non hai abbastanza contanti; per fortuna il negozio accetta le carte di credito.

2. Devi fare degli acquisti per tua madre. Telefona ad un amico / un'amica e chiedigli/le se vuole venire in centro con te. L'amico / L'amica ti chiede che cosa devi comprare e in quali negozi vuoi andare. Lui / Lei accetta di venire ed entrambi stabilite il luogo e l'ora dell'appuntamento. (Possibili suggerimenti: una macchina fotografica digitale per tua madre, della carta per il computer di tua sorella, una scatola di cioccolatini per tua nonna, una cintura di pelle per tuo padre, i biglietti per il teatro, un dolce, dei fiori…)

3. Il tuo amico Jack è tornato dall'Italia con una bellissima giacca di pelle. Secondo te deve averla pagata moltissimo. Invece Jack l'ha comprata al mercato di san Lorenzo (a Firenze) e ti racconta quanti soldi ha risparmiato, come ha fatto l'affare, ecc.

4. Hai comprato un nuovo divano (*sofa*). Spiega a tua madre che non avevi abbastanza soldi e hai dovuto chiederli a un amico / un'amica. Li hai ottenuti, ma al quindici per cento di interesse. Pazienza! Ora la tua camera è più bella con il divano nuovo «B&B Italia».

# In quale zona vivi?

Art Kowalsky/Alamy

**Alberto è in ritardo.** Alberto ha preso in prestito la macchina della mamma ed è in ritardo. La mamma aspetta con impazienza. Eccolo finalmente!

| | |
|---|---|
| MAMMA: | Sei arrivato! Non tornavi più! |
| ALBERTO: | Scusa. Ho incontrato Sabina e siamo rimasti a parlare. |
| MAMMA: | Come sta? |
| ALBERTO: | Bene! Non l'ho mai vista così contenta. Lei e Andrea sono andati ad abitare nella loro nuova casa in viale Manzoni. |
| MAMMA: | Mi fa piacere. Erano diversi anni ormai che abitavano in un monolocale in affitto. L'hanno comprata la casa? |
| ALBERTO: | No, è un regalo della zia di Andrea. |
| MAMMA: | Un regalo? |
| ALBERTO: | Ma sì, pensa, la zia ha comprato una villetta all'isola d'Elba, e ha deciso di trasferirsi là. Le piace vivere al mare, e non ha più bisogno dell'appartamento in città. |
| MAMMA: | È proprio generosa! |
| ALBERTO: | Veramente! Ha detto che per Sabina e Andrea è importante avere una casa loro. Ha anche detto che spera di avere presto dei nipotini. |
| MAMMA: | Mi fa proprio piacere. Ma devo andare ora. Avevo veramente bisogno della macchina. |

## ■ Esercizi

**a.** *Rispondere alle domande seguenti.*

1. Perché era in ritardo Alberto?
2. Dove sono andati ad abitare Andrea e Sabina?
3. Come hanno ottenuto la loro nuova abitazione?
4. Perché la zia non abita più in viale Manzoni?
5. Che cosa spera la zia di Andrea?
6. Perché la mamma aspettava Alberto con impazienza?

> Casa mia, casa mia, per piccina che tu sia tu mi sembri una badia *(abbey)*.

Conoscete un detto simile nella vostra lingua? Che cosa significa?

**b.** *Completare le frasi con le parole o le espressioni opportune.*

1. Alberto ha preso _____ l'automobile della mamma ed è _____.
2. Ha incontrato _____ e si è fermato a _____.
3. Ora la zia di Sabina abita _____ ma prima abitava _____ di viale Manzoni.
4. La zia abita all'Isola d'Elba perché _____.
5. Prima Sabina e Andrea abitavano _____.
6. Sabina è proprio _____.

La maggior parte degli italiani vive in un ambiente essenzialmente urbano e abita in appartamenti. Le città sono suddivise in quartieri e gli abitanti si sentono parte del quartiere in cui vivono. Non c'è una divisione precisa tra zone residenziali e aree commerciali o ricreative quali cinema, teatri e ristoranti. Nello stesso edificio si trovano spesso negozi, abitazioni, uffici e studi medici. L'unificazione di aree residenziali e servizi riproduce il modello delle città antiche particolarmente evidente nei centri storici.

Quante cose buone! Fate mai peccati di gola *(sins of gluttony)*? Cosa vi piace mangiare in particolare?

Praticamente in tutte le città italiane le strade del centro sono piuttosto strette. Di conseguenza, il traffico, quando è permesso, è spesso caotico, e il parcheggio difficile. Chi abita in centro usa di preferenza i mezzi di trasporto pubblici. I ragazzi si muovono in motorino, raramente ottengono l'auto di famiglia che spesso serve solo per percorsi lunghi. Fare le spese e le commissioni a piedi è una cosa naturale per gli italiani, quindi c'è sempre tanta gente per le strade e nei negozi, ed è facile incontrare amici e conoscenti, fermarsi a fare due chiacchiere e scambiare notizie.

I quartieri nuovi hanno a disposizione uno spazio maggiore, le strade sono larghe, gli edifici grandi e luminosi. Non mancano le «zone verdi», spesso costituite dai parchi delle antiche ville private ora proprietà del Comune e aperti al pubblico.

In generale, per gli italiani che vivono in città, «casa» vuol dire appartamento; sono pochi i fortunati che hanno una villa o un villino unifamiliare *(one family house)*. Abitazioni del genere stanno diventando frequenti al di fuori della cerchia urbana *(outside the city limits)*, dove si trovano anche gli ipermercati e i centri commerciali di tipo americano.

## ■ Vocabolario utile

*Dove abiti?*

**il quartiere** neighborhood
**il centro storico** historical city center
**la periferia** suburbs

**la zona residenziale** residential area
**l'area commerciale** shopping area

**il domicilio** home
**la residenza** residence
**il dormitorio** dorm
**la casa dello studente** student hall of residence

**l'agenzia immobiliare** real estate agency
**l'immobile / il bene immobile** real estate

**l'appartamento** apartment
**il condominio** condo

**il superattico** luxury penthouse
**l'edificio** building
**la casa signorile** stately home
**la villa** house
**il palazzo** building
**il castello** castle

**il negozio** shop
**l'ufficio** office
**lo studio medico** doctor's office
**la zona verde** lit. "the green zone": a park
**il comune** city hall, municipality

*A casa...*

**il piano** floor
**la stanza** room
**il soggiorno / il salotto** living room
**la cucina** kitchen

**una camera singola / doppia** one- / two-bed room
**una stanza ammobiliata** furnished room
**il / la compagno/a di stanza** room-mate

**l'abitazione, l'alloggio** dwelling
**il monolocale** studio apartment
**il bilocale** a two-bedroom apartment
**un appartamento di tre vani** a three-bedroom apartment
**il balcone** balcony

**il garage, il box** car garage
**la cantina** cellar
**il giardino** garden
**la panchina** bench
**la cassetta della posta** mail-box

*Espressioni utili*
**trasferirsi** to move

**accendere un mutuo** to obtain a mortgage
**stipulare un contratto** to draw up a contract
**il costo mensile dell'affitto** monthly rent
**il pagamento della rata** installment payment

**sentirsi parte del quartiere** to feel part of the neighborhood.
**incontrare amici / conoscenti** to meet friends / acquaintances
**fermarsi a fare due chiacchiere /** to stop for a chat

*Un ripasso: Verbi*
**conoscere** *Conosci quell'uomo?*
**sapere** *Sai dove è andato in vacanza Mario?*

**sapere + infinitive** *Non so andare in vespa.*

**vedere** *Hai visto questo film?*

**andare a trovare** *Quando andiamo a trovare Luca?*

**ricordare** *Ricordi il nome del ristorante?*

**ricordarsi di** qualcosa / qualcuno
**ricordar(si) di + infinitive** *Devi ricordarti di pagare l'affitto.*

**dimenticare** qualcosa / qualcuno
**dimenticarsi di** qualcosa / qualcuno
**dimenticar(si) di + infinitive** *Chi ha dimenticato di spegnere la luce?*

**ricordare** qualcosa a qualcuno *Ho ricordato a Giorgio la sua promessa*
**ricordare a** qualcuno **di + *infinitive*** *Puoi ricordare a Krista di comprare il latte?*

**dire** qualcosa **a** qualcuno *Gli voglio dire qualcosa.*
**raccontare** qualcosa **a** qualcuno *Ti voglio raccontare una favola / una storia / una barzelletta / la trama del film / un sogno.*

**parlare di** qualcosa / qualcuno **a** qualcuno *Ha parlato a tutti della sua famiglia.*

**affittare** *Lo studente ha affittato la camera grande.*
**prendere in affitto** *I ragazzi hanno preso in affitto la villa per tutta l'estate.*

**noleggiare** *Mio zio noleggia barche ai turisti.*
**prendere a nolo** *Volevo prendere a nolo la moto.*

## ■ Pratica

**a.** *Scegliere la parola che completa meglio la frase.*

1. Chi (sa / conosce) come si chiama mio padre?
2. Vi voglio (dire / raccontare) un sogno che ho fatto stanotte.
3. Hai (ricordato a / dimenticato di) pagare l'affitto?
4. Avevano pensato di (noleggiare / affittare) una macchina, ma poi sono andati in treno.
5. Cristina ha (conosciuto / saputo) il suo futuro marito a una festa.

**b.** *Completare le frasi, inserendo le forme opportune delle espressioni tra parentesi.*

1. Chi *(to forget)* _____ di chiudere il garage ieri?
2. Devo *(to remind)* _____ Mario _____ andare in banca.
3. I Sabatini *(to rent)* _____ una villa al mare ogni estate.
4. Cesare è insopportabile! (Lui) *(to tell)* _____ a tutti la storia della sua vita. Che noia! E per di più *(to tell)* _____ sempre tante bugie.
5. Io non *(to know)* _____ il marito di Franca, ma *(to know)* _____ che è un industriale molto ricco.
6. Il nonno *(to talk)* _____ sempre _____ politica o _____ economia italiana degli anni Trenta.
7. Matteo non *(to forget)* _____ di telefonare ai suoi genitori almeno una volta la settimana.
8. È incredibile, ma Elena non *(to know)* _____ guidare!
9. È un *(studio apartment)* _____? Quant'è *(the monthly rent)* _____?
10. Abito fuori Milano, in *(a residential area)* _____ in un _____ *(2 bedroom apartment)* insieme al mio *(room-mate)* _____ tedesco. Le stanze sono *(furnished)* _____.

**c.** *Domande per te.*

1. Sei uno studente o una studentessa? Di quale anno?
2. Dove vivi? In una residenza universitaria, in una stanza ammobiliata, in un appartamento o in una casa? Vivi solo/a o con altre persone?
3. Hai dei parenti che vengono spesso a trovarti? Cosa ricordi della loro prima visita?
4. Hai sempre abitato nella stessa casa? Ricordi com'era la tua casa da bambino/a?
5. Conosci un quartiere famoso di una grande città? Ci sei mai stato/a?

## ■ A voi la parola

**a. Abitare.** *In coppia o in piccoli gruppi paragonate la zona dove abitate voi, o la vostra famiglia, con un quartiere italiano. Considerate possibili somiglianze e differenze e riferite le vostre conclusioni alla classe. Esaminate in particolare:*

1. il tipo di abitazione.
2. se è situata in città o in località fuori della cerchia urbana.
3. dove sono i negozi, i cinema, i teatri, i bar, le discoteche.
4. chi s'incontra nelle strade.
5. se è necessario possedere un mezzo di trasporto personale.
6. com'è il traffico, come sono i parcheggi.

**b. Vivere in una città.** *Vi piacerebbe (Would you like) vivere in una città italiana? In un appartamento del centro storico? In un quartiere moderno? Sì? No? Perché? Cosa pensano i vostri amici?*

**c. Affittasi** (*For rent*). *L'Agenzia Santolicchi offre appartamenti di vario tipo: la piccola pubblicità (classified) propone camere per studenti o lavoratori. Leggete gli annunci e rispondete alle domande.*

AGENZIA SANTOLICCHI

**Affitta**

**Grazioso miniappartamento**:
camera, angolo cottura, bagno.
900 euro mensili.

**Attico (*penthouse*):**
ingresso con porta blindata,
salone, due camere, due bagni, cucina
attrezzata. 1500 euro mensili.

**Bilocale (*two-room*),**
zona periferica, salone,
camera, cucinotto. 600 euro mensili.

Contattare: www.agesan@iol.com

Affitto a studenti o lavoratori stanza singola in appartamento composto da altre tre stanze già affittate a tre ragazzi. Uso cucina, elettrodomestici, garage. 300 euro al mese. marcocal@genind.it

Offro posto in ampia camera doppia a ragazza seria possibilmente non fumatrice. A pochi minuti dal centro e dagli istituti universitari. 275 euro mensili. vivy@hotmail.com

Offro stanza singola, luminosa, zona tranquilla a persona non fumatrice. Due bagni, salone, vicino a centro e università, giardino, garage. 390 euro al mese. lenuccia@libero.it

1. Un amico / Un'amica che abita in Italia cerca un appartamento piccolo ma elegante. Quale gli / le consigli? Perché? C'è spazio per un ospite? Ti sembra ragionevole il costo mensile dell'affitto? Quanto costano appartamenti simili dove abiti tu?
2. Degli amici di famiglia vanno in Italia per un anno. È una famiglia di quattro persone, i genitori e due bambini. Di quante stanze hanno bisogno? Quali sono le possibili scelte? Quali sono in ciascun caso i vantaggi e gli svantaggi?
3. Partecipi ad un programma di studi in Italia e hai bisogno di un alloggio (*dwelling*). Vuoi una camera singola o doppia? Un appartamento grande con altre stanze in affitto oppure no? Come ti sembrano i prezzi? Quanto spendi? Quale offerta preferisci?

 **CANTIAMO!** | Adriano Celentano – *Il ragazzo della via Gluck*

Il paesaggio italiano cambia costantemente. L'espansione delle città continua a sottrarre (*take away*) terreno alle campagne. Il tema dell'urbanizzazione è al centro di questa canzone di Adriano Celentano scritta più di quarant'anni fa. Per ascoltarla, vai al sito web **www.cengage.com/login** (clicca sul «iTunes playlist»). Puoi trovare altre informazioni ed attività su questa canzone alla fine del Capitolo 4 del *Lab Manual* (nel *Student Activities Manual*) che accompagna questo libro.

## I. Passato prossimo e imperfetto

**A.** The **passato prossimo** and the **imperfetto** each have specific uses and express different things about the past. They cannot be used interchangeably without affecting the meaning of a sentence.

1. The **passato prossimo** is a *narrative* tense used to report a specific action that was completed in the past. The action may have lasted a short time or a long time, and it may have taken place once or a specified number of times, but it was completed. The **passato prossimo** answers the question *What happened?*

   Ieri sera Riccardo **ha studiato** fino a mezzanotte.
   *Last night Richard studied until midnight.*

2. The **imperfetto** is a *descriptive* tense used to describe how things or people were in the past. It is also used to express a past action that was habitual, that is, repeated over a general period of time, or a past action in progress, that is, going on, with no reference to its completion. The **imperfetto** answers the questions *What was it like? What used to happen? What was happening?*

   Ogni sera Riccardo **studiava** fino a mezzanotte.
   *Every evening Richard used to study until midnight.* (habitual action)

   Ieri sera Riccardo **studiava** quando è arrivato un telegramma.
   *Last night Richard was studying when a telegram arrived.* (action in progress)

   Riccardo **era** un bravo studente: **studiava** all'Università di Firenze e **prendeva** bei voti.
   *Richard was a good student: he studied at the University of Florence and got good grades.* (description)

**B.** There are particular cases where a careful distinction between the two tenses is necessary.

1. The **imperfetto** describes conditions and states of being (physical, mental, and emotional) in the past that have no specific beginning; the **passato prossimo** expresses the onset of a state of being at a definite time in the past.

   Quando ero piccola, **avevo** paura del buio.
   *When I was little, I was afraid of the dark.*

   Quando la polizia mi ha fermato, **ho avuto** paura.
   *When the police stopped me, I got scared.*

2. The **imperfetto** expresses an action that was going on while something else was also going on (**imperfetto**) or when something else happened (**passato prossimo**).

   I bambini **dormivano** mentre io **lavavo** i piatti.
   *The children were sleeping while I was doing the dishes.*

   I bambini **dormivano** quando papà **ha telefonato.**
   *The children were sleeping when daddy called.*

**C.** The verbs most often used in the **imperfetto** are **avere** and <u>essere</u> as well as verbs indicating emotions and mental states: **amare, crędere, desiderare, pensare, potere, ricordare, sapere, sperare, volere,** etc.

**Erano** stanchi perché **avevano** troppo lavoro.
*They were tired because they had too much work.*

Giovanni **amava** Laura e **sperava** di sposarla entro la fine dell'anno.
*Giovanni loved Laura and was hoping to marry her by the end of the year.*

Time, age, and weather in the past are also usually expressed in the **imperfetto.**

Quanti anni **avevi** quando ti sei sposato?
*How old were you when you got married?*

**Era** mezzanotte quando sono tornati a casa.
*It was midnight when they returned home.*

**D.** Certain verbs take on different meanings or different implications depending on whether they are used in the **imperfetto** or the **passato prossimo.**

**conoscere**
**Conoscevo** un industriale.
*I knew an industrialist.*

**Ho conosciuto** un industriale.
*I met an industrialist.*

**sapere**
**Sapevo** che Mario era sposato.
*I knew Mario was married.*

**Ho saputo** che Mario era sposato.
*I found out that Mario was married.*

The **imperfetto** of the verbs **dovere, potere,** and **volere** leaves uncertain whether or not the action one *was supposed to do, was capable of doing,* or *was willing to do* was carried out; the **passato prossimo,** in contrast, indicates clearly that the action was carried out.

**dovere**
**Dovevamo** fare molte commissioni.
*We were supposed to do many errands.*

**Abbiamo dovuto** fare molte commissioni.
*We had to do many errands.*

**potere**
Mi **potevano** prestare il motorino.
*They could (had the ability to) lend me the moped.*
(no reference to a specific occasion)

Mi **hanno potuto** prestare il motorino.
*They could (were able to, managed to) lend me the moped.*
(one specific occasion)

**volere**
**Volevano** fare due chiacchiere.
*They wanted to chat.*

**Hanno voluto** fare due chiacchiere.
*They insisted on chatting.*

Marco non **voleva** vivere in centro.
*Marco didn't want to live downtown.*

Marco non **ha voluto** vivere in centro.
*Marco refused to live downtown.*

**E.** The **imperfetto** and the **passato prossimo** are often used together. The **imperfetto** describes a circumstance that accompanies the main action, which is expressed by the **passato prossimo**.[1] The **imperfetto** sets the scene and provides the background; the **passato prossimo** advances the plot.

Era mezzanotte [*description*] e tutti dormivano [*description*]. I ladri hanno rotto [*action*] una finestra e sono entrati [*action*]. Hanno preso [*action*] tutto quello che hanno trovato [*action*] e sono andati via [*action*].

Ieri mattina quando mi sono alzato [*action*], non mi sentivo bene [*description*]. Sono andato [*action*] alla finestra e ho guardato [*action*] fuori. Mi sono subito sentito [*change of state*] meglio. Era [*description*] una bella giornata. Il sole splendeva [*description*] e gli uccelli cantavano [*description*]. Tutti sembravano [*description*] felici.

The **imperfetto** also expresses the habitual nature of a particular action.

Piero era innamorato [*description*] di Patrizia ma non aveva il coraggio [*description*] di parlarle. Ogni volta che la vedeva [*habit*], scappava [*habit*]... Una sera l'ha vista [*action*] in biblioteca: Patrizia era sola [*description*] e studiava [*description*] molto diligentemente. Piero si è avvicinato [*action*] e le ha chiesto [*action*]: «Scusa, sai che ore sono?»

## ■ Esercizi

**a.** *Mettere le seguenti frasi al passato. Un verbo sarà al passato prossimo, l'altro all'imperfetto.*

ESEMPIO  Prendo in prestito la tua macchina perché la mia non funziona.
**Ho preso in prestito la tua macchina perché la mia non funzionava.**

1. Non mangio molto perché non ho appetito.
2. Lui non si ferma perché ha fretta.
3. Siccome piove, stiamo a casa.
4. Noi non usciamo perché non ci sentiamo bene.
5. Dato che hai mal di testa, prendi due aspirine.
6. Non telefonano perché non ricordano il numero.
7. Non scrivete perché non avete l'indirizzo.

**b.** *Formare nuove frasi mettendole o all'imperfetto o al passato prossimo, secondo il senso, e usando le espressioni fra parentesi.*

ESEMPIO  Abito in una villetta unifamiliare (quand'ero piccola; per molti anni)
**Abitavo in una villetta unifamiliare quand'ero piccola.**
**Ho abitato in una villetta unifamiliare per molti anni.**

1. Pranzo al ristorante. (di solito; ieri sera)
2. Prendi l'autobus. (tutti i giorni; oggi)
3. Leggo e ascolto la musica. (quando potevo; sabato)
4. Uscite soli. (la sera; quella volta)
5. Andiamo al cinema. (il sabato; sabato scorso)
6. Si vedono. (il 5 agosto 1991; ogni estate)
7. Parla in italiano. (ieri; in generale)

---

[1] In formal narrations (novels, short stories, historical works), the **passato remoto** is ordinarily used instead of the **passato prossimo** (see p. 139).

**c. Dopo la festa.** *Completare il brano inserendo i verbi indicati all'imperfetto o al passato prossimo secondo il senso.*

Marina è tornata tardi, (essere) _____ a una bella festa. Lei (divertirsi) _____ e non (volere) _____ andar via. La mattina dopo (alzarsi) _____ tardi, (sentirsi) _____ male e (avere) _____ un gran mal di testa. La mamma, con aria di disapprovazione, le (dire) _____: «Cosa (mangiare) _____ ieri sera? Qualcosa ti (fare) _____ male?» Lei non (rispondere) _____, (sorridere) _____ soltanto. Non (volere) _____ dare tante spiegazioni. Più tardi (telefonare) _____ Franco e le (proporre) _____ di venirla a prendere e di portarla a lezione in macchina.

**d.** *Mettere al passato scegliendo il tempo opportuno (o imperfetto o passato prossimo).*

1. La bambina non sta bene: è a letto con la febbre, è calda e agitata. La mamma chiama il dottore. Il dottore viene e visita la bambina. Dice che ha l'appendicite e che bisogna operarla. Lui consiglia di portarla all'ospedale a Roma.
2. Sento la sveglia e mi alzo. Vado subito nel bagno, faccio la doccia e mi vesto. Poi vado in cucina. Il mio compagno di camera dorme ancora e russa *(is snoring)* come un camion carico in salita. Scendo le scale di corsa a bere un caffè nel bar sotto casa perché così, a stomaco vuoto, non mi sento troppo in forma. Salgo sulla mia Ferrari al solito posteggio, innesto la marcia *(put it in gear)* e parto come un razzo *(rocket)*. Subito mi accorgo che dietro di me c'è una macchina. Accelero e anche la macchina accelera. È una Cadillac nera 1960. Guardo bene nello specchietto retrovisivo *(rear-view mirror)*. La guida un tizio *(guy)* grosso con gli occhi gialli, una specie di gorilla che ha anche una cicatrice *(scar)* sulla mano destra. Vedo che la sua giacca, dalla parte sinistra, ha un rigonfiamento *(bulge)*. Prendo una strada deserta, freno di colpo, poi salto giù.

(Adapted from Carlo Manzoni.)

**e. Lui e lei.** *Mettere l'infinito tra parentesi all'imperfetto o al passato prossimo secondo il senso.*

Quando si sono sposati, (volersi molto bene) _____. (Volersi bene) _____ per cinque anni, ma ora tutto è finito. Loro (volere) _____ avere tanti bambini, ma (nascere) _____ un figlio solo, Lorenzo. Il bambino aveva diciotto mesi quando loro (divorziare) _____ ed ora vive con la mamma. Quando lui e lei (essere) _____ ancora insieme, lei non (lavorare) _____ ma (occuparsi) _____ solo della casa e del bambino. Dopo il divorzio, (dovere) _____ cercare un impiego e (trovare) _____ un posto in un'agenzia di viaggi. Lei (essere) _____ molto preoccupata perché non (sapere) _____ la geografia, ma tutto (andare) _____ bene. Alla fine (conoscere) _____ un rappresentante che in quel periodo (fare) _____ molti viaggi all'estero. Un giorno lui la (invitare) _____ a cena, in seguito (andare) _____ due o tre volte al cinema o a teatro. Ora sono felicemente sposati.

## II. Pronomi personali (oggetto diretto)

**A.** A direct object is a person or thing that directly receives the action of the verb. It answers the question *whom?* or *what?* Verbs that take a direct object are called *transitive verbs* (for example, *to see, to find, to eat*). Those that cannot take a direct object are called *intransitive verbs* (for example, *to come, to wait up for, to think about*). The forms of the direct-object pronouns are:

| | SINGULAR | | PLURAL | |
|---|---|---|---|---|
| 1st person | **mi** | *me* | **ci** | *us* |
| 2nd person | **ti** | *you (informal)* | **vi** | *you (informal)* |
| | **La** | *you (formal)* | **Li, Le** | *you (formal)*[1] |
| 3rd person | **lo** | *him, it (m)* | **li** | *them (m)* |
| | **la** | *her, it (f)* | **le** | *them (f)* |

1. Italian direct-object pronouns normally precede a conjugated verb.

   —Conoscete Luigi?
   —Sì, **lo** conosciamo bene.
     *Do you know Luigi?*
     *Yes, we know him well.*

   Lei compra i biscotti, io **li** faccio.
   *She buys cookies; I make them.*

2. **Lo, la** (and less often **mi, ti, ci, vi**) drop their final vowel before verbs beginning with a vowel, except forms of **essere** and before the forms **ho, hai, ha, hanno** from **avere**. However, the plural forms **li, le, Li, Le** are never elided.

   L'italiano? **L'**hanno imparato in Italia.      Abbiamo la televisione, ma non **l'**accendiamo
   *Italian? They learned it in Italy.*           mai.
                                                    *We have a TV but we never turn it on.*

   **Ti** aiuto quando posso.                       **Li** invitate a cena.
   *I help you when I can.*                         *You invite them to supper.*

3. Direct-object pronouns governed by an infinitive normally follow it and are attached to it. The infinitive drops the final **-e.**

   Perché fingi di non conoscer**mi**?              Ho voglia di comprar**lo.**
   *Why do you pretend not to know me?*             *I feel like buying it.*

   If the infinitive is governed by the verbs **dovere, potere,** or **volere,** the pronoun may either be attached to the infinitive or precede the entire verb phrase.

   Voglio invitar**ti.**                            Dobbiamo aiutar**la.**
   **Ti** voglio invitare.                          **La** dobbiamo aiutare.
   *I want to invite you.*                          *We must help her.*

---

[1] **Li** and **Le** are rarely used and are replaced by the informal **vi: Signori, vi invito a prendere un caffè.** *Ladies and gentlemen, I invite you to have a cup of coffee.*

**B. Ecco** (*here is, here are, there is, there are*) points out or draws attention to people, places, or things.

Ecco il nonno e la nonna!
*Here are grandpa and grandma!*

Ecco la pensione!
*Here is the small hotel!*

Ecco la risposta giusta!
*Here's the right answer!*

1. **Ecco** differs from **c'è, ci sono** (*there is, there are*). The latter forms state that a person, place, or thing exists without pointing out or drawing attention to it.

**Ecco** i tuoi vestiti!
*Here are your clothes!*

**Ecco** il libro che cercavi!
*There's the book you were looking for!*

**Ecco** gli studenti!
*Here are the students!*

**Ci sono** dei bei vestiti nei negozi del centro.
*There are fine clothes in the stores downtown.*

**C'è** un libro molto interessante in libreria.
*There's a very interesting book at the bookstore.*

**Ci sono** degli studenti qui?
*Are there any students here?*

2. When **ecco** is used with a pronoun rather than a noun, the pronoun is a direct-object pronoun and is attached to **ecco.**

| | | | | |
|---|---|---|---|---|
| ecco**mi** | *Here I am.* | ecco**ci** | *Here we are.* |
| ecco**ti** | } *Here you are.* | ecco**vi** | |
| ecco**La** | | ecco**Li** | } *Here you are.* |
| | | ecco**Le** | |
| ecco**lo** | *Here he / it is.* | ecco**li** | *Here they (m) are.* |
| ecco**la** | *Here she / it is.* | ecco**le** | *Here they (f) are.* |

**C.** Some Italian verbs take a direct object where their English equivalents require a preposition + object.

**ascoltare**    *to listen to*
**chiedere**    *to ask for*
**pagare**    *to pay for*
**aspettare**    *to wait for*
**cercare**    *to look for*
**guardare**    *to look at*

Amo la musica; **l'**ascolto spesso.
*I love music; I often listen to it.*

Se vuoi il conto, devi chieder**lo.**
*If you want the check, you must ask for it.*

È un bel libro. Quanto **l'**hai pagato?
*It's a fine book. How much did you pay for it?*

Avete trovato le chiavi o **le** cercate ancora?
*Have you found the keys, or are you still looking for them?*

**D.** The invariable pronoun **lo** is used with **credere** or **pensare** *(to think)*, **sperare** *(to hope)*, **sapere** *(to know)*, **dire** *(to tell)*, and **chiedere** *(to ask)* to express the previously mentioned topic that is the object of the verb.

**Lo** credi?
*Do you think so?*

—Può andare in Italia?
 *Can you go to Italy?*

—**Lo** spero davvero.
 *I really hope so.*

—Chi l'ha detto a Elena?
 *Who told Elena?*

—Non **lo** sappiamo.
 *We don't know.*

With some verbs, **lo** can be replaced by **di sì** in affirmative sentences, and by **di no** in negative sentences.

Credo / Penso **di sì**. (**Lo** credo.)
*I think so.*

Credo / Penso **di no**. (Non **lo** credo.)
*I don't think so.*

## ■ Esercizi

**a. Non è vero!** *Silvana pensa che Daniele non l'aiuti abbastanza. Immagina di essere Daniele e di contraddire quanto dice Silvana. Completa ogni frase.*

ESEMPIO    Non pulisci mai il tuo studio.
           **Non è vero! Lo pulisco ogni sabato.**

1. Non fai mai la spesa.
2. Non mi aiuti mai a cucinare.
3. Non lavi mai i piatti.
4. Non ordini mai il pranzo in rosticceria *(delicatessen)*.
5. Non compri mai le paste.
6. Non paghi mai le bollette del gas e della luce.
7. Non porti mai Antonio all'asilo.
8. Non mi ascolti mai.

**b. Non lo so.** *Hai prestato (lent) alcune cose al tuo compagno / alla tua compagna di stanza e ora le rivuoi indietro. Chiedi dove le ha messe.*

ESEMPIO    STUDENTE 1:    Dove sono i miei occhiali da sole?
           STUDENTE 2:    **Io non li ho (non li vedo, non li trovo).**
                          *oppure* **Eccoli!**

1. le fotografie della festa
2. la scatola delle aspirine
3. gli appunti *(notes)* di francese
4. il rasoio
5. la schiuma da barba
6. il dentifricio
7. i DVD di film italiani
8. le chiavi della macchina

**c.** *Rispondi alle domande usando il pronome lo e i verbi chiedere, credere / pensare, dire, sapere, sperare.*

> **ESEMPIO**   Ho comprato un appartamento in centro.
> (Don't tell Mary.)
> **Non lo dire a Maria.**

1. Chi ha vinto il campionato di calcio?
   (You have no idea.)
2. È vero che Flavia ha ereditato le perle della nonna?
   (Her brother says so.)
3. Possiamo prendere la macchina nuova?
   (They must ask your father about it.)
4. È vero che vai a studiare in Italia?
   (You really hope so.)
5. Credi che Silvana venderà la villa dei nonni?
   (You do / don't think so.)

## III. L'accordo del participio passato

The past participle of a verb conjugated with **avere** is invariable unless a third-person direct-object pronoun (**lo, la, li, le**) precedes the verb. In such cases, the past participle agrees with the pronoun in gender and number.

Ho mangiato la pizza. *(no agreement)*
*I ate the pizza.*

L'ho (**La ho**) mangia**ta** tutta. *(agreement)*
*I ate it all.*

—Hai aperto le lettere?
  *Did you open the letters?*
—No, non **le** ho aper**te**.
  *No, I didn't open them.*

Ho comprato dei bei CD. **Li** ho paga**ti**
  troppo, però!
*I bought some beautiful CDs. I paid
  too much for them, though!*

Note that the singular direct-object pronouns **lo** and **la** are elided with the forms of **avere** that follow, but the plural forms **li** and **le** are not elided.

1. The direct-object pronoun **La** (*you*, formal) is considered masculine if the person addressed is male, feminine if female. The past participle agrees accordingly.

   Professore, scusi se non **L'**ho saluta**to**.
   *Excuse me, Professor, if I didn't greet you.*

   Signora, scusi se non **L'**ho saluta**ta**.
   *Excuse me, Madam, if I didn't greet you.*

2. Agreement of the past participle with other direct-object pronouns (**mi, ti, ci, vi**) is optional.

   Mamma, dov'eri? Non **ti** ho vist**o** (vist**a**).
   *Mother, where were you? I didn't see you.*

   Ragazzi, **vi** abbiamo cerca**to** (cerca**ti**)
     dappertutto.
   *Boys, we looked for you everywhere.*

—*La stoffa che ho comprato per coprire le pol-
trone, l'ho pagata veramente una sciocchezza.*

## ■ Esercizi

**a.** *I genitori di Pietro e Lucia tornano dalle vacanze dopo aver lasciato i figli soli per due settimane.
Che cosa trovano? Seguire l'esempio.*

> ESEMPIO     lasciare una Coca-Cola nel congelatore *(freezer)*
> **Chi ha lasciato una Coca-Cola nel congelatore?**
> **L'ha lasciata Pietro.**

1. usare i bicchieri di cristallo
2. mettere la cuccia del cane *(doghouse)* in bagno
3. rompere la porta del garage
4. avere un incidente con la macchina
5. lasciare l'immondizia *(trash)* in cantina
6. non avere pagato la luce
7. cogliere tutti i fiori del giardino
8. lasciare aperte le finestre mentre pioveva
9. sporcare il pavimento *(floor)*
10. usare i cosmetici della mamma

**b.** *Domanda ad un compagno / una compagna quali film, programmi televisivi od opere di teatro ha
visto ultimamente. Lui / Lei risponde usando i pronomi, e spiega il perché della risposta. Alcune
parole utili:*

| | | |
|---|---|---|
| ieri sera | i mondiali di calcio | vedere |
| l'anno scorso | *La vita è bella* | registrare *(to tape)* |
| due settimane fa | il concerto di Pavarotti | guardare |
| | il telegiornale | |
| | *La domenica sportiva* | |

> ESEMPIO     STUDENTE 1:   Hai guardato le Olimpiadi invernali l'anno scorso?
> STUDENTE 2:   **Sì, le ho guardate. Gli sport invernali sono affascinanti.**
>                 *o* **No, non le ho guardate. Non ho avuto tempo.**

## IV. Negativi

**A.** A negative sentence in Italian must always have a negative word before the verb. Usually this negative word is **non**. Only object pronouns are placed between **non** and the verb.

Maria Luisa **non** capisce il francese.
*Marie Louise doesn't understand French.*

**Non** ho comprato una pipa.
*I didn't buy a pipe.*

Quando mi vede, **non** mi saluta.
*When he sees me, he doesn't greet me.*

**B.** Other words may be used with **non** and the verb to form negative sentences:

| | |
|---|---|
| **non... affatto** | *not at all* |
| **non... ancora** | *not yet* (the affirmative counterpart is già, *already*) |
| **non... che** | *only* |
| **non... mai** | *never* |
| **non... mica** | *not at all, not in the least, not really* |
| **non... né... né...** | *neither . . . nor* |
| **non...** { **neanche** / **neppure** / **nemmeno** } | *not . . . even* |
| **non... nessuno** (pronoun) | *nobody, no one, not . . . anybody* |
| **non... nessuno/a** (adjective) | *no, not . . . any, not a single* |
| **non...** { **niente** / **nulla** } | *nothing, not . . . anything* |
| **non... più** | *no longer, no more, not . . . again* (the affirmative counterpart is **ancora** *still*) |

**Non** is necessary when the companion negative word follows the verb. If a negative word other than **non** precedes the verb, however, **non** is omitted.

**Non** sono **affatto** stanco.
*I'm not at all tired.*

**Non** è **mica** stupido.
*He is not at all stupid.*

**Non** li vediamo **più**.
*We don't see them anymore.*

**Non** conosco **né** Firenze **né** Roma.
*I know neither Florence nor Rome.*

**Nessuno** è perfetto.
*Nobody is perfect.*

**Niente** era facile.
*Nothing was easy.*

**Neanche** noi paghiamo.
*We don't pay either.*

**Né** Lorenzo **né** Teresa capiscono.
*Neither Lorenzo nor Teresa understands.*

1. **Niente (nulla)** and **nessuno** can be used in a question without **non** to mean *anything* or *anyone*.

Hai bisogno di **niente**?
*Do you need anything?*

Ha riconosciuto **nessuno**?
*Did you recognize anyone?*

2. Several negative words can be used in the same sentence.

Sono tirchi: **non** danno **mai niente** a **nessuno**.
*They are stingy: they never give anything to anyone.*

**C.** To express *not . . . any* with a plural noun, use either **non** and the plural noun or **non** and the singular noun with the appropriate form of **nessuno.**

Non leggo giornali.
*I don't read any newspapers.*

Non leggo **nessun** giornale.
*I don't read a single newspaper.*

Non vedo macchine.
*I don't see any cars.*

Non vedo **nessuna** macchina.
*I don't see a single car.*

*Perché non me la regala? Non la usa mai!*

## ■ Esercizi

**a. Sei malato/a.** *Un amico / Un'amica viene a trovarti, ma tu sei di cattivo umore e rispondi sempre in modo negativo.*

1. C'è qualcosa di buono in frigo? (niente)
2. Ma come, non ci sono delle uova, dei pomodori… ? (né, né)
3. Non è venuto qualcuno a portare la spesa? (nessuno)
4. Non è venuta Paola ieri sera? (neppure)
5. Ma tu che cosa hai fatto? (nulla)
6. Cosa fai tutto il giorno? Guardi la TV? (mai)
7. Sono le 9.00. Hai mangiato? (non ancora)
8. Ma insomma, come sei scorbutico/a! (affatto) È solo che sono stufo/a di essere malato/a.

**b. Sai se… ?** *Antonietta è andata a trovare il fratello che si è appena sposato. La nonna è curiosa e vuole sapere come vanno le cose. Rispondi alle domande della nonna usando i pronomi e le forme negative.*

ESEMPIO   Pagano l'affitto puntualmente?
**No, non lo pagano mica puntualmente.**

1. Hanno ringraziato tutti i parenti dei regali?
2. Vanno a trovare i suoceri spesso?
3. Scelgono le tende della cucina la prossima settimana?
4. Fanno la spesa insieme?
5. Hanno una colf *(cleaning lady)*?
6. Hanno comprato il tavolo per il soggiorno?
7. È vero che Diana aspetta un bambino?
8. Diana cerca sempre lavoro?

—Si è bloccato: non va nè avanti nè indietro . . .

## V. Aggettivi e pronomi possessivi

The same forms are used for both possessive adjectives and possessive pronouns. Note that the definite article is normally part of the possessive form.

|  | SINGULAR | | PLURAL | |
|---|---|---|---|---|
|  | Masculine | Feminine | Masculine | Feminine |
| *my / mine* | il mio | la mia | i miei | le mie |
| *your / yours* | il tuo | la tua | i tuoi | le tue |
| *your / yours (formal)* | il Suo | la Sua | i Suoi | le Sue |
| *his / hers / its* | il suo | la sua | i suoi | le sue |
| *our / ours* | il nostro | la nostra | i nostri | le nostre |
| *your / yours* | il vostro | la vostra | i vostri | le vostre |
| *your / yours (formal)* | il Loro | la Loro | i Loro | le Loro |
| *their / theirs* | il loro | la loro | i loro | le loro |

**A.** Possessive adjectives precede the noun they modify. They agree with the noun in gender and number: *my university*, **la mia università**; *our teachers*, **i nostri professori.**

1. No distinction is made between *his* and *her*. The possessive agrees with the *object* possessed, *not* with the person who possesses it.

l'uomo e **la sua** pipa
*the man and his pipe*

la donna e **il suo** cane
*the woman and her dog*

Paolo e **il suo** amico
*Paolo and his friend*

Francesca e **il suo** amico
*Francesca and her friend*

2. If clarification is needed, **di lui** or **di lei** is used.

l'amico **di lui**
*his friend*

l'amico **di lei**
*her friend*

3. The English *of mine, of yours,* etc., is expressed with the possessive adjective before the noun without the definite article. There is no equivalent for *of* in these constructions.

un mio amico
*a friend of mine*

due miei cugini
*two cousins of mine*

questa nostra città
*this city of ours*

4. When the possessive form is preceded by a preposition, the article combines with the preposition (see p. 59).

davanti **alla** mia porta
*in front of my door*

**dalle** tue finestre
*from your windows*

**nei** suoi occhi
*in his (her) eyes*

**B.** The possessive adjective **proprio (il proprio, la propria, i propri, le proprie)** corresponds to the English *one's* or *one's own.* **Proprio** is used in impersonal expressions instead of the usual possessive forms in the third person.

Bisogna riconoscere i propri errori.
*One must recognize one's mistakes.*

È necessario ascoltare la propria coscienza.
*It is necessary to listen to one's conscience.*

**C.** In some common expressions the possessive adjective is used without the definite article and may be placed after the noun.

| | | | |
|---|---|---|---|
| a casa mia (sua, ecc.) | *at my (his, etc.) house* | a nostra disposizione | *at our disposal* |
| È colpa tua. | *It is your fault.* | per conto mio | *on my own* |
| da parte sua | *on his behalf* | Sono affari loro. | *It's their business.* |
| in vita nostra | *in our life* | | |

## Il possessivo con termini di parentela

The possessive adjective is used without the definite article when it modifies a noun expressing a family relationship in the *singular*. **Il loro** is an exception: It always requires an article. Compare:

| | |
|---|---|
| **mio** zio | **i miei** zii |
| **tuo** cugino | **i tuoi** cugini |
| **sua** sorella | **le sue** sorelle |
| **nostra** cugina | **le nostre** cugine |
| **vostra** madre | **le vostre** madri |
| **il loro** fratello | **i loro** fratelli |

If the noun expressing a family relationship is modified by an adjective, or if it takes a suffix, the article is retained. Compare:

| | | |
|---|---|---|
| **mio** marito | **il mio** futuro marito | *my future husband* |
| **nostra** zia | **la nostra** povera zia | *our poor aunt* |
| **tuo** cugino | **il tuo** cuginetto | *your little cousin* |

## ■ Esercizi

**a.** *Inserire la forma corretta di* **suo** *e* **loro.**

1. Laura non troverà mai __I suoi__ orecchini in questo disordine.
2. Anna e Luca dicono che Baglioni è __il loro__ cantante preferito.
3. Claudio cerca __la sua__ camicia bianca nella stanza di __sua__ sorella.
4. Quale madre non ama __i suoi__ figli?
5. Ogni regione italiana ha __la sua__ storia e __le sue__ caratteristiche.
6. Hanno avuto __i loro__ problemi.
7. Non capisco gli italiani e __la sua o la loro__ politica.
8. Elena vuole molto bene a __suo__ padre.

**b.** **L'album di famiglia.** *In gruppi di tre o quattro studenti, portate in classe fotografie dei vostri genitori, parenti ed amici. Spiegate agli altri chi sono le varie persone. Descrivete l'aspetto fisico, il carattere, ecc.*

**c.** **Il mio cugino preferito.** *Con un compagno / una compagna, parlate dei vostri parenti. Alternatevi nel rispondere e domandate...*

1. chi è / era il vostro parente preferito.
2. quale tipo di rapporto avete / avevate con lui / lei.
3. quando lo / la andate / andavate a trovare. Dove abitava?
4. quali parenti avete perso di vista *(lost touch with)*.
5. quali parenti vedete ancora, che cosa fanno, se sono sposati, separati, ecc.

## Pronomi possessivi

Possessive pronouns have the same forms as possessive adjectives. They agree in gender and number with the nouns they replace.

Mi dai la tua penna? Ho perso **la mia.**
*Will you give me your pen? I've lost mine.*

I tuoi fiori sono belli; anche **i nostri** lo sono.
*Your flowers are beautiful; ours are too.*

1. Possessive pronouns normally retain the article even when they refer to relatives.

   Mio marito sta bene; come sta **il tuo?**
   *My husband is well; how is yours?*

   Suo padre ha parlato **col mio.**
   *His father spoke with mine.*

2. The masculine plural forms **i miei, i tuoi, i Suoi,** etc., are used to refer to relatives and close friends.

   Tanti saluti **ai tuoi.**
   *Best regards to your family.*

   Arrivano **i nostri!**
   *Here come our friends!*

3. When a possessive pronoun is used after a form of **essere** and the sentence expresses possession, the article is usually omitted.

   È **Sua** quella macchina?
   *Is that car yours?*

   Questi dischi sono **vostri?**
   *Are these records yours?*

   Quel che è **mio** è **tuo.**
   *What is mine is yours.*

   The article is retained if emphasis is desired or a distinction needs to be made.

   Questa è la mia macchina. Quella là è **la sua.**
   *This is my car. That one is his.*

## Differenze nell'uso del possessivo fra l'italiano e l'inglese

1. In Italian possessive adjectives are usually omitted when possession is obvious. This is particularly true in reference to parts of the body and items of clothing.

   Ho lasciato **l'ombrello** al ristorante.
   *I left my umbrella at the restaurant.*

   Luigino dorme con **la bocca aperta.**
   *Luigino sleeps with his mouth open.*

   Hai cambiato **idea.**
   *You have changed your mind.*

   Perché scuoti sempre **la testa?**
   *Why do you always shake your head?*

   With a plural subject, each of whom possesses only one of the same item, the singular form is used to refer to the thing possessed.

   Abbiamo alzato **la voce.**
   *We raised our voices.*

   I bambini oggi portano **il cappotto** ma non i guanti.
   *Today the children are wearing their coats but not their gloves.*

2. Express phrases such as *my book and Mary's, your friends and the lawyer's* with a form of **quello** + **di** + the possessor.

   il mio libro e **quello di** Maria
   *my book and Maria's*
   *(my book and that of Maria)*

   i tuoi amici e **quelli de**ll'avvocato
   *your friends and the lawyer's*

3. Express *at / to Luigi's, at / to my brother's, at / to the butcher's,* etc., with **da** + *a person's name* or a noun referring to a person, or with **a (in) casa di** + *noun* when referring to someone's residence.

   Ci piace mangiare **da Luigi.**
   *We like to eat at Luigi's.*

   Siete andati **dall'avvocato?**
   *Did you go to the lawyer's?*

   Elena abitava **dagli zii.**
   *Elena was living at her aunt and uncle's.*

   Stasera studiamo **in casa di** Roberto (**da** Roberto).
   *Tonight we're studying at Robert's.*

■ **Esercizio**

**Fare la valigia (To pack).** *Le vostre due figlie hanno fatto le valigie per le vacanze. Controllate che non abbiano dimenticato nulla. Seguite l'esempio e usate i pronomi possessivi.*

ESEMPIO   MADRE:  Hai preso i miei asciugamani?
                 FIGLIA:  Sì, ho preso i tuoi.

1. prendere la cinepresa *(camcorder)* di papà
2. prendere le scarpe di Gino e Daniele
3. mettere in valigia il tuo costume da bagno e quello di tua sorella
4. mettere in valigia la mia macchina fotografica
5. prendere il tuo libro di algebra
6. trovare i miei occhiali da sole
7. cercare il calcolatore di Daniele
8. prendere la carta stradale di Gino

## ■ Prima di leggere

Alberto Bevilacqua è uno scrittore di fama internazionale che ha vinto molti premi italiani importanti. Scrive narrativa di grande successo, ma è anche poeta e regista. Bevilacqua è conosciuto sopratutto per il suo secondo romanzo, *La Califfa*, e per il film dallo stesso titolo che lui stesso ha diretto nel 1971. Il seguente brano, «La zona in cui vivo», è tratto da un racconto intitolato *Ricordi scambiati con mia madre*. Nel brano, l'autore racconta come sua madre è venuta a trovarlo e ha visto il suo appartamento per la prima volta.

Panorama di Roma. In fondo a destra c'è «il cupolone», la cupola della Basilica di San Pietro.

Bevilacqua vive in un quartiere del nord di Roma, chiamato «Vigna Clara». Vigna Clara è situata su una collina con una vista panoramica della città. Nel brano l'autore parla direttamente alla madre.

In gruppi di due o tre studenti discutete le seguenti domande:

1. Descrivete la vostra abitazione. Abitate in una residenza universitaria? Abitate in un appartamento di un palazzo o di una casa? in una casa unifamiliare? Cosa vedete dalla vostra finestra?

2. Abitate in una città grande o piccola? in periferia? in un paese piccolo? Parlate del quartiere in cui vivete. Dove andate per incontrare gli amici? per fare le spese? Avete bisogno della macchina?

3. Immaginate di abitare al settimo piano di un appartamento, nella vostra città. Descrivete quello che vedete dalla finestra.

4. Avete mai visto Roma o una foto di Roma? Se sì, descrivetela. Conoscete la basilica di San Pietro e la sua cupola?

5. Immaginate di avere un nuovo appartamento. Vostra madre / Vostro padre lo vede per la prima volta quando viene a trovarvi. Cosa la colpisce di più? Quali sono i suoi commenti?

# ■ La zona in cui vivo

*Quattro... :* It only takes
a short walk

*hanno... :* are having ups
and downs

*ti... :* you went and
looked out / *sfidando... :*
defying your vertigo

*non... :* didn't impress you
much

splintered

magnet

*le... :* the provincial
customs / heart; core

*Sono... :* I feel down

reciprocated

*il... :* not to see me lost /
stack / barrack-like buildings / *si... :* they pile up

*si... :* crumbles

*colpo... :* sharp blow

*ti... :* fell suddenly

*avresti... :* you would
have said about somebody

elbows

threaded

*non... :* we didn't notice

*far... :* to rest

*addossati... :* leaning
over the precipice /
*avvertimmo... :* we
felt a soft thump /
*si... :* crept in /
*Ci... :* we turned with
a start and were dazzled

radiant / St. Peter's dome

La zona in cui vivo, Vigna Clara, è come un piccolo paese. Quattro passi bastano° alle cerimonie mattutine: comprare i giornali, passare dal tabaccaio, bere al baretto il primo caffè, scambiare il buongiorno con i conoscenti, lanciare qualche commento al benzinaio sulla squadra calcistica del mio Parma che vince mentre le squadre romane hanno alterne fortune°.  5

La sola volta che hai preso il treno e sei venuta a visitare casa mia, ti sei affacciata°, sfidando le tue vertigini°, alla terrazza del superattico, hai abbracciato con lo sguardo la distesa della capitale e poi, circolarmente, la cerchia dei colli e le campagne intorno. Questo paesaggio non ti ha impressionato più di tanto°. Ti sei illuminata riportando gli occhi in basso e hai esclamato:  10

«C'è la piazzetta! Guarda, guarda...»

Sì, c'è: con un giardino un po' grigio, le panchine scheggiate°, le cassette della posta che portano i segni delle piogge e dei vandali. Ti ha reso allegra scoprire che esiste questa piazzetta come una calamita° che attira in un centro le tante vite, e le rende comunicanti. Ti ricordava le abitudini di provincia°, che sono a cerchi concentrici, e il nocciolo° sta  15 in un piccolo bar, nel negozio del fruttivendolo o del parrucchiere, dove puoi entrare e dire: «Sono giù di corda°, stamattina» oppure: «Sono contento, cari amici», con il bene di essere ascoltato, ricambiato°.

Ti confortava il non vedermi disperso° in uno dei quartieri che accatastano° vie e casermoni° come, da noi, si ammucchiano° le sedie dei caffè all'aperto, prima di calare  20 le saracinesche. Se ne vedono tanti, di quartieri così, dalla mia terrazza, e fissando quelle macchie dove l'esistenza si sbriciola° negli spazi anonimi della metropoli avevi commentato:

«Come può esserci felicità, laggiù? La gente sopravvive, a metà, sospesa, come le saracinesche che stanno per essere calate con un colpo secco°. Poi il colpo secco arriva. E  25 amen. La vita finisce dopo non essere mai nemmeno cominciata durante la sopravvivenza.»

Quando gli occhi ti sono caduti a piombo° sotto di noi e hai salutato la piazzetta, ho pensato che allo stesso modo avresti detto di uno°, col tuo intuito veloce nel classificare le persone: «Quello è un uomo che ha un cuore».

Ti ho messo una mano sulla spalla. Siamo stati lì, abbracciati, con i gomiti° sul  30 parapetto, perché eravamo felici di una piazzetta che anche a me sembrava di scoprire per la prima volta, dove il sole infilava° i suoi raggi attraverso i saluti reciproci che la gente si scambiava, e volava nell'aria l'amicizia. Non ci siamo accorti° subito degli uccelli che arrivano a far sosta° sulla terrazza, proprio perché è fra le più alte di Roma (...).

Addossati sul baratro° dei sette piani, avvertimmo un tonfo soffice° contro i nostri  35 piedi, e fra i miei e i tuoi piedi si insinuò° prima il becco, poi la testa con una piccola cresta di color giallo. Ci girammo di scatto e restammo abbagliati° da un'esplosione di colori (...).

Eri raggiante°. Non facevi che ripetere:

«Lo vedi? Lo vedi? Eccola lì la felicità! Di quando meno te l'aspetti...»  40

E ben diverso da prima era il tuo sguardo sulla distesa di Roma, dal Cupolone° ai colli: «È Roma che, così, mi saluta».

Alberto Bevilacqua, «Ricordi scambiati con mia madre», da *Questa è mia madre*.

# Comprensione

1. In che tipo di casa abita l'autore? Descrivila.

2. Decrivi il quartiere in cui vive.

3. Come arriva la madre? Abita vicino al figlio? Secondo te, la madre abita in una grande città?

4. La madre vede qualcosa dal balcone che le dà piacere. Di cosa si tratta? Perché è felice di vederla?

5. La madre ha delle idee ben precise riguardo ai vari tipi di quartieri e alla felicità della gente che ci abita. Quali sono le sue opinioni?

6. Che cosa abbaglia *(dazzles)* l'autore e sua madre sul terrazzo? Perché è importante?

7. Come si sente la madre all'inizio del brano? Come si sente alla fine? Che cosa è cambiato?

# Temi per componimento o discussione

1. In molte città e paesi d'Italia, la piazza ha ancora un ruolo importante non soltanto nella cultura della città ma anche nella vita della gente. La piazza è un luogo di incontro dove gli amici si possono incontrare per prendere un gelato o fare una passeggiata insieme. Avete mai visto una città con una piazza centrale? C'è qualcosa di simile nel vostro paese? Usando Internet fate una ricerca sulle piazze italiane. Sceglietene una in particolare e presentatela alla classe. Discutetene.

2. Abitare in un palazzo in una grande città è molto diverso dal vivere in una casa in un paese piccolo o in campagna. Preferite i divertimenti della città oppure stare a contatto con la natura? Secondo voi, è importante poter fare tutto a piedi e con i mezzi pubblici, o dovete avere la macchina? Discutetene.

3. Vi ricordate la casa della vostra infanzia? Com'era? Era in città o in periferia? Per quanto tempo avete vissuto in quella casa? Quando vi siete trasferiti e perché? Avete cambiato molte case nella vostra vita? Siete rimasti affezionati *(attached)* ad una casa in particolare? Avete un ricordo speciale legato ad una casa in cui avete abitato? Spiegate usando l'imperfetto ed il passato prossimo.

4. Frequentate un'università lontana dal luogo in cui vivono le vostre famiglie. Scrivete un messaggio a casa con la posta elettronica nel quale parlate del vostro compagno / della vostra compagna di stanza, della residenza universitaria in cui abitate, dei corsi che seguite, delle attività del tempo libero, ecc.

5. In gruppi di tre o quattro studenti, immaginate di essere un ragazzo / una ragazza che abita in un appartamento con un compagno / una compagna. Un giorno la mamma vi fa una visita inaspettata *(unexpected)*. Ieri avete festeggiato il compleanno di un amico e l'appartamento è in disordine—ci sono ancora degli ospiti che dormono sul divano! Scrivete un dialogo fra la mamma, il figlio / la figlia e gli amici, e rappresentatelo in classe. Usate almeno tre espressioni negative nel vostro dialogo.

## Buon Compleanno!

La festa più celebrata in Italia è il Natale. Di solito, la gente va alla messa di mezzanotte della vigilia *(Christmas Eve)* o a quella della mattina di Natale. Le famiglie si riuniscono per un grande pasto a pranzo o a cena. I dolci tipici di questa festa sono il panettone e il pandoro *(types of sweet bread)*. Un'altra festa religiosa molto celebrata è la Pasqua. I dolci tipici della Pasqua sono la colomba *(sweet bread, in the shape of a dove)* e grandi uova di cioccolato, di solito avvolte *(wrapped)* in carta colorata e contenenti una sopresa! Un altro giorno festeggiato con grande entusiasmo è il compleanno.

***E per te, quali feste sono importanti? Considera le seguenti domande con i tuoi compagni di classe.***

1. Qual è la tua festa preferita? Perché?

2. Fai un sondaggio *(survey)* tra i tuoi compagni di classe per scoprire le loro festività preferite. Quali feste sono menzionate? Qual è la festa più comune? E quella meno comune?

Adesso guarda il video al sito web **www.cengage.com/login**. Di quali feste parlano le persone intervistate? Riconosci la canzone cantata da Marco? Puoi trovare altre attività basate sul video alla fine del Capitolo 4 del *Workbook* (nel *Student Activities Manual*) che accompagna questo libro.

## PER COMUNICARE

Track 9

**Al telefono.** Filippo sta parlando al telefono con il suo amico Carlo per comunicargli una grande notizia.

| | |
|---|---|
| FILIPPO: | Pronto, Carlo? |
| CARLO: | Filippo! Che piacere sentirti! Come stai? |
| FILIPPO: | Benissimo! È nato Luigi! |
| CARLO: | Auguri! Quando è nato? |
| FILIPPO: | Ieri sera poco prima delle 11.00, e pesa quasi quattro chili! |
| CARLO: | Magnifico! E la mamma e il bambino stanno bene? |
| FILIPPO: | Sì, sì, grazie. E non è tutto! Ieri mi è arrivata la notizia di una promozione e di un aumento di stipendio. |
| CARLO: | Congratulazioni! Sono proprio contento per te! |

100    Capitolo 4

*Letizia e Claudio De Angelis*
*con la piccola Paola*

*annunciano la nascita*

*di Carlo Maria*

*Palermo, 17 maggio 2009*

### Fare gli auguri

Tanti auguri!
Falle / Fagli gli auguri da parte mia / nostra.
Buon anno!
Buon Natale!
Buona Pasqua!
Buone feste!
Buon compleanno!
Felice anniversario!
... cento di questi giorni!

Auguri di pronta guarigione!
Ti auguro di guarire presto!

*Best wishes!*
*Give her / him my / our wishes.*
*Happy New Year!*
*Merry Christmas!*
*Happy Easter*
*Season's greetings!*

*Happy Birthday!*

*. . . and many more! (lit: a hundred days like this one)*
*Wishes for a quick recovery!*
*Get well soon!*

### Congratularsi

Complimenti!
Congratulazioni!
Mi congratulo per la promozione / il nuovo libro / la vittoria alle elezioni...
Mi fa molto piacere / sono proprio contento/a per te!
Te lo meritavi davvero!

*Congratulations for the promotion / the new book / your victory in the election. . .*
*I'm very pleased / happy for you!*

*You really deserved it!*

### Esprimere apprezzamento

Bravo/a!
Molto bene!
Hai fatto un ottimo lavoro!
Ti meriti il riconoscimento di noi tutti.

*Very well!*
*You did an outstanding (great) job!*
*You deserve our recognition.*

### Esprimere rammarico

Mi rincresce.
Mi dispiace moltissimo.
Dio mio, che disgrazia!
Fai / Faccia le mie / nostre condoglianze a...

*I'm really sorry.*

*My God, what a tragedy!*
*Give my condolences to. . .*

## ■ Che cosa diciamo?

1. Il tuo / La tua collega d'ufficio ha appena ricevuto una promozione.

2. È l'anniversario di matrimonio dei tuoi genitori.

3. Matteo, il tuo fratello minore, è diventato «eagle scout».

4. Il tuo bisnonno compie novantacinque anni.

5. Il marito della tua vicina di casa ha avuto un incidente stradale. Tu incontri la tua vicina in ascensore.

6. È il 31 dicembre e tu telefoni agli amici.

7. Il fratello della tua amica Silvia è rimasto vedovo. Tu incontri Silvia in autobus.

## ■ Situazioni

1. Vai a fare visita alla tua amica Marcella che sta per sposarsi. Riferisci la conversazione tra te e la tua amica.

2. Immagina di essere un avvocato e di avere un processo *(trial)* importante. Sei tornato/a in ufficio per rivedere certi dati e trovi che il tuo/la tua assistente ti ha preparato una documentazione utilissima. Gli/Le scrivi un biglietto in cui lo / la ringrazi ed esprimi il tuo apprezzamento.

3. La tua amica Irene ha aperto qualche mese fa una boutique molto elegante in centro. Ieri hai saputo che il negozio è fallito *(bankrupt)*. Irene non riesce a pagare la rata del mutuo ed è piena di debiti. Tu la chiami per avere notizie e manifestarle il tuo rammarico.

4. Il tuo ex capufficio ti invita al battesimo di suo figlio Nicola. Purtroppo devi partire per la Grecia proprio il giorno della cerimonia. Scrivi un biglietto spiegando che ti dispiace di non poter partecipare e fa gli auguri al neonato.

# Tutti a tavola!

CuboImages srl/Michele Bella/Alamy

*Capitolo* **5**

**Una cena importante.** La signora Morandi e la figlia Simona hanno invitato a cena i Guiducci, i genitori di Franco che da un anno è il ragazzo di Simona. La mamma e Simona discutono i preparativi.

SIMONA: Per il primo facciamo delle penne all'arrabbiata? A Franco piacciono molto.

MAMMA: Non so, sono piccanti, forse non vanno bene per tutti.

SIMONA: Allora, i tortellini alla panna.

MAMMA: Buon'idea! E per secondo?

SIMONA: Delle scaloppine di vitello al Marsala?

MAMMA: Sì, con un contorno di insalata mista.

SIMONA: Ci occorrono di formaggi?

MAMMA: Direi di no, facciamo le cose semplici. Ordiniamo un dolce, una bella millefoglie°, e finiamo con della frutta fresca.

SIMONA: Se mi dici che cosa ci occorre, penso io a fare la spesa.

MAMMA: Mi bastano poche cose al mercato. Il resto lo posso ordinare.

SIMONA: Telefoni anche al pasticciere?

MAMMA: Sì, sì, gli telefono io.

SIMONA: Grazie, mamma, pensi sempre a tutto. Se mi fai la lista delle cose da comprare, vado subito al mercato.

*multilayered puff pastry filled with cream or chocolate*

## ■ Esercizi

**a.** *Vero o falso?*

_____ 1. Simona vuole preparare un dolce per il suo futuro suocero.

_____ 2. A Franco non piacciono le penne all'arrabbiata.

_____ 3. La signora Morandi e Simona offrono i tortellini perché vanno bene per tutti.

_____ 4. La cena a casa Morandi include l'antipasto, il primo, due secondi, un assaggio di formaggi, il dolce e la frutta.

_____ 5. Come primo piatto offriranno l'insalata.

_____ 6. Simona è disposta ad andare al mercato.

_____ 7. La signora Morandi fa la spesa per telefono.

**b.** *Inserire le parole opportune.*

1. Piero ed io ci alziamo ad ore differenti e non facciamo mai la _____ insieme.
2. Per secondo prendo il pollo alla cacciatora, ma non so cosa ordinare come _____.
3. È difficile invitare a cena Renato, è _____ e dice che non può mangiare quasi niente.
4. Anna è vegetariana, mangia molte _____.
5. Durante l'inverno non è facile trovare della buona frutta _____.
6. Il _____ del mio quartiere vende della carne di prima qualità, ma cara.
7. A mezzogiorno faccio uno _____ alla rosticceria «Il Picchio».
8. L'insalata di pomodori è il mio _____ preferito.
9. Paolo, mi dai la _____ degli spaghetti alla carbonara?
10. Io non faccio mai colazione. Tu quanti _____ fai al giorno?

Fino a qualche tempo fa il pranzo di mezzogiorno era il pasto principale della giornata. La famiglia si riuniva intorno alla tavola apparecchiata e condivideva cibi preparati con cura. Negozi ed uffici chiudevano verso mezzogiorno (per riaprire nel tardo pomeriggio) e tutti ritornavano a casa per pranzare. Ora lo stile di vita è diverso. Nelle grandi città molti negozi fanno orario continuato ed è aumentata l'occupazione femminile. È diventato ormai usuale per chi lavora fare uno spuntino in bar, rosticcerie o tavole calde self-service, che di solito offrono vari tipi di cibo cucinati in stile «ristorante». I giovani invece preferiscono i panini e i tramezzini delle paninoteche oppure gli hamburger di McDonald's. Oggi il pasto principale della giornata è quello della sera (la cena).

Secondo una ricerca Eurisko, ad andare a fare la spesa sono ancora in maggioranza le donne, anche quelle che lavorano. Preferiscono andare ai mercati e mercatini di quartiere, e nei negozi alimentari di fiducia. Il macellaio, il salumiere, il fornaio fanno parte dell'ambiente umano della zona. Conoscono i loro clienti, accettano ordinazioni via telefono, e fanno servizio a domicilio (home delivery). I loro negozi continuano a prosperare nonostante la presenza dei supermercati, frequentati da chi ha poco tempo.

Per gli Italiani è importante acquistare prodotti freschi di marche affidabili (reliable), soprattutto se garantiti dalla sigla D.O.P. (Denominazione di Origine Protetta). Costano di più, ma sono più squisiti, sani e genuini. Allo stesso tempo, è in diminuzione il consumo della carne per timore degli ormoni e dei conservanti (preservatives). Grande attenzione è dedicata alle etichette (labels) per controllare la possibile presenza di organismi geneticamente modificati (OGM). In Italia è proibita la produzione di OGM, detti anche transgenici, ma questi possono essere importati dall'estero. I consumatori italiani però sono contrari al loro uso e, in genere, preferiscono i cibi biologici. L'associazione internazionale Slow Food, nata in Italia nel 1986, promuove le ricchezze enogastronomiche locali, educa il consumatore e lotta contro il «fast food». L'accurata scelta dei cibi e la ricchezza di ingredienti tradizionali e di qualità assicurano che in Italia si mangi sempre bene a tavola, da veri buongustai!

## ■ Vocabolario utile

*A tavola*

**lo spuntino** snack
**il panino / il tramezzino** sandwich
**il pasto** meal
**la minestra** soup
**il primo / secondo (piatto)** first / second course
**il contorno** side dish
**la frutta fresca** fresh fruit
**la torta** cake
**il caffè macchiato** espresso "spotted" with milk
**il caffè corretto** espresso "corrected" with liquor
**l'ammazzacaffè** "coffee-killer" / digestif (such as *limoncello, grappa, amaro*)
**la spaghettata di mezzanotte** late night, impromptu spaghetti dinner

**la tavola apparecchiata** table set for a meal
**il buongustaio** gourmet (person), "foodie"

*Dove mangiamo?*

**la tavola calda** cafeteria
**la trattoria** (less formal) restaurant
**l'osteria** (neighborhood) restaurant
**la rosticceria** (healthy) fast food
**il ristorante** restaurant

*Dove facciamo la spesa?*

**il mercato** local market
**il supermercato** supermarket
**il fornaio** baker
**il macellaio** butcher
**il salumiere** delicatessen vendor
**l'enoteca** wine seller / shop / bar

## I cibi

**la ricetta** recipe
**la carne** meat
**il vitello** veal
**il pollo** chicken
**l'insalata** salad
**la verdura** vegetables
**la panna** cream

**squisito** delicious
**leggero** light
**sano** healthy
**fresco** fresh
**biologico** organic
**piccante** spicy
**tipico** typical
**grasso** fattening / heavy

### Espressioni utili

**assaggiare** to taste
**apparecchiare la tavola** to set the table
**essere a dieta** to be on a diet
**fare la spesa** to go (food) shopping
**ordinare del vino** to order wine
**pagare il conto** to pick up the check
**prendere un caffè** to have coffee
**essere pieno/a** to be full
**avere una fame da lupi** to be hungry like a wolf
**a stomaco pieno** on a full stomach
**l'appetito vien mangiando** appetite comes with eating

**fare una cena con i fiocchi** to prepare an excellent dinner
**da leccarsi le dita / i baffi** finger licking / moustache licking (food)
**fa venire l'acquolina in bocca** makes your mouth water
**goloso / golosone** gluttonous food lover
**l'enogastronomia** food and wine tradition

### Verbi: un ripasso

**sapere di** *Questo piatto non sa di niente!*
**suonare** *Hanno suonato il campanello mentre eravamo a tavola.*
**recitare** *Peppino ha recitato la poesia prima del pranzo.*
**giocare a** *Mio nonno gioca a carte dopo pranzo.*
**praticare (fare) uno sport** *Mirko pratica nuoto ogni mattina dopo colazione.*

CuboImages srl/Michele Bella/Alamy

## ■ Pratica

**a.** *Scegliere la parola che completa meglio la frase.*

1. Dopo pranzo preferisco prendere (uno spuntino / un caffè).
2. (Assaggiamo / Apparecchiamo) la tavola: gli ospiti sono arrivati!
3. Questo piatto non (suona / sa) di niente!
4. La cucina vegetariana è (leggera e biologica / pesante e grassa).
5. Mario (gioca / suona) la chitarra classica da molti anni.

**b.** *Inserire le parole opportune.*

1. Matteo _____ molti sport. Preferisce il calcio.
2. La cena è stata squisita! Proprio _____.
3. L'odore del sugo della nonna mi _____.
4. Per favore, vai all' _____ e compra una bottiglia di Chianti.
5. Non abbiamo niente da mangiare nel frigorifero, andiamo a _____.

## ■ A voi la parola

a. **Cosa mangiamo.** *In piccoli gruppi rispondete alle domande che seguono, e paragonate* (compare) *le vostre conclusioni con quelle degli altri gruppi.*

1. In Italia la prima colazione prevede una bevanda calda—latte, tè, caffè—pane, burro e marmellata, biscotti o cereali. Il pasto di mezzogiorno si riduce spesso ad uno spuntino. La cena segue le regole tradizionali: un primo piatto di pasta, riso o minestra in brodo; un secondo di carne o pesce—qualche volta sostituiti da uova o formaggi—con contorno di insalata o verdure cotte. La frutta completa la cena. Paragonate le abitudini delle famiglie italiane con quelle della vostra famiglia. In particolare:

   a. Che cosa mangiate voi a colazione? E a mezzogiorno?
   b. Com'è servito il pasto principale nella vostra famiglia?
   c. In che cosa consiste il dessert?
   d. Mangiate frutta fresca? E dolci?

2. *L'appetito vien mangiando!* Avete passato tutta la notte fuori casa e adesso avete una fame da lupi! Perché non fate una spaghettata con i vostri amici? Improvvisate un dialogo utilizzando il vocabolario e le espressioni imparate.

3. Secondo voi è importante per la famiglia consumare un pasto insieme? Sì? No? Perché?

4. Gli italiani si oppongono all'uso di ingredienti OGM, e non apprezzano gli additivi. Cosa pensate del movimento Slow Food? È una buona idea? Discutete le vostre opinioni in proposito e riferite alla classe.

b. **In cucina.** *Nel 1889 il pizzaiolo napoletano Raffaele Esposito preparò una pizza speciale in occasione della visita della Regina Margherita di Savoia. Secondo la tradizione, Esposito creò la sua pizza con i colori della bandiera italiana. Fece cuocere la pizza su una lastra di pietra (che produce calore uniforme). Alla regina la pizza piacque molto e la «Margherita» diventò famosa. Sulla pasta di pane (adesso si compra dal fornaio) stesa in uno strato molto sottile (spread thin) il pizzaiolo mise:*

- *fettine di mozzarella bianca e morbida (soft)*
- *cubetti di pomodoro fresco senza pelle e senza semi (skin and seeds removed)*
- *foglie di basilico*
- *olio d'oliva*
- *sale e pepe*

*In gruppi di due o più studenti rispondete alle domande che seguono e paragonate le vostre esperienze.*

1. Vi piace la pizza? La mangiate spesso? Dove? Con chi?
2. La pizza si può preparare in tanti modi. Che tipo di pizza preferite?
3. Come vi sembra la pizza Margherita? Pensate di prepararla? Perché sí? Perché no?

**CANTIAMO!** | Giorgio Conte – *Cannelloni*

Adesso che hai imparato alcuni vocaboli ed espressioni per parlare della dieta italiana, ascolta *Cannelloni*, una canzone del famoso compositore e cantautore italiano Giorgio Conte. Questa canzone, di tono scherzoso, parla della singolare esperienza di mangiare al ristorante con qualcuno che è a dieta. Per ascoltarla, vai al sito web **www.cengage.com/login** (clicca sul «iTunes playlist»). Puoi trovare altre informazioni ed attività su questa canzone alla fine del Capitolo 5 del *Lab Manual* (nel *Student Activities Manual*) che accompagna questo libro.

---

## STRUTTURA

### I. Pronomi personali (oggetto indiretto)

**A.** An indirect object differs from a direct object in that the action of the verb affects it indirectly; the action of the verb is done *to* or *for* the indirect object. Compare:

| DIRECT | INDIRECT |
|---|---|
| I brought *the book*. | I brought *my sister* the book. |
| | I brought the book *to my sister*. |
| | I brought the book *for my sister*. |

An indirect object answers the question *to whom?* or *for whom?* In English, an indirect object may either stand alone or be introduced by *to* or *for*. In Italian, the indirect-object noun is always introduced by **a** or **per;** the indirect pronoun is always intoduced by **a** or **per**.

**B.** Indirect-object pronouns differ from direct-object pronouns only in the third-person singular and plural forms.

| | | SINGULAR | | PLURAL | |
|---|---|---|---|---|---|
| 1st person | | mi | *to me* | ci | *to us* |
| 2nd person | | ti | *to you* | vi | *to you* |
| | | Le | *to you* (formal) | Loro | *to you* (formal) |
| 3rd person | | gli | *to him* | | |
| | | le | *to her* | loro (gli) | *to them* |

1. Indirect-object pronouns, like direct-object pronouns, normally precede a conjugated verb, except for **loro** and **Loro,** which follow the verb.

   Non **le** danno molti soldi come cameriera.
   *They don't give her much money as a waitress.*

   **Gli** ho offerto un caffè.
   *I offered him a cup of coffee.*

In contemporary usage, **loro** is often replaced with **gli,** which precedes the verb.

Quando parliamo **loro?**
Quando **gli** parliamo?
*When shall we speak to them?*

2. With the exception of **loro,** indirect-object pronouns governed by an infinitive normally follow the infinitive and are attached to it. The infinitive drops the final **-e.**

Ho bisogno di parlar**Le.**
*I need to talk to you.*

Perché avete deciso di non scrivere **loro?**
*Why did you decide not to write to them?*

Preferiamo non dir**ti** niente.
*We prefer not to tell you anything.*

If the infinitive is governed by the verb **dovere, potere,** or **volere,** the pronoun may either be attached to the infinitive or precede the entire verb phrase.

Posso parlar**Le?**
**Le** posso parlare?
*May I talk to you?*

Non dobbiamo risponder**gli.**
Non **gli** dobbiamo rispondere.
*We mustn't answer him.*

3. When the verb is in a compound tense and an object pronoun precedes it, it is important to know whether the object pronoun is direct or indirect in order to use the correct form of the past participle. The past participle can agree with the preceding direct-object pronoun (see p. 89); it never agrees with a preceding indirect-object pronoun.

Patrizia? L'ho vist**a** ieri ma non le ho parlat**o.**
*Patrizia? I saw her yesterday, but I didn't speak to her.*

4. Some Italian verbs take an indirect object, whereas their English equivalents take a direct object.

Telefono **a Mario per la cena.**
*I am calling Mario for dinner.*

**Gli** telefono adesso.
*I am calling him now.*

The most common of these verbs are:

| | |
|---|---|
| *****bastare** | *to suffice, to last* |
| **chi<u>e</u>dere (domandare)** | *to ask* |
| **dire** | *to tell* |
| *****dispiacere** | *to be sorry* |
| **fare bene** | *to be good for* |
| **fare male** | *to be bad for, to hurt* |
| *****piacere** | *to please* |
| **risp<u>o</u>ndere** | *to answer* |
| **somigliare (assomigliare, rassomigliare)** | *to resemble, to be like* |
| **telefonare** | *to phone* |
| **volere bene** | *to love* |

Signora, chi **Le** ha risposto? Non accettiamo le prenotazioni in questo ristorante.
*Ma'am, who answered you? We don't accept reservations at this restaurant.*

Il fumo **gli** fa male.
*Smoking is bad for him.*

Telefonate agli amici; telefonate **loro** (**gli** telefonate) ogni giorno.
*You call your friends; you call them every day.*

Somiglio a mia madre; **le** somiglio nel naso.
*I resemble my mother; my nose is like hers.*

# ■ Esercizi

**a.** *Sostituire all'oggetto indiretto la forma corretta del pronome corrispondente.*

> **ESEMPIO**  Offro il pranzo a Carlo.
> **Gli offro il pranzo.**

1. Lisa prepara la colazione a suo padre.
2. Compriamo il gelato di frutta ai bambini?
3. Cosa hai portato a Francesca?
4. Hai telefonato al fornaio?
5. Alle amiche offro il cappuccino con tanta panna.
6. A me e Giovanni nessuno fa mai regali.
7. A te e Angela interessa un libro di cucina?
8. Ho chiesto a Maria la ricetta del tiramisù.
9. Ho preparato il pranzo agli studenti stranieri: avevano una fame da lupi!

Courtesy of the authors

È il compleanno di Paolo. I genitori, i nonni e gli zii gli fanno festa.

**b.** *Inserire* **lo** *o* **gli.**

1. Siamo stati contenti di riveder _____ e di parlar _____ .
2. Qualcuno _____ ha mandato un pacco.
3. Non _____ avete ancora ringraziato?
4. Tutti volevano aiutar _____ .
5. Perché fingete di non conoscer _____ ?
6. Chi _____ ha insegnato il francese?
7. La carne non _____ fa bene.
8. Il suo stipendio non _____ basta per pagare il conto!

**c.** **Inserire la o le.**

1. Che cosa ___lo___ hai regalato per il suo compleanno?
2. ___la___ salutiamo sempre quando ___la___ vediamo.
3. Non ___le___ hanno detto la verità.
4. Devi risponder ___le___ in italiano.
5. Nessuno ___la___ invita al ricevimento (reception).
6. Perché non ___le___ telefonate?
7. Quante volte ___le___ hai scritto?
8. Perché ___le___ avete raccontato questa barzelletta (joke)?

**d.** **Parliamo un po'.** *Rispondere alle domande seguenti usando i pronomi appropriati.*

1. Prepari la colazione per i tuoi genitori? A chi prepari piatti speciali? Prepari delle cene romantiche alla tua ragazza? al tuo ragazzo? Che cosa le / gli dici?
2. Che cosa presti al tuo compagno / alla tua compagna di stanza? Perché? Che cosa chiedi al tuo compagno / alla tua compagna di prestarti?
3. Il tuo professore / La tua professoressa d'italiano corregge sempre i compiti? Spiega bene le regole della grammatica?

**e.** *Tu non vuoi dare troppe informazioni al tuo avvocato. Tua sorella si preoccupa. Completare la conversazione inserendo le risposte suggerite e usando i pronomi.*

1. —Hai telefonato all'avvocato? —Sì, ___gli___ ho telefonato.
2. —Hai detto la verità? —No, non ___gliele___ ho detto tutta la verità.
3. —Ma lui non ti ha fatto domande? —Sì, ___mi___ ha fatto molte domande.
4. —E tu che cosa hai detto? —Non ___gli___ ho risposto sempre.
5. —Ma perché? —Perché non voglio dir ___ti___ tutto.
6. —Sei testardo, proprio come tuo padre. —Sì, lo so, (io) ___gli___ rassomiglio molto.
7. —L'avvocato ti ha mandato il conto? —Sì, ___me la___ ha mandato il conto.
8. —L'hai pagato? —No, non ___gli___ ho ancora mandato l'assegno.
9. —Non so cosa dirti. —Non devi dir ___mi___ niente. Non ti preoccupare!

---

( **II.** *Piacere* e verbi come *piacere* )

To express likes, dislikes, and interests, Italian uses the verb **piacere,** which functions very differently from its English equivalent. The verb **piacere,** meaning *to like* or *to be pleasing,* is one of a number of common Italian verbs that use an indirect object where English uses a subject.

| **A Giovanni** | **piace** | **il caffè.** | *John* | *likes* | *coffee.* |
|---|---|---|---|---|---|
| ↓ | | ↓ | ↓ | | ↓ |
| Indirect object | | Subject | Subject | | Direct object |

**A.** With verbs like **piacere,** the subject generally follows the verb; it is the subject that determines whether the verb is singular or plural. (Note that **piacere** is mostly used in the third-person singular or plural.)[1]

A Maria piacciono i dolci, ma la cioccolata non le piace.
*Maria likes sweets, but she doesn't like chocolate.*

Note that when the person who *likes* is expressed with a noun, it is introduced by **a;** when expressed with a pronoun, the indirect pronoun alone is used.

**B.** When what is *liked* is expressed with an infinitive *(he likes to read)*, **piacere** is used in the third-person singular even if the infinitive has a plural object.

Ci piace apparecchiare la tavola.
*We like to cook.*

Ci piace cucinare la pasta al dente.
*We like to cook pasta al dente.*

**C.** Note that **piacere** is conjugated with **essere** in compound tenses; thus its past participle agrees in gender and number with the subject (that which is *liked*). The past tenses of **piacere** in the third-person singular and plural are:

|  | SINGULAR | PLURAL |
|---|---|---|
| Imperfetto | piaceva | piacevano |
| Passato prossimo | è piaciuto / piaciuta | sono piaciuti / piaciute |

Gli **piaceva** correre.
*He used to like to run.*

Mi **è piaciuta** Roma.
*I liked Rome.*

Ti **sono piaciute** altre città?
*Did you like other cities?*

**D.** Note that in the following expressions there is no pronoun equivalent for the English *it* and *them*. Instead, these pronouns are expressed in the singular and plural verb endings.

Mi piace molto.
*I like it a lot.*

Mi piace di piú.
*I like it better.*

Ti piacciono?
*Do you like them?*

**E.** The following verbs function like **piacere:**

| | |
|---|---|
| *non piacere | *to dislike, not to like* |
| *dispiacere | *to be sorry; to mind; to be bothered* |
| *mancare | *to not have, to lack, to be short of, to miss* |
| *occorrere | *to need* |
| *parere | *to look, to appear* |
| *restare | *to have . . . left* |
| *sembrare | *to seem* |

---

[1] The other persons of **piacere** are occasionally used: **Tu mi piaci così come sei.** *I like you as you are.* **Noi conservatori non piacciamo ai giovani.** *Young people don't like us conservatives.*

## ■ Esercizi

**a. Che cosa regalare?** *È Natale e state decidendo che cosa regalare a parenti ed amici. Seguite l'esempio.*

ESEMPIO    tuo padre / la musica classica
        STUDENTE 1: **A tuo padre piace la musica classica?**
        STUDENTE 2: **Sì, gli piace. Esatto... gli posso comprare un disco di Vivaldi.**
               *o* **No, non gli piace.**

1. la suocera / i profumi francesi
2. i nonni / i dolci
3. tu e la tua ragazza / una telecamera
4. la mamma / dei libri italiani
5. lo zio Giorgio / un binocolo
6. i tuoi fratelli gemelli / un nuovo videogioco
7. tu / un telefono personale
8. il tuo fidanzato / la tua fidanzata / una penna d'oro

**b.** *Dite come vi piacciono i seguenti cibi.*

ESEMPIO    a te / il pesce / fritto o alla griglia?
        STUDENTE 1: **Come ti piace il pesce, fritto o alla griglia?**
        STUDENTE 2: **Mi piace alla griglia.**

1. alla mamma / le patate / lesse *(boiled)* o in insalata?
2. a papà / le uova / fritte o sode *(hard-boiled)*?
3. a Gabriella / la carne / arrosto o alla griglia?
4. a te / il gelato / di frutta o al cioccolato?
5. a voi / la frutta / fresca o cotta?
6. agli amici / i formaggi / dolci o piccanti?

**c. Che te ne pare?** *Rispondere alle seguenti domande usando le espressioni in parentesi. Seguire l'esempio.*

ESEMPIO    Che cosa ti piace fare? (passeggiare all'aria aperta)
        **Mi piace passeggiare all'aria aperta.**

1. A tua moglie come sembra questo albergo? (molto buono)
2. Che cosa sembra impossibile a Maria e a Pietro? (di potersi sposare) *gli sembra impossibile potersi sposare. [word→]*
3. Che cosa manca al cuoco per il dolce? (la farina e lo zucchero) *gli mancano lo zucchero.*
4. Quante pagine restano ad Antonia da leggere? (trenta pagine) *le Restano*
5. Quante macchine vi occorrono per la gita a Venezia? (solamente una macchina)
6. Quali cose non ti piace fare? (fare gli esercizi d'italiano, pulire la mia stanza, cucinare)
7. Quanti giorni di ferie ti restano? (una settimana)
8. Che cosa vi dispiace di non saper fare? (parlare bene l'italiano, pilotare un aereo, suonare il sassofono)

**d. Parliamo un po'.** *Lavorando in gruppi di due o più studenti, discutete i preparativi per una settimana bianca* (skiing trip) *sulle Alpi. Cercate di inserire nella conversazione alcune delle espressioni che seguono.*

1. **piacere:** le montagne, lo sci, l'inverno, la neve, le serate intorno al caminetto *(fireplace)*, viaggiare, visitare paesi stranieri
2. **restare:** molte cose da fare, ancora due esami prima delle vacanze, tre settimane di studio
3. **mancare:** biglietti aerei, passaporti, prenotazione dell'albergo
4. **occorrere:** sci nuovi, soldi, lezioni di sci

## III. Verbi riflessivi e verbi reciproci

A reflexive verb is one in which the action reverts back to the subject.

*He considers himself intelligent.*
*They amuse themselves playing ball.*

In English, the reflexive meaning is often understood but not expressed.

*I washed (myself) this morning.*
*He shaved (himself) last night.*

In Italian, reflexive verbs are always conjugated with reflexive pronouns. Reflexive pronouns are the same as object pronouns except for the third-person singular and plural forms.

| PPRONOMI RIFLESSIVI | | | | |
|---|---|---|---|---|
| | **Singular** | | **Plural** | |
| 1st person | **mi** | *myself* | **ci** | *ourselves* |
| 2nd person | **ti** | *yourself* | **vi** | *yourselves* |
| 3rd person | **si** | *yourself / oneself*<br>*himself / herself* | **si** | *yourselves / themselves* |

In dictionaries and vocabulary lists, reflexive verbs can be recognized by the endings **-arsi**, **-ersi**, and **-irsi**. The **-si** is the third-person reflexive pronoun attached to the infinitive with the final **-e** dropped. Below is the present indicative of regular reflexive verbs for the three conjugations.

| LAVARSI | METTERSI | VESTIRSI |
|---|---|---|
| **to wash** | **to put on (wear)** | **to get dressed** |
| mi lavo | mi metto | mi vesto |
| ti lavi | ti metti | ti vesti |
| si lava | si mette | si veste |
| ci laviamo | ci mettiamo | ci vestiamo |
| vi lavate | vi mettete | vi vestite |
| si lavano | si mettono | si vestono |

**A.** Reflexive pronouns precede conjugated verb forms but are attached to the infinitive. Even when the verb is in the infinitive, its reflexive pronoun agrees with the subject.

Ho bisogno di lavar**mi**.
*I need to wash.*

Perché preferite alzar**vi** presto?
*Why do you prefer to get up early?*

**B.** When a reflexive infinitive is used with a form of **dovere, potere,** or **volere,** the reflexive pronoun can be attached to the infinitive or precede the entire verb phrase.

Il bambino non vuole vestir**si**.
Il bambino non **si** vuole vestire.
*The child doesn't want to get dressed.*

Il bambino non ha voluto vestir**si**.
Il bambino non **si** è voluto vestire.
*The child refused to get dressed.*

Note that when the reflexive pronoun precedes **dovere, potere,** or **volere** in a compound tense, these verbs are conjugated with **essere.**

**C.** In compound tenses, all reflexive verbs are conjugated with **essere,** and the past participle agrees in gender and number with the subject.

Cristina si è vestit**a** in fretta.
*Christina got dressed in a hurry.*

Perché vi siete arrabbiat**i?**
*Why did you get angry?*

## Uso dei verbi riflessivi e reciproci

**A.** The reflexive is used in Italian when the subject performs an action on a part of his or her body: *I washed my face; They put on their gloves.* In Italian, the definite article is used with parts of the body and clothing instead of the possessive adjective as in English.

Mi sono lavato **la** faccia.
*I washed my face.*

Si mettono **i** guanti.
*They put on their gloves.*

Some common reflexive verbs:

| | | | |
|---|---|---|---|
| **acc<u>o</u>rgersi (di)** | *to notice* | **lamentarsi (di)** | *to complain (about)* |
| **alzarsi** | *to get up*[1] | **laurearsi** | *to graduate (from a university)* |
| **annoiarsi** | *to get bored* | **riposarsi** | *to rest* |
| **divertirsi** | *to have a good time* | **sentirsi** | *to feel* |
| **appoggiarsi** | *to lean* | **svegliarsi** | *to wake up* |

**B.** The reflexive form is also used to express meanings that are not reflexive.

1. Verbs can be used reflexively <u>to emphasize the involvement of the subject in the action</u> expressed by the verb. Compare:

**Ho comprato** una bicicletta.
*I bought a bicycle.*

**Mi sono comprato/a** una bicicletta.
*I bought myself a bicycle.*

**C.** Some verbs, in order to express a reciprocal or mutual action *(each other, one another*[2]*)* use the **reciprocal** pronouns **ci, vi, si.** Since reciprocal actions involve two or more people, these verbs are always conjugated in the plural form.

Lorenzo ed io **ci amiamo.**
*Lorenzo and I love each other.*

**Ci siamo visti** ieri sera.
*We saw each other last night.*

**Si sono conosciuti** all'università.
*They met (each other) at the university.*

**Vi scrivete** ogni giorno.
*You write to each other every day.*

Some common **reciprocal** verbs:

| | |
|---|---|
| **abbracciarsi** (to hug each other) | **aiutarsi** (to help each another) |
| **amarsi** (to love each other) | **baciarsi** (to kiss each other) |
| **conoscersi** (to get to know each other) | **consolarsi** (to comfort each other) |
| **incontrarsi** (to meet each other) | **innamorarsi** (to fall in love with each other) |
| **insultarsi** (to insult each other) | **rispettarsi** (to respect each other) |
| **rivedersi** (to see each other once again) | **salutarsi** (to say hello to each other) |
| **sposarsi** (to marry each other) | **vedersi** (to see each other) |

---

[1] Note that Italian often uses the reflexive form of a verb where English uses *to get* + another word.
[2] To clarify that a sentence is to be understood reciprocally rather than reflexively, one of the following phrases may be added:
  **fra (di) loro** *among themselves,* **l'un l'altro (l'un l'altra)** *one another / each other,* **a vicenda, reciprocamente,** *mutually.*

*Oh! Ti sei fatto male?*

## ■ Esercizi

**a. Io invece...** *Seguire l'esempio e completare ciascuna frase con la forma riflessiva o reciproca del verbo in corsivo.*

> **ESEMPIO** Carla *mette* i bambini a letto.
> **Io invece mi metto gli occhiali e guardo la TV.**

1. Mia cognata non *aiuta* mai mio fratello. Io e Mario invece <u>ci aiutiamo</u> quando possiamo.
2. Carlo *fa compagnia* alla zia. I miei zii invece <u>si fanno comp.</u> a vicenda. *sono fatti (nel passato)*
3. Io e la mamma *prepariamo* la cena. Mio fratello invece <u>si prepara</u> per uscire. *riflessivo*
4. Giacomo *sveglia* il suo compagno di stanza alle 7.30. Noi invece <u>ci svegliamo</u> alle 6.00 ogni mattina. *rifless*
5. La mamma *lava* il neonato. Gli altri figli invece <u>si lavano</u> da soli.
6. Io e mio marito *parliamo* sempre troppo. Voi due invece non <u>vi parlate</u> da tre giorni.
7. Laura non *telefona* mai a Vittorio. Lei e Carlo invece <u>telefonano</u> ogni sera.
8. Io *saluto* i miei colleghi. Io e Marco invece abbiamo litigato e non <u>ci salutiamo</u> più.

**b. Una storia.** *Raccontare la storia di Riccardo e Gabriella prima al presente e poi al passato usando i seguenti verbi.*

vedersi al supermercato / guardarsi / parlarsi / darsi appuntamento / rivedersi molte volte / innamorarsi / andare in vacanza / prendere un caffè / telefonarsi / fare una cena con i fiocchi / non andare d'accordo / bisticciare *(bicker)*

**c.** *Descrivi una giornata tipica della tua vita usando il maggior numero possibile di verbi riflessivi e reciproci. Descrivi poi un giorno speciale del tuo passato in cui hai fatto tutto in modo diverso.*

**d. Parliamo un po'.** *Rispondi alle seguenti domande:*

1. A che ora ti sei svegliato/a stamattina? Ti sei alzato/a subito o sei rimasto/a a letto per un po'?
2. Ti lavi sempre i denti al mattino?
3. A chi assomigli di più, a tuo padre o a tua madre?
4. In che anno si sono conosciuti i tuoi genitori?
5. I tuoi amici si ricordano sempre del tuo compleanno?
6. Di che cosa si lamentano normalmente gli studenti universitari?

## IV. Suffissi speciali

To express special shades of meaning of a noun or an adjective, English uses suffixes (bird*ie*, green*ish*) or a descriptive adjective or adverb *(little house, rather fat)*. In Italian, the preferred way to indicate size, quality, and the speaker's attitude is to use a suffix rather than a separate qualifying word: cas**etta** *(little house)*; libr**one**[1] *(big book)*; vent**accio** *(bad wind)*. When a suffix is added to a word, the final vowel of the word is dropped.

**A.** The following suffixes indicate smallness or express affection and endearment:[2]

| | | |
|---|---|---|
| -ino, -ina, -ini, -ine | **uccello** bird | **uccellino** cute little bird |
| -etto, -etta, -etti, -ette | **cugino** cousin | **cuginetto** little cousin |
| -ello, -ella, -elli, -elle | **fontana** fountain | **fontanella** little fountain |
| -icello, -icella, -icelli, -icelle | **vento** wind | **venticello** breeze |
| -icino, -icina, -icini, -icine | **cuore** heart | **cuoricino** little heart |
| -olino, -olina, -olini, -oline | **radio** radio | **radiolina** little radio |
| -uccio, -uccia, -ucci, -ucce | **bocca** mouth | **boccuccia** cute little mouth |

**B.** The suffix **-one, -ona, -oni, -one** indicates largeness.[3]

goloso *food lover* →     golosone *gluttonous food lover*
libri *books* →     libroni *big, heavy books*

**C.** The following suffixes indicate poor quality or ugliness, in either a material or a moral sense.

**-accio, -accia, -acci, -acce**
tempo *weather*
tempaccio *awful weather*

**-astro, -astra, -astri, -astre**
poeta *poet*
poetastro *very bad poet*

**-iciattolo, -iciattola, -iciattoli, -iciattole**
mostro *monster*
mostriciattolo *gremlin*

---

[1] Words that end in **-one** or **-ona** add a **-c-** before adding one of the listed suffixes: **bastone** *stick* → (1 **-ino**) = **bastoncino** *little stick*.
[2] Some feminine words become masculine when one of the listed suffixes is added:

**la finestra** *window* → **il finestrino** *small window*
**la stanza** *room* → **lo stanzino** *small room*

Also note that more than one suffix can be attached to the same word: **fiore** *flower* → **fior-ell-ino**, **cassa** → *case* → **cass-ett-ina**.

[3] Some feminine words become masculine when the masculine suffix **-one** is added:

**la nebbia** *fog* → **il nebbione** *dense fog*
**la palla** *ball* → **il pallone** *soccer ball*
**la porta** *door* → **il portone** *front door*

**Struttura**    117

**D.** Many of the above suffixes may also be added to adjectives.

| | |
|---|---|
| **bello** *beautiful* | **bellino** *pretty, cute* |
| **pigro** *lazy* | **pigrone** *quite lazy* |
| **dolce** *sweet* | **dolciastro** *sickeningly sweet* |
| **noioso** *boring* | **noiosetto** *rather boring* |

**E.** A number of Italian nouns appear to end in one of the preceding suffixes. Their meaning, however, is in no way influenced by the suffix.

| | |
|---|---|
| **posto** *place* | **postino** *postman (nice little place is* **posticino***)* |
| **tacco** *heel* | **tacchino** *turkey (little heel is* **tacchetto***)* |
| **burro** *butter* | **burrone** *ravine* |

## ■ Esercizio

*Sostituire una parola sola alle parole in corsivo.*

1. Il mio compagno è un *ragazzo grande e grosso.*
2. Non mi piacciono le persone che usano *parole brutte.*
3. A Natale gli abbiamo regalato un *piccolo treno.*
4. Ti mando un *grosso bacio.*
5. È un *vino leggero* che non fa male. [Use **-ello.**]
6. Una *nebbia molto densa* è scesa sulla città. [Rewrite the whole sentence after you've found your word.]
7. È un bel ragazzo, ma ha un *grosso naso.*
8. Come mai sei uscito con questo *tempo così brutto?*
9. Si credono illustri, ma sono dei *poeti da strapazzo (hack poets).*
10. È stata una conferenza *piuttosto noiosa.*

## V. Aggettivi e pronomi indefiniti

Indefinite adjectives and pronouns indicate quantity and quality without referring to any particular person or thing. Italian indefinites can be grouped into three categories according to how they are used: as adjectives, as pronouns, and as both adjectives and pronouns.

**A.** The following are the most common indefinite *adjectives.* They are invariable and always modify a singular noun.

| AGGETTIVI INDEFINITI | | | |
|---|---|---|---|
| **ogni** | every | **qualsiasi** | any, any sort of |
| **qualche** | some | **qualunque** | any, any sort of |

Ogni inverno andiamo in montagna.
*Every winter we go to the mountains.*

Qualche negozio era già chiuso.
*Some stores were already closed.*

Qualsiasi libro va bene.
*Any book is fine.*

Devo farlo a qualunque costo.
*I must do it at any cost.*

**B.** The following are the most common indefinite *pronouns*. They are used only in the singular.

| PRONOMI INDEFINITI | | | |
|---|---|---|---|
| **uno/a** | one | **chiunque** | anyone, whoever |
| **ognuno/a** | everyone | **qualcosa** | something |
| **qualcuno/a** | someone | **niente, nulla** | nothing |

Uno non sa mai cosa dire.
*One never knows what to say.*

Ognuno ha i propri difetti.
*Everyone has his / her own faults.*

C'è qualcosa che non va.
*There's something wrong.*

La porta era aperta a chiunque.
*The door was open to anyone.*

Qualcuno ha preso la mia penna.
*Someone took my pen.*

Non volevano niente.
*They didn't want anything.*

1. **Qualcosa, niente,** and **nulla** are considered masculine for purposes of agreement.

Niente è perdut**o**.
*Nothing is lost.*

È success**o** qualcosa?
*Has something happened?*

2. When **qualcosa** and **niente** are followed by an adjective, **di** precedes the adjective, which is always masculine. When followed by an infinitive, **da** precedes the infinitive.

Abbiamo visto qualcosa **di** bello.
*We saw something pretty.*

Non ho niente **da** vendere.
*I have nothing to sell.*

**C.** The following indefinites can be used as both *adjectives* and *pronouns*.

| AGGETTIVI E PRONOMI INDEFINITI | |
|---|---|
| **alcuni, -e** (plural only) <br> *some, a few* | Ci sono alcuni errori. <br> *There are a few mistakes.* <br><br> Non tutte le ragazze hanno capito; alcune sono confuse. <br> *Not all the girls have understood; some are confused.* |
| **altro, -a, -i, -e** <br> *other* | Ci sono altre ragioni. <br> *There are other reasons.* |
| **altro** <br> *something (anything) else* | Desidera altro? <br> *Do you need anything else?* |
| **altri, -e** <br> *others* | Dove sono andati gli altri? <br> *Where have the others gone?* |
| **certo, -a, -i, -e** <br> *certain* | Quella ragazza ha un certo fascino. <br> *That girl has a certain charm.* <br><br> Certi non capiscono. <br> *Certain (people) don't understand.*     *(continued)* |

**ciascuno, -a** (singular only)
*each, each one*

Consideriamo ciascuna proposta.
*We consider each proposal.*

Hai parlato con ciascuno di loro?
*Did you speak to each of them?*

**molto, -a, -i, -e**
*much, many, a lot (of)*

Mangiamo molto formaggio e molta frutta.
*We eat a lot of cheese and a lot of fruit.*

Molte non sono venute.
*Many (girls) didn't come.*

**nessuno, -a** (singular only)
*no, none, no one*

Non ho nessuno zio a Chicago.
*I have no uncles in Chicago.*

Nessuno vi ha chiamato.
*No one called you.*

**parecchio, -a, parecchi, -e**
*a lot (of), several*

Abbiamo visto parecchie persone.
*We saw several people.*

Hai speso parecchio!
*You spent a lot!*

**poco, -a, pochi, -e**
*little, few*

C'era poco tempo.
*There was little time.*

Pochi lo sanno.
*Few people know it.*

**quanto, -a, -i, -e**
*how much, how many*

Quante parole inutili!
*How many useless words!*

Quanti hanno pagato?
*How many have paid?*

**tanto, -a, -i, -e**
*so much, so many*

Hanno fatto tanti errori.
*They have made so many mistakes.*

Tanti non ricordano perché.
*So many don't remember why.*

**troppo, -a, -i, -e**
*too much, too many*

Hai usato troppo zucchero.
*You've used too much sugar.*

Siamo in troppi.
*There are too many of us.*

**tutto, -a, -i, -e**
*all, whole, every*

Ho mangiato tutta la torta.
*I ate the whole cake.*

**tutto**
*everything*

Chi ha visto tutto?
*Who saw everything?*

**tutti, -e**
*everyone*

Tutti amano le vacanze.
*Everyone loves vacations.*

1. **Tutto** takes an article when used as an adjective.

Abbiamo lavorato tutta **la** settimana.
*We have worked all (the whole) week.*

Tutti **i** bambini lo sanno.
*All children know this.*

**Tutto** is used in the idiomatic expressions **tutt'e due** *both*, **tutt'e tre** *all three*, **tutt'e quattro** *all four*. Note that the definite article is used when such expressions modify a noun.

tutt'e due **i** ragazzi
both boys

tutt'e tre **le** riviste
all three magazines

2. Some of the words listed above are also used as adverbs, and as such they are invariable.

| | | | | | |
|---|---|---|---|---|---|
| **molto** | *very, quite, awfully* | **tanto** | *so* (like **così**) | **quanto** | *how* (like **come**) |
| **poco** | *not so, not very, hardly* | **troppo** | *too* | | |

Siamo molto stanchi.
*We are very tired.*

Siena è poco lontana.
*Siena is not very far.*

Quanto sono intelligenti!
*How intelligent they are!*

Erano tanto felici!
*They were so happy!*

Sei troppo egoista.
*You are too selfish.*

## ■ Esercizi

**a.** *Scegliere la parola corretta.*

1. __Chiunque__ (Qualunque / Chiunque) può venire a cena con noi.
2. __Nessuna__ (Nessuna / Nulla) persona è venuta con me a fare la spesa al mercato.
3. __Ogni__ (Ogni / Ognuno) ricetta richiede ingredienti freschi e naturali.
4. Posso fare __qualcosa__ (qualcuno / qualcosa) per preparare il pranzo?
5. Solo __qualche__ (qualche / qualcuno) negozio è aperto di notte.
6. Per fare una pizza Margherita bastano __ogni alcuni__ (alcuni / ogni) ingredienti tradizionali.
7. __qualunque__ (Chiunque / Qualunque) spuntino *(snack)* è buono quando abbiamo fame!
8. Alla tavola calda c'erano solo __alcune qualche__ (qualche / alcune) studentesse. ? perché?
9. Non sappiamo __niente__ (nessuno / niente).
10. Ho letto _____ (qualche / qualcuno) dei suoi libri di cucina.

**b.** *Mettere un pronome indefinito al posto delle parole sottolineate.*

ESEMPIO   Ho imparato <u>tante cose</u> in questo corso.
   **Ho imparato tanto in questo corso.**

1. <u>Ogni persona</u> è responsabile delle sue azioni. Tutti.
2. Ha bisogno di <u>altre cose</u>? Altro.
3. <u>Nessuna persona</u> lo dice. Nessuno lo dice.
4. <u>Nessuna cosa</u> sembra facile all'inizio. Niente.
5. <u>Qualsiasi persona</u> lo farebbe in poco tempo. Chiunque.
6. Voi volete sapere <u>troppe cose</u>. Troppo
7. <u>C'è un uomo che</u> ti vuole parlare dopo cena. C'è qualcuno.
8. <u>Ogni cosa</u> era sul tavolo. Tutto.
9. <u>Qualche persona</u> ha detto di no. Qualcuno.
10. Potevamo comprare del vino al mercato per <u>pochi soldi</u>.
    poco

**c.** *Scegliere la parola corretta.*

1. Quella ricetta ha _____ (tanto / tanti) ingredienti.
2. Abitano _____ (poche / poco) distante da casa mia.
3. Siamo _____ (troppo / troppi) isolati in questo posto.
4. C'era _____ (molto / molta) neve in montagna. → non capisco-
5. Avete _____ (poco / poche) idee per la cena!
6. _____ (Quanti / Quanto) sono i tuoi cugini? Sette o diciassette?
7. _____ (Quanto / Quanta) è bella la giovinezza!
8. È una ragazza _____ (molto / molta) strana.
9. Mia madre sembrava _____ (tante / tanto) giovane.
10. _____ (Troppe / Troppa) gente crede ancora a queste cose.

## VI. Il partitivo

**A.** The partitive is expressed in English as *some, any, a few.* The same meaning can be conveyed in Italian in the following ways:

1. With the combined forms of **di** + *definite article* (**del, dello, della, dell', dei, degli, delle**).

Ho mangiato **del** formaggio.    Conosciamo **degli** italiani.
*I ate some cheese.*    *We know some Italians.*

2. With **qualche** + *singular noun* or **alcuni, -e** + *plural noun* to mean *some, a few.* Although **qualche** always takes a singular noun and **alcuni, -e** always a plural noun, they express the same plural meaning in English.

Invitano **qualche amica.**    **Qualche studente** lo sapeva.
Invitano **alcune amiche.**    **Alcuni studenti** lo sapevano.
*They invite some girlfriends.*    *A few students knew it.*

3. With **un poco di, un po' di** to mean *some, a bit of,* with a singular noun that is either abstract *(time, patience)* or measurable rather than countable *(milk, bread).*

Abbiamo bisogno di un po' di tempo.    Volete un po' di latte?
*We need some time.*    *Do you want some milk?*

**B.** The partitive is left unexpressed in negative sentences and is frequently omitted in interrogative sentences.

Ci sono lettere per me?    Non abbiamo soldi.
Ci sono **delle** lettere per me?    *We don't have any money.*
*Are there any letters for me?*

## ■ Esercizi

**a.** *Inserire la forma corretta:* **del, dello,** *ecc.*

1. Ha ordinato minestra di verdura.
2. Ci sono prodotti garantiti dalla sigla D.O.P.
3. Compriamo insalata e frutta.
4. «Da Franco» servono sempre secondi piatti eccezionali.
5. Antonio porta in ufficio spuntini molto buoni.
6. Vado spesso a tavole calde in centro.
7. Mia madre fa minestroni deliziosi.
8. Nel mio quartiere ci sono negozi a buon mercato.

**b.** *Inserire **qualche** o **alcuni / alcune**.*

1. Hanno avuto _qualche_ guaio e così sono in ritardo per la colazione.
2. C'erano _alcuni_ piatti molto squisiti alla tavola calda.
3. Ho bisogno di _qualche_ ingrediente fresco per la mia pizza.
4. Abbiamo passato _qualche_ ore insieme _(alcune)_ or
5. Si sono sposati _alcuni_ anni fa.
6. Avete letto _qualche_ bel racconto oggi in classe?
7. L'ho già visto in _un_ altro luogo.
8. _qualche_ volta ritorno a casa per il pranzo.

**c. La spesa.** *Simona ha fatto la spesa e sua mamma vuol sapere se ha comprato tutto quello che le occorre. Inserire le forme opportune dei partitivi:* **di** + *(articolo)*, **qualche, alcuno, un po' di...**

MAMMA: Hai comprato ~~del~~ _del_ pane?

SIMONA: Sì, e anche _del_ cornetto salato per domani mattina. Ho preso anche _dei_ ~~qualche~~ grissini e _un po' di_ pizza all'olio.

MAMMA: C'era _della_ bella frutta al mercato?

SIMONA: No, ho trovato solo _____ fragole e _____ pere, e allora _di qualche_ ho comprato ____ scatola di frutta surgelata *(frozen)*. Per la macedonia va bene.

MAMMA: E l'insalata?

SIMONA: Ho preso _____ di tutto, anche il radicchio e l'indivia belga. Come sono cari! Mi sono rimasti solo _____ spiccioli.

MAMMA: Pazienza! Senti, c'è ancora un po' di caffè caldo nella caffettiera.

SIMONA: Ah, grazie! Vado in cucina a prenderlo.

Andre Jenny/Alamy

## ■ Prima di leggere

Una delle conseguenze delle grandi scoperte geografiche (XVI° secolo) è stata quella di introdurre in Europa piante ed animali originari del nuovo mondo. Ciò ha contribuito a cambiare radicalmente la dieta degli Europei. Oggi noi abbiamo scelte infinite e possiamo mangiare in maniera equilibrata, spendendo molto o poco, ma è un privilegio recente.

In gruppi di due o tre studenti discutete gli aspetti dell'alimentazione moderna. Cercate di rispondere alle domande seguenti.

1. Che cosa significa per voi la «dieta mediterranea»? Sapete spiegare il suo successo nel Nord America? Quale aspetto della cucina italiana vi piace di più?

2. Molti di noi ottengono le proteine dalla carne. Quali altri cibi contengono proteine? Come fanno i vegetariani ad ottenere una dieta equilibrata?

3. I fagioli, originari dell'America tropicale e subtropicale, contengono proteine, carboidrati e sali minerali. Conoscete qualche piatto in cui si usano i fagioli? In quale parte del mondo sono più diffusi? Sapete perché?

*to have a great time (doing something)*

4. I supermercati ci forniscono di tutto, e ci possiamo sbizzarrire° a cucinare cibi di ogni genere con poca fatica. Non era lo stesso per i nostri nonni. Perché?

©Stephanie Maze/Corbis

Dice un proverbio italiano: «A tavola non s'invecchia.» Conoscete un proverbio simile nella vostra lingua?

### ■ Dieta mediterranea e cucina italiana

*stuffed*

La «dieta mediterranea» ci fa pensare agli spaghetti al pomodoro, ai peperoni ripieni°, alle patate arrosto ed ai fagiolini all'olio e limone. Ma è sempre stato così? Cosa mangiavano gli abitanti delle zone mediterranee alla fine del XV° secolo, cioè prima delle grandi scoperte geografiche?

*well stocked*

*hunting / cervi... : venison / wild boars*

Le tavole dei signori erano sempre ben imbandite° dato che si dedicavano giornate intere alla caccia°, riportando cervi e daini°, cinghiali° e altri tipi di selvaggina. C'erano    5 poi gli animali da cortile° come polli, oche e maiali. Non era invece molto usata la carne bovina° e ovina°; le femmine di questi animali servivano per la produzione del latte con cui si facevano i formaggi.

barn yard
beef / lamb

L'agricoltura produceva grano, orzo°—da cui qualcuno aveva scoperto come fare la 10
birra— e altri cereali come la segale° e l'avena°. Con i cereali si facevano delle specie di *tortillas*, o delle minestre composite con l'aggiunta di cavoli, piselli, fave e cipolle.

barley
rye / oats

Chi abitava vicino al mare aveva la risorsa del pesce; la famosa *bouillabaisse provençale* è stata per lungo tempo il cibo dei pescatori poveri, che nella loro minestra mettevano pezzi di pesce, di quello di scarto°, con tante spine° che nessuno comprava. 15

inferior quality / bones

Le piante e gli animali che i navigatori riportavano dal nuovo mondo erano spesso considerati curiosità botaniche o zoologiche. Il pomodoro, per esempio, è apparso in Italia alla fine del Settecento° ma solo mezzo secolo più tardi a qualcuno è venuta l'idea di usarlo insieme all'olio, al formaggio ed alle erbe locali per condire la pasta.

1700s

La pasta esisteva, ma non doveva essere molto appetibile. I vermicelli, altro tipico cibo 20
dei poveri, erano conditi con un po' di formaggio e si mangiavano con le mani; è stato il sugo di pomodoro a diffondere l'uso della forchetta. Col tempo sono nate le combinazioni geniali tra pomodori e prodotti locali—olio, burro, carne di bue e di maiale, sarde° e frutti di mare, erbe aromatiche e formaggi—che sono alla base dei famosi sughi° della cucina italiana. Sughi a parte, i pomodori si mangiano anche crudi° in insalata o a fette con la 25
mozzarella (la famosa «caprese»), al forno ripieni e, naturalmente, sulla pizza.

sardines
sauces
raw

Anche le patate, inizialmente, sono state ricevute con molto sospetto: erano piccole, brutte, sporche, piuttosto cattive° nella minestra—a nessuno era venuto in mente di pelarle—e non si potevano nemmeno macinare per farci la loro specie di pane. Erano il cibo dei poveri e dei soldati, cioè di quanti non avevano possibilità di scelta. Gli Italiani, sempre 30
immaginativi, hanno adottato le patate creando preparazioni originali: *gnocchi, crocchette, soufflé,* e poi patate in insalata, al forno, in umido° con la carne o con altri ortaggi.

bad tasting

stewed

Il mais°, o granturco cioè grano straniero, si è diffuso rapidamente dai semi riportati da Colombo in Spagna e in Portogallo. In Italia questo cereale è coltivato nel Veneto fin dalla metà del Cinquecento° e la polenta è stata uno degli alimenti principali nelle zone 35
dell'Italia settentrionale. Ma anche questa è stata per lungo tempo cibo dei poveri, bollita nel latte oppure fredda e tagliata a fette con sopra qualche fettina di cetriolo. Nella dieta moderna la polenta si accompagna con carni in umido, salsicce, formaggi e funghi.

maize

1500s

Diversi prodotti ortofrutticoli° vengono dal nuovo mondo. Fagioli e fagiolini, zucche e zucchine, peperoni e peperoncini contribuiscono a variare in mille modi le preparazioni 40
culinarie italiane ed europee.

from vegetable and fruit gardens

E per finire, non dimentichiamo il cacao. Originario dell'America centrale e meridionale è arrivato in Europa grazie a Cortès, e verso la seconda metà del Cinquecento ha raggiunto Torino per merito del Duca Emanuele Filiberto di Savoia.

In seguito, dall'unione del cioccolato con le nocciole sono nati i famosi «gianduiotti», 45
prodotti dalla casa Caffarel di Torino.

L'incontro tra il vecchio e il nuovo mondo ha rappresentato per l'Europa la scoperta di un tesoro, ma i benefici dell'incontro sono stati reciproci°. Colombo, fin dal suo primo viaggio, ha portato nel nuovo mondo l'olio d'oliva. Il grano, che riempie i silos degli Stati Uniti e del Canada, deriva dai semi arrivati dall'Europa, e sempre dall'Europa sono venuti cavalli e 50
maiali. I banani° sono arrivati originariamente a Santo Domingo grazie a Colombo, mentre la canna da zucchero, originaria del Golfo del Bengala, si è diffusa nelle Antille.

mutual

banana trees

Il contributo di nuove colture° è stato estremamente positivo per l'Italia. Sono cambiati in meglio l'aspetto dell'ambiente naturale°, il tipo dei prodotti disponibili° nei mercati e la dieta degli abitanti. C'è senz'altro di che essere grati al nuovo mondo. 55

plant cultures
environment / available

## ■ Comprensione

1. Com'era la pasta di qualche secolo fa? Perché?

2. Quando si è cominciato ad usare il sugo per la pasta più o meno come lo intendiamo noi?

3. Agli Europei piacevano le patate provenienti dal nuovo mondo? Sì? no? Perché?

4. Come viene utilizzato il granturco in Italia?

5. Quali prodotti ortofrutticoli sono arrivati in Europa dopo Colombo?

6. Che cosa sono i gianduiotti?

7. Che cosa ha dato l'Europa alle Americhe?

8. Quali sono state le conseguenze dell'incontro tra il vecchio e il nuovo mondo?

## ■ Temi per componimento o discussione

1. Che tipo di provviste alimentari avranno avuto i «Pilgrims» inglesi che hanno fondato Plymouth nel 1620? Descrivi ad un amico europeo le difficoltà nutritive dei primi coloni.

2. Nel Nord America cresce l'interesse per la cucina italiana mentre in Italia si diffondono spuntini e «dip» di stile americano. Pensi che i due paesi continueranno a scambiarsi ricette e abitudini culturali? Perché?

3. Ai nostri giorni è sempre più diffuso l'uso di cibi surgelati o comunque già pronti. Si comprano al supermercato e, grazie al microonde, in pochi minuti si può andare a tavola. Costano molto? Sono buoni? Chi ne fa grande uso? Tu li compri? Perché?

4. Nonostante le comode offerte del «fast food», ci sono molti «gourmet clubs» ed associazioni come Slow Food dedicate alla cucina. Pensi che cucinare sia un'attività creativa? Che abbia un significato sociale? Sì? No, Perché?

# Piatti preferiti

In Italia si mangia molto bene! Gli ingredienti sono genuini e la scelta è molto varia. Ogni regione, infatti, ha uno o più piatti tipici. Ad esempio, il risotto alla milanese con zafferano della Lombardia, il ragù di carne dell'Emilia-Romagna, o i cannoli della Sicilia. Alcuni piatti sono tipici delle feste, come il panettone di Natale, le lenticchie e zampone (un tipo di salame cotto) a Capodanno, o le chiacchiere (un dolce fritto) di Carnevale. Inoltre, la cucina italiana è arricchita da cibi provenienti da altre culture: recentemente, si sono moltiplicati i ristoranti messicani, quelli cinesi e i fast food. La maggior parte degli Italiani, tuttavia, ama cucinare e preferisce mangiare in casa.

***Quali sono le tue abitudini alimentari? Considera le seguenti domande e presenta le tue risposte ai compagni.***

1. Ti piace cucinare o preferisci comprare il cibo pronto da mangiare?

2. Qual è il tuo piatto preferito? Sai prepararlo?

3. C'è qualcosa che non mangeresti mai? Perché?

Adesso guarda il video al sito web **www.cengage.com/login**, nel quale alcune persone italiane parlano dei loro gusti e delle loro abitudini alimentari. Quali sono le tue reazioni? Noti alcune differenze con le tue abitudini e quelle dei tuoi compagni? Puoi trovare altre attività basate sul video alla fine del Capitolo 5 del *Workbook* (nel *Student Activities Manual*) che accompagna questo libro.

## PER COMUNICARE

Track 11

### La tavola apparecchiata

C'è ancora una preferenza per la tovaglia anche se è oggi di moda di moda il servizio all'americana°. Ogni commensale° avrà uno o due piatti, uno dei quali sarà «fondo» se il pranzo prevede una minestra. A sinistra dei piatti si mettono le forchette (non più di due), a destra il coltello e il cucchiaio (se serve). In alto, davanti ai piatti ci saranno le posatine da frutta e da dessert; un po' a destra i bicchieri dell'acqua e del vino, un po' a sinistra il piattino del pane e la coppetta dell'insalata. Il tovagliolo, piegato in due o a triangolo, va a destra del piatto. Quando forchetta e coltello sono usati insieme, la forchetta rimane a sinistra ed è la mano sinistra che porta il cibo alla bocca.

*servizio... : placemats / table companion*

Il burro non viene messo in tavola; si usa soltanto per la prima colazione. Se il caffè viene servito a tavola, le tazzine saranno portate al momento. Il pane è in un cestino°, ma non c'è bisogno di coprirlo con un tovagliolo perché di solito non è servito caldo. I candelabri e le candele sulla tavola sono una moda di importazione recente; tradizionalmente la stanza da pranzo è molto bene illuminata.

*small basket*

Le persone a tavola tengono le braccia il più possibile vicino al corpo e ambedue le mani rimangono visibili durante tutto il pranzo. Buon appetito!

©John Connell/Index Stock Imagery

**Offrire da bere o da mangiare**

| | |
|---|---|
| Le / Ti posso offrire qualcosa da bere? | *Can I offer you something to drink?* |
| Che cosa prendi / prende? | *What will you have?* |
| Prendi qualcosa da mangiare / bere? | *Would you like something to eat / drink?* |
| Vuoi / Vuole assaggiare... ? | *Would you like to try . . . ?* |
| Ti va / Hai voglia di bere / mangiare... ? | *Do you feel like drinking / eating . . . ?* |
| Come lo preferisci il vino, bianco o rosso? | *Do you prefer white or red wine?* |

**Accettare cibo o bevande**

| | |
|---|---|
| Sì, grazie. | *Yes, thank you.* |
| Perché no? Lo / La prendo / bevo volentieri. | *Why not? I'll eat / drink it with pleasure.* |
| Con molto piacere, grazie. | *With pleasure, thank you.* |
| Sì, volentieri. | *Yes, please.* |
| Sì, ma la prossima volta offro io. | *Yes, but next time I'll treat.* |

**Rifiutare cibo o bevande**

| | |
|---|---|
| No, grazie. Sono a dieta. | *No thanks. I'm dieting.* |
| Grazie, ma sono astemio/a. | *Thanks, but I don't drink.* |

**Espressioni per la tavola**

| | |
|---|---|
| La cena è servita. | *Dinner is served.* |
| È pronto. Venite a tavola. | *It's ready. Come to the table.* |
| Buon appetito! | *Enjoy your meal!* |
| Non fare / faccia complimenti: prendine / ne prenda un altro po'. | *Don't be shy: have some more.* |
| Mi passi / passa il sale, per cortesia? | *Can you please pass the salt?* |
| Buonissimo! | *Very good!* |
| Questo è davvero speciale / delizioso. | *This is really special / delicious.* |
| Mi dà / dai la ricetta? | *Can you give me the recipe?* |

## ■ Che cosa diciamo?

1. Hai appena sperimentato una nuova ricetta per la torta di mele. Proponi alla vicina, che sta lavorando in giardino, di assaggiarla.

2. Vuoi fare il risotto alla milanese. Chiedi la ricetta a tua zia.

3. Incontri il tuo avvocato al bar e vuoi offrirgli/le il caffè.

4. Il tuo / La tua capufficio sta andando allo snack bar e ti chiede se vuoi qualcosa.

5. Ti offrono della Sambuca, ma non bevi alcolici.

6. Il pranzo è pronto e tua madre chiama tutti a tavola.

7. Hai preparato una cena tipica americana per uno studente italiano che è piuttosto timido e mangia poco. Lo inviti a mangiare di più.

8. Al mare, il vicino di ombrellone ti offre un aperitivo. Lo accetti e dici che la prossima volta è il tuo turno.

## ■ Situazioni

1. Prima di andare alla rosticceria chiedi al tuo compagno / alla tua compagna di stanza se ha fame. Domanda cosa vuole mangiare e da bere, e se vuole il dolce. Tu gli / le vuoi offrire il pranzo visto che lui / lei ti ha aiutato / a a studiare per il compito di italiano. Il tuo compagno / La tua compagna ti ringrazia e dice di volere un pollo arrosto e delle patatine al forno, ma non prende niente da bere.

2. Tu sei a cena a casa del tuo ragazzo / della tua ragazza. Con altri tre studenti che assumeranno i diversi ruoli (padre, madre e fidanzato/a), rappresenta la serata.

3. Passi a casa dei Rossi per riportare a Mario gli appunti di matematica. La famiglia sta festeggiando la promozione della figlia Susanna. Saluti tutti e ti congratuli con Susanna. Il signor Rossi ti vuole offrire qualcosa da bere, Mario ti invita a restare e la signora ti porta un pezzo di torta gelato. Tu però hai fretta. Rifiuta cortesemente e inventa una scusa per poter tornare a casa.

4. Con un compagno / una compagna del corso di italiano, prepara un menù per ciascuna delle situazioni seguenti:

    a. un picnic con un ragazzo / una ragazza che hai appena conosciuto/a
    b. una spaghettata con un paio di amici che sono venuti a trovarti inaspettatamente
    c. un rinfresco per la festa di laurea (*graduation party*) della tua amica Laura

# Che lingua parli?

Stock Italia/Alamy

# PER COMINCIARE

Track 12

**Al liceo scientifico.** La signora Di Stefano ha accettato di fare una breve conferenza alla scuola di suo figlio Nicola che frequenta il primo anno di liceo scientifico. Le hanno chiesto di parlare di Enrico Fermi. Ecco i suoi appunti.

Enrico Fermi nacque a Roma nel 1901. Nel 1922 ottenne la Laurea di Dottore in Fisica e nel 1926 era professore di fisica teorica all'Università di Roma. Nel 1934 decise di occuparsi di fisica sperimentale insieme a Edoardo Amaldi, Bruno Pontecorvo, Franco Rasetti e Emilio Segré, i cosiddetti «ragazzi di via Panisperna» dal nome della strada in cui avevano il laboratorio.

Nel 1937 Fermi e collaboratori trovarono che era possibile ottenere la radioattività indotta dai neutroni lenti. Proprio per questa scoperta, l'anno successivo Fermi ricevette il Premio Nobel per la fisica. In quel periodo in Italia erano entrate in vigore le leggi antisemitiche fasciste e la moglie di Fermi, Laura Capon, era di famiglia ebrea. I Fermi andarono a Stoccolma per l'assegnazione del Premio Nobel e non tornarono in Italia; si stabilirono invece negli Stati Uniti. Nel 1942, alla University of Chicago, Fermi diresse un famoso esperimento nel quale si produsse energia nucleare controllata.

Intanto la famiglia cercava di imparare la lingua e i costumi del paese, e di adattarsi alla nuova cultura. Laura aveva già scoperto alcuni anni prima che non è facile trovare un idraulico quando si cerca un «ploombber». Il processo di «americanizzazione» continuò a Los Alamos dove, durante la seconda guerra mondiale, Fermi collaborò alle ricerche per lo sviluppo delle armi atomiche.

Alla fine della guerra (1946) i Fermi tornarono a Chicago dove Enrico morì nel 1954.

©age fotostock/SuperStock

*Nuclear Energy,* scultura di Henry Moore che commemora l'esperimento del 1941 diretto da Fermi all'Università di Chicago.

## ■ Esercizi

**a.** *Vero o falso?*

_____ 1. Quando Fermi divenne professore era già anziano.

_____ 2. A Roma fu professore di ingegneria elettronica.

_____ 3. Ottenne il premio Nobel nel 1939.

_____ 4. Non tornò in Italia a causa delle leggi razziali.

_____ 5. Diresse l'esperimento sull'energia nucleare controllata alla Columbia University nel 1942.

_____ 6. La famiglia Fermi non ebbe difficoltà di adattamento in America.

_____ 7. Fermi partecipò alle ricerche sulla bomba atomica a Los Alamos.

_____ 8. Quando morì, a Chicago, era molto vecchio.

**b.** *Usando il **Vocabolario utile**, inserire le parole che meglio completano le frasi.*

1. Tutti i cittadini devono rispettare _____.
2. Gli immigrati hanno difficoltà ad apprendere gli _____ e i _____ del nuovo paese.
3. Nel 1992 si celebrò il cinquecentenario della _____ dell'America da parte di Cristoforo Colombo.
4. I risultati della _____ sull'energia nucleare hanno contribuito a cambiare il mondo.
5. Parlare le lingue straniere è importante per una migliore _____ fra i popoli.
6. Molta gente utilizza la _____ per comunicare.
7. L'italiano, il francese e lo spagnolo sono lingue _____.

**c.** *Creare nuove frasi che contengono le seguenti parole:*

1. lento
2. esperimento
3. guerra
4. successivo
5. conferenza

## VIVERE IN ITALIA | A proposito dell'italiano

L'italiano è una lingua neolatina, o romanza, derivante dal latino volgare parlato dal popolo. Tra i primi documenti scritti ricordiamo un indovinello *(riddle)* del nono secolo e un documento legale dell'anno 960. L'italiano standard si basa sul dialetto toscano, ma per ragioni storiche si sono sviluppati anche molti dialetti regionali. Fino a un secolo fa era normale parlare il dialetto in famiglia, tra amici e conoscenti; il «parlare in lingua» era usato solo per occasioni speciali. A partire dalla seconda metà dell'800, *(nineteenth century)* l'unificazione politica dell'Italia e la diffusione dei mezzi di comunicazione hanno contribuito a formare e diffondere la moderna lingua nazionale.

L'italiano moderno include non solo espressioni e differenze di pronuncia regionali, ma anche neologismi *(new words)* e prestiti *(borrowings)* da lingue straniere, dall'inglese in particolare. Molti sono contrari all'uso delle parole straniere quando esistono le perfette corrispondenti in italiano. Che bisogno c'è di dire *fashion, meeting* e *customer service* invece di «moda», «riunione» e «assistenza clienti»? Spesso, tuttavia, i prestiti linguistici rendono il discorso più rapido e immediato: non è meglio dire *media* anziché «mezzi di comunicazione di massa»? Per non parlare della terminologia del computer—nessuno lo chiama «elaboratore elettronico»—estremamente diffusa e indispensabile anche se di origine straniera.

L'italiano contemporaneo è diverso dalla lingua di un secolo fa. Ora c'è la tendenza non solo ad accettare parole ed espressioni straniere, ma anche a semplificare il modo di parlare e di scrivere. La lingua si evolve e continua il dibattito tra chi approva e difende le forme nuove e chi le rifiuta.

Parole inglesi nell'italiano contemporaneo.

Chuck Pefley/Alamy

## ■ Vocabolario utile

*L'italiano...*

**l'idioma** language
**il dialetto** dialect
**una lingua romanza** a Romance language
**il neologismo** new word, neologism
**una parola di moda** buzz word
**il prestito linguistico** borrowed word (from another language)
**una lingua di cultura** a language of culture

*Come comunichi?*

**la rete** internet
**i media** media
**il social network** social network
**il blog** blog
**il forum** online forum
**il motore di ricerca** the search engine

*Perché comunichi?*

**essere collegato/a** to be connected (online)
**collegarsi online** to go online
**navigare in rete** to browse / surf the web
**utilizzare la rete** to use the web

**inviare un SMS** to send an SMS
**scambiare una foto** to exchange a photo

**chattare** to chat
**conversare con i coetanei** to chat with someone of the same age
**tenersi in contatto** to stay in touch
**avere un profilo personale** to have a profile
**sentire gli amici** to get in touch with friends
**condividere emozioni** to share emotions
**affermare se stessi** to assert oneself

*Espressioni utili*

**imparare la lingua, gli usi ed i costumi del paese** to learn a language, a nation's customs
**adattarsi alla nuova cultura** to adapt to a new culture
**diffondere la lingua italiana** to disseminate the Italian language
**una buona / cattiva riuscita** a good / bad result
**rispettare la legge** respect the law
**fare ricerca** to do research
**fare una scoperta** to make a discovery
**avere tolleranza** to have tolerance

*Un ripasso: Verbi ed espressioni*

**succedere, accadere, avvenire, capitare** to happen

**riuscire a / di + infinitive** to succeed in doing something *Io non riesco a parlare. / Non mi riesce di parlare.*

**cercare di + infinitive** *Ha cercato di convincermi ma non ci è riuscito.*

**provare a + infinitive** *Se non capisce, prova a parlargli in inglese.*

## ■ Pratica

**a.** *Inserire le forme opportune di **riuscire** e **provare**.*

1. Marina è molto contenta; _____ a prendere trenta e lode nell'esame di storia.
2. Paolo, non _____ a dormire abbastanza? Perché non _____ a bere meno caffè?
3. Lucia torna dal supermercato. La compagna di camera le domanda: «_____ a comprare tutto? Ti sono bastati i soldi?».
4. Anna è triste, si sente incompresa perché non le _____ di farsi capire dagli amici.
5. Non ci vedi bene? _____ ad accendere la luce!

**b.** *Inserire l'espressione che completa meglio la frase, ricordando di usare i verbi al passato o all'imperfetto, secondo il caso.*

Annalisa (cercare / provare) _____ smettere di fumare, ma non (succedere / avere successo) _____. Purtroppo (succedere / cercare) _____ sempre qualcosa: si sentiva depressa, aveva un esame, aveva litigato con il suo ragazzo... Date le circostanze non (riuscire / cercare) _____ resistere alla tentazione. Lei (cercare / provare) _____ perfino l'ipnosi, ma senza (prova / successo) _____. Un vero disastro! Maria dice che Annalisa non ha volontà. Lei (riuscire / succedere) _____ smettere di fumare in due settimane.

**c.** *Domande per te.*

1. Che cosa ti dice il modo di parlare (standard, formale, colloquiale, gergale, tecnico-scientifico, burocratico) delle persone? Ha mai giudicato gli altri in base al loro modo di esprimersi?
2. Dà alcuni esempi di pregiudizi o stereotipi legati a gruppi sociali o etnici del tuo paese.
3. A volte, alcune persone sono intolleranti verso gli stranieri che non parlano bene la lingua locale. Conosci qualcuno che si sia comportato / si comporti come loro? In quali circostanze?
4. Gli Italiani sono famosi per usare la gestualità *(gestural expressiveness)* quando parlano. Conosci qualche esempio? Nel tuo paese di origine usate la gestualità?

## ■ A voi la parola

**a. Come comunichiamo?** *In gruppi di due o più studenti rispondete alle seguenti domande:*

1. Dal modo in cui gli Italiani parlano non è difficile capire da quale regione provengono. Ogni forma di italiano regionale ha le sue caratteristiche. Succede lo stesso nel vostro paese? Discutete le vostre esperienze.

2. Ci sono parole straniere che fanno parte del vostro lessico o che vi capita di leggere o sentire? Conoscete almeno cinque parole italiane usate regolarmente in inglese? Sapete perché non sono tradotte?

3. Secondo voi, le parole straniere arricchiscono la lingua o la impoveriscono? Perché?

4. Che tipo di difficoltà hanno gli stranieri emigrati? Basta imparare la nuova lingua? Fare nuovi amici? È importante cercare di mantenere la propria identità culturale?

5. Navighi spesso in rete? Perché? Crea il tuo profilo personale in italiano.

**b. Parole che viaggiano.** *Esaminate le parole italiane e inglesi che «viaggiano» per il mondo. Poi, in piccoli gruppi, leggete gli esempi e rispondete alle domande che seguono. In che modo le due lingue si influenzano a vicenda?*

L'italiano della musica

| a cappella | crescendo |
|---|---|
| adagio | largo |
| allegro | sonata |
| forte | staccato |
| arpeggio | vivace |
| pianissimo | lento |

1. Le parole italiane dello spartito (*music score*) e della lista sono indicazioni (*instructions*) per i musicisti. Quali di queste parole conoscete? Sapete spiegare cosa significano?

2. Discutete con il resto della classe i termini che non conoscete e cercate di stabilire insieme il loro significato.

3. L'italiano è una lingua di cultura. Come mai tante parole della musica sono rimaste in italiano in tutti i paesi del mondo?

1. I due interlocutori raffigurati nel disegno usano molte parole inglesi. Quali sono?
2. Ci sono anche parole italianizzate sul modello delle corrispondenti inglesi. Quante ne riconoscete? Cosa ne pensate?
3. Conoscete l'italiano tecnico-scientifico? Quali parole italiane del computer imparate da questa pubblicità?
4. Che cosa ha determinato, secondo voi, la diffusione delle parole del computer in inglese?
5. Pensate che dobbiamo aspettarci una lingua universale del computer basata sull'inglese? Prevedete possibili vantaggi e svantaggi?

**CANTIAMO!** | Elisa Mutto – *Lettera a Pinocchio*

Il passato remoto è un tempo molto usato nei racconti e nelle favole per bambini. Tutti ricordiamo almeno una favola della nostra infanzia. Pinocchio è una delle più conosciute. Per ascoltare una canzone dedicata a questo famoso burattino di legno, vai al sito web **www.cengage.com/login** (clicca sul «iTunes playlist»). Puoi trovare altre informazioni ed attività su questa canzone alla fine del Capitolo 6 del *Lab Manual* (nel *Student Activities Manual*) che accompagna questo libro.

## STRUTTURA

### I. Passato remoto

The **passato remoto** (*past absolute*) is formed by adding to the stem the characteristic vowel of the verb (except for the third-person singular) and the appropriate endings: **-i, -sti, -mmo, -ste, -rono.** To form the third-person singular, **-are** verbs add **-ò** to the stem, **-ere** verbs add **-è**, and **-ire** verbs add **-ì.**

Note the accent mark in the third-person singular and the placement of stress in the third-person plural.

| AMARE | CREDERE | FINIRE |
|---|---|---|
| amai | credei (credetti) | finii |
| amasti | credesti | finisti |
| amò | credè (credette) | finì |
| amammo | credemmo | finimmo |
| amaste | credeste | finiste |
| amarono | crederono (credettero) | finirono |

Most **-ere** verbs have an alternate set of endings for the first- and third-persons singular and the third-person plural.

Carlo andò in cucina e si sedè (sedette) al tavolo.
*Carlo went into the kitchen and sat at the table.*

## Verbi irregolari

Following are the **passato remoto** forms of some common irregular verbs:

| AVERE | ESSERE | DARE | STARE |
|---|---|---|---|
| ebbi | fui | diedi (detti) | stetti |
| avesti | fosti | desti | stesti |
| ebbe | fu | diede (dette) | stette |
| avemmo | fummo | demmo | stemmo |
| aveste | foste | deste | steste |
| ebbero | furono | diedero (dettero) | stettero |

**A.** Most of the verbs that have an irregular **passato remoto** (mainly -**ere** verbs) follow a "1–3–3" pattern: the irregularity occurs only in the first-person singular and the third-person singular and plural; -**i**, -**e**, and -**ero** are the respective endings. The endings of the other persons are regular.

| CHIEDERE | | | |
|---|---|---|---|
| (1) **chiesi** | | chiedemmo | |
| chiedesti | | chiedeste | |
| (3) **chiese** | | (3) **chiesero** | |

**B.** Some common verbs that follow the 1–3–3 pattern are listed below. It is helpful to learn the irregular forms of the **passato remoto** together with the past participle since typically both are irregular and they sometimes share the same irregular stem.

| PASSATO REMOTO | | |
|---|---|---|
| infinitive | (1st-person singular) | past participle |
| accendere | **accesi** | acceso |
| chiudere | **chiusi** | chiuso |
| conoscere | **conobbi** | conosciuto |
| decidere | **decisi** | deciso |
| leggere | **lessi** | letto |
| mettere | **misi** | messo |
| *nascere | **nacqui** | nato |
| perdere | **persi** | perso / perduto |
| piacere | **piacqui** | piaciuto |
| prendere | **presi** | preso |
| rimanere | **rimasi** | rimasto |
| rispondere | **risposi** | risposto |
| rompere | **ruppi** | rotto |
| sapere | **seppi** | saputo |
| scegliere | **scelsi** | scelto |
| scendere | **scesi** | sceso |
| scrivere | **scrissi** | scritto |
| spegnere | **spensi** | spento |
| spendere | **spesi** | speso |

| PASSATO REMOTO | | |
|---|---|---|
| infinitive | (1st-person singular) | past participle |
| succedere | successi | successo |
| tenere | tenni | tenuto |
| vedere | vidi | visto / veduto |
| venire | venni | venuto |
| vincere | vinsi | vinto |
| vivere | vissi | vissuto |
| volere | volli | voluto |

C. **Bere, dire, fare,** and **tradurre** use the original Latin stems **bev-, dic-, fac-,** and **traduc-** to form the regular persons.

| BERE | DIRE | FARE | TRADURRE |
|---|---|---|---|
| bevvi | dissi | feci | tradussi |
| **bev**esti | **dic**esti | **fac**esti | **traduc**esti |
| bevve | disse | fece | tradusse |
| **bev**emmo | **dic**emmo | **fac**emmo | **traduc**emmo |
| **bev**este | **dic**este | **fac**este | **traduc**este |
| bevvero | dissero | fecero | tradussero |

## Uso del passato remoto e del passato prossimo

A. The **passato remoto,** like the **passato prossimo,** expresses an action completed in the past. Following are the formal rules that govern the use of these two tenses.

1. If the action took place in a period of time that has not yet ended (today, this month, this year), or if the effects of the action are continuing in the present, the **passato prossimo** is used.

   Recentemente ho imparato gli usi e i costumi degli Iroquois.
   *Recently I learned the customs of the Iroquois.*

   Abbiamo conosciuto molti stranieri.
   *We met many foreigners.*

2. If the action occurred during a period of time that has ended (two months ago, last year, the other day), and has no continuing effect on or reference to the present, the **passato remoto** is used.

   Fermi collaborò a ricerche importanti.　La guerra durò molti anni.
   *Fermi took part in important research.*　*The war lasted many years.*

3. Today many Italians (especially in the North) never use the **passato remoto** in speaking or writing unless it is formal writing. Some people use both tenses. Others (especially in the South) tend to use the **passato remoto** every time they write or talk about the past, no matter how recent it may be. Students of Italian are advised to use the **passato prossimo** in everyday conversation and to learn the forms of the **passato remoto** in order to understand them, to write them, and above all to recognize them when used in literary texts.

**B.** The **imperfetto** is used with both the **passato prossimo** and the **passato remoto** for descriptions (ongoing actions, outward conditions, or inner states of mind) and habitual actions.

Dato che in Italia erano in vigore le leggi razziali, i Fermi si stabilirono (si sono stabiliti) negli Stati Uniti.
*Since racial laws were in effect in Italy, the Fermis settled in the United States.*

Sembrava una conferenza interessante, invece fu (è stata) molto noiosa.
*It looked like an interesting lecture, but it was very boring.*

## ■ Esercizi

**a. Guido è un tipo strano.** *Sostituire il passato remoto al passato prossimo.*

Guido è un tipo strano. L'ho conosciuto a casa di amici e poi l'abbiamo rivisto al cinema. M'interessa molto e cerco di sapere tutto di lui. So che è andato in biblioteca ed è riuscito a trovare il libro che cercava, però è uscito senza cappello e ha preso il raffreddore. Poi è andato a riportare dei dischi a Mara. Lei l'ha invitato ad entrare ma lui ha preferito restare sulla porta di casa. Mara gli ha chiesto come stava, ma lui non ha risposto. L'ha salutata cortesemente e se n'è andato. È entrato in farmacia per comprare una medicina, ha preso delle aspirine e poi si è messo in macchina. Tra il raffreddore e le aspirine era mezzo addormentato ed ha avuto un incidente. L'incidente è avvenuto sull'autostrada, per fortuna non ci sono stati morti né feriti gravi. Però la sua bella Lancia Delta aveva una serie di ammaccature *(dents)* e lui l'ha portata dal carrozziere *(body shop)*. Per qualche giorno è andato in ufficio in metropolitana. Quando i colleghi gli hanno chiesto notizie, lui ha detto: «È stata colpa mia, ho sbagliato a prendere l'autostrada in quelle condizioni.» Giusto! Ma chissà cosa gli passava per la testa quel giorno!

**b. Il congresso.** *Dì cosa fecero i partecipanti al congresso sugli usi dell'energia nucleare. Riscrivi le frasi usando l'imperfetto e il passato remoto.*

1. Quasi tutti i partecipanti noleggiano una macchina perché c'è lo sciopero dei trasporti pubblici.
2. Partecipa anche la nostra professoressa di fisica perché uno dei relatori *(speakers)* è un suo conoscente, ex collaboratore di Fermi.
3. Molti fanno domande perché il tema è interessante.
4. Alla fine ci chiedono se vogliamo firmare una petizione.
5. Il mio vicino di posto *(seat)* se ne va via presto perché non è d'accordo con quello che dicono i relatori.
6. Il professor Brown lascia il congresso prima della fine perché deve prendere l'aereo.
7. Tu e la tua compagna di corso ascoltate tutte le relazioni del congresso perché trattano di argomenti interessanti per la vostra tesi.

**c.** *Completare il seguente brano usando l'imperfetto o il passato remoto.*

Molto tempo fa _____ (vivere) nella città di Verona un ricco signore che _____ (avere) un novelliere *(storyteller)* al quale, per passatempo, _____ (fare) raccontare delle favole durante le lunghe serate d'inverno. Una notte che il novelliere _____ (avere) gran voglia di dormire, il suo signore gli _____ (dire), come al solito, di raccontare qualche bella storia. Allora egli _raccontò_ (raccontare) la seguente novella: «Ci _____ (essere) una volta un contadino che era andato alla fiera *(fair)* con cento monete *(coins)* e aveva comprato due pecore *(sheep)* per ogni moneta.

Tornato (*Having returned*) con le sue pecore a un fiume che aveva passato pochi giorni prima, _____ (trovare) che il fiume era molto cresciuto per una gran pioggia. Mentre il contadino _____ (stare) alla riva e _____ (aspettare) aiuto, _____ (vedere) venir giù per il fiume un pescatore (*fisherman*) con una barchetta, ma tanto piccola che _____ (contenere) soltanto il contadino e una pecora per volta. Il contadino _____ (cominciare) a passare con una pecora; il fiume _____ (essere) largo; egli _____ (remare, *to row*) e _____ (passare)». Qui il novelliere _____ (smettere) di raccontare. «Continua» _____ (dire) il signore.

Ed egli _____ (rispondere): «Lasciate passare le pecore, poi racconterò il fatto».
E _____ (mettersi) comodamente a dormire.

(Adapted from *Il Novellino*)

**d.** **Dove conoscesti la nonna?** *Con un compagno / una compagna sviluppa la conversazione al passato remoto o all'imperfetto in base ai suggerimenti dati. Segui l'esempio.*

ESEMPIO    conoscere / la nonna / a casa di amici di famiglia
STUDENTE 1: **Nonno, dove conoscesti la nonna?**
STUDENTE 2: **La conobbi a casa di amici di famiglia.**

1. lei / essere / una bella ragazza di ventitré anni
2. io / innamorarmi / subito di lei
3. io dopo un mese / dirle che // volere sposarla
4. lei / rispondere che // io dovere parlare con suo padre
5. suo padre / dire che // essere d'accordo
6. le due famiglie / incontrarsi a casa della nonna
7. io / essere molto nervoso / e rompere un bicchiere // essere / una cosa terribile
8. noi / sposarsi a ventisei anni
9. mio suocero / fare una bellissima festa
10. dopo dieci mesi / nascere un bel bambino // essere tuo padre

—... e immaginatevi il ribrezzo che provò il ranocchio ad essere trasformato in principe...

There are two past perfect tenses in Italian that correspond to the past perfect in English. They are called the **trapassato prossimo** and the **trapassato remoto**.

**A.** The **trapassato prossimo** is formed with the **imperfetto** of **avere** or **essere** plus the past participle of the verb. The agreement of the past participle follows the same rules as those for the **passato prossimo** (see pp. 53–54).

| VERBS CONJUGATED WITH *avere* | | VERBS CONJUGATED WITH *essere* | |
|---|---|---|---|
| avevo | amato | ero | partito/a |
| avevi | amato | eri | partito/a |
| aveva | amato | era | partito/a |
| avevamo | amato | eravamo | partiti/e |
| avevate | amato | eravate | partiti/e |
| avevano | amato | erano | partiti/e |

The **trapassato prossimo** corresponds to the English past perfect *(had + past participle: I had worked, he had gone, she had fallen).* It expresses an action in the past that had already occurred before another past action, expressed or implied, took place.

Laura si è messa il vestito che **aveva comprato.**
*Laura put on the dress she had bought.*

Ero stanco perché **avevo lavorato** troppo.
*I was tired because I had worked too much.*

Non ti ho detto che **erano venuti** soli?
*Didn't I tell you they had come (they came)[1] alone?*

**Quando è arrivata la polizia i ladri erano fuggiti in treno.**

**B.** The **trapassato remoto** is formed with the **passato remoto** of **avere** or **essere** plus the past participle of the verb.

| VERBS CONJUGATED WITH *avere* | | VERBS CONJUGATED WITH *essere* | |
|---|---|---|---|
| ebbi | amato | fui | partito/a |
| avesti | amato | fosti | partito/a |
| ebbe | amato | fu | partito/a |
| avemmo | amato | fummo | partiti/e |
| aveste | amato | foste | partiti/e |
| ebbero | amato | furono | partiti/e |

---

[1] Note that in English, the simple past can be used instead of the past perfect.

The **trapassato remoto** also corresponds to the English past perfect. It is used only in subordinate clauses introduced by conjunctions of time, such as **quando, dopo che, (non) appena, come** *(as),* **finché (non),** and only if the verb in the independent clause is in the **passato remoto.** Its use is thus very limited and confined mostly to formal narrative.

Appena **ebbe detto** quelle parole, si pentì.
*As soon as he had said those words, he was sorry.*

Quando egli **fu uscito,** tutti rimasero zitti.
*When he had left, everybody kept quiet.*

### ■ Esercizio

*Sostituire ai verbi fra parentesi la forma corretta del trapassato prossimo o remoto.*

1. Quando siamo usciti, _____ (smettere) di piovere.
2. Gli ho raccontato la barzelletta che mi _____ (raccontare) tu.
3. Professore, Le ho portato il libro che mi _____ (chiedere).
4. Appena mi _____ (riconoscere), mi salutarono cordialmente.
5. Trovammo un ragazzo che _____ (addormentarsi) su una panchina.
6. Hai detto che _____ (capire), ma in realtà non hai capito un bel niente!
7. Visitammo la città dopo che _____ (riposarsi) un po'.
8. Non appena _____ (finire) il loro lavoro, partirono per un viaggio.
9. Aspettai finché tutti _____ (uscire) e poi telefonai.
10. La bambina aveva ancora fame perché _____ (mangiare) solo un panino.

### III. *Ci*

**Ci** is used in several ways in Italian. As we have already seen, it is the first-person plural of object pronouns and reflexive pronouns (for example, **Ci danno delle caramelle; Ci siamo alzati alle sette**).

**A.** Ci is also used to replace a prepositional phrase introduced by **a, in,** or **su.**[1]

1. **a (in, su)** + *a place* (the English equivalent is usually *there*):

—Sei stato **a Roma?**                    —No, non **ci** sono mai stato.
 *Have you been to Rome?*           *No, I've never been there.*

Tosca abita **in campagna,** ma non **ci** sta volentieri.
*Tosca lives in the country, but she doesn't live there willingly.*

If a place has not been previously mentioned, **là** or **lì** is used instead of **ci.**

—Dove posso sedermi?                    —Siediti lì!
 *Where can I sit?*                          *Sit there!*

2. **a (su)** + *a thing* (or, less frequently, a person): valore  dimostrativo.

—Tu credi alla psicanalisi?              —No, non **ci** credo.
 *Do you believe in psychoanalysis?*  *No, I don't believe in it.*

—Posso contare **sul tuo silenzio?**    —Sì, **ci** puoi contare.
 *May I count on your silence?*          *Yes, you may count on it.*

---

[1] For a list of verbs that require *a* or *su*, see Appendix, pp. 374–376.

3. **a** + *an infinitive phrase*:

—Sono riusciti **a finirlo**?   —Sì, **ci** sono riusciti.
   *Did they succeed in finishing it?*      *Yes, they succeeded in that.*

Voglio provare **a mangiare** meno; voglio provar**ci**.
*I want to try to eat less; I want to try it.*

Note that the placement of **ci** is the same as that of object pronouns.

**B.** Some common verbs acquire an idiomatic meaning when combined with **ci**.

| | |
|---|---|
| **entrarci** <br> *to have something to do with* | Tu non **c'entri**. <br> *You have nothing to do with it.* |
| **vederci** (no direct object) <br> *to be able to see* | Ho acceso la luce perché non **ci vedevo**. <br> *I turned on the light because I couldn't see.* |
| **sentirci** (no direct object) <br> *to be able to hear* | Dovete parlare più forte; non **ci sentiamo**. <br> *You must speak louder; we can't hear.* |
| **metterci** <br> *to take (time)* | Quanto tempo **ci hai messo** per finire la tesi? <br> *How long did it take you to finish your thesis?* <br><br> Una lettera **ci mette** di solito una settimana. <br> *A letter usually takes one week.* |
| **volerci** <br> *to take (time, money, effort, etc.)* | **Ci vuole** molto tempo per imparare bene una lingua: **ci vogliono** anni! <br> *It takes a long time to learn a language well; it takes years!* <br><br> **Ci vogliono** molti soldi per vivere in Italia? <br> *Does it take a lot of money to live in Italy?* |

**Volerci** is used in the third-person singular or plural depending on the noun it precedes. It is conjugated with **essere** in compound tenses.

| | |
|---|---|
| **Ci vuole** + *singular noun* <br> **Ci vogliono** + *plural noun* | **C'è voluto/a** + *singular noun* <br> **Ci sono voluti/e** + *plural noun* |

Non **c'è voluta** un'ora per tradurre la lettera; **ci sono volute** due ore!
*It didn't take an hour to translate the letter; it took two hours!*

Both **metterci** and **volerci** express the idea of *taking time,* but they function differently. **Metterci** is used when the person or thing taking the time is indicated. **Volerci** is used when only the length of time is indicated.

**Ci metto** due ore per pranzare.
*It takes me two hours to eat dinner.*

**Ci vogliono** due ore per pranzare.
*It takes two hours to eat dinner.*

Note that if another verb follows **metterci** or **volerci,** it is expressed by **per** or **a** + *infinitive.*

Ci vuole un mese **per (a) finire** tutto.
*It takes a month to finish everything.*

Quanto ci avete messo **a (per) venire**?
*How long did it take you to get here?*

## Esercizi

**a. Mi dica...** *La signora Rossi è famosa per la sua curiosità. Fa molte domande, ed alcune piuttosto bizzarre. Rispondere usando* **ci.**

1. Mi dica, ha mai provato a fare la pizza? *Ci ho provato. → dimostrativo*
2. Ha mai mangiato al ristorante «Il Caminetto»? *Sì, ci ho mangiato una volta*
3. È mai stato/a al Festival dei Due Mondi a Spoleto? *Sì ci sono stato, → avverbio di luogo.*
4. È mai andato/a a un'udienza del Papa? *non ci sono mai andata, luogo*
5. È mai salito/a sulla cupola di San Pietro? *→ non ci sono mai salito → luogo*
6. Ha mai giocato a calcio? *→ Ci ho giocato → dimostrativo.*
7. Ha mai provato a suonare il violino? *→ Ci hai mai, sì ci ho provato (dimostrativo).*
8. È mai riuscito/a a cambiare abitudini? *ci mai riuscito. ; ci sono. → essere dimostrativo.* (sono)
9. Lei crede ai fantasmi? *Io ci credo.* (sono)

**b.** *Riscrivere le seguenti frasi usando* **volerci** *invece di* **essere necessario.**

> **ESEMPIO**    Sono necessarie molte cose per vivere bene.
>                **Ci vogliono molte cose per vivere bene.**

1. Che cosa è necessario per riuscire nella vita?
2. Un tempo non era necessario molto per vivere bene.
3. È necessaria molta pazienza coi bambini e con le persone anziane.
4. Quali qualità sono necessarie per essere un buon marito o una buona moglie?
5. Non sono state necessarie molte parole per convincerlo.
6. Furono necessari trentamila euro per comprare quell'automobile.

**c.** *Completare le seguenti frasi con la forma corretta di* **volerci** *o* **metterci.**

1. Tu hai letto il romanzo in un'ora? Io _____ tre ore!
2. Quanto tempo _____ per costruire una casa in America?
3. Quando non c'erano i jet, _____ molte più ore per traversare l'Atlantico; oggi, da New York a Milano, _____ solo sette ore e quindici minuti!
4. Io scrivo sempre a mia madre in Italia; una lettera _____ cinque o sei giorni in condizioni normali.
5. Ha detto di sì, ma _____ molto per convincerlo.
6. Quando c'è molto traffico, i miei cugini _____ un'ora per traversare la città.

*C'è scritto: «Made in Japan».*

**d.** *Completare le seguenti frasi con la forma corretta di* **andarci, contarci, entrarci, resisterci, sentirci, starci, vederci.**

1. È stata un'esperienza terribile: io a vedere un'autopsia non _____ più.
2. La nonna a settant'anni leggeva ancora senza occhiali; _____ benissimo.
3. Io soffro di claustrofobia: dieci giorni in nave non _____.
4. Non capisco perché non mi lasci parlare e mi dici cose che non _____ niente.
5. Cesare promette sempre di pensare a tutto ma poi non fa niente: proprio non puoi _____.
6. Gli ho detto mille volte di avvertirmi quando torna tardi, ma proprio non _____.

## IV. Ne

**A.** **Ne** has several uses in Italian. Just like **ci**, **ne** is used to replace a prepositional phrase. Usually, the prepositional phrase is introduced by **di**[1], sometimes by **da.**

1. **di** + a person or thing

   Non dovete avere paura **degli esami;** non dovete aver**ne** paura.
   *You must not be afraid of the exams; you must not be afraid of them.*

   Che cosa pensate **del presidente?** Voglio sapere che cosa **ne**[2] pensate.
   *What do you think of the president? I want to know what you think of him.*

2. **di** + *an infinitive phrase*

   —Hai voglia **di uscire** stasera?          —No, non **ne** ho voglia.
   *Do you feel like going out tonight?*          *No, I don't feel like it.*

3. **da** + *a place* (the English equivalent *from there* is not always expressed):

   —È già uscito **dal portone?**          —Sì, **ne** è uscito proprio in questo momento.
   *Did he already go out the door?*          *Yes, he just this minute went out (of it).*

   Note that the placement of **ne** is the same as that of object pronouns.

**B.** **Ne** is also used in the following cases.

1. **Ne** replaces the partitive construction (see p. 122). Its English equivalent is *some* or *any*.

   —Vuoi **del formaggio?**          —Sì, **ne** voglio.
   *Do you want some cheese?*          *Yes, I want some.*

2. **Ne** also replaces nouns preceded by a number or an expression of quantity (**molto, poco, tanto, troppo,** etc.; **un chilo, due bottiglie, tre scatole,** etc.). Note that the number or expression of quantity remains. **Ne** means *of it, of them,* even though this is often unexpressed in English.

   —Quante sorelle avete?          —**Ne** abbiamo **due.**
   *How many sisters do you have?*          *We have two.*

   —Leggono molti giornali?          —Sì, **ne** leggono **molti.**
   *Do they read many newspapers?*          *Yes, they read many.*

---

[1] For a list of verbs and expressions that require di, see the Appendix, pp. 375–376.
[2] Ne is used with the verb pensare when pensare means "to think about" in the sense of "to have an opinion about." Ci is used with pensare when it means "to think about" in the sense of "to direct one's thoughts toward": —Pensi all'Italia quando ne sei lontana? —Sì, ci penso sempre. —Do you think about Italy when you are away? —Yes, I think about it all the time.

—Hai comprato il pane?      —Sì, **ne** ho comprato **un chilo.**
*Did you buy the bread?*      *Yes, I bought one kilo.*

With **tutto,** direct-object pronouns are used instead of **ne.** In English, we can say *I ate all of it;* in Italian, one must say **L'ho mangiato tutto,** *I ate it all.*

Non ho più arance; **le ho** mangiate tutte.
*I don't have any more oranges; I ate them all.*

3. When **ne** replaces a noun in the partitive construction or a noun preceded by an expression of quantity, and the verb is in a compound tense, the past participle agrees in gender and number with the noun **ne** replaces.

—Hanno comprato **dei romanzi?**      —Sì, **ne** hanno comprat**i.**
*Did they buy any novels?*      *Yes, they bought some.*

—Hai visitato molte **chiese?**      —Sì, **ne** ho visitate sette.
*Did you visit many churches?*      *Yes, I visited seven.*

**C. Ne** can also be used idiomatically in the following ways.

1. **Ne** is often used redundantly in addition to the prepositional phrase it would ordinarily replace.

Che **ne** dici **di questo quadro?**      **Del romanzo** era meglio non parlar**ne.**
*What do you think of this painting?*      *It was better not to talk about the novel.*

2. **Ne** can be added to the verbs **andare** and **stare,** which become reflexive to form **andarsene** and **starsene. Starsene** has the same meaning as **stare; andarsene** means *to go off* or *to go away* (like **andare via**).

Quando sono stanca, **me ne vado** a letto.
*When I'm tired, I go off to bed.*

Voi **ve ne andate?** Noi rimaniamo ancora un po'.
*Are you leaving? We'll stay a little while longer.*

**Me ne sto** a casa a guardare la TV.
*I'm staying home to watch TV.*

## ■ Esercizi

**a.** *Completare le seguenti frasi usando* **ci** *o* **ne.**

1. —Voi credete agli UFO? —No, non _____Ci_____ crediamo.
2. —Che cosa pensate di questo libro? —Be', veramente non sappiamo cosa pensar _____ne_____.
3. —Hanno bisogno di carta? —No, non _____ne_____ hanno bisogno. dimostrativo.
4. —Allora, posso contare sul tuo aiuto? —Sì, _____Ci_____ puoi contare senz'altro! – dim
5. Tre bicchieri non bastano; bisogna prender _____ne_____ almeno sei.
6. —Avevate paura del buio quando eravate bambini? —Sì, _____ne_____ avevamo paura. dim.
7. Io ho partecipato alle loro riunioni; _____Ci_____ vuole partecipare anche Lei? dim
8. Hai pensato alle conseguenze dello sciopero? Bisogna pensar _____Ci_____ a queste cose!
9. Sono partiti da Genova in estate e _____ne_____ sono ritornati in autunno.
10. —È vero che si sono lamentati dei loro superiori? —Sì, se _____ne_____ sono lamentati. dim.
11. È un'università famosa; _____Ci_____ hanno studiato molti grandi scrittori. - luogo
12. —Che cosa sapete dell'ultima crisi di governo in Italia? — _____ne_____ sappiamo poco. - dim
13. —Signorina, è stata allo zoo questa settimana? —Sì, _____Ci_____ sono stata due volte.
14. —Ragazzi, siete passati in biblioteca? —Sì, _____Ci_____ siamo passati.

**b.** *Due studenti parlano tra di loro. Inserire le parti mancanti usando **ci** e **ne**.*

ESEMPIO   Allora, andate al museo?
   —**Sì, ci andiamo domani.**

1. —Quanti biglietti avete comprato? — _____ quindici.
2. —Viene anche il professore? —Sì, *Ci viene anche lu* → climost.
3. —Parlerete di arte contemporanea? —Certo, *ne* _____ a lungo. dim.
4. —Hai letto qualche articolo? —Ma sì, *ne ho letti* _____ sette o otto. partitivo.
5. —Hai pensato all'argomento della tesi? —Certo che *ci ho pensato* ! dim.
6. —Quante scelte hai? — *ne ho scelte* _____ tre. partitivo
7. —Beato te! Io non *ne ho* _____ nessuna. —Non ti preoccupare, *C'e'* _____ è tempo! → Partitivo *ne* raf.
8. —Stavi andando in biblioteca? —No, _____*ne*_____ sono appena uscito. luyo
9. —Allora, andiamo a prendere il caffè? —No, scusa, non _____*ne*_____ ho voglia. Preferisco andarme*ne* _____ a casa e cercare di dormire un po'. raffortativo.

---

> ## V. Pronomi personali (forme combinate)

**A.** When a verb has both a direct- and an indirect-object pronoun, the combined forms are governed by certain rules:

1. The indirect object always precedes the direct object.

2. The indirect-object pronouns **mi, ti, ci, vi** change the final -i to –e; **gli** changes to **glie-** and is written as a single word in combination with the other object pronoun.

3. **Gli, le,** and **Le** *all* become **glie-** before the other object pronouns.

| INDIRECT-OBJECT PRONOUNS | DIRECT-OBJECT PRONOUNS | | | | |
|---|---|---|---|---|---|
| | **+lo** | **+la** | **+li** | **+le** | **+ne** |
| mi | me lo | me la | me li | me le | me ne |
| ti | te lo | te la | te li | te le | te ne |
| gli / le / Le | glielo | gliela | glieli | gliele | gliene |
| ci | ce lo | ce la | ce li | ce le | ce ne |
| vi | ve lo | ve la | ve li | ve le | ve ne |
| ...loro | lo... loro (glielo) | la... loro (gliela) | li... loro (glieli) | le... loro (gliele) | ne... loro (gliene) |

**B.** In present-day Italian, the forms with **glie-** tend to replace **lo, la, li, le, ne** + **loro.**

1. The combined forms occupy the same position in a sentence as the single forms. They precede a conjugated verb and follow an infinitive and are attached to it. They can either precede or follow an infinitive governed by **dovere, potere,** or **volere.**

   **Te lo** hanno promesso? Allora devono dar**telo!** *enclitica*
   *Did they promise it to you? Then they must give it to you!* *comes after*

   Vuole il conto? **Glielo** porto subito.
   *Do you want the check? I'll bring it to you immediately.*

   Se avete la macchina, perché non **ce la** prestate?
   *If you have the car, why don't you lend it to us?*

   Se vi chiedono dove abito, non dovete dir**lo loro** (dir**glielo**).
   *If they ask you where I live, you must not tell them.*

   —Le avete mandato le rose?        —Sì, **gliele** abbiamo mandat**e.**
     *You sent her the roses?*          *Yes, we sent them to her.*

   Note that the past participle still agrees in gender and number with the preceding direct-object pronoun, even when the direct-object pronoun is combined with another pronoun.

2. When a reflexive verb takes a direct-object pronoun or **ne,** the reflexive pronoun combines with the other pronouns according to the rules above. In the third-person singular and plural, **si** becomes **se.**

| REFLEXIVE PRONOUNS | DIRECT-OBJECT PRONOUNS | | | | |
|---|---|---|---|---|---|
| | *lo* | *la* | *li* | *le* | *ne* |
| mi | me lo | me la | me li | me le | me ne |
| ti | te lo | te la | te li | te le | te ne |
| si | se lo | se la | se li | se le | se ne |
| ci | ce lo | ce la | ce li | ce le | ce ne |
| vi | ve lo | ve la | ve li | ve le | ve ne |
| si | se lo | se la | se li | se le | se ne |

   —Quando vi lavate i capelli?        —**Ce li** laviamo ogni giorno.
     *When do you wash your hair?*        *We wash it every day.*

   L'esame era troppo difficile così **me ne** sono lamentato.
   *The exam was too difficult so I complained about it.*

   Se hanno bisogno degli occhiali, perché non vogliono metter**seli**?
   *If they need glasses, why don't they want to put them on?*

3. When **ci** is used with **avere** in colloquial Italian, it combines with the direct-object pronouns and **ne** to form **ce lo, ce la, ce li, ce le, ce ne** + **avere.**

   —Scusi, ha detto che non ha più pane?        —È vero, non **ce n'**ho più.
     *Excuse me, did you say that you have*          *That's right, I don't have any left.*
     *no bread left?*

   —Avevate già la televisione in Italia        —Sì, **ce l'**avevamo già.
     nel 1960?                                       *Yes, we already had it.*
     *Did you already have TV in Italy in 1960?*

4. When **ne** is used with the verb **esserci** (**c'è, ci sono, c'era**, etc.), **ci** becomes **ce: ce n'è, ce ne sono, ce n'era**, etc.

—C'è del vino?  
   *Is there any wine?*

—Sì, **ce n'è.**  
   *Yes, there is some.*

C'era molta gente; **ce n**'era davvero molta.  
*There were a lot of people; there were really a lot.*

—Ci sono ristoranti italiani?  
   *Are there any Italian restaurants?*

—No, non **ce ne** sono.  
   *No, there aren't any.*

## Espressioni idiomatiche con pronomi combinati

The following are some idiomatic expressions that include combinations of personal pronouns. Each expression uses the feminine **la,** which refers to an unexpressed noun such as **cosa, vita, causa,** etc.

**avercela con qualcuno**  
*to have a grudge against someone, to have it in for someone*

Io non ti ho fatto niente; perché **ce l'hai** con me?  
*I didn't do anything to you; why do you have a grudge against me?*

**farcela**  
*to manage, to cope*

Aveva studiato poco ma **ce l'ha fatta** agli esami.  
*He hadn't studied very much but he did all right on his exams.*

**cavarsela**  
*to manage, to get by*

Laura non è una cuoca esperta però **se la cava.**  
*Laura isn't an experienced cook but she gets by.*

**godersela**  
*to enjoy life*

Michele non fa nulla tutto il giorno e **se la gode.**  
*Michael does nothing all day and just enjoys life.*

**prendersela** (= **offendersi**)  
*to take offense*

Lui ci ha rimproverato e noi **ce la siamo presa** (ci siamo offesi).  
*He reprimanded us and we took offense.*

Note that the reflexive pronouns change but **la** is invariable. If the verb is in a compound tense, the past participle agrees with **la.**

## ■ Esercizi

**a.** *Sostituire alle parole sottolineate la forma corretta dei pronomi corrispondenti e riscrivere le frasi.*

1. —Ha già raccontato questa favola ai bambini?  
   —Sì, ho già raccontato <u>questa favola ai bambini</u>.

2. —Non vuoi chiedere l'indirizzo alla ragazza?  
   —No, non voglio chiedere <u>l'indirizzo alla ragazza</u>.

3. —Offri sempre il caffè al dottore?  
   —Sì, offro sempre <u>il caffè al dottore</u>. *glielo offro sempre*

4. —Chi ha portato sei rose alla signora?  
   —È Carlo che ha portato <u>sei rose alla signora</u>. *gliele ha portate*

5. —Qualcuno ha indicato la strada ai turisti?  
   —No, nessuno ha indicato <u>la strada ai turisti</u>.

6. —Hai aperto la porta al professore?

   —Sì, io apro sempre <u>la porta al professore</u>. ~~Dau~~ gliela ~~Barapro~~ apro sempre.

7. —Sei tu che hai dato le caramelle ai bambini?

   —No, è la nonna che ha dato <u>le caramelle ai bambini</u>. gliele ha dato

8. —Chi voleva parlare della droga agli studenti?

   —Sono io che volevo parlare <u>della droga agli studenti</u>. gliene.

**b.** *Completare le seguenti frasi con i pronomi adatti.*

1. —È vero che non gli hai voluto restituire le lettere? —È vero: non ___gliele___ ho volute restituire gliele

2. —Mi puoi spiegare la situazione? —Mi dispiace, ma non posso spiegar___tela___.

3. —Ti ha descritto la casa? —No, non ___mela___ ha descritta.

4. —Quand'è che ci mostri le foto? — ___Oavevele___ mostro dopo cena, va bene?

5. —Perché non si mette gli occhiali? —Non ___se li___ mette perché ci vede bene.

6. —Ve ne andate già? —Sì, ___Cè ne___ andiamo perché è tardi.

7. —Mamma, mi racconti una favola? — ___te ne___ racconto anche *(even)* due se finisci la minestra.   of them so = ne

8. —Si ricorda il nome di quel cantante? —No, non ___mc lo___ ricordo.

9. —Quanti dollari le hai chiesto? — ___gliene.___ ho chiesti cento.

10. —Avete detto il prezzo alla mamma? —No, non vogliamo dir ___glielo.___.

**c.** *Riscrivere le seguenti frasi sostituendo alle parole sottolineate i pronomi adatti e facendo i cambiamenti necessari.*

1. Mi racconti <u>la trama</u>?
2. Ci potete parlare <u>dello sciopero</u>?
3. Non tutti si accorgono <u>dei propri difetti</u>.
4. Non ti hanno presentato <u>la signora</u>?
5. Le hai portato <u>gli appunti</u>?
6. Vi hanno promesso <u>l'aumento</u>?
7. Perché non vuole insegnarci <u>le parolacce</u>?
8. Gli hai regalato <u>i piatti</u>?
9. Gli hai regalato dodici <u>piatti</u>?
10. È vero che gli Italiani sanno godersi <u>la vita</u>?

**d.** Luciano si è appena iscritto al vostro corso d'italiano. Lavorando in gruppo, cercate di capire che tipo è. Domandate...

1. se se la prende facilmente. (perché?)   Te la sei presa.
2. se se la cava agli esami senza studiare tanto. (come?)
3. se ce la fa a ballare tutta la notte. (come fa?)
4. se prende la vita sul serio o se se la gode? (qual è la sua filosofia?)
5. se è disposto a dare soldi agli amici che gli chiedono un prestito *(loan)*. (perché sì / no?)
6. se ce l'ha con qualcuno. (con chi?)

©Andrea Moneti

Ce la farà?

## ■ Prima di leggere

Dacia Maraini è nata a Firenze. Il padre, Fosco Maraini, era un noto etnologo che aveva scritto diversi libri sul Tibet e sul Giappone. La famiglia Maraini si trasferì in Giappone nel '38 poiché il padre aveva fatto uno studio sugli Hainu, una popolazione in via di estinzione.

Nel '43 il governo giapponese, che aveva fatto un patto di alleanza con l'Italia e la Germania, chiese ai coniugi Maraini di firmare l'adesione alla repubblica di Salò. Loro rifiutarono di firmare e furono perciò rinchiusi con le figlie in un campo di concentramento vicino Tokio e ci rimasero fino alla fine della guerra, quando furono liberati dagli Americani.

Rientrati in Italia, andarono ad abitare in Sicilia, ma poiché i genitori avevano divorziato, qualche anno dopo il padre andò ad abitare a Roma dove Dacia lo seguì appena ebbe compiuto i diciotto anni.

Nel 1962 aveva già pubblicato il primo romanzo *La vacanza* e da allora la sua carriera letteraria è stata coronata da premi e riconoscimenti nazionali ed internazionali per la sua capacità di affrontare temi attuali e di comunicare col pubblico abbattendo

Dacia Maraini

qualsiasi barriera linguistica. Dacia Maraini ha scritto saggi, poesie, romanzi ed opere teatrali di grande successo e molti suoi libri sono stati tradotti in diverse lingue. Il brano che stiamo per leggere è tratto da *I giorni di Antigone*, una raccolta di articoli pubblicata nel 2006.

In gruppi di tre o quattro studenti discutete il problema dell'incomunicabilità.

1. Immaginate di intervistare Dacia Maraini e di farle domande sulla sua vita e soprattutto sulla sua esperienza avuta da bambina. (Usate il passato remoto, il trapassato prossimo ed anche l'imperfetto e il trapassato remoto quando è necessario.)

2. Vi sforzate sempre di capire quello che vi dicono gli altri?

3. Quali sono le vostre reazioni quando non capite quello che gli altri dicono? Vi sentite superiori, inferiori, emarginati...?

4. Siete mai stati in un paese straniero? Se sì, che cosa avete fatto? Avevate studiato la lingua prima di partire? Ci siete stati volentieri oppure ve ne siete andati subito? Parlate della vostra esperienza o di quella di una persona che conoscete.

# Parole inglesi e italiano: troppa sabbia nella conchiglia

*flattens itself*
*is covered with / halo*
*mangled*

*knob*
*mouse*

***ardimento...*** *: fanciful boldness*

*is an expert*

***stonatura...*** *: a wrong note that clashes*

***servilismo...*** *: linguistic servility /* ***prendere...*** *: to borrow*

*changes*

*destruction*

*defusing*
***conchiglia...*** *: shell with the grain of sand*

Che dire di un Paese che si appiattisce° linguisticamente, imita, fa il verso, si ammanta di° un alone° straniero che crede elegante perché suona esotico? Che dire di un Paese che sceglie per un suo ministero la parola *welfare*? Parola spesso storpiata° nella scrittura e che molti non sanno nemmeno cosa significhi letteralmente.

Ho conosciuto un ragazzo che usava la parola *mouse* per indicare la manopola° che accompagna la scrittura sullo schermo elettronico, senza sapere che vuol dire «topo°». Così, molti usano parole di cui non conoscono il significato, con un misto di fascinazione, ardimento velleitario° e complesso di inferiorità. Che vuol dire *leasing?* Che vuol dire *briefing?* E *backlash?* E *core business?* E *backorder?* E *marketing?* E *vendor?* E *back screening* e cento altre parole che usiamo a proposito e a sproposito tutti i giorni, in una specie di lingua orecchiata e puerile che non comunica se non per approssimazione?

Il fatto è che le macchine parlano inglese e quindi, se vogliamo fare la figura di chi si intende° di tecnologia, dobbiamo usare quel linguaggio cifrato, spesso incomprensibile e criptico che accompagna la vita degli apparecchi più all'avanguardia. [...] Una gran pena per chi ha a cuore la lingua italiana, una stonatura che stride° nell'orecchio come una unghiata sul vetro. Per non parlare della «esse» plurale che in italiano non ha senso perché disponiamo dell'articolo determinativo a indicare il singolare e il plurale: non c'è bisogno di dire «i films», quando l'articolo rivela che sto parlando di più pellicole e non di una sola. Altrimenti direi il «film». E così per «i leaders», «i weekends», «le lobbies» e altre sciocchezze del genere.

Alla fine dobbiamo proprio dire che ci troviamo di fronte a una dimostrazione di servilismo linguistico°. Come se non ci fidassimo della nostra lingua, e avessimo bisogno continuamente di prendere in prestito° termini che all'orecchio dei più suonano estranei.

[...]

Molti, quando faccio questo discorso, mi dicono che la lingua non è morta e quindi si trasforma, rinasce, cambia forma e colore secondo le epoche, le generazioni e le esperienze storiche. Giusto. La lingua è un organismo vivente e quindi va incontro a mutazioni° continue, questo è certo. Non sono per un italiano che si trovi solo nei vocabolari. Ma un conto è fare propria una parola non italiana e un conto è correre dietro a ogni vocabolo straniero alla moda. Anche senza raggiungere il fanatismo dei francesi che pretendono di sostituire ogni vocabolo inglese con un corrispondente vocabolo francese, un poco più di attenzione e di cura per la nostra lingua non farebbe male a nessuno. In Europa credo che siamo i più indifferenti di fronte allo scempio° linguistico. Perfino gli spagnoli, che pure usano molte parole inglesi, lo fanno a modo loro, spagnolizzando i termini, come hanno fatto con football che loro scrivono «futbol». L'italiano nei secoli si è arricchito di tante parole straniere: arabe, francesi, inglesi, perfino russe e portoghesi, ma l'ha fatto con fatica, disinnescando° la forza disgregante dei termini stranieri, lavorandoli come fa la conchiglia col granello di sabbia°, fino a farlo diventare una bella perla luminosa. Oggi la conchiglia è piena di sabbia e anziché perle produce detriti.

Dacia Maraini, *I giorni di Antigone* @2006 RCS Libri S. p. A., Milano

## ■ Comprensione

1. L'autore del testo afferma che un Paese che usa troppe parole straniere si appiattisce linguisticamente. Sei d'accordo? Elabora questo concetto.

2. L'autore fa una lista di parole inglesi in uso nella lingua italiana. In quale campo vengono usate queste parole? Secondo l'autore, perché e come vengono usate dalla gente?

3. Che cosa intende l'autore per «servilismo linguistico»? Esiste nella tua lingua madre? Puoi fare qualche esempio? Secondo l'autore, esiste questo fenomeno in altri paesi?

4. L'autore paragona la lingua ad una conchiglia? Perché adesso la conchiglia produce detriti invece di perle?

5. Nella lingua inglese ci sono alcune parole italiane che, nei secoli scorsi, arrivarono nei paesi anglosassoni ed in altri paesi, grazie ai grandi flussi immigratori. Ne conosci alcune? Le sai pronunciare?

## ■ Temi per componimento o discussione

1. Scrivi la biografia di un famoso personaggio storico. (Nella narrazione usa il passato remoto, il trapassato prossimo e, se necessario, anche l'imperfetto e il trapassato remoto.)

2. I ragazzi in Italia comunicano fra di loro con parole ed espressioni particolari alle quali ora si è aggiunta la lingua dei messaggini. Hai anche tu una forma di comunicazione «tutta tua»? Esamina i pro e i contro.

3. L'individuo e la società possono eliminare l'incomprensione causata dalle barriere linguistiche e culturali. Esamina come lo studio delle lingue e culture straniere crea comprensione e possibili legami tra culture diverse.

4. L'inglese deve essere la sola lingua ufficiale degli Stati Uniti. Un gruppo esamina i pro e l'altro esamina i contro di tale posizione. L'insegnante agisce da moderatore / moderatrice e la classe svolge un dibattito sul tema. (Prima di iniziare, consultate le espressioni a p. 156.)

# Comunicare in Italia

L'italiano è considerato una delle lingue più belle del mondo! Oltre alla lingua ufficiale, in Italia esistono numerosi dialetti, e non solo regionali. Infatti, le città e i paesi hanno dialetti a volte così diversi dall'italiano standard che spesso risultano incomprensibili agli Italiani che non li conoscono. Purtroppo, molti di questi dialetti stanno scomparendo (*are disappearing*). Sopravvivono invece gli accenti caratteristici delle varie zone d'Italia, grazie ai quali è spesso possibile capire da dove proviene una persona. Gli Italiani sono anche famosi per la loro abitudine di parlare con le mani!

***E tu? Come comunichi? Considera le domande che seguono e presenta le tue risposte ai compagni.***

1. Usi mai dei gesti con le mani quando parli? Quali gesti usi di più?

2. Trova qualcuno nella tua classe che usa un gesto particolare che non conosci.

3. Sono tutti di madrelingua inglese i tuoi compagni di classe? Quali altre lingue parlano?

Adesso guarda il video al sito web **www.cengage.com/login** e impara alcuni dei gesti più comuni che gli Italiani usano per comunicare. Qual è la tua reazione? Vedrai anche una donna che descrive come parlano le persone a Firenze. Puoi trovare altre attività basate sul video alla fine del Capitolo 6 del *Workbook* (nel *Student Activities Manual*) che accompagna questo libro.

 **PER COMUNICARE**

Track 13

**Ma allora, dov'era Fermi?** Dopo il discorso della signora Di Stefano, molti ragazzi / molte ragazze alzano la mano per fare domande.

| | |
|---|---|
| STUDENTE 1: | Scusi... |
| SIGNORA: | Sì, dimmi. |
| STUDENTE 1: | Io sapevo che Fermi ha ricevuto il Premio Nobel per la bomba atomica. |
| SIGNORA: | No, ti sbagli, ma sono in molti a pensarlo. |
| STUDENTE 2: | Ma non è possibile! A Stoccolma ci è andato da Roma, mica da Chicago! |
| CLASSE: | Giusto! È vero! |
| STUDENTE 3: | Ma allora, dov'era Fermi? |
| STUDENTE 2: | Era a Los Alamos, in una città segreta a duemila metri d'altezza. |
| SIGNORA: | Hai ragione! È proprio come dici tu! |
| STUDENTE 4: | Posso dire una cosa? |
| SIGNORA: | Sì, certamente! |
| STUDENTE 4: | Secondo me la bomba è una gran brutta invenzione. |

### Chiedere la parola

Scusa / Scusi / Scusate...
Permetti / Permette... ?
Posso dire / aggiungere... ?
Vorrei dire una cosa.

*Excuse me . . .*

*May I say / add . . . ?*
*I would like to say something.*

### Dare la parola

Sì, dica / dimmi...
Dì / Dica pure.
Prego!
Prego, certamente!

*Please, tell me . . .*

*Go ahead!*
*Certainly!*

### Esprimere accordo

Sì, è vero. È così.
Proprio così.
Hai / Ha ragione.
Sono pienamente d'accordo.
È come dici tu / dice Lei.

*It's true. That's so.*
*Exactly right.*
*You are right.*
*I fully agree.*
*It's just as you say.*

### Esprimere disaccordo

No, non è così. Ti sbagli.
Assolutamente no!
Non sono d'accordo.
Non è come dici tu / dice Lei.
A dire il vero, io penso che...

*No, that's not so. You are wrong.*
*Not at all!*
*I do not agree.*
*It is not as you say.*
*Actually, I believe . . .*

## ■ Che cosa diciamo?

1. Hai comprato un computer ma qualcosa non funziona. Il venditore non vuole cambiartelo e dice che tu l'hai rotto.

2. Si discute il mondiale di calcio *(soccer world cup)*. I tuoi amici parlano tutti insieme ma tu vorresti esprimere la tua opinione.

3. Immagina di essere un ispettore / un'ispettrice di polizia. Stai studiando un caso difficile. Un tuo / Una tua collega ti offre delle possibili interessanti soluzioni.

4. Tuo padre ti dice: «Il dottore pensa che, se voglio stare tranquillo, devo fare l'operazione».

5. Il tuo / La tua collega è al telefono e tu hai bisogno urgente di parlare con lui / lei.

## ■ Situazioni

1. Il tuo fratello minore ti dice che ha intenzione di aprire una pizzeria. Lui pensa di avere delle buone ragioni. Tu sei di opinione contraria.

2. Tua sorella e tuo cognato stanno bisticciando *(are arguing)* a proposito di come chiamare il bambino che sta per nascere. Si interrompono a vicenda e non riescono a mettersi d'accordo. Cosa si dicono?

3. Stai discutendo un progetto di lavoro con altri compagni / altre compagne. Qualcuno nel gruppo è molto timido e tende a parlare poco, ma tu sai che si tratta di una persona che ha sempre delle ottime idee. Sollecitane l'opinione e dichiara di essere d'accordo.

# Che lavoro farai?

©Lange/laif/AURORA

**7**

*Capitolo*

Track 14

# PER COMINCIARE

**Una buona notizia.** Lucia legge un messaggio elettronico della sua amica, Marina.

> **Da:** Marina Gabetti <magabi@tiscali.it>
> **A:** luciabi@genind.it
> **Data:** MAR 16 GEN 2009 15:17:13 + 0100
> **Oggetto:** Ho un lavoro!
>
> Lucia! La lettera è arrivata questa mattina! La ditta di Parigi mi offre un posto di web designer junior. Quasi non ci credo. Pensa! Farò a Parigi la mia prima esperienza di lavoro vero, non sarà come i lavoretti temporanei che ho avuto fino adesso. In quanto (As) junior non avrò responsabilità eccessive e sono sicura che imparerò molte cose nuove. Lo stipendio è ragionevole, l'orario settimanale di lavoro è di trentasei ore, e le vacanze un mese all'anno. Dovrò cercare un posto dove abitare, comprare abiti da ufficio... Ma vedrai, tra pochi giorni avrò organizzato tutto. È stata proprio una buona idea quella di seguire il corso di francese commerciale.
>
> Ecco. Volevo dirti che sono molto contenta, e che ti ringrazio dell'appoggio e dell'amicizia che mi hai dimostrato nei lunghi periodi in cui sono stata senza lavoro.
>
> Ti abbraccio,
>
> Marina

---

Como, 25 febbraio 2009

Spett. Ditta M.C.D.
Viale Romangna 340
I–20133 Milano

Oggetto: Risposta a Vostra offerta impiego.

  La sottoscritta Maria Beatrice Carlini, residente a Milano, Via Balzaretti 50, telefono (02) 266 5491, email mabeca@iol.com, fa domanda di assunzione come esperta di amministrazione e commercio con l'estero.

Qualifiche:
Diploma di Istituto Tecnico Commerciale, opzione «amministrazione e commercio estero»
Lingue:
inglese, francese e tedesco.
Esperienza:
Dieci anni di attività nel settore di cui tre in Inghilterra e due in Germania.
Computer:
Uso per corrispondenza, contabilità e analisi dei dati.

Sono attualmente impiegata presso una ditta di Como.
Desidero migliorare la mia posizione e lavorare a Milano.

Distinti saluti

*Maria Beatrice Carlini*

Come vi sembra la domanda di assunzione di Maria Beatrice? È simile a quelle che scrivete voi? Sì? No? In che senso?

## ■ Esercizi

**a.** *Completare le frasi in maniera opportuna.*

1. Finalmente Marina ha un lavoro _____.
2. Marina lavorerà in Francia e avrà uno _____ ragionevole.
3. Marina avrà un _____ di trentasei ore lavorative.
4. A Parigi avrà bisogno di _____.
5. Marina _____ un corso di francese commerciale.
6. Lucia è una buona amica di Marina, e le ha dato _____ quando era senza lavoro.

**b.** *Usando il Vocabolario utile, completare con le parole opportune.*

Franco ha un buon _____, lavora nella _____ di suo padre e ha un buono _____, si occupa di commercio con l'estero ed è abbastanza _____. Però confessa agli amici che pensa di _____ presso una grossa compagnia americana. Gli amici lo comprendono e gli danno _____.

## VIVERE IN ITALIA | Il lavoro

Il mercato attuale *(present)* del lavoro in Italia non è molto favorevole, specialmente per i giovani. Anche se alla fine della scuola è possibile trovare occupazioni retribuite *(paid jobs)*, spesso si tratta di contratti di lavoro a tempo determinato, quando non addirittura di tipo occasionale o saltuario *(sporadic or irregular)*. Quelli che non hanno un lavoro fisso si chiamano «precari», e la loro situazione è molto diffusa, anche tra chi è in possesso di laurea, master o altra specializzazione. Gli stipendi dei precari sono modesti, spesso al di sotto di mille euro al mese, e non comprendono un fondo pensione *(pension)*. Non è infrequente per i nuovi diplomati o laureati dover aspettare due o tre anni prima di ottenere un impiego regolare.

La situazione comporta varie conseguenze. Chi è in cerca di lavoro si adatta e tende ad accettare quello che trova, l'importante è avere un lavoro anche se non offre grandi possibilità di carriera. Il 50% degli occupati *(employed)* è disposto a seguire corsi di formazione professionale, ma non si aspetta di cambiare professione nell'immediato futuro. Sono molti i giovani, e i non più tanto giovani, che continuano a vivere in famiglia. Naturalmente il sogno di tutti è di avere un giorno sicurezza lavorativa e un buono stipendio, ma questo è un sogno che si avvera più facilmente per chi trova un impiego all'estero, dato che i cittadini dell'Unione Europea possono lavorare in ciascuno degli stati membri.

## ■ Vocabolario utile

*Il lavoro*

**l'economia** economy
**la crisi finanziaria** financial crisis
**il mercato del lavoro** job market

**il lavoro amministrativo** paperwork
**il lavoro artistico** artistic work
**il lavoro d'ufficio** office work

**la fabbrica** factory
**il sindacato** union
**lo sciopero** strike

**l'impiego** job
**la manodopera** workforce
**la carriera** career
**la professione** profession
**il settore** sector, field

**l'azienda / la ditta** business / firm
**la filiale** branch
**il reparto** department
**la sede centrale** headquarters

**il / la dipendente** worker
**il socio** partner
**il lavoro di gruppo** group work
**la squadra** team
**il capo** boss
**l'amministratore/-trice delegato/a** managing
   director

**l'occupazione** employment
**la disoccupazione** unemployment
**il lavoro nero** undeclared employment
**il lavoro a tempo determinato** short-term
   employment
**il lavoro *part time*** part-time employment
**il lavoro a tempo pieno** full-time employment
**il lavoro fisso** a long-term job

**la qualità di vita** quality of life
**il tenore di vita** standard of living
**la retribuzione, il compenso** remuneration
**lo stipendio** stipend
**il reddito** salary
**l'incarico** task, appointment
**i guadagni** earnings
**le perdite** losses
**la tredicesima** lit. "13th month"- year end bonus
**la promozione** promotion
**gli investimenti** investments
**i risparmi** savings

*Espressioni utili*

**fare una domanda d'impiego** to submit a job
   application
**lavorare come un matto / una matta** to work like
   crazy

**lavorare sodo** to work hard
**lavorare sotto pressione** to work under pressure

**essere assunto/a** to be hired
**essere in congedo** to be on leave
**essere molto impegnato/occupato** to be busy
**essere un grande lavoratore** to be a hard worker
**fare sciopero** to go on strike
**nominare** to appoint
**impiegare** to hire
**licenziare** to fire
**dare le dimissioni** to resign
**andare in pensione** to retire

*Un ripasso: Verbi ed espressioni*

**lo scherzo** *Lo dico sul serio, non è uno scherzo.*
**la barzelletta** *Le barzellette che racconti non mi*
   *piacciono.*
**fare uno scherzo** to play a trick
**per scherzo** as a joke

**il cambiamento** *Ci sono stati molti cambiamenti*
   *in Italia recentemente.*
**il cambio** *Quant'è il cambio del dollaro oggi?*
**cambiare** *Il tempo è cambiato.*
   *Hai cambiato gli euro in dollari?*
**cambiarsi** *Sei tutto bagnato; cambiati!*
**cambiare idea** *Ho cambiato idea. Andrò a Yale,*
   *non a Harvard.*

**scambiare (con)** *Ho scambiato un orologio con un*
   *anello.*
**dare ragione a** *to agree with*
**scambiarsi** *Le amiche si scambiano regali.*

**gli spiccioli** *Ho bisogno di spiccioli per l'autobus.*
**il resto** *Ha una banconota più piccola? Non ho il*
   *resto da darle.*

## ■ Pratica

**a.** *Scegliere la parola o l'espressione che meglio completa la frase.*

1. Non possiamo andare alla festa vestiti così! Dobbiamo _____.
2. Perché non continuiamo a parlare di politica? Perché vuoi _____ argomento?
3. C'è un «lavavetri» al semaforo. Hai _____?
4. Quei due si vedono ogni giorno e _____ posta elettronica ogni sera.

5. Posso pagare il caffè con un biglietto da cento euro? —Mi dispiace, ma non ho il _____.

6. Se vuoi ridere, devi sentire l'ultima _____ sui carabinieri.

7. Pablo ha deciso di emigrare dall'Argentina. È stato un grande _____ nella sua vita. Adesso vive con lo zio a Padova.

**b. La coppia moderna.** *Completare il paragrafo seguente inserendo il verbo o la parola suggeriti in parentesi.*

Nina *(changed)* _____ lavoro, è all'ufficio *(exchange)* _____ della Banca Commerciale. Ha un reddito medio-alto. Lei e suo marito *(exchanged)* _____ i ruoli. Lei lavora a tempo pieno e lui di pomeriggio ha cura dei bambini. Li va a prendere a scuola, *(changes his clothes)* _____ , dà loro da mangiare, li fa giocare... È un padre modello. Ieri volevano andare tutti allo zoo, ma poi *(they changed their minds)* _____ perché pioveva. Sono rimasti a casa tutto il pomeriggio. I bambini hanno incominciato a *(play tricks)* _____ e hanno finito per litigare. Allora il povero Massimo ha telefonato al bar e ha ordinato tre spumoni *(soft ice cream)*. Al momento di pagare, però, il garzone *(errand boy)* del barista non aveva *(change)* _____. Massimo non aveva *(change)* _____ per la mancia e ha dovuto lasciargli più soldi del previsto. Per fortuna i bambini si sono calmati. Fare i genitori è una cosa seria, non è *(a joke)* _____.

**c. Domande per te.**

*«La società italiana al 2008»*

Stranieri residenti 1998 = 1.000.000
2008 = 3.400.000

Stranieri residenti a Milano (2008) = 13% della popolazione
Torino (2008) = 9% della popolazione

Immigrati e microimprese° (2007): 225.408    *small businesses*

Microimprese avviate nel 2007°: 37.531 (+8 rispetto al 2006)    *businesses that started in 2007*

(Rapporto annuale 2008)

1. Conosci le origini della tua famiglia e del tuo cognome *(family name)*?
2. Il tuo quartiere *(neighborhood)* accoglie gente di provenienza etnica diversa o solo persone che hanno una comune origine etnica? È bene che sia così? Sì? No? Perché?
3. Conosci personalmente degli immigrati? Pensi che abbiano difficoltà nei loro rapporti con la gente locale e viceversa? Perché?
4. Ci sono molti «clandestini» nel tuo paese? Come vivono?
5. Cosa ci dicono i dati sull'immigrazione e il mondo dell'impresa nell'Italia di oggi?
6. Fai una ricerca su Internet per sapere da dove provengono i nuovi flussi di immigrati in Italia. Presenta i risultati alla classe.

## ■ A voi la parola

**a.** **I giovani e il lavoro.** *In piccoli gruppi, rispondete alle domande che seguono e paragonate le vostre conclusioni con quelle degli altri gruppi.*

1. I giovani italiani, dopo aver finito la scuola, non trovano facilmente un lavoro stabile. Qual è la situazione dei giovani americani? Quali sono i tipi di impiego più facili da trovare? Sono a tempo determinato o indeterminato?

2. In Italia c'è la tendenza a lavorare ed abitare nella stessa città, vicino alla famiglia e agli amici il più a lungo possibile. Considerate vantaggi e svantaggi di questa tendenza. Che differenza c'è con il caso vostro e dei vostri amici?

3. Avete fatto lavori temporanei durante gli anni di scuola? Eravate pagati bene? Male? Che tipo di stipendio vi aspettate al vostro primo impiego stabile?

4. Usando Internet, fate una ricerca sulle statistiche del mondo del lavoro e del commercio italiano. Presentate i risultati alla classe.

**b.** **Le professioni più ambite** *(desired).* *Questa classifica delle professioni più ambite risulta da un questionario pubblicato sui siti di Corriere Lavoro e sottoposto a giovani italiani. In gruppi di due o più studenti, esaminate la lista delle professioni più ambite e rispondete alle domande.*

> 1. direttore / direttrice di quotidiano nazionale *(editor-in-chief of a major newspaper)*
> 2. giudice
> 3. medico di pronto soccorso *(ER physician)*
> 4. imprenditore / imprenditrice (settore abbigliamento) *(fashion entrepreneur)*
> 5. attore / attrice
> 6. commercialista *(business consultant)*
> 7. progettista siti internet *(website developer)*
> 8. cassiere / cassiera di banca
> 9. elettricista
> 10. commesso / commessa *(salesperson)*
> 11. operaio/a metalmeccanico/a *(metal worker)*
> 12. portiere / portiera di abitazione *(doorman)*
>
> Da *Corriere della Sera*, 14 aprile 2004

1. Discutete questa lista con i vostri compagni. Qual è la vostra reazione alle preferenze indicate? Siete d'accordo con l'ordine di priorità o no? Perché?

2. Quali sono, in generale, le professioni più apprezzate dai giovani americani, tra quelle menzionate nella lista? Perché? Quali considerate interessanti per voi?

3. Nella lista, la professione «esperto di informatica» *(expert in computer science)* è al settimo posto. Avete idea di quella che è la situazione in Nord America? Secondo voi gli esperti di informatica sono più apprezzati negli Stati Uniti? Sì? No? Perché?

4. Secondo voi l'indice di gradimento di queste professioni *(popularity index)* è in relazione agli stipendi?

5. Scegliete due o tre professioni dalla lista. Le considerate attraenti anche voi? Quali sono, secondo voi, i vantaggi e gli svantaggi che offrono?

 **CANTIAMO!** | **Tiziano Ferro / Giulia Bevilacqua –** *Sere nere*

Molti ragazzi aspirano ad essere cantanti famosi nel futuro, ma purtroppo questo tipo di carriera è molto difficile. Il celebre cantante Tiziano Ferro ha imparato, però, che non bisogna mai smettere di provare. Infatti, dopo i primi insuccessi, Tiziano è diventato uno dei cantanti italiani più popolari degli ultimi anni. Puoi ascoltare «Sere nere», una canzone scritta da lui, sul sito web **www.cengage.com/login** (clicca sul «iTunes playlist»). Puoi trovare altre informazioni ed attività basate sulla canzone alla fine del Capitolo 7 del *Lab Manual* (nel *Student Activities Manual*) che accompagna questo libro.

 **STRUTTURA**

### I. Futuro

The two future tenses in Italian correspond to the two future tenses in English. They are called **futuro semplice** and **futuro anteriore.**

**A.** The **futuro semplice** (*simple future*) is formed by dropping the final **-e** of the infinitive and adding the endings **-ò, -ai, -à, -emo, ete, -anno; -are** verbs change the **-a-** of the infinitive ending to **-e-.**

| AMARE | CREDERE | FINIRE |
|---|---|---|
| amerò | crederò | finirò |
| amerai | crederai | finirai |
| amerà | crederà | finirà |
| ameremo | crederemo | finiremo |
| amerete | crederete | finirete |
| ameranno | crederanno | finiranno |

Note that unlike the other simple tenses, the third-person plural of the future retains the stress on its ending.

1.  Some verbs have spelling changes in the future tense for phonetic reasons.

    Verbs ending in **-care** and **-gare** insert an **h** after **c** and **g** in order to maintain the hard sound:

    cercare: cercherò, cercherai, etc.
    pagare: pagherò, pagherai, etc.

    Verbs ending in **-ciare, -giare,** and **-sciare** drop the **i** of the stem:

    cominciare: comincerò, comincerai, etc.
    mangiare: mangerò, mangerai, etc.
    lasciare: lascerò, lascerai, etc.

2. A number of verbs have irregular stems in the **futuro semplice.**

   Some verbs drop the characteristic vowel of the infinitive:

| INFINITIVE | | FUTURE |
|---|---|---|
| andare | **andr-** | andrò |
| avere | **avr-** | avrò |
| cadere | **cadr-** | cadrò |
| dovere | **dovr-** | dovrò |
| potere | **potr-** | potrò |
| sapere | **sapr-** | saprò |
| vedere | **vedr-** | vedrò |
| vivere | **vivr-** | vivrò |

Some verbs, besides dropping the characteristic vowel of the infinitive, undergo further changes:

| INFINITIVE | | FUTURE |
|---|---|---|
| bere | **berr-** | berrò |
| parere | **parr-** | parrò |
| rimanere | **rimarr-** | rimarrò |
| tenere | **terr-** | terrò |
| valere | **varr-** | varrò |
| venire | **verr-** | verrò |
| volere | **vorr-** | vorrò |

Some verbs in -**are** keep the characteristic vowel of the infinitive:

| INFINITIVE | | FUTURE |
|---|---|---|
| dare | **dar-** | darò |
| fare | **far-** | farò |
| stare | **star-** | starò |

3. The future of **essere** is:

| ESSERE |
|---|
| sarò |
| sarai |
| sarà |
| saremo |
| sarete |
| saranno |

**B.** The **futuro anteriore** *(future perfect)* is formed with the future of **avere** or **essere** plus the past participle of the verb.

| VERBS CONJUGATED WITH *avere* | | VERBS CONJUGATED WITH *essere* | |
|---|---|---|---|
| avrò | amato | sarò | partito/a |
| avrai | amato | sarai | partito/a |
| avrà | amato | sarà | partito/a |
| avremo | amato | saremo | partiti/e |
| avrete | amato | sarete | partiti/e |
| avranno | amato | saranno | partiti/e |

## Uso del futuro

**A.** The **futuro semplice** is used to express an action in the future. It has three possible equivalents in English: *I will do, I'm going to do, I will be doing.*[1]

Non dimenticherò mai il mio primo impiego.
*I will never forget my first job.*

Lucia risponderà a Maria immediatamente.
*Lucia is going to answer Maria right away.*

Lavoreranno tutta la settimana?
*Are they going to work the whole week?*

**B.** The **futuro anteriore** is used to express an action that will be completed by a specified time in the future. Its English equivalent is *will have* + past participle.

Fra un anno ti avranno aumentato lo stipendio.
*Within a year they will have given you a raise.*

**C.** The future tenses are also used to express probability—that is, an uncertainty, a conjecture, or a deduction. The **futuro semplice** expresses probability in the present; the **futuro anteriore** expresses probability in the past.[2]

—È tardi, dove sarà Carlo?
  *It is late, where might Carlo be?*

—Non sono ancora arrivati?
  *Haven't they arrived yet?*

—Che cosa sarà successo?
  *What could have happened?*

—Avranno perso il treno. *(assumption)*
  *They must have missed the train.*

**D.** The future tenses are also used after **se** and **quando** and other conjunctions of time, such as **appena, non appena,** and **finché,** to express a future action when the verb of the main clause is in either the future or the imperative. In English, the corresponding tenses are the present for the **futuro semplice** and the present perfect for the **futuro anteriore.**

Quando sarò grande, farò l'ingegnere.
*When I grow up, I'll be an engineer.*

Appena arriveranno, telefonaci!
*As soon as they get there, call us!*

Se non sarai contento/a, cambierai lavoro.
*If you aren't happy, you will change jobs.*

Quando avrò finito, mi riposerò.
*When I have finished, I'll rest.*

---

[1] Remember that in Italian the present tense can also be used to express a future action when accompanied by an expression of future time (see p. 7).

[2] Probability can also be expressed in other ways: with **forse** or **probabilmente** plus a verb in a present or past tense, or with the verbs **potere** or **dovere** + *infinitive*: **Se la ragazza è arrossita, deve essere timida.** *If the girl blushed, she must be shy.* **Non hanno risposto? Forse non hanno sentito la domanda.** *They didn't answer? Maybe they didn't hear the question.*

—*Spesso mi chiedo cosa farà quando andrà in pensione.*

## ■ Esercizi

**a.** **Volere e potere...** *Tutte le persone nominate in quest'esercizio realizzano i loro desideri. Cambiare secondo l'esempio.*

ESEMPIO Silvia vuole scrivere un libro.
**Silvia scriverà un libro.**

1. Fausto vuole trovare un impiego a tempo pieno.
2. Anna e Marco vogliono vedere un nuovo appartamento. ~~Vorranno~~ vedranno
3. Tu e Pietro volete studiare in Italia. Studierete.
4. Io voglio fare domanda di assunzione presso una ditta americana. farrò
5. Noi vogliamo essere contenti delle nostre scelte (*choices*). Saremo.
6. Marina vuole rimanere a Parigi. rimarrà
7. I nostri amici vogliono venire a lavorare con noi. verranno.
8. Giuliana vuole occuparsi dei disabili. Si occuperà

**b.** **Non l'hanno fatto ma lo faranno prima o poi** (*sooner or later*)... *Completare le seguenti frasi usando il futuro.*

ESEMPIO Non ho pagato le tasse, ma **le pagherò.**

1. Non hai cercato nuovi amici, ma... li cercherò
2. Non abbiamo incominciato l'università, ma... la cominciaremo
3. Non avete visto il film che ha vinto l'Oscar, ma... io lo vedrete.
4. Non abbiamo lasciato una buona mancia (*tip*), ma... ma la lasceremo
5. Tu non sei ancora caduto/a sciando, ma... cadrai
6. Non ho mandato l'email al direttore, ma... io manderò
7. Non abbiamo bevuto il caffè, ma... io berremo
8. Tu e Marcella non avete mangiato il dolce, ma... io mangierete.

c. **La cartomante** (*The fortune teller*). *Immagina di essere Elena e di andare da una cartomante per farti predire il futuro. La cartomante, impersonata da un compagno / una compagna, risponde alle tue domande. Segui i suggerimenti dati.*

Domanda...

1. che cosa farai dopo la laurea.
2. dove vivrai.
3. quale tipo di lavoro troverai.
4. se userai una lingua straniera sul posto di lavoro.
5. se e quando incontrerai il principe azzurro (*Mr. Right*).
6. se ti sposerai o rimarrai nubile.

d. **L'incidente d'auto.** *Caterina ha avuto un incidente. Che cosa sarà successo? Esprimere le ipotesi usando il futuro.*

1. Probabilmente non ha visto la curva.
2. Deve essersi fatta male.
3. Forse la mamma non lo sa ancora.
4. Suo marito deve essere molto preoccupato.
5. Deve aver telefonato al suo amico chirurgo.
6. Probabilmente rimangono tutti e due all'ospedale.
7. I bambini devono essere soli a casa.
8. O forse c'è andata Silvana.

e. **Indovina!** *Stamattina la segretaria non è venuta in ufficio. Quale sarà stata la ragione? Fare cinque ipotesi plausibili.*

ESEMPIO   Non avrà sentito la sveglia. *or* Avrà l'influenza.

f. **Azioni future.** *Mettere al futuro.*

ESEMPIO   Dorme quando è stanco.
         **Dormirà quando sarà stanco.**

1. Escono se ne hanno voglia.
2. Veniamo quando possiamo.
3. Se sai bene l'inglese, puoi trovare un buon lavoro.
4. Se vogliono un tavolo, devono aspettare.
5. Appena ho finito, ti telefono.
6. Finché stai con me, non paghi niente.
7. Lo salutiamo se lo riconosciamo.
8. Che cosa faccio dopo che mi sono laureato/a?

g. **Sognare ad occhi aperti** (*Daydreaming*). *Luigi è un tipo dinamico che ama fare programmi per il futuro. Che cosa sogna di fare? Completa le frasi seguenti e poi parla dei tuoi sogni per il futuro.*

1. Quando saprò l'italiano...
2. Appena Barbara si laureerà...
3. Se papà mi darà soldi...
4. Non appena io e Gianni compreremo...
5. Se avrò finito...
6. Finché mia sorella vivrà con i miei genitori...

## II. Condizionale

There are two conditional tenses in Italian that correspond to the two conditional tenses in English. They are called **condizionale presente** and **condizionale passato**.

**A.** The **condizionale presente** (*present conditional*), like the **futuro semplice**, is formed by dropping the final **-e** of the infinitive and adding the conditional endings -**ei**, -**esti**, -**ebbe**, -**emmo**, -**este**, -**ebbero**; -**are** verbs change the -**a**- of the infinitive ending to -**e**-.

| AMARE | CREDERE | FINIRE |
|---|---|---|
| amer**ei** | creder**ei** | finir**ei** |
| amer**esti** | creder**esti** | finir**esti** |
| amer**ebbe** | creder**ebbe** | finir**ebbe** |
| amer**emmo** | creder**emmo** | finir**emmo** |
| amer**este** | creder**este** | finir**este** |
| amer**ebbero** | creder**ebbero** | finir**ebbero** |

1. In the conditional, verbs ending in -**care** and -**gare**, and in -**ciare**, -**giare**, and -**sciare**, undergo the same spelling changes as in the future (see p. 163).

   Al tuo posto io non **pagherei** niente.
   *In your place, I wouldn't pay anything.*

   **Incomincereste** da capo voi?
   *Would you start again from the beginning?*

2. Verbs that are irregular in the future (see pp. 163–164) have the same irregularities in the conditional.

   **Berremmo** volentieri un caffè.
   *We'd be glad to have a cup of coffee.*

   **Vorrei** fermarmi ma non posso.
   *I would like to stay but I can't.*

3. The conditional of **essere** is:

| ESSERE |
|---|
| sarei |
| saresti |
| sarebbe |
| saremmo |
| sareste |
| sarebbero |

**B.** The **condizionale passato** *(conditional perfect)* is formed with the present conditional of **avere** or **essere** plus the past participle of the verb.

| VERBS CONJUGATED WITH *avere* | | VERBS CONJUGATED WITH *essere* | |
|---|---|---|---|
| avrei | amato | sarei | partito/a |
| avresti | amato | saresti | partito/a |
| avrebbe | amato | sarebbe | partito/a |
| avremmo | amato | saremmo | partiti/e |
| avreste | amato | sareste | partiti/e |
| avrebbero | amato | sarebbero | partiti/e |

*Non potremmo comprarla per il nostro giardino?*

## Uso del condizionale

**A.** The **condizionale presente** corresponds to *would*[1] + verb. Just as in English, it is used in the following cases:

1. to express polite requests, wishes, and preferences.

   Vorresti lavorare per me?
   *Would you like to work for me?*

   Preferirei un bicchiere di latte.
   *I would prefer a glass of milk.*

---

[1] Other Italian constructions whose English equivalents use *would* (where *would* does not have a conditional meaning) are:

| **Imperfetto:** | Ogni sabato andavamo al cinema. |
|---|---|
| | *Every Saturday we would (used to) go to the movies.* |
| **Passato prossimo:** | Le ho chiesto di aprire la porta, ma lei non ha voluto aprirla. |
| | *I asked her to open the door, but she wouldn't (refused to) open it.* |
| **Passato remoto:** | Le chiesi di aprire la porta, ma lei non volle aprirla. |
| | *I asked her to open the door, but she wouldn't (refused to) open it.* |

2. to express the consequence of a hypothetical situation (see p. 270). *Si usa molto*

> Mangerei ora se avessi tempo.
> *I would eat now if I had the time.*

3. to express doubt (see p. 268).

> Non so se verrebbero volentieri.
> *I don't know whether they would come willingly.*

**B.** The **condizionale passato** corresponds to *would have* + verb and is used in the same cases as the **condizionale presente.**

> Sarebbero venuti se li avessimo invitati.
> *They would have come if we had invited them.*

> Dubito che avrebbero capito.
> *I doubt they would have understood.*

**C.** The **condizionale passato** is used to express a future action introduced by verbs of knowing, saying, telling, or informing in a past tense. In English, the present conditional is used in such cases *(He said he would come)*:

> Hai detto che **avresti pagato** tu.
> *You said you would pay.*

> Non aveva promesso che **avrebbe scritto?**
> *Hadn't he promised he would write?*

> Hanno detto che **sarebbero venuti**, ma io ero certo che **sarebbero stati** a casa.
> *They said they'd come, but I was certain they would stay home.*

**D.** Note that the conditional of **fare meglio a** + *infinitive* expresses *had better, would do well to, would be better off to.*

> Faresti meglio a tacere.
> *You'd better be quiet.*

> Avreste fatto meglio ad aspettare.
> *You would have been better off to wait (waiting).*

## ■ Esercizi

**a.** **All'ospedale.** *Da quando ha avuto l'incidente, Caterina non si può muovere dal letto. Cambiare le frasi usando il condizionale secondo l'esempio.*

ESEMPIO   Mi porti dell'acqua?
    **Mi porteresti dell'acqua?**

1. Mi fai un favore? Mi compri un giornale? *Mi faresti, Mi compraresti.*
2. Ti dispiace aprire la finestra? *Ti dispiacerebbe...*
3. Mi dà quella scatola di aspirine? *Mi darebbe quella.*
4. Sanno spiegarmi perché questo mal di testa non passa? *Saprebbero*
5. Mi piace sedermi in terrazzo. Potete aiutarmi? *Mi piacerebbe? Potreste.*
6. Non voglio stare qui un'altra settimana. *Non vorrei*
7. Preferisco avere la lampada vicino al letto. *preferirei*

**b. Io avrei fatto le cose diversamente...** *Reagire ad ogni situazione cominciando con* **Io non** *e usando il condizionale passato.*

ESEMPIO   Hai comprato quell'automobile?
   **Io non avrei comprato quell'automobile.**

1. Sei andato/a a quella festa?
2. Siete usciti con questo tempaccio?
3. Avete chiesto scusa?
4. Si sono offesi per quello scherzo?
5. Ti sei fidato/a di quell'uomo?
6. Le hai regalato una sedia?

**c. Buone intenzioni.** *Certe persone inventano sempre dei pretesti per evitare responsabilità. Completare le frasi con un pretesto logico.*

ESEMPIO   io / aiutarla a far trasloco *(to move)* / ma...
   **La aiuterei a far trasloco, ma ho mal di schiena.**

1. io e Gabriele / cercare lavoro / ma...
2. voi / poter finire la tesi a marzo / ma...
3. tu / fare amicizia con gli studenti stranieri / ma...
4. io / pagare in contanti / ma...
5. io e mio cognato / venire al battesimo di Giorgio / ma...
6. Angelo / tenerti il cane durante le ferie / ma...
7. noi / stare a casa sabato sera / ma...

**d. Promesse, promesse.** *Che cosa hanno promesso di fare le seguenti persone?*

ESEMPIO   il dottore / venire nel pomeriggio
   **Il dottore ha promesso che sarebbe venuto nel pomeriggio.**

1. noi / smettere di fumare
2. tu / passare in biblioteca
3. Paolo e Caterina / venire con noi al concerto
4. il professore / darmi consigli per la tesi
5. Luisa / non lamentarsi del freddo durante la gita
6. voi / alzarvi presto e andare in piscina
7. io / riportare il motorino in giornata
8. l'architetto / metterci poco tempo a farci il progetto della casa

**e. Farebbe meglio...** *La portiera e la signora Adele stanno parlando degli altri inquilini (tenants). Seguire gli esempi.*

1. Di' che cosa farebbero meglio a fare questi inquilini.

ESEMPIO   La signora Del Bue si separa dal marito.
   **Farebbe meglio a non separarsi dal marito.**

a. Il signor Perotti beve tanto.
b. La figlia dell'avvocato mangia sempre gelati.
c. I Cerruti fumano due pacchetti di sigarette al giorno.
d. Le figlie di Enrico ridono e chiacchierano sempre.
e. La signora Adelina non esce mai di casa.
f. Lo scapolo del terzo piano si arrabbia così facilmente!

2. Ora di' che cosa avrebbero fatto meglio a fare. Completare ogni frase con una soluzione diversa.

> ESEMPIO   I Davoli hanno comprato una casa al mare.
> **Avrebbero fatto meglio a comprare un appartamento.**

a. Marcello si dedica alla pittura da mesi.
b. La signora Antonelli è andata in pensione.
c. Il figlio di Cerruti si è laureato in archeologia.
d. Abbiamo venduto la Maserati di mio zio.
e. Avete preso l'aereo per andare in Sicilia.
f. Ho dato le dimissioni.

## III. *Dovere, potere e volere*

### Dovere

**Dovere** + *infinitive* can express two basic meanings: necessity or moral obligation, and probability.

> Tutti devono morire.
> *Everyone must die.*
>
> Deve essere tardi.
> *It must be late.*

There are many English equivalents for **dovere** in the various tenses.

**Presente:** *must, have to, am supposed to*

> Devo restituirti il libro.
> *I must return the book to you.*

**Imperfetto:** *had to, was supposed to*

> Il treno doveva arrivare alle otto.
> *The train was supposed to arrive at eight.*

**Passato prossimo** or **remoto:** *had to, was obliged to*

> Mario ha dovuto (dovette) aspettare quasi mezz'ora.
> *Mario had to wait almost half an hour.*

**Futuro semplice:** *will have to*

> Dovranno prendere un altro aereo.
> *They will have to take another plane.*

**Futuro anteriore:** *will have had to, probably had to*

> Avranno dovuto pagare l'intera somma.
> *They probably had to pay the entire sum.*

**Condizionale presente:** *would have to, should, ought to*

> Fa freddo. Dovresti metterti il cappotto.
> *It's cold. You should put on your coat.*

**Condizionale passato:** *would have had to, should have, ought to have*

> Lei avrebbe dovuto dirmelo prima.
> *You should have told me sooner.*

— *Ti avevo detto che questa storia del diluvio doveva restare tra noi!*

## ■ Esercizi

**a.** *Usare* **dovere** *+ infinito al posto del futuro.*

> ESEMPI     Avrà vent'anni.
> **Deve avere vent'anni.**
>
> Avrà studiato molto.
> **Deve aver studiato molto.**

1. Saranno stanchi.
2. Conoscerete molta gente.
3. Saprà molte lingue.
4. L'avrò sognato.
5. Avrà sbagliato strada.
6. Avremo lasciato l'ombrello al ristorante.

**b.** *Tu sei d'accordo o no? Spiega perché.*

1. Ogni persona dovrebbe avere degli hobby.
2. Ogni casa dovrebbe avere la lavastoviglie *(dishwasher)*.
3. Ogni famiglia americana dovrebbe avere due macchine.

**c.** **Sei insopportabile!** *Marco e Giulia non si trovano mai d'accordo su nulla. Seguire l'esempio usando i suggerimenti dati.*

> ESEMPI     Lucia fa medicina all'università di Milano. (lettere)
> **Dovrebbe fare lettere.**
>
> Ho preso il raffreddore. (mettersi la giacca)
> **Avresti dovuto metterti la giacca.**

1. Sono un po' giù. Preferisco rimanere a casa stasera. (uscire)
2. Non mi sento bene, ho mal di stomaco. (mangiare di meno)

3. Ho mangiato per consolarmi. M'è andato male un esame. (studiare di più)
4. Come sei noioso! Sapevi che Alfredo ha comprato una Lancia? (Alfa Romeo)
5. Ed è andato a passare le vacanze in Svizzera. (Spagna)
6. Ma Alfredo è ricco. Ha regalato a Pia un orologio d'oro. (regalarle niente)
7. Tanto lei non lo sposa. (sposarlo)
8. Lei gli ha detto categoricamente di no. (dire di sì)
9. Ma non le piace e non lo ama. (sposarlo lo stesso)

## Potere

**Potere** can express two basic meanings: ability to do something and permission to do something.

Non posso correre; sono troppo stanca!
*I can't run; I'm too tired!*

Posso farLe una domanda indiscreta?
*May I ask you a personal question?*

There are many English equivalents for **potere** in the various tenses.

**Presente:** can, may, am capable, am allowed

Dove possiamo trovare un buon ristorante?
*Where can we find a good restaurant?*

**Imperfetto:** *could, was able, was allowed*

Tosca non poteva sopportare il silenzio.
*Tosca could not stand silence.*

**Passato prossimo** or **remoto:** *could, managed to, succeeded in*

Non hanno potuto (poterono) entrare perché non avevano le chiavi.
*They couldn't get in because they didn't have the keys.*

**Futuro semplice:** *will be able, will be allowed*

I bambini potranno stare alzati fino alle dieci.
*The children will be allowed to stay up until ten.*

**Condizionale presente:** *could, might, would be able, would be allowed*

Potrebbe dirmi che ore sono?
*Could you tell me what time it is?*

**Condizionale passato:** *could have, might have*

Avremmo potuto pagarti ieri.
*We could have paid you yesterday.*

## ■ Esercizi

**a.** *Se vogliamo che gli altri ci aiutino, dobbiamo essere più cortesi. Formulare le domande usando il condizionale presente di* **potere.**

> ESEMPIO    Mi dice che ore sono?
> **Potrebbe dirmi che ore sono?**

1. La aiuta ad attraversare la strada?
2. Ci dà una mano?
3. Vi fermate un momento?
4. Stai a casa e guardi i bambini?
5. Finisce di lavare i piatti?
6. Vengono subito dopo cena?

**b.** *Sei d'accordo? Sì? No? Perché?*

1. Con un po' di buona volontà, potremmo evitare tanti sprechi *(waste).*
2. Molti potrebbero fare più esercizio fisico, se volessero.
3. Ciascuno di noi potrebbe organizzare meglio il proprio tempo.

**c.** **Potere e non potere.** *Riformulare le frasi che seguono con il verbo* **potere** *nel modo e tempo opportuni.*

> ESEMPIO    Tutti gli anni Giulio andava in vacanza alle Bahamas.
> **Tutti gli anni Giulio poteva andare in vacanza alle Bahamas.**

1. Laura mangia un mucchio di grassi e non le sale mai il colesterolo.
2. Vent'anni fa ho comprato una casa al mare spendendo relativamente poco.
3. Io e Lucia andremmo al cinema, ma non c'è niente di interessante da vedere.
4. I ragazzi giocheranno a tennis nel pomeriggio. Non piove più.
5. Pensi che papà e mamma si fermino a dormire dallo zio Mario?
6. Tu non sei venuto con noi perché non ti sentivi bene.

## Volere

**Volere** corresponds to the English *to want, to wish* and has many English equivalents in the various tenses.

**Presente:** *want, wish, intend, feel like*

> Vogliamo andare in Europa quest'estate.
> *We want to go to Europe this Summer.*

**Imperfetto:** *wanted, wished, intended, felt like*

> Antonio voleva partire nel pomeriggio, ma è poi partito dopo cena.
> *Antonio intended to leave in the afternoon, but he left after supper.*

**Passato prossimo** or **remoto:** *wanted, insisted upon*

> Hanno voluto (vollero) offrire il caffè a tutti.
> *They wanted to offer everyone coffee (and they did).*

**Futuro semplice:** *will want, will wish*

La zia Betty vorrà continuare a vivere nella vecchia casa.
*Aunt Betty will want to continue living in the old house.*

**Condizionale presente:** *would want, would like*

Vorrei chiederti un favore.
*I would like to ask a favor of you.*

**Condizionale passato:** *would have wanted, would have liked*

Avrebbero voluto invitarla.
*They would have liked to invite her.*

## ■ Esercizi

**a.** *Inserire il verbo* **volere** *nel modo e tempo opportuni.*

1. Non siete mai contenti! Insomma, cosa volete?
   _____ essere lasciati in pace!
2. Come mai sei uscita così tardi dall'ufficio?
   _____ finire un lavoro al computer.
3. Cosa regali a tua moglie per il suo compleanno?
   _____ proprio regalarle una macchina nuova, ma non ho soldi.
4. Perché sei arrabbiata con me?
   Perché non _____ farmi il favore di accompagnarmi a casa.
5. Cosa farà Claudio dopo la laurea?
   Penso che _____ prendere il dottorato di ricerca in biofisica.
6. Papà andrà in pensione l'anno prossimo?
   Macché! Vedrai che _____ continuare a lavorare.

**b. Decisioni.** *Pensi che sia (sia stata) una buona idea? Perché sì? Perché no?*

1. Una tua amica vuole interrompere gli studi e andare a fare l'assistente sociale nel Terzo Mondo.
2. Io vorrei dimagrire e ho deciso di digiunare per una settimana.
3. Dario e Carla hanno voluto sposarsi prima della laurea; ora sono disoccupati e continuano a vivere con i genitori di lei.

**c. Che tipo difficile!** *Completare il brano con le forme opportune del verbo* **volere**.

Andrea non _____ più studiare, ora dice che _____ fare il marinaio sulle navi da trasporto. L'anno scorso _____ iscriversi a medicina, l'anno prima diceva che _____ fare l'attore, suppongo che l'anno prossimo _____ darsi alla politica. Anche da piccolo era un tipo difficile. Ci _____ tanta pazienza con lui. Noi gli _____ molto bene e _____ vederlo contento, ma forse sbagliamo. Gli ci _____ dei genitori all'antica, per costringerlo a fare quello che _____ loro. I genitori sanno quello che ci _____ per i figli e hanno quasi sempre ragione.

# Viaggio in Italia

L'Italia è famosa in tutto il mondo per la sua rinomata cucina.
Chi non conosce la pasta, la pizza, i tortellini, il prosciutto, il
tiramisù? Ovunque in Italia si mangia bene, e ogni regione italiana
ha i suoi piatti tipici. I ristoranti italiani offrono molte varietà
di primi, secondi, contorni e dolci. Agli italiani, però, piace anche
molto cucinare e mangiare in casa.

*E tu? Che cosa ti piace mangiare? Ti piace cucinare?*

Un classico dolce
italiano, il tiramisù

©Bertrand Benoit-Fotolia.com

«Mi piace mangiare bene.
Bere il vino, assolutamente!»

€3,00
AL KG

CILIEGINE
ITALIA
€2,50
KG

Che bei
pomodori!

©Gabriel Scott-Fotolia.com

Visita www.cengage.com/login per guardare il video *Viaggio in Italia*.

# Viaggio in Italia

**L'Italia offre molte possibilità di vacanza.** Le lunghe coste attirano gli amanti del mare soprattutto in estate, mentre la montagna è molto amata dagli sciatori in inverno e dalle persone che cercano un po' di fresco nei mesi più caldi. Anche le città italiane sono la meta di molti turisti interessati ai loro tesori d'arte.

*Dove preferisci trascorrere le vacanze? Al mare, in montagna o in città?*

Costa italiana

© ollirg-Fotolia.com

«Abbiamo preso il traghetto da Brindisi e dopo due giorni di traghetto siamo arrivati in Turchia e con la nostra macchina abbiamo fatto un giro per la parte ovest della Turchia.»

Due sciatori

© Alexander Rochau-Fotolia.com

«Le vacanze che scelgo di solito variano secondo l'anno, soprattutto se un anno ho fatto vacanza proprio per puro divertimento, magari l'anno dopo mi viene voglia di fare qualcosa un po' più culturale.»

Giovane alpinista

© rcaucino-Fotolia.com

*Le vacanze*

«La Sardegna è un paradiso.»

Una coppia a Venezia

© WH CHOW-Fotolia.com

🌐 Visita **www.cengage.com/login** per guardare il video *Viaggio in Italia*.

# Viaggio in Italia

In Italia ci sono quattro stagioni ben distinte. I mesi più caldi sono quelli estivi, mentre i più freddi sono quelli invernali. Il clima in primavera e in autunno è generalmente mite, e in queste stagioni le piogge sono più abbondanti. In estate è molto afoso, mentre in inverno nevica in montagna e a volte anche in città!

***Quale tempo preferisci? Perché?***

Alberi rossi in autunno

© Enzo Cositore-Fotolia.com

«Io amo il sole, il caldo, il mare, ma anche la primavera nel periodo di marzo, aprile, maggio a Roma è molto bella.»

Un giorno di pioggia

© Don Citarella-Fotolia.com

«Amo molto l'inverno per il Natale.»

Che bella nevicata!

© Diana Taliun-Fotolia.com

«L'estate, decisamente l'estate.»

Ombrelloni in spiaggia

© les sanders-Fotolia.com

🌐 Visita **www.cengage.com/login** per guardare il video *Viaggio in Italia*.

Gli Italiani amano fare spese, e la moda italiana è famosa in tutto il mondo! I vestiti, le stoffe *(fabrics)* e le scarpe italiane sono di ottima qualità. Alcune persone comprano nei negozi piccoli, mentre altre preferiscono la vasta scelta offerta dai grandi magazzini e dai grandi centri commerciali. I prezzi dei capi di abbigliamento possono essere molto alti, così molte persone preferiscono aspettare il periodo dei saldi.

**Ti piace fare shopping? Di solito spendi molto per vestirti?**

Manichini in vetrina

© Elena Elisseeva-Fotolia.com

Le scarpe italiane sono di ottima qualità

© Pavel Losevsky-Fotolia.com

«Buonasera! Ciao! Ho visto un po' di cose in vetrina: maglioni, magliette, felpe. Volevo provare qualche cosa. Che cosa mi consiglia?»

«Maglietta blu scuro, trentadue euro. Come mi sta?»

Interno di un negozio di moda

© Pavel Losevsky-Fotolia.com

«Però questa giacca è in saldo!»

Shopping, che passione!

© vivalapenler-Fotolia.com

Visita **www.cengage.com/login** per guardare il video *Viaggio in Italia*.

# Viaggio in Italia

**La famiglia italiana di oggi non è tanto grande quanto quella di una volta.** I giovani si sposano sempre più tardi, e la maggioranza delle coppie italiane hanno solo uno o due figli. Ma i legami famigliari sono sempre molto forti e la famiglia continua ad essere molto importante nella vita italiana.

*E tu, quanti fratelli e sorelle hai? Vorresti una famiglia più grande o più piccola?*

Mamma e figlia
in spiaggia

© Eléonore H-Fotolia.com

Fratello e sorella

© Child of nature-Fotolia.com

«La mamma è la mamma. In Italia
la famiglia è molto importante.»

«La mia cosa preferita al mondo è...due cose sole sono: mia moglie e i miei figli, e basta.»

© absolut-Fotolia.com

Una coppia anziana

Quanti anni hanno?

©vision images-Fotolia.com

«Io sono figlia unica, però mi sarebbe piaciuto avere...cioè essere nata in una famiglia numerosa.»

Visita **www.cengage.com/login** per guardare il video *Viaggio in Italia.*

*L'automobile*

**Quanto traffico!** Le strade italiane sono affollatissime, piene di macchine, moto e motorini. Il traffico è particolarmente difficile nelle strette vie delle antiche città; infatti, alcune città proibiscono il traffico in centro. A Venezia, invece, non si trovano né strade né macchine, e si deve girare a piedi o in barca.

*Qual è il tuo mezzo di trasporto preferito? Perché?*

La Smart Car può andare dovunque

© Anni Arponen-Fotolia.com

Barche e gondole a Venezia

© Alexey Popov-Fotolia.com

«Qui a Venezia ogni mezzo di comunicazione è affidato alle barche: trasporto, polizia, taxi, autobus, gondole...tutto si muove in acqua.»

«Io e la mia Mini abbiamo fatto più o meno mille e trecento chilometri, forse più. Dovrei fare un controllo generale e un cambio d'olio, di conseguenza.»

© philippe lhomel-Fotolia.com

**Che macchina piccola!**

© Niklas Ramberg-Fotolia.com

**La famosissima Vespa**

Visita **www.cengage.com/login** per guardare il video *Viaggio in Italia*.

# Viaggio in Italia

Il matrimonio

In Italia è tradizionale celebrare il matrimonio in chiesa e festeggiare con la famiglia e gli amici. Non è necessario sposarsi in chiesa, però, perché si può anche fare un matrimonio civile. Alcune coppie scelgono di vivere insieme senza sposarsi, ma il matrimonio ha ancora un ruolo importante nella società italiana.

*E tu? Ti piacerebbe sposarti in Italia?*

Una coppia appena sposata

© Jennifer Stone-Fotolia.com

La sposa al telefono

© Shawn Stallard-Fotolia.com

«Quasi sempre è nella chiesa della parrocchia della sposa, dopo di che si fa...si continua la festa al ristorante fino a tardi... per molte ore.»

«Secondo me, non ha perso il valore, nel senso che molta gente comunque si sposa con la convinzione, e poi rimane insieme tutta la vita.»

© agno_agnus-Fotolia.com

**Una passeggiata in spiaggia**

© doraemon-Fotolia.com

VIA DELL'AMORE

**Che romantico!**

**Da quanti anni si sono sposati?**

© marilyn barbone-Fotolia.com

🌐 **Visita www.cengage.com/login** per guardare il video *Viaggio in Italia*.

# Viaggio in Italia

**Che bel paese!** In Italia si trovano tanti tesori, dai monumenti e l'architettura alle viste panoramiche e le spiagge splendenti. Le sue bellezze ci comunicano la lunga e ricca storia del paese, mostrata dalle rovine romane, etrusche e greche, l'architettura del Rinascimento, e le città medioevali. I paesaggi meravigliosi d'Italia offrono molta varietà, con tesori naturali e campi fertili dell'agricoltura.

*Se tu potessi visitare uno dei luoghi di queste fotografie, quale sceglieresti? Perché?*

Che lago blu!

© Henry-Fotolia.com

«Mi sono resa conto, andando sempre in giro per il mondo che anche l'Italia è bella.»

© champa-Fotolia.com

Un paese siciliano

«Ha delle cose dell'architettura tutto quello che è storico, i paesaggi naturali che sono difficili da trovare concentrati in uno stesso posto.»

© Valeria73-Fotolia.com

**Rovine romane**

«Ogni tanto quando vado a Roma e ci sono i pezzi di mura di mille anni fa, mi affascinano.»

© Images_that_sell-Fotolia.com

**Campi in Toscana**

*Italia è bella*

Visita **www.cengage.com/login** per guardare il video *Viaggio in Italia.*

## In farmacia

**Ti senti male?** In Italia, si può andare in farmacia non solo per i medicinali, ma anche per chiedere consiglio al farmacista o per comprare cosmetici. Se ti ammali di notte, non preoccuparti! In ogni città, c'è sempre almeno una farmacia che rimane aperta per tutta la notte. Di solito le farmacie italiane non sono grandi come quelle in altri paesi.

*Che tipo di merce vendono le farmacie vicino a casa tua?*

© Norman Pogson–Fotolia.com

**La croce verde: simbolo della farmacia italiana**

«Non mi sento troppo bene. Ho paura di avere un po' di febbre. Non so se ho un po' d'influenza.»

🌐 **Visita www.cengage.com/login** per guardare il video *Viaggio in Italia*.

## ■ Prima di leggere

Max Mauro è uno scrittore, figlio di emigranti italiani in Svizzera. Nei suoi libri ha spesso parlato della realtà dell'immigrazione nel passato e nel presente. *La mia casa è dove sono felice*, da cui è tratto il brano che segue, è un libro che racconta delle storie vere di immigrazione, non solo quelle vissute dagli Italiani emigrati all'estero ma anche quelle di stranieri immigrati in l'Italia. Max Mauro ci fa riflettere sulle sfide che il fenomeno dell'immigrazione comporta. La storia che segue parla di un uomo senegalese immigrato in Italia, Naiaga, il cui coraggio e la cui determinazione lo hanno reso un caso esemplare. Il protagonista infatti, arrivato in Italia per cercare lavoro, adesso è un imprenditore che offre lavoro.

Il fenomeno dell'immigrazione non è nuovo e sono molte le ragioni che spingono un individuo o un intero popolo a lasciare il proprio paese.

In gruppi di tre o quattro studenti, esaminate i motivi per cui la gente decide di stabilirsi in un paese straniero e quali difficoltà incontra. Poi discutete le seguenti domande e rispondete.

Courtesy MAX MAURO

1. Chi sono gli immigrati e che cosa sperano?

2. Pensate che siano essenzialmente i poveri ad emigrare? Perché sì? Perché no?

3. Conoscete o avete sentito parlare di persone importanti e famose che vivono all'estero? Quali motivi avranno?

4. Come reagisce la gente locale nei confronti degli stranieri immigrati? Fa differenza se sono ricchi o poveri, istruiti o di modesta cultura, bianchi o di colore?

5. Che tipo di lavoro trovano gli immigrati?

6. Siete a conoscenza di altri paesi in cui l'immigrazione è diventata un problema sociale, per esempio: difficoltà di integrazione, intolleranza, contrasti culturali?

«Ogni tanto ho nostalgia di quella casa. Un giorno sono salito in macchina e sono andato a vederla: fuori è rimasta la stessa di quando sono arrivato io, ma dentro l'hanno un po' sistemata».

*cottage*

La casa di cui parla Naiaga è un vecchio casolare° fuori Manzano. [...] 5

*arrived / factories*
*owner / vennero... : were allowed to lodge*

Quando Naiaga e alcuni suoi connazionali senegalesi vi entrarono, nella primavera del 1990, non c'era acqua corrente né elettricità. Mancavano anche le finestre. I cinque ragazzi giunti° dall'Africa avevano trovato lavoro in alcune fabbriche° della zona ma una casa in affitto per loro non c'era. Così, col permesso del proprietario°, vennero «lasciati» alloggiare° nel casolare abbandonato. Almeno avevano un tetto. Ma poco o nulla più di quello. 10

*condominium*
*twenty-year mortgage*

Oggi Naiaga abita con la moglie e i tre figli in un condominio° di ex case popolari: ha comprato con un mutuo ventennale° un appartamento all'ultimo piano. Quel casolare in cui ha vissuto per quattro anni gli è rimasto tuttavia nel cuore. Gli ricorda le difficoltà a cui è andato incontro per farsi una vita in una delle zone più ricche e produttive del Nord-Est italiano. 15

*si... : came up*
*commuters*

Nel momento in cui si paventò° la possibilita di abitare nel casolare, da alcuni mesi lui e altri quattro connazionali facevano i pendolari° tra Trieste, dove dormivano in un albergo vicino alla stazione, e Manzano. Le loro giornate erano molto lunghe: iniziavano alle quattro del mattino, quando si alzavano e si avviavano a prendere il treno. Alle sette erano a Manzano e a piedi raggiungevano la fabbrica. Alla sera, dopo nove o dieci ore di lavoro, spesso perdevano l'ultimo treno utile, così dovevano prendere quello successivo che 20

*fulfill*

arrivava a Trieste verso le undici. Prima di poter andare a letto c'era tuttavia da espletare° la necessità della cena.

[...] «Comunque quella vita era costosa. Dopo due mesi avevo finito i soldi, tra albergo, treno e mangiare non mi rimaneva niente in tasca». 25

Decisero tutti assieme che dovevano trovare una casa a Manzano. Ma se per trovare un lavoro ci avevano messo due giorni, per una casa in affitto la ricerca sembrava molto più difficile. Dopo le prime risposte negative chiesero «al padrone» se potevano dormire in fabbrica, sul pavimento, «spostando le pedane°», ma questi rispose che non era possibile, era fuori legge. Andarono con lui in Comune, senza trovare una soluzione, e pure dal 30

*spostando... : moving platforms*
*parish priest*

parroco°, che non aveva posto. La gente o non aveva case o era diffidente verso gli stranieri, i primi immigrati africani che si vedevano da queste parti. [...]

*businessman, developer*

La situazione si risolse quando qualcuno fece il nome di un imprenditore° che possedeva delle vecchie case e, forse, le poteva affittare.

«Siamo andati da lui e ci ha detto che aveva solo una casa vuota, dove non abitava 35 nessuno da quarant'anni. A noi non importava, bastava avere un tetto, ma lui insisteva che non si poteva abitare lì. In quel periodo, alla sera ero così stanco e stufo che ogni angolo che vedevo lungo la strada mi sembrava buono per dormire. Vista la nostra insistenza alla

*arrange it*

fine ci ha lasciato entrare nella casa e noi abbiamo promesso di sistemarla° un po'».

I ragazzi si organizzarono per rendere abitabile la loro «nuova casa». [...] Il problema 40 più grande rimaneva, d'inverno, quello del freddo.

*sweaty*

«Dormivo con dieci coperte e mi alzavo tutto sudato° ma con i piedi freddi. Per tanto tempo ho pensato che in Europa tutti dormivano con i piedi freddi».

Max Mauro, *La mia casa e dove sono felice*

## ■ Comprensione

1. Di cosa ha nostalgia il protagonista della storia e perché?

2. Com'era il casolare quando Naiaga ed i suoi amici lo hanno visto la prima volta? Tu potresti immaginare di vivere in un posto simile?

3. Com'era la vita di Naiaga e dei suoi amici prima di andare ad abitare nel casolare?

4. Prima di trovare il casolare, dove sarebbero stati disposti a dormire Naiaga ed i suoi amici?

5. Perché, secondo te, la gente era diffidente verso i primi immigrati africani? Tu affitteresti la tua casa ad un immigrante o saresti diffidente?

6. Quale ricordo è rimasto a Naiaga di quegli anni passati nel casolare?

7. Dove vive oggi Naiaga e con chi?

8. Immagina di essere Naiaga. Che cosa faresti nella sua situazione? Che cosa proveresti (feel)? Cosa potresti fare per abbattere la diffidenza della gente? Quali sarebbero gli ostacoli più grandi da affrontare come «immigrato» in un paese straniero?

## ■ Temi per componimento o discussione

1. Cosa pensi della politica (policy) italiana di dare agli extracomunitari legalmente immigrati gli stessi diritti che hanno i lavoratori italiani?

2. Vivere a contatto con gente straniera, soprattutto se di provenienza etnica diversa, richiede un grande esercizio di tolleranza. Come si manifesta la tolleranza? Come si manifesta l'intolleranza? Chi dovrebbe esercitare la tolleranza, solo il paese che ospita o anche gli immigrati verso il paese ospitante?

3. Qual è la tua opinione a proposito dei «clandestini»? Pensi che abbiano diritto al soggiorno e ai servizi sociali? Sì? No? Perché?

4. **Dibattito.** L'immigrazione, sia quella legale sia quella illegale, è un fenomeno complesso carico di ramificazioni sociali, culturali e politiche. Discutete i pro e i contro partendo dalle alternative che seguono.

   Pro:      È dovere dei popoli ricchi accogliere e integrare nella loro società gli immigrati in cerca di una vita migliore. Gli immigrati contribuiscono con il loro lavoro e si accontentano di poco.

   Contro:   Anche nelle società ricche ci sono già tanti poveri ai quali bisogna provvedere. L'immigrazione provoca problemi di ogni genere.

# L'oroscopo

A molte persone piacerebbe sapere che cosa succederà nel futuro. Per questo, l'oroscopo ha sempre molto successo anche in Italia. La maggior parte della gente che legge o ascolta l'oroscopo lo fa per divertimento, però qualcuno ci crede veramente! Gli astrologi, le persone che fanno gli oroscopi, sostengono di poter predire il futuro basandosi sulla posizione dei corpi celesti. La data di nascita di una persona determina il suo segno zodiacale. I nomi italiani dei segni sono: Ariete, Toro, Gemelli, Cancro, Leone, Vergine, Bilancia, Scorpione, Sagittario, Capricorno, Acquario e Pesci.

***Qual è il tuo rapporto con l'oroscopo? Considera le seguenti domande e presenta le tue risposte ai compagni.***

1. Di che segno sei?

2. Leggi spesso l'oroscopo? Quando? Se non lo leggi, perché?

3. Trova qualcuno nella tua classe che conosce il suo oroscopo di questa settimana. Com'è?

4. A coppie o in gruppi di tre, immaginate il futuro di un compagno / una compagna e scrivete il suo oroscopo. Che lavoro farà la prossima estate o dopo la laurea? Avrà successo? Guadagnerà molti soldi? Sarà felice?

Adesso guarda il video al sito web **www.cengage.com/login** in cui alcune persone italiane ascoltano il loro oroscopo. C'è una persona con il tuo stesso segno? Che cosa dice il vostro oroscopo? Puoi trovare altre attività basate sul video alla fine del Capitolo 7 del *Workbook* (nel *Student Activities Manual*) che accompagna questo libro.

**Comunicare per lettera.** Nella vita quotidiana scriviamo lettere a persone differenti per motivi differenti. La forma e il tono della lettera cambiano a seconda delle circostanze.

### Indicare il destinatario sulla busta

Per Antonella Nasi
Prof. Arturo Colombo
Gentile Signora Salvetti
Dott. Aldo Incerti
Ms. Maria Pellegrini

Dott.ssa Maria Guiducci
Sig. Mario Carrelli
Famiglia Bernardini
Egr. (Egregio) Signor Achille Maramotti

Come differiscono gli indirizzi italiani da quelli americani?

### Iniziare una lettera

Se scriviamo ad un amico / un'amica o ad una persona che conosciamo molto bene, usiamo...

Cara Pia / Caro Michele
Carissima Laila / Carissimo Carlo
Carissima / Carissimo

Se indirizziamo la lettera ad un / una conoscente, come per esempio il medico di famiglia, possiamo scrivere...

Caro dottore
Caro avvocato
Caro architetto

Per una lettera formale o d'affari, usiamo...

Egregi Signori
Gentile Signora Olga Salvetti
Egregio Signor Dallaglio
Spettabile ditta F.lli Lolli

### Terminare una lettera

In italiano non esiste l'equivalente dell'espressione inglese *Yours sincerely,* e la parola «amore» nel senso dell'inglese *love* non è usata alla fine dei messaggi.

A un amico / un'amica che vogliamo salutare affettuosamente, scriviamo...

| | |
|---|---|
| Cari saluti (a te e famiglia) | *Greetings (to you and your family)* |
| Saluti affettuosi | *Warm gretings* |
| Ti abbraccio | |
| Un caro abbraccio | } *A hug* |
| A presto | *See you soon* |
| Un abbraccio a tutti | *Hugs for everybody* |

Quando vogliamo essere piu «neutrali», diciamo...

| | |
|---|---|
| Con i migliori saluti | *With best regards* |
| Grazie e distinti saluti | |
| La ringrazio e La saluto cordialmente | } *Thank you and best regards* |

Quando terminiamo una lettera formale o d'affari, scriviamo...

| | |
|---|---|
| Distinti saluti | *(Yours) sincerely* |
| In attesa di una Vostra sollecita risposta invio distinti saluti | *I look forward to hearing from you (soon).* |
| In attesa di leggerLa presto Le invio distinti saluti | *Yours sincerely,* |

*Abbreviazioni utili*

1. Titoli professionali (usati al maschile):

   arch. (architetto)
   ing. (ingegnere)
   avv. (avvocato)

2. Titoli di personaggi politici:

   onorevole
   senatore
   senatrice
   eccellenza (riservato a ministri e ad alti funzionari)

3. Titoli dei membri del clero:

   reverendo
   reverendo padre
   reverenda madre
   monsignore
   eccellenza (per i vescovi)
   eminenza (per i cardinali)
   santità (per il papa)

## ■ Situazioni

1. Immagina di essere Lucia e di rispondere al messaggio di Marina che appare all'inizio del capitolo.

2. Hai quarant'anni, sei solo/a e vuoi passare le vacanze in montagna. Scrivi...

   a. a un amico / un'amica per invitarlo/a a passare le vacanze con te.
   b. all'Albergo Dolomiti, 32046 San Vito di Cadore (Belluno), per prenotare due camere dal 15 al 30 luglio.

3. I tuoi genitori sono molto amici dei signori Salvetti di Bologna. Scrivi alla signora Bianca per dirle che tu sarai in Italia quest'estate e chiedile ospitalità. Spiega quando arriverai, il motivo del tuo viaggio in Italia, quanto tempo hai intenzione di restare a Bologna e quali sono i tuoi programmi durante il tuo soggiorno a casa Salvetti. Sii cortese ed usa il condizionale.

# Abitare in famiglia o no?

**8** *Capitolo*

Emma Innocenti/Photonica/Getty Images

## Per cominciare

Un appartamento per Fabrizia?
Vivere in Italia: La famiglia

## Struttura

Esprimere incertezza o soggettività
    I.  Congiuntivo presente e passato
Esprimere emozioni, desideri e speranze. Esortare
     II.  Uso del congiuntivo
Usare espressioni indefinite
     III.  Altri usi del congiuntivo

## Lettura

«Le piccole virtù», da Natalia Ginzburg

## Per comunicare

Convincere
Esprimere preoccupazione
Esprimere sollievo
Offrire aiuto

**Un appartamento per Fabrizia?** Fabrizia è figlia unica, ha ventisette anni e un buon impiego. Ha continuato a vivere in famiglia dopo la scuola, ma ora pensa che sia arrivato il momento di andare via da casa e avere una vita indipendente. Ne parla con i genitori.

FABRIZIA: Sembra che mi diano un altro aumento di stipendio.

MAMMA: Oh, come sono contenta!

PAPÀ: Congratulazioni!

FABRIZIA: Grazie, grazie. Ma a proposito, volevo dirvi che, benché io stia bene con voi, desidero proprio vivere da sola. Gli amici mi consigliano di comprare un piccolo appartamento.

PAPÀ: È vero che hai uno stipendio molto buono, ma non mi sembra pensabile che tu possa comprare un appartamento.

MAMMA: I prezzi sono così alti!

FABRIZIA: Ho un po' di risparmi, e il nuovo stipendio mi permetterà di pagare il mutuo. Ho solo bisogno di aiuto per l'anticipo.

MAMMA: Mah, non so. Sono d'accordo che è ora che tu abbia una casa tua...

PAPÀ: Sì, sì, ma ci devo pensare. Prima di prendere una decisione bisogna che io faccia bene i conti.

FABRIZIA: Capisco, papà.

PAPÀ: E poi, senti, perché non prendi un appartamento in affitto? Non pensi che sia una soluzione più semplice?

FABRIZIA: Ho capito, papà, ci penserò.

### ■ Esercizi

**a.** *Vero o falso?*

1. _____ Fabrizia ha un nuovo impiego.
2. _____ Fabrizia ha avuto un aumento di stipendio.
3. _____ Fabrizia vuole andare ad abitare con gli amici.
4. _____ Fabrizia vuole comprare un appartamento.
5. _____ Papà non è d'accordo.
6. _____ Fabrizia non ha abbastanza soldi.
7. _____ Papà non la può aiutare.

**b.** *Usando il **Vocabolario utile**, inserire le parole o le espressioni che meglio completano le frasi.*

1. Prima abitavo in famiglia, ora vivo _____.
2. Ho potuto comprare un appartamento perché papà mi ha prestato i soldi per _____.
3. Io abito ancora in famiglia ma voglio _____ di casa ed essere indipendente.

A fare la spesa con papà e mamma.

4. Iscrivermi all'università o cercare subito un lavoro? Non sono capace di _____ definitiva.
5. Non possiamo comprare una casa, possiamo solo _____.
6. Anna è sola e senza lavoro, ha bisogno di _____.
7. Non so se ti posso aiutare, prima devo _____.

**c.** *Usando il **Vocabolario utile**, inserire le parole opportune.*

1. I genitori di mio padre sono i _____.
2. Il fratello di mia madre è mio _____.
3. Il figlio di mia zia è mio _____.
4. Io sono la _____ di mia zia.
5. Il marito di mia sorella è mio _____.
6. La moglie di mio fratello è la _____ dei miei genitori.
7. Mario non è sposato, è _____.
8. Neanche Maria è sposata, è _____.

# VIVERE IN ITALIA | **La famiglia**

La famiglia italiana attuale è composta dai genitori e, in media, due figli. Non esiste più la famiglia patriarcale, con tutti i membri che convivono *(live together)* sotto lo stesso tetto. Nonni, zii e cugini abitano nelle rispettive case spesso nella stessa città, e i legami familiari continuano ad essere molto stretti sia in senso affettivo sia per aiuto reciproco. La mobilità tipica della società americana non è mai esistita in Italia. La gente tende a restare nella stessa città in cui abitano parenti ed amici. I giovani vivono con i genitori durante il periodo scolastico, e sono molti gli studenti «pendolari» *(commuters)* che prendono il treno per andare e tornare dalla scuola o dall'università in una città vicina.

Relativamente recente è la tendenza dei figli a restare più a lungo «in famiglia» anche quando hanno un lavoro stabile. Secondo l'ultimo rapporto del Censis (Centro Studi Investimenti Sociali) che pubblica un rapporto annuale sulla situazione sociale del Paese, in totale abitano con i genitori il 60% dei giovani, con una maggioranza del 16% dei maschi rispetto alle femmine. È il fenomeno dei «mammoni», come vengono chiamati i figli maschi adulti che stanno bene a casa con la mamma e si lasciano servire, anche se gli amici li prendono in giro *(kid them)*. Il risultato è che i genitori continuano a «fare i genitori» in tempi allungati; spesso forniscono gratis vitto e alloggio *(room and board)*, qualche volta danno aiuti finanziari, ma essenzialmente offrono appoggio e sicurezza affettiva.

Il grande desiderio di indipendenza degli anni Settanta sembra dunque ormai passato. Allora il periodo della «contestazione» era caratterizzato da un atteggiamento di protesta contro tutto, famiglia compresa. Adesso la difficoltà a trovare impieghi stabili, gli stipendi relativamente bassi e le incertezze del futuro scoraggiano i giovani a crearsi una vita autonoma, sia come single, sia nell'ambito del matrimonio o del rapporto di coppia.

# ■ Vocabolario utile

### La famiglia

**il nucleo familiare** family unit
**il coniuge / la coniuge** spouse
**la sorella / il fratello** brother / sister
**i genitori** parents
**il gemello / la gemella** twin brother / sister
**il figlio / la figlia** son / daughter
**il (bis)nonno / la (bis)nonna** (great-)grandfather / mother
**il cognato / la cognata** brother / sister-in-law
**il nipote / la nipote** nephew, niece; grandson / daughter
**il cugino / la cugina** cousin
**il genero / la nuora** son / daughter-in-law
**il suocero / la suocera** father / mother-in-law
**lo zio / la zia** uncle / aunt

Note: When referring to a step-member of the family, Italians say "my father's (new) wife" or "the daughter of (the name of the stepparent)," etc. For example:
*Sono andata in vacanza con la moglie di mio padre. Ho fatto amicizia con il figlio di Luisa.*

### Lo stato civile

**singolo/a** single
**celibe** single (man)
**nubile** single (woman)
**scapolo** bachelor
**coniugato/a** married
**separato/a** separated
**divorziato/a** divorced
**vedovo/a** widower / widow

### I modelli

**la famiglia tradizionale** the traditional family unit
**una famiglia numerosa** a large family
**il nucleo monogenitoriale** the single parent family unit
**i single** singles
**la coppia non coniugata** an unmarried couple
**la famiglia estesa / allargata** extended family

### Espressioni utili

**«i miei»** (idiomatic) my parents
**abitare con i miei** to live with my parents

**vivere in famiglia** to live with one's family
**essere indipendente** to be independent

**trovare la propria strada** to find one's calling
**andare via di casa** to leave home
**fare i conti** to make / balance a budget
**farsi i conti** to look at one's budget
**da solo/a** by oneself
**prendere una decisione** to make a decision
**essere d'accordo** to agree
**essere figlio unico / figlia unica** to be an only child
**prendere in affitto** to rent
**il mutuo (per la casa)** (home) loan
**l'anticipo** deposit
**la casa di riposo** nursing home
**i legami affettivi** bonds of affection

**le feste religiose (Natale, Pasqua)**
**le feste familiari (matrimoni, battesimi, prime comunioni, fidanzamenti)**

### Un ripasso: Verbi ed espressioni

**invecchiare** to age
**sposarsi\*** to marry
**convivere** to live together

**comprare** to buy
**consigliare** to advise
**sembrare** to appear
**ritrovarsi** to meet up
**pensabile** thinkable

**fiducia** *È un uomo che non ispira fiducia.*
**confidenza** *Ti posso fare una confidenza?*
**avere fiducia in, \*fidarsi di** *Ho fiducia nel (Mi fido del) mio amico.*

**segno** *È un brutto segno quando i figli litigano con i genitori.*
*Mi hanno fatto segno di seguirli.*
**cartello** *Perché non metti un cartello sulla tua porta?*
**segnale (m)** *Capisci tutti i segnali stradali?*
**insegna** *Vi piace l'insegna di quel bar?*

## ■ Pratica

**a.** *Scegliere la parola o l'espressione che completa meglio la frase.*

1. I genitori dovrebbero aver _____ nel giudizio dei figli.
2. Una luce rossa è un _____ di pericolo.
3. Non devi dirlo a nessuno: è una _____!
4. Gli ho chiesto: «Vieni?» e lui mi ha fatto _____ d'aspettare.
5. Hanno messo un _____ sulla porta. Dice: «Lezioni d'italiano. Venticinque dollari all'ora».
6. Ti dà fastidio l'_____ al neon di quel negozio?

**b. Una cena per un'amica.** *Scegliere la parola o l'espressione che completa meglio la frase.*

Domani è il compleanno di Deia, e Giovanni pensa di prepararle una cena meravigliosa. Giovanni lo dice in _____ alla mamma di Deia. Giovanni _____ di lei: il segreto è sicuro. Giovanni fa tutto per la festa. Scrive un _____ con le parole «Tanti auguri!» Ha anche bisogno di una buonissima torta. Quando vede _____ «Pasticceria da Marina» ci entra e ordina una meravigliosa torta al limone. Infine Giovanni telefona a Deia per invitarla a cena. Ma lei risponde che non ha voglia di uscire; preferisce guardare la TV! Questo è un brutto _____ per il loro futuro.

**c.** *Domande per te.*

1. In quali persone non hai fiducia e a chi invece ami fare confidenze?
2. Secondo te, quali sono i vantaggi e gli svantaggi di appartenere ad una famiglia allargata?
3. Ha mai fatto una confidenza a tua madre o tuo padre? Perché sì o perché no?
4. Da bambino/a, ha mai messo un cartello sulla porta della tua camera da letto? C'era un cartello sulla porta di un fratello / una sorella? Se sì, cosa diceva?
5. Sotto quale segno sei nato/a?[1] Quali sono le caratteristiche delle persone nate sotto il tuo segno?

## ■ A voi la parola

**a. Dove abitare?** *In piccoli gruppi, rispondete alle domande che seguono e paragonate le vostre conclusioni con quelle degli altri gruppi.*

1. Come reagite all'idea di andare all'università la mattina, mangiare a mezzogiorno al «baretto» (*small bar*) o alla tavola calda con gli amici, e tornare la sera in famiglia?
2. Quali pensate che siano le difficoltà di vivere con i genitori (invitare gli amici, sentire musica ad alto volume, ospitare un compagno / una compagna…)?
3. Siete d'accordo con i ragazzi italiani che apprezzano la vita in famiglia? Ritenete (*Do you think*) che sia pensabile per voi tornare a vivere in famiglia? Perché?
4. Vi piacerebbe trovare un lavoro nella città dove vive la vostra famiglia ma abitare da soli? Sì? No? Perché?
5. Quali sono i vantaggi di abitare da soli o con gli amici? In quali situazioni potete meglio esprimere il vostro stile di vita, i vostri gusti?

---

[1] The names of the signs are: Ariete (*m*), Toro, Gemelli, Cancro, Leone, Vergine (*f*), Bilancia, Scorpione (*m*), Sagittario, Capricorno, Acquario, Pesci.

**b.** **Rapporti familiari.** *Leggete i risultati di una ricerca Eurispes-Telefono Azzurro a proposito dei giovani italiani e rispondete alle domande che seguono.*

> - Mentre tra i ragazzi prevale il mammismo, il desiderio d'indipendenza è maggiore tra le ragazze, che nel 51,3% dei casi affermano di voler andare a vivere da sole appena possibile.
>
> - Tutti considerano assolutamente necessaria una vita familiare serena.
>
> - Il 79,9% dei giovani ritiene importante che le decisioni che li riguardano vengano prese insieme ai propri genitori; il 90,6% riconosce che le proprie richieste e i propri desideri vengono accolti.

1. Vi sorprende che in Italia ci siano più ragazze che ragazzi disposte ad andar via di casa? Sapete spiegare come mai?
2. Supponete di avere un buon lavoro e di voler comprare un appartamento. Come pensate di ottenere la cifra *(sum)* necessaria per il deposito? Potete sperare nell'aiuto della vostra famiglia?
3. Secondo voi, l'opinione dei genitori a proposito della vita dei figli è importante per i giovani americani così come lo è per i giovani italiani? I genitori americani sono altrettanto *(equally as)* disposti ad aiutare i figli grandi? Discutete le vostre conclusioni con i compagni.

---

 **CANTIAMO!** | Ornella Vanoni – *L'appuntamento*

Anche se i giovani italiani amano abitare a lungo in famiglia, cercano comunque di essere indipendenti e di avere relazioni che spesso portano al matrimonio. In questa canzone, una donna esprime il sentimento intenso provato all'inizio di un rapporto. Per scoprire cosa succede al suo appuntamento, vai al sito web **www.cengage.com/** (clicca sul «iTunes playlist»). Puoi trovare altre informazioni ed attività sulla canzone alla fine del Capitolo 8 del *Lab Manual* (nel *Student Activities Manual*) che accompagna questo libro.

## I. Congiuntivo presente e passato

Unlike the **indicativo,** which states facts and conveys both certainty and objectivity, the **congiuntivo** *(subjunctive)* expresses views and emotions, possibility, and uncertainty. The **congiuntivo** has four tenses: **presente, passato, imperfetto,** and **trapassato.** All four tenses are used in both spoken and written Italian.

**A.** The **congiuntivo presente** *(present subjunctive)* is formed by adding the appropriate endings to the stem. Verbs ending in **-ire** that insert **-isc-** in the present indicative also insert **-isc-** in the present subjunctive, except in the first- and second-persons plural.

|  | **AMARE** | **CREDERE** | **FINIRE** | **PARTIRE** |
|---|---|---|---|---|
| che io | ami | creda | finisca | parta |
| che tu | ami | creda | finisca | parta |
| che lui / lei | ami | creda | finisca | parta |
| che noi | amiamo | crediamo | finiamo | partiamo |
| che voi | amiate | crediate | finiate | partiate |
| che loro | amino | credano | finiscano | partano |

1. Certain verbs show spelling changes in the present subjunctive. Verbs ending in:

   | | |
   |---|---|
   | **-care** change the **c** to **ch:** | cercare → cerchi |
   | **-gare** change the **g** to **gh:** | pagare → paghi |
   | **-ciare** drop the **i:** | cominciare → cominci |
   | **-giare** drop the **i:** | mangiare → mangi |
   | **-sciare** drop the **i:** | lasciare → lasci |
   | **-gliare** drop the **i:** | sbagliare → sbagli |

2. Verbs ending in **-iare** drop the **-i** from the end of the stem unless it is stressed in the first person of the present indicative.

   studiare (studio): studi, studiamo
   inviare (invio): invii, inviamo

3. Verbs that are irregular in the first-person singular of the present indicative typically show the same irregularity in all forms of the subjunctive.

| **FARE → FACCIO** | **DIRE → DICO** | **POTERE → POSSO** | **VOLERE → VOGLIO** | **BERE → BEVO** |
|---|---|---|---|---|
| **faccia** | **dica** | **possa** | **voglia** | **beva** |
| faccia | dica | possa | voglia | beva |
| faccia | dica | possa | voglia | beva |
| facciamo | diciamo | possiamo | vogliamo | beviamo |
| facciate | diciate | possiate | vogliate | beviate |
| facciano | dicano | possano | vogliano | bevano |

4. There are also irregular subjunctive forms that use the stems of the first-person *singular* and *plural*.

| ANDARE → VADO | DOVERE → DEVO | VENIRE → VENGO | USCIRE → ESCO | SCEGLIERE → SCELGO |
|---|---|---|---|---|
| vada | deva (debba) | venga | esca | scelga |
| vada | deva (debba) | venga | esca | scelga |
| vada | deva (debba) | venga | esca | scelga |
| **andiamo** | **dobbiamo** | **veniamo** | **usciamo** | **scegliamo** |
| **andiate** | **dobbiate** | **veniate** | **usciate** | **scegliate** |
| vadano | devano (debbano) | vengano | escano | scelgano |

5. Some very common irregular verbs have a completely irregular stem in the subjunctive.

| AVERE | ESSERE | DARE | STARE | SAPERE |
|---|---|---|---|---|
| **abbia** | **sia** | **dia** | **stia** | **sappia** |
| abbia | sia | dia | stia | sappia |
| abbia | sia | dia | stia | sappia |
| abbiamo | siamo | diamo | stiamo | sappiamo |
| abbiate | siate | diate | stiate | sappiate |
| abbiano | siano | diano | stiano | sappiano |

**B.** The **congiuntivo passato** *(past subjunctive)* is formed with the present subjunctive of **avere** or **essere** plus the past participle of the verb.

| VERBS CONJUGATED WITH *avere* | | | VERBS CONJUGATED WITH *essere* | | |
|---|---|---|---|---|---|
| che io | abbia | amato | che io | sia | partito/a |
| che tu | abbia | amato | che tu | sia | partito/a |
| che lui / lei | abbia | amato | che lui / lei | sia | partito/a |
| che noi | abbiamo | amato | che (noi) | siamo | partiti/e |
| che voi | abbiate | amato | che (voi) | siate | partiti/e |
| che loro | abbiano | amato | che (loro) | siano | partiti/e |

## ■ Esercizi

**a.** *Dare la forma corretta del congiuntivo presente dei verbi tra parentesi.*

1. Temo che Laura (andare via) _____ di casa.
2. Sono contento che Piero e Gioia (comprare) _____ un appartamento.
3. È strano che tu non (potere) _____ vivere da solo/a.
4. Ci fa piacere che i tuoi genitori ti (dare) _____ un aiuto per l'anticipo.
5. È importante che voi (prendere) _____ una decisione.
6. Dubito che gli amici (sapere) _____ che hai cambiato lavoro.
7. Non credo che Roberto (essere) _____ figlio unico.
8. Sembra che tua figlia (trovarsi) _____ bene in America. *trovi?*
9. Mi dispiace che voi (dovere) _____ vendere la casa dei nonni. *dobbiate*

10. Bisogna che Luca (scegliere) _____ dove abitare.
11. Ho paura che Diana e suo marito non (volere) _____ più stare insieme.
12. È incredibile che mio fratello non (avere) _____ mai fretta.

**b. Al centro commerciale.** *Dire che cosa sperano le seguenti persone.*

> ESEMPIO   Che cosa sperano i proprietari del negozio?
> io / comprare molte cose
> **Sperano che io compri molte cose.**

1. Che cosa sperano i proprietari del negozio?
   a. voi / non portare indietro la camicia di seta
   b. i clienti / pagare in contanti   *Paghino*
   c. nessuno / rubare la merce *(merchandise)*   *rubi?*
   d. tu / spendere molti soldi
   e. noi / tornare spesso

2. Che cosa vogliono i clienti del negozio?
   a. i prezzi / essere convenienti
   b. il commesso / essere paziente
   c. il negozio / avere merce di buona qualità
   d. il proprietario / accettare la carta di credito
   e. i clienti / poter cambiare la merce

**c. Il viaggio d'affari.** *Franca vuole esser sicura che tutto proceda bene durante la sua assenza. Riscrivere le frasi seguenti usando* **bisogna che...**

> ESEMPIO   Devo ricordare a Carlo di portare il cane dal veterinario.
> **Bisogna che ricordi a Carlo di portare il cane dal veterinario.**

1. Marco e Andrea faranno la spesa sabato mattina.
2. Elena starà a casa dei nonni.
3. Dobbiamo lasciare l'assegno per l'affitto all'amministratore.
4. Marco dirà alla segretaria di tornare lunedì.
5. Finirò questo lavoro entro domani.
6. Farò una lista delle cose da fare prima di partire.
7. I bambini devono bere il succo d'arancia tutte le mattine.
8. Luigi dovrà inviare il telegramma alla signora Marchesini.

**d. Che cosa sarà accaduto?** *Sono le quattro del mattino e Angelo non è ancora tornato a casa. Tutta la famiglia è molto preoccupata. Riscrivere le frasi seguenti usando il congiuntivo passato e seguendo l'esempio.*

> ESEMPIO   Maria almeno ha telefonato ai suoi. (sono contenta)
> **Sono contenta che almeno Maria abbia telefonato ai suoi.**

1. Angelo è uscito a mezzanotte. (crediamo)   *sia uscito.*
2. Voi avete telefonato all'ospedale. (sono contenta)   *sono_ che abbiate*
3. Non è successo niente. (auguriamoci)   *che no sia*
4. Hanno avuto un incidente. (temo)   *Temo che abbiano avuto un incidente*
5. Voi non avete ricevuto nessun messaggio da lui. (è un peccato)   *abbiate*
6. Ha nevicato tutta la notte. (pare)   *Pare che abbia*
7. Si sono fermati in pizzeria. (è probabile)   *Che si siano*
8. Hai chiamato anche la polizia. (è giusto)   *Che abbiano*
9. Si è fermato a dormire da Lucia. (speriamo)   *Che si sia*
10. Sono rimasti senza benzina. (ho paura)   *Che siano rimasti*

**e. Curiosità.** *Adele è molto curiosa, e ogni volta che la incontri per strada ti fa un mucchio di domande. Rispondere alle domande di Adele usando lo stesso verbo della domanda o dando una risposta originale.*

ESEMPIO —I tuoi cugini hanno sempre intenzione di trasferirsi a Salerno?
—**Sì, temo che abbiano intenzione di trasferirsi.**

1. È vero che Roberto fa il pittore? —No, ma pare che…
2. Sta meglio oggi tua nonna? —No, ho l'impressione che…
3. Hanno dato retta al dottore? —Be', veramente dubitiamo che…
4. E il bambino, riesce in matematica adesso? —No, sembra che…
5. Michele se ne è accorto? —Sì, ed è meglio che…
6. È vero che Michele è ancora arrabbiato con i suoi? —Suppongo che… sia ancora
7. Si sono trovati bene presso la famiglia in Germania? —Sì, pare che… si siano
8. E Luciana ora dà lezioni di tedesco? —Sì, e spero che…
9. Le ragazze vanno all'università in macchina? —No, mio marito insiste che…
10. Be', adesso devo andare. —Sì, anch'io è bene che…

## II. Uso del congiuntivo

**A.** The subjunctive is used mainly in dependent clauses introduced by **che** *(that)*. Note that **che** is almost always expressed in Italian.

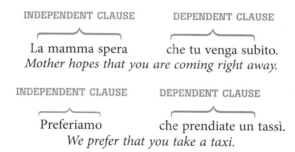

INDEPENDENT CLAUSE     DEPENDENT CLAUSE

La mamma spera     che tu venga subito.
*Mother hopes that you are coming right away.*

INDEPENDENT CLAUSE     DEPENDENT CLAUSE

Preferiamo     che prendiate un tassì.
*We prefer that you take a taxi.*

The verb or expression in the independent clause determines whether the indicative or the subjunctive is used in the dependent clause. Some verbs take the indicative in a dependent clause, some take the subjunctive, and some may take either one depending on the meaning.

| INDICATIVE | | SUBJUNCTIVE | |
|---|---|---|---|
| Sanno | che **avete** torto. | Credono | che **abbiate** torto. |
| *They know* | *that you are wrong.* | *They believe* | *that you are wrong.* |
| Ricordiamo | che **è partito.** | Temiamo | che **sia partito.** |
| *We remember* | *that he has left.* | *We are afraid* | *that he has left.* |
| Riconosco | che **fa** freddo. | Mi dispiace | che **faccia** freddo. |
| *I am aware* | *that it is cold.* | *I am sorry* | *that it is cold.* |
| È certo | che **ha rubato.** | È probabile | che **abbia rubato.** |
| *It is certain* | *that he has stolen.* | *It is likely* | *that he has stolen.* |

The English dependent clause is the same in each pair of examples above, but the Italian dependent clause uses the indicative when it expresses a fact and the subjunctive when it expresses a thought, a feeling, or an attitude.

**B.** The tense of the subjunctive used in the dependent clause is determined by the time relationship between the actions of the two clauses. If the action of the dependent clause:

1. takes place in the immediate future or at the same time as the action of the independent clause,  $\overset{\text{use}}{\longrightarrow}$ PRESENT SUBJUNCTIVE

2. took place before the action of the independent clause,  $\overset{\text{use}}{\longrightarrow}$ PAST SUBJUNCTIVE

Credete che prendano un tassì?   CONCURRENT ACTION
*Do you think they are taking a cab?*

Credete che abbiano preso un tassì?   PAST ACTION
*Do you believe they took a cab?*

## Verbi ed espressioni che reggono il congiuntivo

The subjunctive is used if the verb in the independent clause expresses a thought, a feeling, or an attitude.

INDEPENDENT CLAUSE       DEPENDENT CLAUSE

Credono       che io abbia torto.
*They believe that I am wrong.*

**A.** Expressing emotion (fear, sorrow, joy, etc.)

Siamo contenti che piova.
*We are happy it's raining.*

**B.** Expressing a wish or a command

Il professore vuole che tutti ascoltino.
*The professor wants everyone to listen.*

**C.** Expressing an opinion

Nego che mi abbiano aiutato.
*I deny that they helped me.*

**D.** Expressing expectation

Aspettiamo che lui ci telefoni.
*We're waiting for him to call us.*

**E.** Expressing doubt or uncertainty

Non sono sicuro che loro siano ricchi.
*I am not sure they are rich.*

—*Caro, sei sicuro che siamo
in una colonia di nudisti?*

## ■ Esercizi

**a.** *Completare con la forma corretta di* **essere** *all'indicativo o al congiuntivo.*

1. Ho letto che il 6 gennaio _____ giorno di vacanza in Italia. *è*
2. Vuoi dire che tutti gli uffici _____ chiusi? *siano*
3. Non so, credo che _____ chiuse solo le scuole. *sia*
4. Ho paura che lo spettacolo non ti _____ piaciuto.
5. Ma no, al contrario! Ti assicuro che mi _____ piaciuto moltissimo! *sono*
6. Ho l'impressione che il protagonista non si _____ accorto di aver dimenticato alcune battute *(lines)*.
7. _____ vero. Ma Pino dice che non _____ importante. Tu credi che _____ necessario ricordare proprio tutto?
8. I ragazzi sanno che la mamma _____ all'ospedale?
9. Sì, e ho paura che _____ molto preoccupati.
10. Ma il dottore pensa che non _____ niente di grave.

**b.** *Completare con la forma corretta del verbo dato tra parentesi. Scegliere il presente dell'indicativo o del congiuntivo, secondo il senso.*

ESEMPIO    Siamo d'accordo che papà (avere) **ha** ragione, ma dubito che Fabrizia (essere) **sia** contenta.

1. Fabrizia sa che le (dare) _____ un aumento di stipendio. *da*
2. È logico che papà (congratularsi) _____ con lei.
3. Tutti in ufficio dicono che il direttore (essere) _____ molto contento di Fabrizia.
4. Sembra che Fabrizia non (volere) _____ più abitare con i genitori.
5. Il padre di Fabrizia pensa che lei non (potere) _____ comprare un appartamento.
6. È vero che Fabrizia non (avere) _____ abbastanza soldi anche per l'anticipo.
7. Papà spera che Fabrizia (prendere) _____ un appartamento in affitto.
8. Non credi anche tu che (essere) _____ la soluzione migliore?

**c.** **Vi interessano le persone pessimiste?** *Leggere la seguente storia e poi riscriverla usando il congiuntivo nei casi in cui è possibile.*

Io sono un pessimista nato: ho sempre paura che le cose non riusciranno come voglio io. Per esempio, se ho in programma di andare al mare per il weekend, penso che pioverà o che succederà qualcosa che mi impedirà di andarci. Se compro una camicia o un golf, temo che non mi staranno bene o che non dureranno molto. Quando telefono a un amico, immagino che non sarà in casa o che, se c'è, non mi vorrà parlare. Quando invito una ragazza al ristorante, temo che lei sceglierà il piatto più caro o che i soldi non basteranno.

Quando vado a ballare con gli amici, immagino che tutte le ragazze avranno voglia di ballare con gli altri ma non con me. Non voglio neppure pensare al giorno in cui chiederò a una ragazza di sposarmi: sono sicuro che mi dirà di no!

# Il congiuntivo e l'infinito nelle proposizioni dipendenti

The subjunctive is used only if the subject of the dependent clause is different from that of the independent clause. When the subject of both clauses is the same, **di** + *infinitive* is used instead of the subjunctive. The infinitive without **di** is used after verbs of wishing, such as **volere** and **preferire.** Compare:

| DIFFERENT SUBJECT | SAME SUBJECT |
|---|---|
| Siete contenti **che capiscano**. <br> *You are glad they understand.* | **Siete contenti** di capire. <br> *You are glad you understand.* |
| Spero **che tu abbia ricevuto** una lettera ieri. <br> *I hope you got a letter yesterday.* | Spero **di avere ricevuto** una lettera ieri. <br> *I hope I got a letter yesterday.* |
| Credono **che io ricordi** tutto. <br> *They think I remember everything.* | Credono **di ricordare** tutto. <br> *They think they remember everything.* |
| Non vediamo l'ora **che lui parta**. <br> *We are looking forward to his leaving.* | Non vediamo l'ora **di partire**. <br> *We're looking forward to leaving.* |
| Vuole **che io smetta** di fumare. <br> *He wants me to stop smoking.* | Vuole **smettere** di fumare. <br> *He wants to stop smoking.* |

## ▪ Esercizio

*Scrivere ogni frase due volte cominciando coi verbi indicati. Fare i cambiamenti necessari.*

ESEMPI    Hai abbastanza risparmi. (credi, credo)
**Credi di avere abbastanza risparmi.**
**Credo che tu abbia abbastanza risparmi.**

Hai avuto un aumento di stipendio. (siamo contenti, sei contenta)
**Siamo contenti che tu abbia avuto un aumento di stipendio.**
**Sei contenta di aver avuto un aumento di stipendio.**

1. Ha mille euro in tasca. (spera, sperano)
2. Commettono un errore. (hai paura, hanno paura)
3. Non ho potuto comprare l'appartamento. (mi dispiace, gli dispiace)
4. Ci ripensa prima di decidere. (vuole, voglio)
5. Non si sono resi conto del problema. (temono, temiamo)
6. Avete trovato la vostra strada. (non credo, non credete)
7. Finisci questo lavoro stasera. (preferisci, preferiamo)
8. L'abbiamo rivista in Italia. (siamo contenti, sei contento)

# Verbi ed espressioni impersonali che reggono il congiuntivo[1]

**A.** The subjunctive is used in dependent clauses introduced by **che** after impersonal verbs and expressions that denote doubt, necessity, possibility, or emotion.

È importante che tu **sia** puntuale.
*It's important that you be punctual.*

È probabile che non **abbiano capito.**
*It is probable they didn't understand.*

È meglio che ve ne **andiate.**
*It's better for you to leave.*

Pare che **piova.**
*It seems to be raining.*

---

[1] For a list of impersonal verbs and expressions that require the subjunctive in a dependent clause, see the Appendix, p. 377.

**B.** Impersonal verbs and expressions are followed by a verb in the infinitive if that verb has no expressed subject. Compare:

| EXPRESSED SUBJECT | UNEXPRESSED SUBJECT |
|---|---|
| È importante **che tu capisca.** | È importante **capire.** |
| *It's important for you to understand.* | *It's important to understand.* |
| Non è possibile **che io vada** avanti così. | Non è possibile **andare** avanti così. |
| *It's not possible for me to go on like this.* | *It's not possible to go on like this.* |

## ■ Esercizi

**a.** *Formare nuove frasi cominciando con le espressioni date fra parentesi.*

> ESEMPIO   Adesso i figli abitano a lungo con i genitori. (è regolare)
> **È regolare che adesso i figli abitino a lungo con i genitori.**

1. La gente non cambia spesso città. (è interessante)
2. I legami familiari sono stretti. (è bene)
3. Ci sono tanti «mammoni». (pare)
4. I genitori «fanno i genitori» per molto tempo. (è strano)
5. Ti assicuro che le cose stanno così. (è possibile)
6. È difficile trovare un lavoro stabile. (mi dispiace)
7. La situazione non aiuta i giovani ad avere una vita autonoma. (è un peccato)

**b.** *Riscrivere le seguenti frasi usando il soggetto fra parentesi.*

> ESEMPIO   È bene invitare anche gli zii. (tu)
> **È bene che tu inviti anche gli zii.**

1. È meglio pensarci ora. (io)
2. È importante studiare le lingue straniere. (voi)
3. Non occorre mettersi il cappotto. (lui)
4. Bisogna sapere queste cose. (loro)
5. Basta chiedere a un vigile. (noi)
6. È ora di finirla! (Lei)
7. È difficile trovare una donna di servizio. (loro)
8. È inutile continuare a piangere. (tu)

**c.** *Oggi tutti parlano di cose da mangiare o da evitare, di cose che fanno bene, di cose che fanno male. Usare **è bene che** o **è male che le persone** con il verbo al congiuntivo.*

> ESEMPIO   bere latte scremato *(skim milk)*
> **È bene (È male) che le persone bevano latte scremato.**

1. mettere zucchero nel caffè
2. mangiare pane con il sugo degli spaghetti
3. bere acqua minerale
4. usare margarina invece del burro
5. fare il pane in casa
6. variare la dieta

**d. È giusto o no?** *Gli studenti devono fare molte cose: molte sembrano utili e necessarie, altre un po' meno. Esprimere un giudizio cominciando con* **è giusto che** *o* **non è giusto che** *e usando il congiuntivo presente.*

> ESEMPIO  dare esami tre volte all'anno
> **(Non) È giusto che diano esami tre volte all'anno.**

1. studiare durante il weekend
2. pagare le tasse
3. non fare troppe assenze
4. imparare una lingua straniera
5. avere un mese di vacanza a Natale
6. interessarsi di politica

**e. Punti di vista...** *Esprimere un punto di vista cominciando con le espressioni* **so che, credo che, non credo che, dubito che, è vero che, è possibile che,** *ecc., e scegliendo l'indicativo o il congiuntivo.*

1. L'italiano è una lingua importante.
2. Gli Italiani sanno vivere.
3. Gli Italiani guidano come matti.
4. I giovani italiani ammirano l'America.
5. Le relazioni italoamericane sono buone.
6. I film italiani hanno successo in America.

**f. Opinioni.** *Completare le frasi o rispondere alle domande usando il congiuntivo.*

1. Non credo che gli Italiani...
2. Sono contento / contenta che i miei genitori...
3. È impossibile che...
4. È normale che il marito aiuti la moglie nelle faccende di casa?
5. È giusto che le persone fumino al cinema o nei locali pubblici?
6. È logico che un / una giovane non voglia abitare con i suoi genitori?

**g. Secondo me...** *Completare le seguenti frasi usando o il congiuntivo o l'infinito, secondo i casi.*

1. Mi sembra logico che...
2. È una cosa normale che...
3. Non ci pare di...
4. Bisogna che...

## Congiunzioni che reggono il congiuntivo

**A.** The following conjunctions introduce dependent clauses that require the subjunctive.

| | |
|---|---|
| benché<br>sebbene<br>quantunque | *although* |
| affinché<br>perché[1]<br>in modo che | *in order that, so that* |
| purché<br>a patto che<br>a condizione che | *provided that* |

---

[1] **Perché** takes the indicative when it means *because*.

| **a meno che non**[1] | *unless* |
|---|---|
| **prima che** | *before* |
| **senza che** | *without* |
| **finché (non)**[1] | *until (referring to future time)* |

Vado in ufficio **sebbene** non ne **abbia voglia.**
*I'm going to the office although I don't feel like it.*

Ve lo ripeto **perché** ve lo **ricordiate.**
*I'll repeat it to you so that you remember it.*

Vengono **a patto che** io li **accompagni** a casa.
*They'll come provided (that) I take them home.*

Benché questi appartamenti siano cari, Fabrizia spera di poterne comprare uno.

*Courtesy of the authors*

**B.** **Prima di** + *infinitive* and **senza** + *infinitive* are used when the subject of the main clause and the dependent clause are the same.

| DIFFERENT SUBJECT | SAME SUBJECT |
|---|---|
| Perché non le telefoni **prima che** lei **parta?** | Perché non le telefoni **prima di partire?** |
| *Why don't you call her before she leaves?* | *Why don't you call her before leaving (before you leave)?* |

**ATTENZIONE!** dopo che takes the indicative mood!

Telefoniamo **dopo che** tutti **sono usciti.**
*We call after everyone has left.*

---

[1] The **non** has no negative meaning here.

## ■ Esercizi

**a.** Riscrivere le seguenti frasi usando **benché, purché** o **perché** + congiuntivo (presente o passato).

ESEMPI    È ricca ma non è felice.
**Benché sia ricca non è felice.**

Vi aspettiamo se ritornate.
**Vi aspettiamo purché ritorniate.**

Gli do il libro da leggere.
**Gli do il libro perché lo legga.**

1. Nevica e fa freddo ma lui esce senza cappotto.
2. Ti presto gli appunti se me li restituisci prima di sabato.
3. Tu ce lo dici sempre, ma noi non ci crediamo.
4. Hanno mangiato molto ma hanno ancora fame.
5. Le do le cartoline da imbucare. _imbuchi_
6. Stanno attenti in classe ma non imparano.
7. Mi piace anche il tè ma preferisco bere caffè.
8. Il dottore è contento se ve ne state a letto due o tre giorni.
9. Gianni, vuoi venire al cinema? —Sì, ci vengo se pagate voi! _venga purché pughiate voi_
10. Gli date gli assegni da depositare.
11. Puoi uscire se hai finito di studiare.
12. L'ho vista molte volte ma non me la ricordo.
13. Mi danno le camicie da stirare.
14. Potete andare se non c'è nessun pericolo *(danger)*.
15. Ti dà gli esami da correggere.
16. Vi do i dischi da ascoltare.
17. Le date una mela da mangiare.
18. Avete acceso la luce ma io non ci vedo.

**b.** *L'eredità.* Inserire **benché, purché, perché, a meno che, finché non.**

La zia Ginevra ha detto che ti lascerà in eredità la sua villa al mare _____
tu non vada in Brasile. Ci puoi contare, _____ lei non cambi idea all'ultimo
momento. Te la lascia _____ tu ci porti Dino e Marcello. Ai bambini fa bene il
mare, _____ non prendano troppo sole. _____ il lavoro in Brasile sia
interessante, non dimenticare che qui a Torino ci sono i tuoi amici. In Brasile sarai sola e triste.
Non ci andare, _____ tu non preferisca stare lontana da tutti noi. Del resto *(After
all)* la zia Ginevra ha quasi cent'anni; puoi bene aspettare _____ vada in paradiso!

**c.** **Genitori e figli.** *I genitori lasciano Marco a casa da solo per il weekend. Completare le istruzioni lasciate dai genitori di Marco.*

1. Stasera tu ed Elena potete andare alla festa a condizione che...
2. Non aprire la porta a nessuno a meno che...
3. Lascia la chiave a Giuliana affinché...
4. Non dimenticarti di spegnere la televisione prima...
5. Domenica pomeriggio puoi invitare i tuoi amici a casa a patto che...
6. Telefona alla nonna perché...
7. Metti in ordine la tua camera dopo che...

## III. Altri usi del congiuntivo

**A.** The subjunctive is used in dependent clauses introduced by the following indefinite forms ending in **-unque** *(-ever)*.

| | |
|---|---|
| **chiunque** | *whoever* |
| **qualunque** | *any, whatever, whichever (adjective)* |
| **qualunque cosa** | *whatever (pronoun)* |
| **comunque, in qualunque modo** | *however, no matter how* |
| **dovunque** | *wherever* |

**Qualunque** decisione prendiate, non importa.    Ti troverò **dovunque** tu vada.
*Whatever decision you make, it doesn't matter.*    *I'll find you wherever you go.*

**B.** The subjunctive is often found in relative clauses that follow . . .

1.  **il più** + adjective     the most (the . . . est)
    **il meno** + adjective     the least

    Sei la ragazza **più bella** che ci **sia.**
    You're the nicest girl there is.

2.  **il solo**     *the only*
    **il primo**     *the first*
    **l'ultimo**     *the last*

    Sono **il primo** che **si sia laureato** nella mia famiglia.
    *I am the first in my family to have graduated.*

3.  a negative expression.

    **Non** conosco **nessuno** che **abbia** tanta pazienza.
    *I don't know anyone who has so much patience.*

4.  an indefinite expression.

    | | |
    |---|---|
    | **un (uno, una)** | *a, an* |
    | **qualcuno** | *someone* |
    | **qualcosa** | *something* |

    Cerchiamo una stanza che sia in centro.
    *We are looking for a room that is downtown.*

—*Carlo è il cacciatore più leale che abbia mai visto!*

**C.** With verbs like **non capire, non sapere, chieder(si), domandar(si)**, the subjunctive can be used to emphasize doubt in indirect interrogative clauses.

Non so chi sia!
*I don't know who he is!*

Non capisco come faccia.
*I don't understand how he can do it.*

## ■ Esercizio

*Completare le seguenti frasi usando il congiuntivo.*

ESEMPIO    Conosco un ristorante che è aperto dopo mezzanotte.
Cerco un ristorante che **sia aperto dopo mezzanotte.**

1. Conosco un professore che parla sette lingue.
   Non conosco nessun professore che...
2. C'è qualcosa che potete fare.
   Non c'è niente che...
3. Sono gli esempi che ho usato.
   Sono i soli esempi che...
4. È il dottore che conosco.
   È il più bravo dottore che...
5. Che cosa ti succede?
   Non capisco che cosa...
6. È lo studente che ha avuto l'influenza.
   È il solo studente che...
7. Quelli che vogliono possono vedere gli esami.
   Chiunque...
8. Che ora è?
   Non so che...
9. Dove sono andati?
   Mi domando dove...
10. Hanno un collega che non fuma.
    Preferiscono un collega che...
11. Ci piacciono gli insegnanti che hanno molta pazienza.
    Cerchiamo insegnanti che...
12. Mario trova un libro che gli piace.
    Mario cerca un libro che...
13. Ecco un romanzo che è facile e divertente.
    Vuole un romanzo che...
14. Ho comprato un cappotto che mi tiene caldo.
    Ho bisogno di un cappotto che...
15. Hanno una segretaria che sa il tedesco e il francese.
    Cercano una segretaria che...

## ■ Prima di leggere

Natalia Ginzburg (nata Levi) è originaria di Palermo, dove è nata nel 1916, ma già nel 1919 si è trasferita a Torino con la famiglia. Essendo di origine ebraica, è cresciuta nel difficile clima dell'emarginazione razziale che ha caratterizzato il regime fascista. Ha vissuto in un ambiente intellettuale e antifascista nel quale ha sofferto l'imprigionamento del padre, dei fratelli e di altri membri della sua famiglia. Nel 1938 ha sposato Leone Ginzburg, anche lui un intellettuale antifascista, arrestato nel 1943 e ucciso in carcere. Finita la guerra, si è traferita a Roma dove ha lavorato come redattrice per una famosa casa editrice, e dove è morta nel 1991. Le esperienze della sua vita hanno fortemente segnato la personalità di Natalia Ginzburg, come rivelano le sue opere, tra cui vi sono delle commedie teatrali, oltre a molti romanzi di successo. Tra i suoi capolavori: *È stato così*, *Tutti i nostri ieri*, *Le voci della sera*, *Lessico famigliare* (famoso romanzo autobiografico) e *Le piccole virtù*, da cui è tratto il brano che segue.

Salvatore Piermarini

Natalia Ginzburg

In gruppi di due o tre studenti, discutete le seguenti domande:

1. Abiti con la tua famiglia in questo momento? Perché sì o no?

2. Credi di avere ricevuto un'educazione severa dai tuoi genitori? Che tipo di rapporto hai avuto e ancora hai con loro? Discutine con il tuo gruppo.

3. Il brano che stai per leggere parla di alcune virtù che i genitori dovrebbero insegnare ai loro figli. Quali virtù e quali valori credi sia importante insegnare ai propri figli?

4. Immagina di essere un genitore (se non lo sei già). Come sarebbe (è) il rapporto con i tuoi figli?

## ■ Le piccole virtù

Per quanto riguarda l'educazione dei figli, penso che si debbano insegnar loro non le piccole virtù, ma le grandi. Non il risparmio, ma la generosità e l'indifferenza al denaro; non la prudenza ma il coraggio e lo sprezzo° del pericolo; non l'astuzia ma la schiettezza° e l'amore della verità; non la diplomazia ma l'amore al prossimo e l'abnegazione°; non il desiderio del successo, ma il desiderio di essere e di sapere.  5

Di solito invece facciamo il contrario: ci affrettiamo° a insegnare il rispetto per le piccole virtù, fondando su di esse tutto il nostro sistema educativo. Scegliamo in questo modo la via più comoda: perché le piccole virtù non racchiudono° alcun pericolo materiale, e anzi tengono al riparo dai colpi della fortuna.

Trascuriamo di insegnare le grandi virtù, e tuttavia le amiamo, e vorremmo che i  10
nostri figli le avessero: ma nutriamo fiducia che scaturiscano° spontaneamente nel loro animo, un giorno avvenire°, ritenendole di natura istintiva, mentre le altre, le piccole, ci sembrano il frutto di una riflessione e di un calcolo e perciò non pensiamo che debbano assolutamente essere insegnate.

In realtà la differenza è solo apparente. Anche le piccole virtù provengono dal profondo  15
del nostro istinto, da un istinto di difesa: ma in esse la ragione parla, sentenzia°, disserta°, brillante avvocato dell'incolumità° personale.

Le grandi virtù sgorgano° da un istinto in cui la ragione non parla, un istinto a cui sarebbe difficile dare un nome. E il meglio di noi è in quel muto° istinto: e non nel nostro istinto di difesa, che argomenta°, sentenzia, disserta con la voce della ragione.  20

L'educazione° non è che un certo rapporto che stabiliamo fra noi e i nostri figli, un certo clima in cui fioriscono° i sentimenti, gli istinti, i pensieri.

Ora io credo che un clima tutto ispirato al rispetto per le piccole virtù, maturi° insensibilmente al cinismo, o alla paura di vivere.

Le piccole virtù, in se stesse, non hanno nulla da fare con il cinismo, o con la paura  25
di vivere: ma tutte insieme e senza le grandi, generano un'atmosfera che porta a delle conseguenze. Non che le piccole virtù, in se stesse, siano spregevoli°: ma il loro valore è di ordine complementare° e non sostanziale; esse non possono stare da sole senza le altre, per la natura umana un povero cibo.

Il modo di esercitare° le piccole virtù, in misura temperata° a quando sia del tutto  30
indispensabile, l'uomo può trovarlo intorno a sé e berlo nell'aria°: perché le piccole virtù sono di un ordine° assai comune e diffuso tra gli uomini.

Ma le grandi virtù, quelle non si respirano nell'aria: e debbono essere la prima sostanza del nostro rapporto coi nostri figli, il primo fondamento dell'educazione. Inoltre, il grande può anche contenere il piccolo: ma il piccolo, per legge di natura, non può in alcun modo  35
contenere il grande.

Non giova° che cerchiamo di rammentare° e imitare, nei rapporti coi nostri figli, i modi tenuti° dai nostri genitori con noi.

Quello della nostra giovinezza e infanzia non era un tempo di piccole virtù: era un tempo di forti e sonore° parole, che però a poco a poco perdevano la loro sostanza. [...]  40

I nostri genitori [...] si contraddicevano di continuo, ma non ammettevano mai di essere contraddetti. Usavano con noi un'autorità, che noi saremmo del tutto incapaci di usare. Forti dei loro principi, che credevano indistruttibili°, regnavano° con potere assoluto su di noi. [...]

Un dialogo non era possibile, perché appena sospettavano d'aver torto° ci ordinavano  45
di tacere°; battevano il pugno° sulla tavola, facendo tremare° la stanza. Noi ricordiamo quel gesto, ma non sapremmo imitarlo. [...]

Natalia Ginzburg, da *Le piccole virtù*

---

*disregard / straight-forwardness / self-denial*

*ci... : we rush*

*imply, hide*

*they result*
*un giorno... : a day to come*

*judges*
*holds forth / safety*
*gush out*
*silent*
*argues*
*upbringing*
*flourish*
*brings to, results*

*despicable*
*complementary*

*di... : to exert / moderate*
*berlo... : (idiom) breath it in the air / kind*

*Non... : It does not help / recall / modi... : manners used*

*loud*

*undying / ruled*

*d'aver... : to be wrong to be silent*
*battevano... : thumped the table / shake*

# Comprensione

1. L'autore del brano che hai letto fa una distinzione fra piccole e grandi virtù. Quali sono? Sei d'accordo con questa distinzione?

2. Perché, secondo l'autore, i genitori di solito preferiscono insegnare le piccole virtù anziché quelle grandi?

3. Perché, secondo te, le grandi virtù sono definite tali dall'autore? Ritieni di avere una grande virtù? Qual è?

4. L'autore fa una distinzione fra una generazione passata di genitori e quella moderna. Spiega le differenze descritte nel brano. Nella tua esperienza, ci sono differenze nel modo in cui i tuoi genitori sono stati educati e quello in cui i tuoi genitori hanno educato te? Quali? Discuti gli aspetti positivi e quelli negativi.

5. Come credi che i genitori debbano esercitare la loro autorità sui figli?

6. Secondo te, quali sono gli elementi fondamentali per instaurare (*establish*) un buon rapporto fra genitori e figli?

# Temi per componimento o discussione

1. Non è facile essere genitori. Spesso le incomprensioni, le difficoltà ed i problemi tra genitori e figli scaturiscono soprattutto e semplicemente da una differenza generazionale. I genitori, per istinto, desiderano proteggere i figli mentre i giovani hanno bisogno di staccarsi dalla famiglia, fare le proprie scelte e vivere la propria vita. Secondo voi, dove e quando finisce l'autorità dei genitori? Dove e quando comincia la libertà dei figli? Elabora.

2. Qualche volta i giovani americani tornano ad abitare con i loro genitori, ad esempio dopo la fine dell'università o quando hanno problemi personali oppure quando non trovano lavoro. Cosa si aspettano da papà e mamma? Cosa danno in cambio? Secondo voi, è una buon'idea fare così?

3. In Italia ci sono molti giovani che vivono in famiglia con i loro genitori, spesso fino a quando si sposano. In America i giovani vanno via di casa molto presto, o per continuare gli studi o perché hanno trovato un lavoro. Ci sono dei vantaggi e degli svantaggi in tutti e due i modi di vivere. Quali sono secondo te? In quale situazione preferiresti vivere tu?

4. Nella cultura italiana, la famiglia viene considerata un valore fondamentale, un legame molto forte. Anche quando si sposano, i figli cercano di trovarsi un lavoro e una casa vicino ai loro genitori e parenti stretti. Spesso, quando i genitori diventano vecchi, vanno a vivere con i loro figli, aiutandoli a crescere i loro bambini. Conosci famiglie come quelle italiane? Come sono le famiglie del tuo paese di origine? Fai un paragone fra le due culture ed esprimi le tue opinioni.

5. Intervista uno dei tuoi genitori o dei tuoi nonni o zii e chiedi di descriverti la loro esperienza come figli. Racconta quello che ti hanno riferito sul modo di educare i figli al loro tempo e sul rapporto genitori-figli. Esprimi le opinioni che ti sei fatto/a confrontando la loro esperienza e la tua. Cosa credi che sia cambiato e perché?

# La famiglia

L'idea della famiglia italiana con molti figli è ancora diffusa all'estero. Quest'idea, però, riflette un modello di famiglia tipico del passato. La tradizionale famiglia italiana sta infatti scomparendo, e gli Italiani hanno sempre meno figli, generalmente solo uno o due. I giovani si sposano sempre più tardi e spesso entrambi i genitori lavorano fuori casa. Nonostante ciò, la famiglia (anche se più piccola) rimane molto importante per gli Italiani ed i legami affettivi sono sempre forti tra i suoi membri.

**Qual è il tuo modello di famiglia ideale? Considera le domande che seguono e presenta le tue risposte ai compagni.**

1. Qual era la tua idea della famiglia italiana di oggi? Sei sorpreso/a che gli Italiani abbiano pochi figli?

2. Ti piacerebbe avere figli? Quanti? Perché?

3. Come sono i rapporti tra i membri della tua famiglia?

Adesso guarda il video sul sito web **www.cengage.com/login** in cui alcune persone italiane parlano delle loro famiglie. Quale famiglia assomiglia alla tua? Parlane con i tuoi compagni di classe. Puoi trovare altre attività sul video alla fine del Capitolo 8 del *Workbook* (nel *Student Activities Manual*) che accompagna questo libro.

## PER COMUNICARE

Track 17

**Un lavoro noioso.** Simona abita da sola e lavora in una banca, ma non è contenta e vuole smettere. Gli amici offrono opinioni e commenti.

SIMONA: Basta! È un lavoro noioso. All'ufficio prestiti° viene solo gente piena di problemi. Io lascio tutto. — **ufficio... :** *lending office*

GIANNI: Ma come ti viene in mente?

TINA: Devi capire che al giorno d'oggi° chi ha un lavoro se lo tiene! — **al... :** *nowadays*

GRAZIA: Mi preoccupi! Ho paura che non potrai pagare l'affitto e dovrai tornare a casa.

TINA: Ti dovresti proprio adattare.

GIANNI: Cosa posso fare per aiutarti? Vuoi che chieda a mio padre se c'è una possibilità nella sua ditta?

SIMONA: Dici davvero? Lo puoi fare? Che bello avere amici come te. Ma allora aspetto!

GIANNI: Meno male!

## Convincere

| | |
|---|---|
| È vero che... ma dovresti / potresti... | *It's true that . . . but you should / could . . .* |
| Devi riconoscere che... | *You must acknowledge that . . .* |
| Devi capire che... | *You must understand that . . .* |
| Devi ammettere che... | *You must admit that . . .* |
| Come puoi pensare che... ? | *How can you think that . . . ?* |
| | *What makes you think that . . . ?* |
| Come ti viene in mente di... ? | *How can it cross your mind to . . . ?* |

## Esprimere preoccupazione

| | |
|---|---|
| Mi preoccupo per te / loro. | *I worry about you / them.* |
| Ho paura che tu... | *I'm afraid that you . . .* |
| Ho paura di... | *I'm afraid of . . .* |
| Temo che sia sbagliato... | *I'm afraid it's wrong . . .* |

## Esprimere sollievo

| | |
|---|---|
| Meno male! | *Thank God!* |
| Ringraziamo il cielo! | |
| Finalmente! | *At last!* |
| Meglio così! | *So much the better!* |
| Oh, che bellezza! | *How nice!* |
| Per fortuna che... | *Luckily . . .* |

## Offrire aiuto

| | |
|---|---|
| Ti posso aiutare? | *Can I help you?* |
| Cosa posso fare per aiutarti? | *How can I help you?* |
| Vuoi che vada / faccia / compri... ? | *Would you like me to go / do / buy . . . ?* |
| C'è niente che posso fare per te? | *Is there anything I can do for you?* |
| Puoi contare su di me. | *You can count on me.* |

## ■ Che cosa diciamo?

1. Un tuo amico / Una tua amica è in gravi difficoltà finanziarie. Tu sei ricco/a.

2. Un amico / Un'amica ti propone di interrompere gli studi e di andare con lui / lei ad avviare un'azienda agricola in Cile. Tu non sei sicuro/a che l'avventura finisca a tuo vantaggio.

3. Un tuo amico italiano vive in famiglia. Secondo te, dovrebbe essere più indipendente. Che cosa gli dici per convincerlo?

4. Tu sei all'aeroporto da tanto tempo. L'aereo su cui viaggiano i tuoi genitori è in ritardo e non si capisce perché. Dopo ore di attesa leggi sullo schermo che l'aereo è atterrato.

1. Tuo fratello non va d'accordo con la moglie, vuole lasciarla e andare a vivere con un'altra donna. Tu pensi che le conseguenze saranno disastrose e cerchi di fargli cambiare idea.

2. Una tua amica voleva andare ad abitare con un tipo che tu trovi proprio antipatico, ma lui è partito all'improvviso. Tu pensi che sia meglio così. Cosa dici alla tua amica per esprimere il tuo sollievo?

3. La tua amica Gioia è in crisi: deve ancora finire una relazione per domani e non farà in tempo a inserirla nel computer. Tu le offri il tuo aiuto. Che cosa dice Gioia? Che cosa dici tu?

Quale sarà la situazione? Padre e figlia? Colloquio di lavoro? Di che cosa parleranno?

# Ma come, non hai la macchina?

©Grazia Neri/Corbis

**9** Capitolo

**Scherzavo.** Serena e Silvano hanno bisogno di una macchina nuova, ma quella che piace a Silvano costa troppo e Serena ha qualcosa da dire in proposito.

SILVIO:    Magari potessimo permetterci una macchina così! È meravigliosa! Se chiedessimo un prestito?

SERENA:    Credevo che fossi una persona ragionevole! Quella è una macchina da milionari!

SILVIO:    E io credevo che tu capissi quanto mi piacciono le belle macchine!

SERENA:    Ma sì, sì, lo so, ti capisco, ma come puoi pensare che io sia d'accordo? È una follia!

SILVIO:    Beh, sì... Bisognerebbe che mi aumentassero lo stipendio...

SERENA:    Che ti stia tornando la ragione? Con tutti gli anni che hai passato a studiare, credevo che avessi imparato a fare i conti!

SILVIO:    Ma dai! Scherzavo! Davvero pensavi che dicessi sul serio?

## ■ Esercizi

**a.** *Rispondere alle seguenti domande:*

1. Cosa potrebbe fare Silvio per comprare la macchina che gli piace?
2. Cosa pensa Serena? Sei d'accordo? Perché?
3. Di che cosa avrebbe bisogno Silvio?
4. Secondo te, quale macchina dovrebbe comprare Silvio?
5. È possibile vivere senza macchina? E nella tua città?

**b.** *Usando il **Vocabolario utile**, rispondere alle seguenti domande:*

1. Quali provvedimenti prendono i comuni contro lo smog?
2. Quali sono i mezzi di trasporto ecologici?
3. Che cosa vogliono proteggere gli ambientalisti?
4. Qual è un esempio di energia rinnovabile?
5. Descrivi una casa ecologica. Con quali materiali potrebbe essere costruita?
6. E tu, cosa fai per tutelare l'ambiente?

## VIVERE IN ITALIA | Automobile ed ecologia

Secondo Ecoage.com (Community ecologista indipendente), in Italia circolano 768 automobili per ogni 1000 abitanti, mentre la media europea è di 591,9. Il risultato è che, specialmente nelle grandi città, la gente respira smog. I comuni hanno preso delle iniziative per risolvere la situazione, istituendo ad esempio il blocco periodico del traffico in città (di solito in vigore durante il fine settimana) e la circolazione a giorni alterni, in base al numero di targa *(license plate)*. Ma per gli ambientalisti *(environmentalists)*, questi provvedimenti non sono sufficienti. Bisogna produrre autobus a idrogeno – dicono loro – bisogna usare automobili ecologiche (cioè elettriche o ibride), bisogna convincere la gente ad usare i mezzi di trasporto pubblici e ad andare a lavorare facendo «carpooling».

Negli ultimi decenni, gli Italiani hanno sviluppato una forte coscienza ecologica, grazie anche all'attività di organizzazioni come Legambiente, WWF (World Wildife Fund), Amici della Terra e il partito dei Verdi. Si riconosce l'importanza della protezione dell'ambiente e ai cittadini si chiede di collaborare. Funziona in tutta la penisola, in particolare nelle grandi città, la raccolta differenziata dei rifiuti solidi (raccolta... : sorting of solid waste): i vetri si depositano nelle «campane», grandi contenitori ben visibili sui marciapiedi (sidewalks) di ogni quartiere; le medicine non utilizzate o scadute (expired) si riportano in farmacia, mentre per le pile (batteries) usate esistono speciali contenitori. Anche metalli, carta, fibre tessili (textiles) e plastica vengono raccolti separatamente e, per quanto possibile, riciclati.

L'idea che l'ambiente deve essere protetto si diffonde sempre di più. Da qualche anno è nato il sito web «Idee in fumo», rivolto specialmente ai giovani, a sostegno (support) della nuova legge contro il fumo. L'Associazione Italiana Città Ciclabili promuove l'uso della bicicletta nelle aree urbane: a Torino sono già in funzione 65 chilometri di piste ciclabili (piste... : bicycle paths). Per invogliare la gente a lasciare a casa l'automobile, esiste il treno «low cost», disponibile anche per i viaggi all'estero. Si diffonde sempre di più il concetto che è importante usare energia rinnovabile: la Regione Toscana ha addirittura reso (made) obbligatorio l'uso dei pannelli solari nelle nuove costruzioni. Esiste perfino un'associazione di guardie ecologiche volontarie che svolgono, tra l'altro, la funzione di far applicare le leggi e i regolamenti ambientali.

## ■ Vocabolario utile

*Ambiente ed ecologia*

**la natura** nature
**l'ambiente** environment
**l'ambientalista** environmentalist
**il provvedimento** measure
**la politica ambientale** environmental policy
**la tutela ambientale** environmental protection
**l'ecologia** ecology
**l'energia** energy

**inquinare** to pollute
**l'inquinamento** pollution
**inquinante** polluting
**gli inquinanti** pollutants
**lo smog** smog
**la sostanza tossica** toxic substance
**il traffico, la circolazione** traffic

**biodegradabile** biodegradable
**la raccolta differenziata** recycling collection
**il vetro** glass
**la plastica** plastic
**la carta** paper

**i mezzi pubblici** public transportation
**la pista ciclabile** bicycle path
**la fermata dell'autobus / del treno**
    bus / train stop

*L'energia*

**l'energia (non) rinnovabile** (non-) renewable
    energy
**i combustibili fossili** fossil fuels
**il petrolio** oil
**la benzina** gasoline
**le tecnologie verdi** "green" technologies
**la *green economy*** "green" economy
**l'energia pulita** clean energy
**l'energia solare** solar energy
**il pannello solare** solar panel
**l'energia eolica** wind power
**le turbine eoliche** wind turbines
**il parco eolico** wind park
**l'energia geotermica** geothermal energy
**l'impianto idroelettrico** hydroelectric plant

*L'automobile*

**il veicolo a gas / metano** gas / methane vehicle
**l'automobile ibrida / elettrica** hybrid / electic car
**il veicolo elettrico ibrido plug-in** electric hybrid plug-in vehicle
**ricaricare le batterie** to recharge the batteries
**la macchina costosa** expensive car
**l'auto di lusso** luxury car
**l'utilitaria** economy car

**la carrozzeria** car body
**il motore** engine
**cc** cubic centimeter

*La casa*

**la casa ecologica** eco-friendly house
**il legno** wood
**il materiale naturale** natural material
**gli sgravi fiscali** tax-deductions

**il giardino** garden
**l'orto** vegetable garden
**coltivare** to farm

*Espressioni utili*

**conservare / risparmiare l'energia** to conserve energy
**riciclare** to recycle
**a «impatto zero»** lit. "zero-impact" (nonpolluting)
**ridurre la dipendenza energetica dall'estero** to reduce energy dependance from abroad

**combattere i cambiamenti climatici** to combat climate change
**salvaguardare l'ambiente** to protect the environment

*Un ripasso: Verbi ed espressioni*

**obbligatorio** mandatory
**ragionevole** reasonable
**diffondere** to spread
**respirare** to breathe
**prendere iniziative** to take measures
*****potersi permettere** to be able to afford
**sviluppare** to develop

**prossimo** *Vai a Roma il mese prossimo?*
**seguente** *or* **dopo** *Sono arrivati il due maggio e sono ripartiti il giorno seguente (dopo).*

**prendere** *Abbiamo preso la macchina e siamo partiti.*
**portare** *Abbiamo portato la macchina dal meccanico. Perché porti gli occhiali?*
There are many idiomatic expressions in Italian in which a verb other than **prendere** or **portare** corresponds to the English *take*:
**seguire / fare un corso** to take a course
But: **prendere una lezione** to take a lesson
**fare un viaggio / una gita** to take a trip (excursion)
**fare un esame** to take an exam

© ANSA/EPA/Corbis

Usiamo la mascherina per non respirare smog.

## ■ Pratica

a. *Scegliere la parola che completa meglio la frase.*

1. Per arrivare prima, quale strada dobbiamo _____?
2. Non sono scesi alla fermata in Piazza Dante; sono scesi alla fermata _____.
3. Se non ti senti bene, ti devo _____ dal dottore.
4. Quante volte alla settimana _____ lezioni di ballo i bambini?
5. Sono sicuro che gli zii arriveranno la settimana _____.
6. La signora era molto elegante: _____ un vestito rosso con accessori neri.
7. Quanti viaggi avete _____ da quando vi siete sposati?
8. Non hai studiato abbastanza. Come puoi _____ l'esame domani?
9. La storia continua nel _____ numero di *Vogue Italia*.
10. La _____ volta che mangiamo insieme, offro io!

b. **Anna ha la patente.** *Inserire le parole appropriate.*

Prima di _____ l'esame di guida, Anna ha _____ molte lezioni dall'istruttore della scuola. Appena ha _____ la patente, è andata a fare una gita con le sue amiche. Sono partite di mattina presto e dopo circa tre ore sono arrivate in un paesino di montagna. Sono andate al bar della piazza a _____ il caffè; Anna, che ha sempre fame, ha _____ anche due cornetti. Poi hanno _____ la funivia *(cable car)* che le ha _____ su in alto dove c'era un panorama stupendo. Hanno _____ qualcosa da mangiare e sono rimaste un paio d'ore a _____ il sole. Il posto era molto carino e hanno deciso di passarci anche il _____ weekend. Circa tre ore dopo, erano di nuovo in paese dove hanno _____ la macchina per tornare a casa. Anna voleva essere di ritorno presto, perché la sera aveva un appuntamento con Giorgio che sarebbe andato a _____ la alle 8.30 per _____ la a teatro.

c. *Domande per te.*

1. Che cosa fai quando ti sembra che qualcosa non funzioni nella tua macchina?
2. Ti è mai capitato di sentire odore di benzina? Che cosa hai pensato?
3. Che tipo di automobile preferisci? Spiega le ragioni ad un amico/a italiano/a.
4. Sei a favore dei limiti di velocità sulle autostrade? Li rispetti? Sì? No? Perché?
5. Nelle città italiane circolano le SUV, insieme alle Smart Cars. Quali saranno le ragioni per comprare l'uno o l'altro tipo di automobile? Quali sono le tue preferenze? Perché?

## ■ A voi la parola

a. **Troppe macchine in circolazione.** *In piccoli gruppi, rispondete alle domande che seguono e paragonate le vostre conclusioni con quelle degli altri gruppi.*

1. Lo smog è un grave problema delle città italiane, in particolare al nord della penisola dove è maggiore la concentrazione degli abitanti. Esistono difficoltà simili dove abitate voi? Ci sono misure per limitare il traffico e la contaminazione dell'aria?
2. Gli ambientalisti italiani insistono sulla necessità di produrre automobili ecologiche che non contribuiscano alla contaminazione dell'ambiente. Nel Nord America si diffondono le auto ibride. A voi interessano? Perché? Quali problemi risolvono?
3. Sebbene in Italia ci sia un'ampia rete di trasporti pubblici come autobus, filobus *(trolleybus)*, tram *(streetcars)*, metropolitana *(subway)* e treni, chi può preferisce usare la propria auto. Succede lo stesso nella vostra città? Quali sono le vostre preferenze personali? Perché?

**LEGAMBIENTE**

**Centro Nazionale
per lo Sviluppo Sostenibile di Legambiente**

*Il piacere di conoscere*

Nella magia del Parco della Maremma
Legambiente
organizza soggiorni ecologici
per singoli, gruppi e associazioni.

<u>Fino al 30 Maggio pensione completa a soli 36 euro.</u>

*Centro Nazionale per lo Sviluppo Sostenibile
Loc. Enaoli 58010 Rispescia (Gr)
tel. 056448771 fax 0564487740
<u>www.legambienteilgirasole.it</u> - info@legambienteilgirasole.it*

*Legambiente*

**b. Ecologia.** *Discutete le seguenti domande sui problemi dell'ambiente e paragonate le vostre opinioni con quelle dei compagni.*

1. Conoscete organizzazioni americane che si occupano di ecologia? Ne fate parte? Vi piacerebbe partecipare ad una vacanza studio come quella proposta da Legambiente? Sì? No? Perché?
2. Qualcuno di voi partecipa (o ha partecipato) ad un lavoro volontario a scopo ecologico? Di che cosa si tratta (si trattava)?
3. In molte città americane è in atto il riciclaggio dei rifiuti domestici. Come funziona rispetto all'Italia? Voi e i vostri compagni partecipate? Sì? No? Perché?
4. In Italia c'è una legge contro il fumo in tutti i locali pubblici e in tutti gli uffici. Secondo voi, è bene che la legge si diffonda in tutta Europa? Perché sì? Perché no?

**c. Smart Cars e «macchinette»** *diventano frequenti nelle città italiane. Cosa pensate di un mezzo di trasporto così? Scambiate le vostre opinioni con quelle dei vostri compagni.*

1. Le trovate divertenti? C'è posto solo per due persone e un paio di pacchi. Vi attrae l'idea di possederne una? Sì? No? Perché?
2. Secondo voi, avrebbero successo negli Stati Uniti? Perché sì? Perché no?

*Courtesy of the authors*

Smart Car. Due o tre porte, corta, facile da parcheggiare e da guidare nel traffico, ha un motore piccolo (698 cc.), consuma poco.

*Courtesy of the authors*

«Macchinetta». Motorino con carrozzeria a quattro ruote, due porte, motore piccolissimo (50 cc.), velocità massima 50 km/h., si parcheggia sempre, consuma pochissimo. La usano i ragazzi.

# CANTIAMO! | Eros Ramazzotti – *Cose che ho visto*

Anche i musicisti si preoccupano spesso dei problemi del mondo, come quelli dell'ambiente o delle guerre. Per sentire una canzone che affronta questo argomento, ascolta Eros Ramazzotti sul sito web **www.cengage.com/login** (clicca sul «iTunes playlist»). Puoi trovare altre informazioni ed attività sulla canzone alla fine del Capitolo 9 del *Lab Manual* (nel *Student Activities Manual*) che accompagna questo libro.

## STRUTTURA

### I. Congiuntivo imperfetto e trapassato

**A.** The **congiuntivo imperfetto** (*imperfect subjunctive*) is formed by adding the characteristic vowel for the conjugation plus the appropriate endings to the stem. The endings are the same for all three conjugations: **-ssi, -ssi, -sse, -ssimo, -ste, -ssero.**

|              | AMARE     | CREDERE     | FINIRE     |
|--------------|-----------|-------------|------------|
| che io       | amassi    | credessi    | finissi    |
| che tu       | amassi    | credessi    | finissi    |
| che lui / lei| amasse    | credesse    | finisse    |
| che (noi)    | amassimo  | credessimo  | finissimo  |
| che (voi)    | amaste    | credeste    | finiste    |
| che (loro)   | amassero  | credessero  | finissero  |

1. Very few verbs are irregular in the imperfect subjunctive. The most common are shown below.

|              | ESSERE   | DARE     | STARE    |
|--------------|----------|----------|----------|
| che io       | fossi    | dessi    | stessi   |
| che tu       | fossi    | dessi    | stessi   |
| che lui / lei| fosse    | desse    | stesse   |
| che (noi)    | fossimo  | dessimo  | stessimo |
| che (voi)    | foste    | deste    | steste   |
| che (loro)   | fossero  | dessero  | stessero |

2. Verbs that use the Latin stem to form the **indicativo imperfetto** use the same stem in the **congiuntivo imperfetto.**

|  | BERE (BEVEVO) | DIRE (DICEVO) | FARE (FACEVO) | TRADURRE (TRADUCEVO) |
|---|---|---|---|---|
| che io | bevessi | dicessi | facessi | traducessi |
| che tu | bevessi | dicessi | facessi | traducessi |
| che lui / lei | bevesse | dicesse | facesse | traducesse |
| che (noi) | bevessimo | dicessimo | facessimo | traducessimo |
| che (voi) | beveste | diceste | faceste | traduceste |
| che (loro) | bevessero | dicessero | facessero | traducessero |

**B.** The **congiuntivo trapassato** *(past perfect subjunctive)* is formed with the imperfect subjunctive of **avere** or **essere** plus the past participle of the verb.

| VERBS CONJUGATED WITH *avere* | | | VERBS CONJUGATED WITH *essere* | | |
|---|---|---|---|---|---|
| che io | avessi | amato | che io | fossi | partito/a |
| che tu | avessi | amato | che tu | fossi | partito/a |
| che lui / lei | avesse | amato | che lui / lei | fosse | partito/a |
| che (noi) | avessimo | amato | che (noi) | fossimo | partiti/e |
| che (voi) | aveste | amato | che (voi) | foste | partiti/e |
| che (loro) | avessero | amato | che (loro) | fossero | partiti/e |

## Uso del congiuntivo imperfetto e trapassato

**A.** The imperfect and past perfect subjunctive are used in the very same cases in which the present and past subjunctive are used. (See Chapter 8, pp. 190–191.)

**B.** The tense of the subjunctive used in the dependent clause is determined by the time relationship between the actions of the two clauses. If the action of the dependent clause:

1. takes place at about the same time as or shortly after the action of the independent clause,    $\xrightarrow{\text{use}}$    imperfect subjunctive

2. took place before the action of the independent clause,    $\xrightarrow{\text{use}}$    past perfect subjunctive

Temevo che **avesse** un incidente.
*I was afraid he might have an accident.*

Non volevo che lui **comprasse** una macchina veloce.
*I did not want him to buy a fast car.*

} concurrent action

Temevo che lui **avesse avuto** un incidente.
*I was afraid that he might have had an accident.*

Speravo che lui non **avesse comprato** una macchina veloce.
*I was hoping that he had not bought a fast car.*

} past action

The imperfect and past perfect subjunctive are also used if the main clause contains a verb in the conditional that indicates will (**volere**), desire (**desiderare**), or preference (**preferire**).

**Vorrei** che lui finisse l'università.
*I would like him to finish college.*

**Preferirei** che lui avesse finito l'università.
*I would prefer that he had finished college.*

**Avrei preferito** che lui avesse finito l'università.
*I would have preferred that he had finished college.*

## Il congiuntivo usato da solo

The subjunctive tenses can also be used in independent clauses to express:

**A.** a deeply felt wish that something should come about. The present subjunctive is used in this case.

Che Dio ti benedica!
*God bless you!*

Dio vi accompagni!
*God be with you!*

**B.** a wish or a desire whose fulfillment seems unlikely, or a regret that something did not happen in the past. **Oh, almeno, magari,** and **se** often introduce such expressions, followed by the imperfect or the past perfect subjunctive.

Fosse vero!
*I wish it were true!*

Se avesse fatto ingegneria!
*If only he / she had graduated in engineering!*

**C.** a sense of doubt or an assumption (*Is it possible that . . . ? Do you suppose that . . . ?*). This expression is often introduced by **che.**

Che l'abbiano già saputo?
*Do you suppose they've already found out?*

Che fosse innamorato di me?
*Is it possible he was in love with me?*

## ■ Esercizi

**a. Una macchina di lusso?** *Trasformare le frasi al passato usando l'imperfetto del congiuntivo.*

ESEMPIO  Non mi piace che tu spenda tanto.
**Non mi piaceva che tu spendessi tanto.**

1. Serena teme che Silvio voglia una macchina di lusso.
2. Serena spera che lui faccia una scelta ragionevole.
3. Silvio desidera che gli aumentino lo stipendio.
4. Serena ha paura che Silvio faccia una follia.
5. Silvio crede che Serena non lo capisca. (capissi)
6. Serena non immagina che Silvio stia scherzando.
7. Silvio si meraviglia che Serena non capisca lo scherzo.
8. È necessario che alla fine siano d'accordo.

**b.** **A vent'anni...** *La nonna Piera racconta di quando lo zio Giovanni andò via di casa per una settimana. Trasformare le frasi al passato, usando il trapassato del congiuntivo.*

ESEMPIO   Giovanni è l'unico figlio che abbia mai fatto una cosa simile.
   **Giovanni era l'unico figlio che avesse mai fatto una cosa simile.**

1. Tutti credono che gli sia accaduto qualcosa.
2. Nessuno sa che cosa sia andato storto *(to go wrong)*.
3. Noi non sappiamo dove sia andato.
4. È probabile che Giovanni non abbia voluto telefonare di proposito *(on purpose)*.
5. Sembra che noi non abbiamo capito l'intera situazione.
6. Gli dispiace che siamo stati in pensiero.
7. Lia e Isa pensano che voi non vi siate accorti di niente.

**c.** **Occasioni mancate.** *Immagina di parlare con un compagno / una compagna delle occasioni mancate della sua vita. Usa le espressioni* **oh, magari, almeno,** *e* **se.**

ESEMPIO   io / studiare storia dell'arte a Firenze
   **Almeno avessi studiato storia dell'arte a Firenze!**

1. miei genitori / darmi più libertà
2. il mio fidanzato / comprare quell'appartamento in via Tassoni
3. io e Luca / andare a lavorare all'estero
4. tu / vincere tanti soldi alla Lotteria di Capodanno
5. mamma / permetterci di uscire la sera
6. voi / non dare un tale dispiacere al nonno Tino

**d.** **Vita d'ufficio.** *Il vostro capo è stato chiamato d'urgenza nell'ufficio del presidente. Cercate di immaginare con i vostri colleghi che cosa sia potuto accadere. Inventate delle frasi usando le espressioni seguenti o altre espressioni da voi scelte.*

ESEMPIO   licenziare qualcuno
   **Che abbiano in mente di licenziare qualcuno?**

1. dare il permesso di uscire un'ora prima
2. dare le dimissioni
3. andare in pensione
4. aumentare lo stipendio
5. organizzare uno sciopero
6. diminuire la produzione
7. esserci un errore nel bilancio
8. accorgersi dell'assenza di Mario

**e.** **Vita in famiglia.** *Formare un'unica frase usando* **di** *+ infinito o* **che** *+ congiuntivo, secondo il senso.*

ESEMPI   Marina era contenta. Usciva con Leo.
   **Marina era contenta di uscire con Leo.**

   Marina era contenta. I suoi la lasciavano uscire con Leo.
   **Marina era contenta che i suoi la lasciassero uscire con Leo.**

1. Fabrizia si preoccupava. Non aveva abbastanza soldi per comprare un appartamento.
2. Il padre aveva paura. Fabrizia aveva preso una decisione sbagliata.
3. I figli non volevano. I genitori li sorvegliavano.

4. A Grazia dava fastidio. Il suo ragazzo non le aveva telefonato.
5. Ci dispiaceva molto. Non ricordavamo il nome della madre di Leo.
6. Simona era preoccupata. Il marito non era tornato.
7. Lui era sorpreso. Era arrivato con tanto ritardo.
8. Alla bambina faceva piacere. Il papà le aveva portato un regalo.

## II. Concordanza dei tempi nel congiuntivo

*[handwritten: indicative e]*

**A.** The following chart shows the sequence of tenses when the verb in the independent clause is in the *present, future,* or *imperative.*

| INDEPENDENT CLAUSE | DEPENDENT CLAUSE | |
|---|---|---|
| Presente<br>Futuro<br>Imperativo | Concurrent action<br>Past action | Congiuntivo presente *[handwritten: Indicativo Pres.]*<br>Congiuntivo passato *[handwritten: Indicativo]* |

Dubito che **capiscano.**
*I doubt they understand.*

Dubito che **abbiano capito.**
*I doubt they (have) understood.*

Siamo contenti che **vengano.**
*We're glad they are coming.*

Siate contenti che **siano venuti!**
*Be glad that they came!*

Credete che **piova** domani?
*Do you think it will rain tomorrow?*

Non crederete che Mario **si sia divertito.**
*You won't believe Mario has had a good time.*

Contrary to the above sequence, the *imperfect subjunctive* is used in the dependent clause when the verb reports a habitual action in the past or a past condition or state of being. A test of this usage is that the **imperfetto** would be used if the clause were independent.

Pare che gli Antichi **morissero** giovani. (Gli antichi **morivano** giovani.)
*It seems that the Ancients died young.*

Crediamo che lui **fosse** stanco quel giorno. (Lui **era** stanco quel giorno.)
*We think that he was tired that day.*

**B.** The following chart shows the sequence of tenses when the verb in the independent clause is in any *past tense* or in the *conditional.* *[handwritten: independent]*

| INDEPENDENT CLAUSE | DEPENDENT CLAUSE | |
|---|---|---|
| Imperfetto<br>Passato prossimo<br>Passato remoto<br>Trapassato<br>Condizionale presente<br>Condizionale passato | Concurrent action<br>Past action | Congiuntivo imperfetto *[handwritten: Indicativo]*<br>Congiuntivo trapassato *[handwritten: Indicativo.]* |

Dubitavo che **ascoltassero.**
*I doubted they were listening.*

Dubitavo che **avessero ascoltato.**
*I doubted they had listened.*

Preferiremmo che tu **venissi** ora.
*We would prefer that you come now.*

Avremmo preferito che tu **fossi venuto** ieri.
*We would have preferred that you had come yesterday.*

After **come se** *(as if)* the *imperfect* and *past perfect* subjunctive are used, no matter what the tense is in the independent clause.

Gli volevamo bene come se **fosse** nostro figlio.
*We loved him as if he were our own son.*

Voi parlate come se **aveste capito** tutto.
*You talk as if you had understood everything.*

**C.** The following examples illustrate the sequence of tenses in the subjunctive.

Credi che
{
Gianni lavori alla FIAT?
Gianni abbia lavorato alla FIAT?
Gianni lavorasse alla FIAT quando preparava la tesi?
}

Credevi che
{
Gianni lavorasse alla FIAT?
Gianni avesse lavorato alla FIAT?
}

Ti pago il cinema
{
purché tu finisca i compiti.
purché tu abbia finito i compiti.
}

Gli pagavo il cinema
{
purché finisse i compiti.
purché avesse finito i compiti.
}

**D.** Remember that the future of the past is always expressed with the past conditional (see p. 169).

Credevi che dopo la laurea Gianni **avrebbe lavorato** alla FIAT?
*Did you believe that after graduating Gianni would work for FIAT?*

## ■ Esercizi

**a.** *Completare le seguenti frasi con la forma corretta del congiuntivo.*

1. Prende iniziative senza che noi glielo chiediamo.
   Ha preso iniziative...
2. Non sapevo che cosa si potesse permettere.
   Non so che cosa...
3. È importante che usiate i pannelli solari.
   Sarebbe importante...
4. Spero che Lei non respiri troppo smog in città.
   Speravo che Lei...
5. Bastava un esempio perché io potessi capire.
   Basta un esempio perché...
6. Pensavo che fosse una persona ragionevole.
   Penso che...
7. Lui insiste perché io porti il vetro a riciclare.
   Lui insisteva perché...
8. Mi hanno comprato una bicicletta nuova perché io non usassi la macchina.
   Mi comprano...
9. Chi avrebbe voluto che io diventassi ambientalista?
   Chi vorrà...

Non credevo che la benzina in Italia costasse tanto così.

**b.** *Completare le seguenti frasi con la forma corretta del verbo dato fra parentesi.*

ESEMPIO  Sentivo dei rumori strani. Avevo l'impressione che la macchina non (funzionare) **funzionasse** regolarmente.

*[handwritten note: Purchè = almeno che]*

1. Cominciarono a ridere prima che io (parlare) ~~parla parla~~ *parlassi*. *[handwritten: passato remoto]*
2. Cominceranno a ridere prima che io (parlare) *parli*.
3. Occorre che tu (lasciare) *lasci* la macchina in un parcheggio e (prendere) *prenda* l'autobus.
4. Sarebbe necessario che anche voi (venire) *veniste* alla riunione. *[handwritten: Che si usa quando è condizionale nell'indipendente clause?]*
5. Sebbene loro non (fare) *facciano* mai attenzione, imparano molto.
6. Vi do il permesso di uscire purché (ritornare) *ritorniate* prima di mezzanotte.
7. Parlò forte perché tutti (potere) *possano* capire.
8. Preferirei che mio figlio (cercare) *cercasse* un lavoro e (imparare) *imparasse* a guadagnarsi la vita.
9. Luisa sperava che tu (andare) *andasse* a prenderla alla stazione. Quando è arrivata e non ti ha visto, ha pensato che tu (dimenticare) ~~avessi dimenticato~~ *avevi dimenticato*.
10. Dove sono gli zii? Non credo che (arrivare) *arrivino*. Può darsi che (perdere) *abbiano perso* il treno.

**c.** *Formare nuove frasi usando* **che** + *congiuntivo invece di* **di** + *infinito.*

ESEMPIO  Gli ho detto di tornare subito a casa.
**Gli ho detto che tornasse subito a casa.**

1. Le ho ordinato di fare presto. *Che fosse presto*
2. Ti ho detto di svegliarmi alle sette. *Che mi svegliassi alle sette.*
3. Ho detto loro di non lavorare troppo. *Che non lavorassero.*
4. Ho raccomandato ai clienti di avere pazienza e di aspettarmi ancora un po'. *Che avessero e che mi aspettassero*
5. Gli ho ordinato di chiudere la porta e di seguirmi. *Che chiudessero e che mi seguissero*
6. Vi avevo suggerito di spegnere la luce e di andare a letto.

**d. Fratello e sorella.** *Completare le frasi con il verbo al congiuntivo o all'indicativo, secondo il senso.*

Carlotta dice che la macchina non (andare bene) *va bene* e pensa che (essere necessario) *sia* portarla dal meccanico. Ieri, mentre era sull'autostrada, ha avuto l'impressione che i freni (non funzionare) *non funzionino*. Le ho detto che io (usare) *uso* la stessa macchina sabato e domenica e che non (avere) *avevo* difficoltà. Ho paura che (essere) *sia* lei che non (sapere) *sappia* guidare. (sa)

Vorrei che dal meccanico la macchina la (portare) *porti* Carlotta. Lei invece crede proprio che (toccare) ____ a me occuparmene, come se i fratelli (esistere) ____ *tocchi* esclusivamente per liberare le sorelle da tutte le seccature.

È sempre la stessa storia. Qualsiasi cosa non le (funzionare) ____ viene da me, come se io non (avere) ____ niente altro da fare. Non solo! Ieri sono andato un momento in cucina a prendere il caffè e lei si è messa a usare il mio computer. Quando sono tornato in camera mia, mi ha guardato con aria innocente e mi ha detto: «Oh! credevo che tu (uscire) ____! Be', ho paura che tu (dovere) ____ lasciarmi lavorare una mezz'oretta, perché sto scrivendo il tema di storia per domani». Non ho protestato, ma almeno mi (dire) ____ grazie!

**A.** **Questo** and **quello** as adjectives

1. **Questo** (*This*) can be shortened to **quest'** before a singular noun or adjective beginning with a vowel.

   Guarda questo quadro!
   *Look at this painting.*

   Cosa fate quest'inverno?
   *What are you doing this winter?*

2. In the following forms, **questo** is contracted and combined with the noun.

   | | |
   |---|---|
   | **stamattina** (questa mattina) | *this morning* |
   | *Also:* **stamani** *or* **stamane** | |
   | **stasera** (questa sera) | *this evening, tonight (the earlier part of the night)* |
   | **stanotte** (questa notte) | *tonight (now or later), last night* |
   | **stavolta** (questa volta) | *this time* |

3. **Quello** (*that*) has several forms that follow the same pattern as **bello** and definite articles combined with **di** (**del**, **dello**, **dell'**, etc.). For an explanation of the forms of **quello** and their uses, see pp. 62–63.

4. **Questo** and **quello** are often accompanied by **qui** (**qua**) and **lì** (**là**).

   questo libro qui
   *this book here*

   quel giornale là
   *that newspaper there*

**B.** **Questo** and **quello** as pronouns

**Questo** and **quello** are pronouns as well as adjectives. As pronouns, they both have four forms.

| SINGULAR | PLURAL | SINGULAR | PLURAL |
|---|---|---|---|
| questo | questi | quello | quelli |
| questa | queste | quella | quelle |

Questo è il mio orologio.
*This is my watch.*

Quella è mia moglie e quelli sono i miei bambini.
*That's my wife and those are my children.*

1. **Questo** can mean **questa cosa**; **quello** can mean **quella cosa.**

   Questo mi preoccupa davvero.          Tu pensi solo a quello!
   *This (matter) really worries me.*      *You think only of that (matter)!*

2. **Quello** and **questo** can also mean *the former* and *the latter,* respectively.

   Milano e Genova sono due grandi città: quella è in Lombardia, questa (è) in Liguria.
   *Milan and Genoa are two large cities; the former is in Lombardy, the latter (is) in Liguria.*

—*Quello pensa solo ai quattrini.*

3. **Quello** may be followed by an adjective or a prepositional phrase. Its English equivalents are *the one, the ones.*

—Ti piacciono le biciclette italiane?
*Do you like Italian bicycles?*

—No, preferisco **quelle** francesi.
*No, I prefer French ones.*

—Quale pasticceria preferisci?
*Which pastry shop do you prefer?*

—**Quella** vicino a Piazza del Duomo.
*The one near Piazza del Duomo.*

4. **Quello** may be followed by **di** to indicate possession. Its English equivalents are *that (those) of, the one(s) of.*

—Hai letto i racconti di Moravia?
*Have you read Moravia's short stories?*

—No, ho letto solo **quelli** di Buzzati.
*No, I've only read Buzzati's.*

5. **Quello** may be followed by a relative pronoun. Its English equivalents are *the one(s) who, the one(s) that.*

Ecco una vite: è **quella** che cercavi?
*Here's a screw: is it the one you were looking for?*

Ecco un libro: è **quello** di cui avevo bisogno.
*Here's a book: it is the one I needed.*

## C. Ciò

The pronoun **ciò** can replace both **questo** and **quello** only when they refer to *things.*
**Ciò** is always masculine singular.

Ciò è strano.
*That's strange.*

Dovete ricordare ciò.
*You must remember this.*

Mario non scrive da mesi e ciò mi preoccupa.
*Mario hasn't written for months, and that worries me.*

When it is not a subject, **ciò** is often replaced by **lo, ne, ci.**

**lo** = ciò
Chi **lo** ha detto? Chi ha detto **ciò?**
*Who said so?*

**ne** = di ciò, di questo, di quello
Chi **ne** vuole parlare? Chi vuole parlare **di ciò?**
*Who wants to talk about that?*

**ci** = a ciò, a questo, a quello
Un'altra volta devi pensar**ci** prima!
*Next time you must think about it first.*

## ■ Esercizi

**a. È questione di gusti...** *Rispondere alle domande usando le parole fra parentesi.*

ESEMPIO    Ti piace il vestito verde? (rosso)
           —No, preferisco quello rosso.

1. Ti piace la camicetta a righe? (a quadri)
2. Ti piacciono gli stivali neri? (marrone)
3. Ti piace quella giacca elegante? (sportiva)
4. Ti piace il caffè americano? (italiano)
5. Ti piacciono i mobili in plastica? (in legno)
6. Ti piacciono le piante della zia? (della mamma)

**b. Gusti opposti.** *Indicare le preferenze di Marta e di Maria, prendendo l'esempio come guida.*

ESEMPIO    MARTA:   A me piacciono i romanzi che parlano d'amore.
           MARIA:   **Io preferisco quelli che non parlano d'amore.**

1. le canzoni che parlano di Napoli
2. le persone che s'intendono di arte moderna
3. le storie che finiscono bene
4. gli uomini che hanno la barba
5. le automobili che hanno due portiere
6. i golf che sono in vetrina

**c. Questo o quello?** *Inserire il termine appropriato.*

_____ storia proprio non mi piace. Toni ha preso un'altra multa e non ha soldi per pagarla. Gli ho già pagato _____ che gli hanno fatto la settimana scorsa, _____ di quaranta euro per eccesso di velocità. È proprio vero _____ che dice suo padre, Toni è uno di _____ che non rispettano mai le regole. Ma _____ volta io non lo aiuto: non sono la Banca d'Italia!

## IV. Pronomi relativi

A relative pronoun *(who, whom, that, which, whose)* joins a dependent clause to a preceding noun or pronoun called the *antecedent*. The dependent clause introduced by a relative pronoun is called a *relative clause*. In Italian relative pronouns are always expressed.

Il golf **che** ho comprato è rosso.
*The sweater (that) I bought is red.*

Mario è il ragazzo con **cui** sono uscita.
*Mario is the young man I went out with\* (with whom I went out).*

The relative pronouns are: **che; cui; chi; il quale, la quale, i quali, le quali.**

### A. Che

1. **Che** corresponds to *who, whom, that, which.* **Che** refers to both persons and things, either singular or plural, masculine or feminine. It is invariable and can be either the subject or the direct object of the verb in the relative clause. It cannot be the object of a preposition.

   il ragazzo **che** ride
   *the boy who laughs*

   la ragazza **che** conosco
   *the girl (whom) I know*

   gli esami **che** devo dare
   *the exams (that) I must take*

   le case **che** costano poco
   *the houses that cost little*

2. When **che** is the direct object of a verb in a compound tense, agreement of the past participle in gender and number with the antecedent is optional.

   La signora che ho invita**to** (invita**ta**) è inglese.
   *The woman I invited is English.*

### B. Cui

1. **Cui** corresponds to *whom, that, which* and is always used after a preposition. It refers to both persons and things and is invariable.

   l'uomo **di cui** parli
   *the man (whom) you're talking about*

   la signora **di cui** ci siamo lamentati
   *the lady (whom) we complained about*

   i bambini **a cui** piacciono i biscotti
   *the children who like cookies*

   il palazzo **in cui** abitate
   *the building (that) you live in*

---

\* Note that in Italian, the preposition never comes at the end of a relative clause.

2. **In cui** or **che** is used after expressions of time where English uses *when* (which is often unexpressed).

> il giorno **in cui** (che) mi hai visto
> *the day (when) you saw me*
>
> l'anno **in cui** (che) ha nevicato
> *the year (when) it snowed*

3. **Per cui** is used after expressions of cause where English uses *why* or *that* (which is usually unexpressed).

> la ragione **per cui** non sono venuti
> *the reason (that) they didn't come*
>
> il motivo **per cui** piangi
> *the reason (that) you are crying*

4. **In cui** is used after **modo** or **maniera** to mean *the way in which*. In English, *in which* is often unexpressed.

> il modo **in cui** Lei parla
> *the way (in which) you talk*
>
> la maniera **in cui** ballano
> *the way they dance*

**C. Il cui, la cui, i cui, le cui**

The *definite article* + **cui** expresses possession *(whose, of which)*. The article agrees with the noun that follows **cui** and not with the antecedent of **cui.**

Ecco la signora **il cui marito** è avvocato.
*There's the woman whose husband is a lawyer.*

Il palazzo **le cui finestre** sono chiuse è in vendita.
*The building whose windows are closed is for sale.*

**D. Il quale, la quale, i quali, le quali**

1. The article + **quale** can be used instead of **che** as the subject of a clause often in order to avoid ambiguity.

> Ho conosciuto la sorella di Luca **la quale** (che) abita a Firenze.
> *I met Luca's sister who lives in Florence.*

2. The article + **quale** can be used instead of **cui** after a preposition. The article combines with the preceding preposition as necessary: **al quale, della quale, nei quali, sulle quali,** etc.

> Sono i parenti con **i quali** (con cui) vado in vacanza.
> *They are the relatives with whom I go on vacation.*
>
> Ci sono organizzazioni ecologiche **alle quali** (a cui) appartengono molti giovani.
> *There are ecological organizations to which many young people belong.*

## E. Chi

Unlike the other relative pronouns, **chi** does not require an antecedent and is used only for people. It corresponds to *he (him) who, she (her) who, whoever, whomever, the one(s) who, those who*. When used as the subject of the relative clause, it always takes a singular verb. **Chi** is often found in proverbs, popular sayings, and generalizations.

Ride bene **chi** ride ultimo.
*He who laughs last laughs best.*

Ammiro **chi** dice la verità.
*I admire those who tell the truth.*

Potete dare il mio indirizzo a **chi** volete.
*You can give my address to whomever you want.*

## F. Chi

**Chi?**—not to be confused with **chi** used as a relative or indefinite pronoun—is an interrogative pronoun that corresponds to *who?* or *whom?* Preceded by prepositions, **chi?** corresponds to *whose?, to whom?, with whom?, for whom?*, etc. It can appear in direct or indirect questions:

**Chi** viene a cena? / Mi domando **chi** hai invitato a cena.
*Who is coming for dinner? / I wonder whom you have invited for dinner.*

**Di chi** è quella villa? / Anna sa **di chi** è quella villa.
*Whose villa is that? / Anna knows whose villa that is.*

**Con chi** esci questa sera? / Dimmi **con chi** esci questa sera.
*With whom are you going out tonight? / Tell me with whom you are going out tonight.*

## G. Quello che, quel che, ciò che, quanto

| | | |
|---|---|---|
| **quello (quel) che**<br>**ciò che**<br>**quanto** | *that which, what* | refer to things |
| **tutto quello (quel) che**<br>**tutto ciò che**<br>**tutto quanto** | *everything that, all that* | refer to things |
| **tutti quelli che**<br>**(tutti) quanti** | *everyone that, all that* | refer to people or things |

—*Quello che mi spinge a scrivere è il bisogno di comunicare con altre persone...*

Non capisco **quello che** dici.
*I don't understand what you are saying.*

Facevano **tutto quanto** potevano.
*They did everything they could.*

**Tutti quelli che** lo conoscono gli vogliono bene.
*Everyone who knows him loves him.*

Devi restituirmi **tutti quanti** i soldi che ti ho prestato.
*You must return all the money that I lent you.*

## ■ Esercizi

**a.** **Ecologia.** *Inserire la forma corretta del pronome relativo.*

1. Mi fa paura lo smog che respiriamo in città.
2. Sono importanti le iniziative con cui si cerca di risolvere la situazione. (le quale)
3. Oggi è il giorno in cui le macchine circolano a targhe alterne.
4. Gli ambientalisti offrono suggerimenti che migliorano la qualità dell'aria.
5. Legambiente è un'organizzazione a cui collaborano molti cittadini. (alla quale)
6. È la campana nella quale si depositano i vetri. (in cui).
7. L'AICC è l'associazione che promuove l'uso della bicicletta.
8. È il treno «low cost» con cui siamo andati in Inghilterra.
9. Ci sono diverse organizzazioni che promuovono la coscienza ecologica.

**b.** *Completare ciascuna delle frasi del Gruppo A con la frase corretta del Gruppo B.*

|  A | B |
| --- | --- |
| 1. Quello che non mi piace | a. quelli che se lo meritano. |
| 2. Non riuscivamo a capire | b. che si occupi dei bambini. |
| 3. Non c'era nessun ristorante | c. il motivo per cui parlavano in quel modo. |
| 4. Aiutiamo volentieri | d. in cui non fossimo stati. |
| 5. Cercano una signorina | e. è che si interessino degli affari miei. |
| 6. È bene parlare di cose | f. di cui abbiamo un'esperienza diretta. |

**c.** *Sostituire un altro pronome relativo a quello usato.*

ESEMPIO    Il romanzo di cui mi parli non mi è piaciuto affatto.
          **Il romanzo del quale mi parli non mi è piaciuto affatto.**

1. Chi non vuole venire può restare a casa.
2. L'università in cui studiano i suoi figli è la stessa in cui ha studiato lui.
3. Vuoi sapere il motivo per cui ho preferito tacere?
4. Prendi solo i libri di cui hai bisogno.
5. Desidero ringraziarvi di ciò che avete fatto per me.
6. Non sono molti gli Americani a cui piacciono gli spinaci.
7. L'avvocato di cui mi avete parlato non abita più qui.
8. Fa' quello che vuoi!

**d.** *Combinare le due frasi usando* **che** *o una preposizione* + **cui**.

> ESEMPIO    Vada a prendere i libri. Sono sugli scaffali.
> **Vada a prendere i libri che sono sugli scaffali.**

1. Qual è la casa? La casa è in vendita.
2. Non ricordo lo studente. Gli ho imprestato il dizionario.
3. Come si chiama la ragazza? Le hai telefonato pochi minuti fa.
4. Ha un fratello. Non va d'accordo con lui.
5. Sono problemi attuali. Ne abbiamo già parlato ieri.
6. Questo è l'indirizzo. Non dovete dimenticarlo.
7. Quella è la professoressa. Le dà fastidio il fumo.
8. Ecco l'appartamento. Ci abitano da diversi anni.

**e.** *Formare un'unica frase usando* **il (la, i, le) cui**.

> ESEMPIO    Alberto Moravia è uno scrittore. I suoi racconti sono famosi.
> **Alberto Moravia è uno scrittore i cui racconti sono famosi.**

1. Andiamo dallo zio. La sua casa è in montagna.
2. Aldo è un mio amico. I suoi genitori sono piemontesi.
3. Roma è una città. Abbiamo studiato i suoi monumenti.
4. C'è una via. Ho dimenticato il suo nome.
5. Giancarlo Giannini è un attore. I suoi occhi mi piacciono molto.
6. Michelangelo è un artista. Le sue opere sono ammirate da tutti.

**f.** *Completare il seguente brano con i pronomi relativi appropriati.*

L'autore di _____ parleremo e con _____ chiuderemo questo ciclo di lezioni presenta alcune caratteristiche _____ lo differenziano dagli altri autori _____ abbiamo letto. Il romanzo da _____ ho tratto il brano _____ leggeremo è stato incominciato in un periodo in _____ l'autore si trovava in America. È la storia di una serie di misteriosi delitti _____ sono commessi nella biblioteca di un monastero. Il romanzo, la _____ trama s'intreccia *(intertwines)* con la Storia, è difficile da definire. Ci sono critici _____ lo definiscono un'allegoria, altri _____ lo considerano un romanzo poliziesco. Il libro, da _____ è anche stato tratto un film, ha ricevuto molti premi letterari.

**g.** *Completare le seguenti frasi:*

1. Chi studia molto...
2. Ricordo ancora il giorno in cui...
3. Le cose di cui ho più bisogno sono...
4. Non mi piace il modo in cui...
5. Quello che conta nella vita è...
6. Ciò che Serena voleva era che...
7. La ragione per cui studio l'italiano è che...

**h.** *Rispondere alle seguenti domande:*

1. Ci sono persone che conosci i cui genitori o i cui nonni sono nati in Italia?
2. C'è un professore / una professoressa nella tua università che è conosciuto/a in altre parti del mondo?
3. Conosci un regista / una regista italiano/a i cui film sono popolari in altri paesi?
4. Conosci qualche scrittore le cui opere consideri importanti?
5. Sai il nome degli attori e delle attrici che hanno vinto l'Oscar l'anno scorso?
6. C'è qualche uomo politico moderno il cui nome, secondo te, sarà ricordato nella storia?

LETTURA

## ■ Prima di leggere

Dino Buzzati (Belluno, 1906–Milano, 1972) è considerato
uno tra gli scrittori italiani più originali del Novecento. Nel
1928 cominciò a lavorare per uno dei maggiori quotidiani
italiani, il *Corriere della Sera*, prima come cronista, poi
come redattore ed inviato speciale. Buzzati è stato autore
di poesie, racconti e romanzi, tra cui ricordiamo *Il deserto
dei Tartari*. Il brano che segue è estratto da un libro di
racconti pubblicato nel 1960, il cui titolo è *Siamo spiacenti
di*. In questi racconti Buzzati, con assoluta onestà, si
definisce «spiacente» di rivelare ai suoi lettori la cruda
verità sulla vita di tutti i giorni, sui sentimenti, sulle
ideologie.

Dino Buzzati.

Capita spesso che, quando torniamo in luoghi da
cui siamo mancati per molto tempo, ci accorgiamo che
qualcosa è cambiato intorno a noi e a volte non riusciamo
ad identificarlo. Può essere un oggetto, un suono, un sapore
o un odore. A volte il luogo è talmente cambiato che ci
sembra di non riconoscerlo più.

In gruppi di due o tre studenti, cercate di ricostruire e
raccontare un'esperienza del genere. Riflettete sui cambiamenti, avvenuti nel corso degli anni, di
un posto (un luogo dell'infanzia, per esempio) che conoscevate molto bene. Può anche essere la
città in cui siete nati. Ecco alcune domande utili.

1. Com'era il posto? Quali ricordi hai della gente, dei luoghi, dei suoni, degli odori, eccetera?

2. C'erano degli elementi a cui eri particolarmente affezionato/a?

3. Nel corso degli anni com'è cambiato questo posto? Che cosa manca e che cosa è stato
   aggiunto?

4. Che cosa ha deterrminato questi cambiamenti?

5. Credi che questi cambiamenti fossero necessari?

6. Quali sono le tue sensazioni quando ripensi a come questo posto era tanti anni fa?

230    Capitolo 9

# I vantaggi del progresso

Dopo un'assenza di tre anni, Giuseppe tornò a Gron, suo paese natale, dove aveva una casa di campagna. Quando arrivò, era felice. Il sole risplendeva° e tutto si presentava al posto giusto, come nei lontani anni. Le montagne, i prati, gli alberi, le siepi°, i sassi°, le nuvole. Eppure Giuseppe si guardava intorno come stesse cercando ancora qualche cosa.

Disse alla moglie, che conosceva il posto come lui e come lui lo amava: «Senti, Bianca, non hai anche tu l'impressione che, da tre anni a questa parte, qualcosa sia cambiato? Non riesco a capire cosa sia, ma la campagna, o la casa, o l'aria, o che so io, non è più come una volta.» 5

La moglie si guardò intorno attentamente senza riscontrare° niente di anormale. I prati, i boschi°, i sassi, le case sparse qua e là, le montagne, il campanile° in fondo, perfino i pali della luce, tutto appariva in ordine perfetto. 10

«Sono della tua idea, sai, Beppe», disse. «Non c'è proprio niente di cambiato. Noi piuttosto, siamo cambiati. Invecchiamo°, caro mio. Ma non vogliamo ammetterlo. E i cambiamenti nostri, che avvengono dentro di noi, li attribuiamo al mondo circostante°.»

«Brava, Bianca! Non ti ho mai sentito fare un discorso così filosofico e difficile. E hai tutte le ragioni. Però in questo caso non credo si tratti di vecchiaia°. C'è solo una cosa che è cambiata, ma non riesco a capire cosa sia.» 15

A questo punto Bianca lo lasciò rientrando in casa perché aveva le valigie da disfare°. E non se ne parlò più fino al mattino successivo quando, svegliatasi all'alba°, Bianca andò ad affacciarsi al davanzale° e contemplando la bellissima campagna che il primo sole stava illuminando, rimase in forse° pure lei. Giuseppe aveva ragione. Al paragone di una volta c'era qualche cosa di cambiato. Non proprio un cambiamento ma una aggiunta, un'intrusione, l'ingresso° di un elemento nuovo. Piuttosto una mancanza, una sottrazione, un vuoto°. Ma che vuoto? 20

All'improvviso lui balzò° dal letto: «Ma che sono imbecille! Ma come facevo a non capirlo? Ma se è così evidente!... Gli uccelli, gli uccellini... Non ti accorgi°, Bianca, che in questa campagna non esistono più uccelli?» Si misero al davanzale e ascoltarono. 25

Una volta gli alberi e le siepi intorno erano tutti un cicaleccio°, specialmente a quell'ora presta del mattino. Voci disparatissime di passeri, cardellini, pettirossi, cingallegre, scriccioli, verdoni, merli°, eccetera. C'era chi cantava da maestro, e chi sapeva fare solamente un piccolo richiamo sempre uguale, chi improvvisava degli stupendi versi e chi sapeva fare soltanto una crocetta come firma. Ma l'allegria era generale. 30

Ora invece c'era il silenzio. Non un gorgheggio°, non un verso, un trillo°, un sibilo, un sospiro, un batter d'ali°. Nudo silenzio.

Passò di sotto il vecchio Giacomo spingendo una carriola. «Di' un po', Giacomo. Come va questa faccenda? Dove sono andati a finire tutti gli uccelli che c'erano una volta?» 35
«Ah, signor signor allora anche lei se ne è accorto? Ha visto che deserto? Pensare il chiasso che facevano una volta!»

«E perché tutto questo? Cos'è successo?»

«Sono stati i cacciatori a sterminarli.» 40

«Ah, signor signor, cosa vuole che siano stati i cacciatori°? Macché cacciatori! La causa è un'altra... Ma non l'hanno mica ancora ben capita... Se ne dicono tante. C'è chi dà la colpa ai concimi chimici°, dicono che da questi concimi nasce del grano che agli uccelli non piace, e così lo stesso per la canapa, il granturco e le altre piante...

Capisce, signor signor? E c'è chi dà invece la colpa al diditì°, dicono che mosche°, moscerini° eccetera servivano agli uccelli come nutrimento ma adesso gli insetticidi° hanno fatto strage° delle mosche e gli uccelli non hanno più da mangiare e se ne sono andati disgustati... E poi, signor signor, c'è chi parla della bomba atomica. 45

*was shining*
*hedges / rocks*

**senza... :** *without noticing*
*woods / bell tower*

*We are getting old*
*surrounding*

*old age*

*unpack*
*at dawn*
**andò ... :** *went to the windowsill / in doubt*

*entrance*
*void*
*jumped*
**Non... :** *Don't you realize*

*chatter / passeri... : sparrows, goldfinches, readbreasts, great titmouse / wrens, greenfinches, blackbirds*

*wrabble / ring*
*noise of wings*

*hunters*

**concimi... :** *fertilizers*

*pesticide / flies*
*little flies / insecticides*
*slaughter*

*le... : they make them explode / explosions; move around / ci... : happen to go inside / they all fall shot to death grumbling / cigolio... : creaking noise of the wheel barrow*

*horn / roars*

*silent*
*trucks*
*stagnated*
*nocturnal rapacious bird*

*Non... : I can't wait to*

Come si fa a sapere noi—così dicono—a sapere l'effetto delle bombe atomiche anche se le fanno scoppiare° dall'altra parte della terra? Chi dice che da questi scoppi° non vengano 50 fuori delle nuvole e che queste nuvole girino° e se gli uccelli ci capitano dentro° cascano tutti fulminati°? Come si fa a saperlo?

Eh, signor signor, questi sono tempi grami e bisognerebbe... » Se ne andò brontolando° e ben presto svanì anche il cigolio della carriola°. Quindi tornò il silenzio.

Per avere finalmente un poco di silenzio, Giuseppe e Bianca avevano lasciato la città. 55 Non ne potevano più di strepiti, di rombi, di cigolii, di scoppi, di clacson°, di ruggiti°.

Una cosa sola desideravano: Il silenzio. Ma non questo. Questo era un silenzio esagerato, assurdo, e ricordava il sonno dei sepolti. Una campagna così taciturna° era peggio dei micromotori, dei tram in curva, dei camion° in accelerazione. Come se fosse una terra maledetta o vi ristagnasse° un gas mortale. 60

Restarono tre giorni. Non udirono che grida di cornacchie, e, di notte, un barbagianni°. Allora lui: «Su, Bianca, prepara le valigie, ritorniamo. In città almeno qualche passerotto lo troviamo. Non vedo l'ora di° sentire la sua voce!»

## ■ Comprensione

1. Dove vanno Giuseppe e sua moglie?

2. Com'era il paese quando Giuseppe e la moglie sono arrivati?

3. Che sensazione ha avuto Giuseppe nel rivedere quel posto?

4. Anche Bianca aveva la stessa sensazione di Giuseppe?

5. A che cosa ha attribuito Bianca, all'inizio, le sensazioni di Giuseppe?

6. Finalmente Giuseppe capisce qualcosa. Cosa è cambiato?

7. Qual è la spiegazione di Giacomo sulle cause del cambiamento?

8. Che cosa decidono di fare Giuseppe e Bianca dopo solo tre giorni passati in quel paese e perché?

## ■ Temi per componimento o discussione

1. La benzina ed il gasolio in Italia costano molto di più che in altri paesi. Discutete la dipendenza degli esseri umani da mezzi di trasporto che usano questo tipo di carburante. Inoltre sappiamo tutti che il gasolio è una risorsa che non durerà in eterno. Discutete come conservarlo e quali strategie personali e tecnologiche andrebbero messe in atto per il bene di tutti.

2. Di tanto in tanto, in molte città italiane sono in vigore (in effect) i «weekend a piedi», con la chiusura del centro al traffico automobilistico. La gente riscopre la bicicletta e il piacere di lunghe passeggiate, l'aria dell'ambiente urbano è più pulita, si risparmia la benzina. Che ne pensate? Sarebbe possibile un provvedimento del genere dove vivete voi?

3. Il progresso scientifico ci aiuta a migliorare il mondo e la vita di tutti giorni, ma troppo spesso comporta dei grandi danni all'ambiente, alla natura ed alla nostra salute. Secondo voi, come dovremmo impiegare il progresso? Dove e come dovremmo concentrare i nostri sforzi per avere un mondo migliore?

4. Immaginate di essere ad un «talk show» in cui si discute sui vantaggi e gli svantaggi del progresso. Create due gruppi in classe e discutete su questi due punti. L'insegnante o uno studente / una studentessa può essere il moderatore.

## L'automobile

L'industria automobilistica italiana è molto produttiva ed è conosciuta in tutto il mondo. Chi non ha sentito parlare delle macchine di lusso Ferrari, Lamborghini, e Maserati? Ma non tutti si possono permettere automobili da decine o centinaia di migliaia di euro! Per prezzi più accessibili, la FIAT, la Lancia e l'Alfa Romeo producono macchine di buona qualità, molto diffuse non solo in Italia. La maggior parte degli Italiani si affezionano in modo particolare alla propria macchina e se ne prendono una cura speciale.

### Rispondi alle seguenti domande:

1. Hai una macchina? Quale? Se non hai una macchina, ne vorresti una? Perché?

2. Qual è il tuo rapporto con le auto? Ti prendi (o prenderesti) buona cura della tua?

3. Come dovrebbe essere la macchina ideale? Descrivila in dettaglio.

Adesso guarda come Marco si prende cura della sua Mini, nel video sul sito web **www.cengage.com/login**. Cosa ne pensi? Parlane con i tuoi compagni di classe. Puoi trovare altre attività sul video alla fine del Capitolo 9 del *Workbook* (nel *Student Activities Manual*) che accompagna questo libro.

 **PER COMUNICARE**

Track 19

**Volta a sinistra.** Paolo e Sabina sono diretti a piedi a casa di amici che non vedono da tanto tempo.

PAOLO: Andiamo di qua. Continuiamo dritto fino al semaforo e poi svoltiamo a destra.

SABINA: No, no. Dobbiamo voltare a sinistra qui al primo incrocio, poi a destra, subito dopo il ponte. Ricordo benissimo che bisogna arrivare fino in fondo al viale. C'è un bar all'angolo e la casa è davanti alla chiesa.

PAOLO: Mah! Io ho idea che si debba passare vicino ai giardini pubblici, attraversare al semaforo e prendere Corso Rinascimento a destra, subito dopo la farmacia.

SABINA: Secondo me ti sbagli: dovremo tornare indietro. Se non avessi dimenticato a casa la carta!

### Dare indicazioni stradali

| | |
|---|---|
| (Per) di qua. | *This way.* |
| Vada dritto. | *Go straight ahead.* |
| Attraversi al semaforo. | *Cross at the traffic light.* |
| Giri / Svolti a destra / sinistra. | *Turn right / left.* |
| all'incrocio | *at the intersection* |
| alla traversa | *at the crossroad* |
| all'angolo | *at the corner* |
| la prima / seconda strada | *the first / second street* |

### Punti di riferimento

| | |
|---|---|
| davanti ai giardini pubblici | *in front of the public gardens* |
| dietro la chiesa | *behind the church* |
| prima del ponte | *before the bridge* |
| dopo la farmacia | *after the pharmacy* |
| vicino al bar | *close to the bar* |
| a destra dell'edicola dei giornali | *to the right of the newsstand* |
| a sinistra della stazione | *to the left of the station* |
| davanti alla fermata dell'autobus | *in front of the bus stop* |
| a cento metri dalla scuola | *one hundred meters from the school* |
| di fronte alla banca | *facing the bank* |

### Termini utili

| | |
|---|---|
| viale, via, vicolo, corso | *boulevard, street, alley, large street* |
| piazza, piazzale, largo | *square, esplanade, square* |
| circonvallazione | *bypass, beltway* |
| strada, strada statale, autostrada, superstrada | *street, main street, highway, superhighway* |

## ■ Che cosa diciamo?

**Dove sono?** *Suggerire dei punti di riferimento per meglio identificare i seguenti luoghi:*

1. il dipartimento di lingue

2. la libreria dell'università

3. la discoteca

4. la tua pizzeria preferita

5. l'ufficio postale

6. la fermata dell'autobus

7. il centro commerciale

1. Tu dai una festa. Hai invitato i compagni di corso e il professore / la professoressa d'italiano, ma il professore / la professoressa non è mai stato/a a casa tua. Spiegale/gli come arrivarci dall'università.

2. Qual è la strada più breve tra l'università e il centro?

3. Il tuo amico Piero è appena arrivato e ti telefona dall'aeroporto. Ha preso una macchina a noleggio ma non sa come arrivare a casa tua.

4. Tu lavori da Hertz. Spiega a dei clienti italiani come raggiungere un'interessante zona turistica non lontana dalla città.

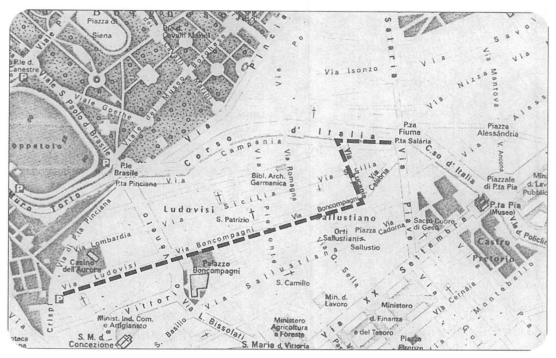

*Per andare da Via Ludovisi a Piazza Fiume continui dritto su Via Ludovisi e Via Boncompagni, svolti a sinistra su Via Lucania e poi a destra su Corso d'Italia. Da lì Piazza Fiume non è lontana.*

# Cosa facciamo questa sera?

## 10

©The Thomson Corporation/Heinle Image

**Grazie al cielo è venerdì!** Le lezioni sono finite, i ragazzi s'incontrano al «baretto» dell'università per discutere i programmi del fine settimana.

| | |
|---|---|
| ANNA: | Stasera su Canale 5 danno *Mamma in sciopero.* |
| MARCO: | Stai pure a casa a guardarlo, se vuoi. Anzi°, no. Registralo e esci con noi. |
| ANNA: | Ma sì, perché no? Andiamo al cinema. Al Palace fanno *Le chiavi di casa,* di Gianni Amelio. È di quelli del festival di Venezia. |
| ISA: | Buona idea! Il Palace è vicino a casa tua ed è meglio comprare subito i biglietti. Comprali tu per tutti, per favore. Ci vediamo lì alle 8.00. |
| CARLO: | Un momento! C'è un concerto di Jovanotti domani allo stadio. Non ce lo perdiamo! |
| ISA: | Giusto! Andiamoci! |
| MARCO: | Sarà carissimo. Io non me lo posso permettere. |
| ISA: | È vero, sì. Beh, io ho il nuovo CD. Venite da me domani e lo ascoltiamo insieme. |
| MARCO: | Ma che carina°! Pensate quanto ci fa risparmiare! |

*Or better*

*How nice she is!*

## ■ Esercizi

**a.** *Rispondere alle seguenti domande:*

1. Di che cosa parlano i ragazzi?
2. Quale film vuole vedere Anna in TV?
3. Che cosa consiglia Marco?
4. Anna ha un'idea precisa di come passare la serata con gli amici. Quale?
5. Gli amici accettano, ma le danno un incarico *(task).* Cosa deve fare Anna?
6. C'è anche un'altra attrazione. Di che cosa si tratta?
7. Interessante! Ma qual è il problema e come si risolve?

**b.** *Combinare le parole della lista A con i significati della lista B.*

| A | B |
|---|---|
| 1. registrare | a. vuole convincerti a fare o comprare qualcosa |
| 2. telespettatore | b. rappresentazione artistica |
| 3. attualità | c. allestisce *(stages)* e dirige uno spettacolo |
| 4. pubblicità | d. fissare suoni / immagini su disco o nastro |
| 5. spettacolo | e. cose che succedono nel presente |
| 6. regista | f. guarda la TV |

Praticamente in tutte le case italiane c'è almeno un televisore e sono tanti i telespettatori. La TV offre programmi di ogni genere: politici, di attualità, culturali e sportivi. Hanno molto successo i giochi, come *Chi vuol esser milionario* e i «reality show» come *Grande Fratello* e *L'Isola dei Famosi*. Sono seguiti con grande interesse anche i programmi d'attualità e gli incontri sportivi, soprattutto le partite di calcio. Oltre ai film e ai telefilm italiani, la TV trasmette film stranieri doppiati *(dubbed)*, «soap opera» e cartoni animati, compresi *I Simpson*. Per i giovanissimi c'è la rete Italia 1, che è dedicata soprattutto ai teenager.

I cinema italiani sono frequentati da un gran numero di spettatori, tant'è vero che è sempre meglio prenotare i biglietti in anticipo. Insieme ai film di produzione italiana, nelle sale cinematografiche vengono proiettati anche molti film stranieri, in gran parte americani ed europei. Di solito questi ultimi sono doppiati, quindi non si pone il problema di dover leggere i sottotitoli. Dal Neorealismo alla produzione di Nanni Moretti e di Roberto Benigni, il cinema italiano ha sempre esplorato la realtà contemporanea. Questa tradizione continua con i nuovi registi, tra cui Gianni Amelio, Paolo Sorrentino *(Il divo, 2008)* e Matteo Garone, il quale ha diretto *Gomorra* (2008). I loro film trattano delle situazioni familiari, dei rapporti tra genitori e figli, dei drammi psicologici personali, e dei problemi sociali che caratterizzano la realtà italiana di oggi.

Anche la musica è seguita con grande interesse. Accanto agli spettacoli di musica lirica e sinfonica nei teatri e negli auditorium, sono diffusi i concerti e i festival di musica popolare, in particolare il Festival della Canzone Italiana di Sanremo. I giovani seguono assiduamente le trasmissioni televisive di videomusica e, sebbene s'interessino alla musica inglese e americana, amano in particolare la canzone d'autore italiana, quella di Lucio Dalla, Francesco De Gregori, e Battiato, per citarne solo alcuni. Sono apprezzati anche i cantautori della nuova generazione: Laura Pausini, Giorgia, Eros Ramazzotti, e tanti altri che nelle loro canzoni raccontano i problemi dei giovani, i loro sentimenti e desideri, le loro preoccupazioni. E piacciono molto anche il rock di Ligabue e di Vasco Rossi, il rap di Jovanotti e di Fabri Fibra, il «blues» di Zucchero e la vena lirico-romantica del cantante cieco *(blind)* Andrea Bocelli. I loro concerti, che si tengono di solito negli stadi o in teatri molto grandi, attraggono numerosissimi spettatori.

## ■ Vocabolario utile

*Il tempo libero*

**il passatempo** pastime
**la mostra d'arte** exhibition
**il museo** museum
**il concerto** concert
**il festival di musica** music festival
**la sagra / festa cittadina** town festival
**la fiera** fair
**il locale notturno** nightclub
**il bar** bar
**la discoteca** club

**il ristorante** restaurant
**il caffè** coffee shop
**l'albergo** hotel
**il bed and breakfast** bed and breakfast
**l'agriturismo** agrotourism, farm holiday
**il parco** park
**il giardino** garden

*La televisione, la musica, il cinema, il teatro*

**lo spettacolo** performance
**il biglietto** ticket

**il / la regista** film director
**l'attore / l'attrice** actor / actress
**lo sciopero** strike
**il sottotitolo** subtitle
**il piccolo / grande schermo** the small / big screen
  (television vs. cinema)
**il programma «spazzatura»** "trash" tv
  program
**il corrispondente televisivo** tv correspondent
**l'attualità** current events
**il telespettatore** television viewer
**la trasmissione** broadcast
**la pubblicità** advertising
**l'incontro sportivo** match, game

**accogliere** to receive / to welcome
**dare (alla TV)** to show
**perdere** to lose, to miss
**prenotare** to reserve
**recitare** to act
**registrare** to record
**risparmiare** to save
**seguire** to follow

**in anticipo** ahead of time

*Espressioni utili*

**assolutamente da non perdere** not to be missed
**aperto 24 ore su 24** open 24 hours a day
**passare la serata con gli amici** to spend the
  evening with friends
**noleggiare un film** to rent a movie
**ordinare una pizza** to order a pizza
**prendere qualcosa da bere** to get a drink
*andare in palestra to go to the gym
**fare una passeggiata** to go for a walk
**condurre una vita sedentaria** to conduct a
  sedentary life
**praticare uno sport** to play a sport
*allenarsi con la squadra to practice with the team
**nuotare / fare immersioni** to go swimming /
  diving
*andare a correre / a sciare / in bici / in moto
  to go running / skiing / bicycle riding /
  motorcycle riding

**giocare a calcio / a pallacanestro / a football
  americano / a hockey / a baseball** to play
  soccer / basketball / football / hockey / baseball

*Un ripasso: to hear*

**sentire** (less commonly: **udire**) qualcuno /
  qualcosa
**sentire parlare di** qualcuno / qualcosa *Avete
  sentito parlare di questo film?*
**sentirci** *Non ci sento bene; sono quasi sordo/a!*
**sentire (dire) che** *Hanno sentito che ci sarà un
  nuovo programma.*
**ascoltare** *Ti piace ascoltare la radio?*

**avere notizie di** *È molto tempo che non ho notizie
  di Vittorio.*
**ricevere notizie da** *Chi ha ricevuto notizie da
  Vittorio?*

*Un ripasso: to enjoy*

*piacere *Ho visto il film ma non mi è piaciuto.*
**fare piacere** + *infinitive Mi farà piacere conoscere
  i tuoi genitori.*
**fare un piacere a qualcuno** + *infinitive Mi fai un
  piacere? Ascoltarmi.*
**godere** to enjoy
  godere di buona salute, di buona reputazione,
  una bella vista
  godere il sole, l'aria fresca, la compagnia di una
  persona, i frutti del proprio lavoro, le gioie
  della vita
**gradire** to relish, like, appreciate
  gradire una lettera, un regalo, una vista, dei
  fiori
**gustare** to savor, to appreciate
  gustare il cibo, la musica

Related words:
**il piacere** pleasure
**piacevole** pleasant

**gusto** taste
**gustoso** tasty

**rubare** qualcosa a qualcuno
    *Le hanno rubato il portafoglio.*
**rapire** (-isc-) *Hanno rapito il bambino*
    *e adesso vogliono*
    *un milione di euro!*
**derubare** or **rapinare** *Mia zia è stata*
    *derubata /rapinata.*
*I banditi hanno rapinato una banca.*

Related words:
**rapinatore / ladro** robber / thief
**rapina / furto** robbery / theft
**il rapitore / la rapitrice** kidnapper
**il rapimento** kidnapping

Un concerto entusiasmante allo Stadio San Siro a Milano.

## ■ Pratica

**a.** *Scegliere la parola o le parole che completano meglio la frase.*

1. Chi ha _____ le ultime notizie?
2. Grazie per la cartolina. L'ho _____ molto.
3. È impossibile che non abbiate mai _____ Dante, il padre della letteratura italiana.
4. I criminali volevano _____ la figlia del milionario.
5. I nonni di Paolo avevano quasi novant'anni ma _____ ancora buona salute.
6. Signora Raggi, complimenti per il dolce! L'ho veramente _____.
7. Mario ha avuto un incidente: ora non _____ dall'orecchio destro.
8. Ci sono molte cose che mi _____ fare durante il weekend.
9. È terribile. Giorgio è andato dal gioielliere e ha _____ una collana.

**b.** *Inserire le parole che completano meglio il dialogo.*

—Renata, ho _____ che hai trovato un lavoro a RAI 2. È vero?

—Sì, chi te l'ha detto?

—Ho _____ di te al supermercato—era tua sorella che parlava con un'amica. La notizia mi fa molto _____ Congratulazioni!

—Grazie! Ma tu hai sempre preferito _____ la radio, no?

—Mah, adesso _____ guardare la tv, specialmente le puntate di Chi vuole essere milionario.

—Davvero? Aspetta, io _____ uno squillo *(ring)*. È il tuo telefonino?

—No, purtroppo. Il mio è stato _____ due giorni fa.

—Dici sul serio? Mi dispiace!

**c.** *Domande per te.*

1. Hai mai ascoltato la radio italiana? Hai mai visto un programma italiano alla TV? Se sì, descrivi l'esperienza.
2. Ti farebbe più piacere ricevere in regalo un grande televisore a colori o una piccola motocicletta? Perché?
3. Cerca su Internet le parole della canzone rap di Fabri Fibra, *In Italia*. Scrivi un commento.

## ■ A voi la parola

**a.** **TV, cinema e musica.** *In gruppi di due o più studenti, rispondete alle domande che seguono e paragonate le vostre opinioni con quelle dei compagni.*

1. Ci sono programmi televisivi che vi interessano in particolare? Quali? Perché? Piacciono anche ai vostri amici? Li vedete insieme?
2. Andate spesso al cinema? Che tipo di film vi interessa? Conoscete film stranieri? Quali?
3. Discutete con i vostri compagni il film che vi è piaciuto di più e spiegate perché.
4. Ascoltate spesso la musica? Quando? Che tipo di musica vi piace?
5. Quali sono i cantanti e / o i compositori che preferite? Perché? Siete attratti dalla musica, dalle parole delle canzoni, dalla personalità del musicista? Avete occasione di andare ai loro concerti?
6. In Italia ha molto successo la musica rap (Gemelli Diversi, Fabri Fibra, Sottotono, 99 Posse, Frankie Hi-NRG). Sapete spiegare i motivi di tale successo?

AP Images

Andrea Bocelli

«Sono nato nel 1958 nella campagna toscana. Le tradizioni regionali, così come i miei genitori, mi hanno insegnato a non accettare mai le difficoltà della vita in modo passivo, ma piuttosto ad attingere nuova forza da esse. Cerco di essere sempre ottimista, ispirandomi al vero significato della frase dello scrittore francese Antoine de Saint-Exupèry: «Si può vedere chiaramente solo attraverso il cuore. L'essenziale è invisibile agli occhi.»

Dalla biografia del cantante cieco Andrea Bocelli.

**b.** **Vita e arte.** *Con due o più compagni, esprimete le vostre opinioni e rispondete alle seguenti domande:*

1. Andrea Bocelli è un cantante di fama internazionale. Commentate le parole tratte dalla sua biografia.
2. Conoscete un altro personaggio del mondo dell'arte o dello spettacolo che deve o ha dovuto superare un handicap fisico? Parlatene con i compagni.
3. Avete occasione di ascoltare le canzoni di cantautori italiani? Quali? Cosa ne pensate? Trovate similitudini o differenze con i cantautori americani?

**c. Dai giornali: informazioni e commenti.** *Leggete le informazioni proposte e discutete con i compagni le seguenti domande:*

1. Scegliete nella lista dei programmi televisivi un titolo che vi interessa. Di che cosa tratterà la trasmissione? Cosa ne pensano i compagni?
2. Riconoscete trasmissioni che vi sono familiari? Perché, secondo voi, sono popolari in Italia?
3. Da cosa pensate che derivi il successo italiano del reality show «L'Isola dei Famosi»? Che cosa attrae un numero così alto di spettatori?
4. In Italia arrivano regolarmente i film americani di successo con grande interesse del pubblico e della critica. Conoscete film italiani che hanno avuto successo negli Stati Uniti? Ricordate i nomi dei registi e degli attori?

## CANALE5

| | |
|---|---|
| 6.00 | TG5 Prima Pagina |
| 7.55 | Traffico - Meteo 5 |
| 7.58 | Borsa e monete |
| 8.00 | TG5 Mattina |
| 8.50 | Il Diario |
| 9.05 | Tutte le mattine |
| 9.34 | TG5 Borsa Flash |
| 11.42 | La mattina di Verissimo |
| 12.27 | Vivere - Soap opera con Veronika Logan, Giorgio Ginex, mavi Felli, Edoardo Costa |
| 13.00 | TG5 |
| 13.40 | Beautiful |
| 14.10 | Tutto questo è soap |
| 14.15 | Centovetrine |
| 14.45 | Uomini e Donne |
| 16.10 | Amici |
| 17.00 | Verissimo - Tutti i colori della cronaca - Conduce Cristina Parodi |
| 18.45 | Chi vuol essere milionario |
| 20.00 | TG5 |
| 20.31 | Striscia La Notizia - La voce dell'indipendenza |
| 21.00 | Mamma in sciopero Film TV di James Keach con Faith Ford, Tim Matheson |
| 23.10 | Palmetto - Un torbido inganno - Film di Volker Schlondorff con Elisabeth Shue, Woody Harrelson |
| 1.00 | TG5 Notte |
| 1.30 | Striscia La Notizia - La voce dell'indipendenza (R) |
| 2.01 | Il Diario |
| 2.15 | Shopping By Night |
| 2.45 | Amici |
| 3.20 | TG5 (R) |
| 3.50 | Tre nipoti e un maggiordomo |
| 4.15 | TG5 (R) |
| 4.45 | Chips - Telefilm |

## ITALIA1

| | |
|---|---|
| 7.00 | Franklin |
| 7.15 | Pixie e Dixie |
| 7.30 | Peter Pan |
| 7.55 | Un fiume di avventure con Huck |
| 8.25 | Tom & Jerry |
| 8.35 | Scooby Doo |
| 9.10 | Tom & Jerry |
| 9.20 | Don, un cavallo per amico Film di Michael Dinner con Bob Goldthwait, Virginia Madsen |
| 11.15 | MediaShopping |
| 11.20 | Boston Public - Telefilm |
| 12.15 | Secondo voi |
| 12.25 | Studio Aperto |
| 13.00 | Studio Sport |
| 13.40 | Detective Conan |
| 14.05 | I Simpson |
| 14.30 | Campioni, il sogno |
| 15.00 | Settimo cielo - Telefilm Menzogne |
| 15.55 | Doraemon |
| 16.10 | Tartarughe Ninja |
| 16.35 | Pokemon Advance Challenge |
| 16.55 | Mille magie Doremì |
| 17.25 | Piccoli problemi di cuore |
| 17.50 | Picchiarello |
| 17.55 | Malcolm - Telefilm |
| 18.25 | MediaShopping |
| 18.30 | Studio Aperto |
| 19.00 | Camera Cafè - Telefilm |
| 19.30 | Love Bugs |
| 20.00 | Camera Cafè Story Telefilm |
| 20.10 | Love Bugs |
| 20.40 | UEFA Champions League 2004/2005: Juventus-Real Madrid |
| 22.50 | Cronache marziane |
| 0.40 | Studio Sport |
| 1.10 | Studio Aperto La giornata (R) |

**Audience record per «L'isola»: 11 milioni. Lo share al 45,02%**

Milano - Ultima puntata da record per «L'isola dei famosi», il reality show condotto da Simona Ventura su Raidue. L'appuntamento di ieri è stato seguito da quasi 11 milioni di spettatori, con il 46,02 di share, conquistando la prima serata TV, ma anche la «palma» di programma più visto dell'intera giornata. Praticamente un italiano su due, davanti al piccolo schermo, era sintonizzato sull'«Isola».

*"Audience record per l'isola: 11 milioni" Corriere della Sera, 20 novembre 2004*

## STRUTTURA

### I. Imperativo

The **imperativo** *(imperative)* is used in Italian, as in English, to give orders and advice and to exhort. It exists in all persons except the first-person singular.

### Verbi regolari

The forms of the imperative for regular verbs in the three conjugations are:

|          | AMARE   | CREDERE  | FINIRE    | PARTIRE   |
|----------|---------|----------|-----------|-----------|
| (tu)     | ama     | credi    | finisci   | parti     |
| (Lui / Lei) | ami  | creda    | finisca   | parta     |
| (noi)    | amiamo  | crediamo | finiamo   | partiamo  |
| (voi)    | amate   | credete  | finite    | partite   |
| (Loro)   | amino   | credano  | finiscano | partano   |

Note that only the second-person singular **(tu)** of **-are** verbs has a special imperative form: *stem* + **-a. Tu, noi,** and **voi** use the present indicative forms; **Lei** and **Loro** use the present subjunctive forms.

1. The first-person plural of the imperative **(noi)** is used to make suggestions. It corresponds to the English *Let's* + *verb.*

   Andiamo a casa!       Accendiamo la luce!      Facciamo una passeggiata!
   *Let's go home!*       *Let's turn on the light!*      *Let's go for a walk!*

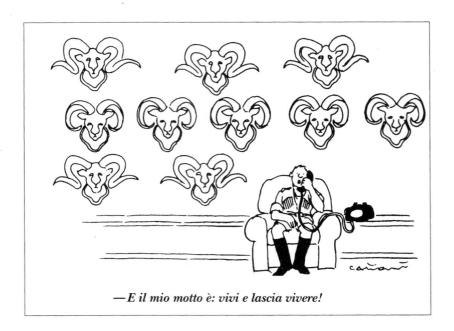

—E il mio motto è: vivi e lascia vivere!

2. For extra emphasis, the imperative may be accompanied by the subject pronoun placed before or after the verb.

Rispondi **tu!**
*You answer!*

**Lei** mi dica cosa vuole!
*You tell me what you want!*

3. To soften the intensity of the imperative, the words **pure** or **un po'** are often used.

Resta pure a cena!
*Please stay for dinner!*

Indovina un po'!
*Take a guess!*

## Verbi irregolari

**A.** **Avere** and **essere** have special forms for the second-person singular of the imperative, **abbi** and **sii,** and use the present subjunctive forms in all other persons.

| AVERE | ESSERE |
|---|---|
| abbi | sii |
| abbia | sia |
| abbiamo | siamo |
| abbiate | siate |
| abbiano | siano |

**B.** In the second-person singular, a few verbs use either a contracted form or the full form of the present indicative (except for **dire**).

| ANDARE | DARE | FARE | STARE | DIRE |
|--------|------|------|-------|------|
| **va'** (vai) | **da'** (dai) | **fa'** (fai) | **sta'** (stai) | **di'** |
| vada | dia | faccia | stia | dica |
| andiamo | diamo | facciamo | stiamo | diciamo |
| andate | date | fate | state | dite |
| vadano | diano | facciano | stiano | dicano |

**C.** Verbs that have irregular forms in the present indicative and present subjunctive show the same irregularities in the imperative.

| TENERE | USCIRE | VENIRE |
|--------|--------|--------|
| tieni | esci | vieni |
| tenga | esca | venga |
| teniamo | usciamo | veniamo |
| tenete | uscite | venite |
| tengano | escano | vengano |

## Imperativo negativo

To form the negative imperative, **non** is placed before the affirmative form in all persons except for **tu.** In the **tu** form, **non** + *infinitive* is used.

| AFFIRMATIVE | NEGATIVE |
|-------------|----------|
| (tu) lavora | non lavorare |
| (Lui / Lei) lavori | non lavori |
| (noi) lavoriamo | non lavoriamo |
| (voi) lavorate | non lavorate |
| (Loro) lavorino | non lavorino |

**Sii** puntuale!
*Be on time!*

**Prenda** il giornale!
*Take the newspaper!*

**Non essere** in ritardo!
*Don't be late!*

**Non prenda** la rivista!
*Don't take the magazine!*

## ■ Esercizi

**a.** **In classe.** *Cosa dice un professore italiano? Dare tutt'e due le forme dell'imperativo (il* **Lei** *e il* **voi***) per il verbo di ogni frase.*

> ESEMPIO  Il professore dice di studiare la lezione.
> **Studi la lezione!** (quando parla a uno studente)
> **Studiate la lezione!** (quando parla a tutti gli studenti)

Il professore dice di...

1. fare attenzione.
2. finire l'esercizio.
3. andare alla lavagna.
4. tradurre le frasi.
5. non dimenticare le eccezioni.
6. ripetere, per favore.
7. parlare più forte.
8. leggere il brano ad alta voce.
9. non avere fretta.
10. aprire il libro a pagina novanta.

**b.** *Dire all'amica Orietta di fare il contrario di quello che fa.*

> ESEMPI  Orietta tiene sempre il televisore acceso.
> **—Non tenere sempre il televisore acceso!**
>
> Orietta non studia.
> **—Orietta, studia!**

1. Orietta guarda la TV.
2. Non viene al cinema con noi.
3. Non va al Festival di Sanremo.
4. Ascolta soltanto la musica rock.
5. Regala solo i CD di Gianna Nannini.
6. Non sta zitta durante i concerti.
7. Non prenota i biglietti del teatro.

## Imperativo + pronomi

**A.** When object pronouns (direct and indirect, **ci** and **ne,** and combined forms) are used with the imperative, their position in relation to the verb is determined by the person of the verb.

1. Object pronouns *always* precede the verb in the **Lei** and **Loro** persons in both the *affirmative* and *negative* imperative.

| Lei | **Mi presenti** al regista! | **Non mi presenti** a tutti gli attori! |
|---|---|---|
| | *Introduce me to the film director!* | *Do not introduce me to all the actors!* |
| Loro | **Lo facciano** adesso! | **Non lo facciano** stasera! |
| | *Do it now!* | *Don't do it tonight!* |

2. When object pronouns are used with the *affirmative* imperative in the **tu, noi,** and **voi** persons, they follow the verb and are attached to it, forming one word. No matter how long the word becomes, the stress remains unaffected by the addition.

| | | |
|---|---|---|
| **tu** | **Raccontami** il film! <br> *Tell me the plot of the movie!* | **Raccontamelo** esattamente! <br> *Tell it to me exactly!* |
| **noi** | **Prendiamone** un po'! <br> *Let's take a little!* | Carla non vede i sottotitoli. **Leggiamoglieli!** <br> *Carla doesn't see the subtitles.* <br>     *Let's read them to her!* |
| **voi** | Jovanotti? **Ascoltatelo** <br>     a casa di Isa! <br> *Jovanotti? Listen to him at Isa's!* | Il Festival? **Guardatelo** alla televisione! <br> *The Festival? Watch it on TV!* |

3. When the shortened **tu** form of **andare, dare, dire, fare,** and **stare** is used with a pronoun (single or combined), the apostrophe disappears and the initial consonant of the pronoun is doubled (except for **gli**).

| | | | |
|---|---|---|---|
| **dare** | **da'** | **Dalle / Dagli** un bacione! <br> *Give her (him) a big kiss!* | **Dacci** oggi il nostro pane quotidiano! <br> *Give us this day our daily bread!* |
| **dire** | **di'** | Anna, **dimmi** di sì! <br> *Anna, tell me yes!* | **Digli / Dille** quando vieni! <br> *Tell him (her) when you're coming!* |
| **fare** | **fa'** | **Fallo** ora! <br> *Do it now!* | Hai le foto? **Faccele** vedere! <br> *Do you have the pictures? Show them to us!* |
| **stare** | **sta'** | Va' in Italia e **stacci** almeno un mese! <br> *Go to Italy and stay at least a month!* | |
| **andare** | **va'** | **Vattene** a casa e riposati! <br> *Go on home and rest!* | |

4. With the negative imperative of the **tu, noi,** and **voi** persons, object pronouns may either precede or follow the verb. With the **noi** form of the negative imperative, it is less common for object pronouns to follow the verb.

| AFFIRMATIVE | NEGATIVE |
|---|---|
| Parla**le!** | Non **le** parlare! Non parlar**le!** |
| Parlia**mole!** | Non **le** parliamo! (Non parlia**mole!**) |
| Parla**tele!** | Non **le** parlate! Non parla**tele!** |

**B.** The preceding rules governing the position of object pronouns with the imperative also apply to the imperative of reflexive verbs.

| AFFIRMATIVE | NEGATIVE | | |
|---|---|---|---|
| Alza**ti!** | Non **ti** alzare! | *or* | Non alzar**ti!** |
| **Si** alzi! | Non **si** alzi! | | |
| Alzia**moci!** | Non **ci** alziamo! | *or* | Non alzia**moci!** |
| Alza**tevi!** | Non **vi** alzate! | *or* | Non alza**tevi!** |
| **Si** alzino! | Non **si** alzino! | | |

As we have seen, reflexive pronouns may combine with other pronouns. The following imperatives of **and<u>a</u>rsene** illustrate the combination of reflexive pronouns with **ne.**

| AFFIRMATIVE | NEGATIVE | | |
|---|---|---|---|
| V<u>a</u>ttene! | Non te **ne** andare! | *or* | Non and<u>a</u>rtene! |
| Se **ne** vada! | Non se **ne** vada! | | |
| Andi<u>a</u>moce**ne**! | Non ce **ne** andiamo! | | |
| And<u>a</u>teve**ne**! | Non ve **ne** andate! | | |
| Se **ne** v<u>a</u>dano! | Non se **ne** v<u>a</u>dano! | | |

## ■ Esercizi

**a. Dare istruzioni.** *Certe persone sanno dare gli ordini molto bene. Dare l'imperativo usando le espressioni suggerite.*

1. Per il compleanno della mamma, Sabina dice a Paola di... (use **tu**)

   a. andare dal pasticciere.
   b. comprare un dolce.
   c. <u>non comprarlo</u> al cioccolato.
   d. ordinarlo per venerdì sera.
   e. non dire niente a nessuno.

2. Il tuo compagno / la tua compagna non sta bene e ti chiede di... (use **tu**)

   a. portargli/le le pantofole.
   b. preparargli/le il caffè.
   c. chiudere la finestra. *chiudila.*
   d. non accendere la luce. ^
   e. dirgli/le le ultime notizie.
   f. fargli/le la zuppa di pesce per cena. *fagliela*

3. Il fotografo dice a una coppia di sposi di...

   a. guardarsi allo specchio.
   b. pettinarsi.
   c. sedersi di fronte alla macchina fotografica.
   d. girare la testa un po' a sinistra.
   e. stare dritti.
   f. non muoversi.
   g. sorridere.

**b.** *Mi piace dare dei suggerimenti (suggestions)...*

ESEMPIO   Voglio proporre agli amici di fare una passeggiata.
          **Facciamo una passeggiata!**

Voglio proporre di...

1. andare al cinema.
2. giocare a carte.
3. prendere lezioni di judo.
4. bere qualcosa.
5. non dirlo a nessuno.
6. finire gli esercizi.
7. non parlarne più.
8. andare in Europa e starci un mese.

c. **Entrate pure!** *Durante una cena in onore di alcuni studenti americani, fateli sentire a loro agio (ease). Seguite l'esempio.*

> ESEMPIO    venire dentro
> **Venite dentro!**
> **Venga dentro!**

1. venire verso le otto
2. accomodarsi in salotto
3. non stare in piedi
4. non preoccuparsi per il ritardo   *non si preoccupi ...*
5. scusare il disordine
6. aspettarci cinque minuti   *ci aspetti*
7. non chiudere la porta   *non la chiuda.*
8. prendere un caffè   *prenda un caffè .*

d. **Ordini strani...** *In un racconto di Moravia, una donna sente una voce che le ordina di fare cose strane. Leggere attentamente e poi cambiare dal **tu** al **Lei**.*

> Alzati, esci in camicia come sei, va' a suonare alla porta del tuo vicino e digli che hai paura. Va' a comprare una bottiglia di cognac, bevine la metà e poi mettiti a letto. Telefona in ufficio. Di' che non ti senti bene. Resta a casa. Restaci tre giorni.

e. **E adesso come faccio?** *Ti rendi conto di aver perso il passaporto e chiedi consiglio al portiere del tuo albergo a Roma. Completa il dialogo con le forme corrette dei verbi indicati.*

> LEI:        Non trovo più il passaporto! Non so come fare.
> PORTIERE:   Non (preoccuparsi) _____ più del necessario. Mi (ascoltare) _____.
>             (Andare) _____ dal fotografo qui vicino e (farsi fare) _____ le foto
>             formato tessera; gliele fanno subito. Poi (telefonare) _____ al Suo consolato
>             e (domandare) _____ qual è l'orario di apertura al pubblico.
>                 Ci (arrivare) _____ presto e non (dimenticarsi) _____ di portare la
>             patente di guida o un altro documento di riconoscimento. (Spiegare) _____
>             la situazione e (dare) _____ tutte le informazioni che Le chiederanno.
>             (Stare) _____ tranquillo/a, sono cose che succedono.

f. **Sì, sì.** *È così facile andare d'accordo quando l'altra persona dice sempre di sì! Seguire l'esempio.*

> ESEMPIO    Allora, ci andiamo?
> **—Sì, andiamoci!**

1. Allora, ci sediamo?
2. Allora, lo facciamo?
3. Allora, ce ne andiamo?
4. Allora, le portiamo dei fiori?
5. Allora, ci scommettiamo?
6. Allora, glielo diciamo?
7. Allora, li compriamo?
8. Allora, ci fermiamo?

g. *Sostituire al nome la forma corretta del pronome. Fare i cambiamenti necessari.*

ESEMPIO   Dicci la verità!
**Sì, diccela!**

1. Parlale dei bambini!   *Parlagliene*
2. Dillo al professore!
3. Indicale la strada!
4. Restituiscigli l'anello!
5. Chiedilo alla mamma!
6. Dagli il passaporto!
7. Falle un regalo!
8. Falle molti regali!
9. Sta' a casa!
10. Vendigli il mobile!

## Altri modi di esprimere l'imperativo

1. The infinitive often replaces the imperative when addressing the general public rather than an individual person or persons (public notices, signs, instructions, recipes).

   **Non fumare.**
   *No smoking.*

   **Cuocere un'ora a fuoco lento.**
   *Cook an hour on low heat.*

2. A question phrased in the present indicative or conditional may be substituted for the imperative to soften an order or request. Compare:

   **Mi porta** un caffè?
   *Will you bring me a cup of coffee?*

   **Mi porterebbe** un caffè?
   *Would you bring me a cup of coffee?*

   The present indicative or conditional of **potere** or **volere** + *verb* can also be used instead of the imperative.

   **Può portarmi** un caffè?
   *Can you bring me a cup of coffee?*

   **Mi porteresti** un caffè?
   *Would you bring me a cup of coffee?*

3. To express a command affecting a third party, (**che** +) *present subjunctive* is used. These indirect commands express what the speaker wants another person or persons to do.

   **Venga** Mario se vuole!
   *Let Mario come if he wants to!*

   Che **parli** lei al professore!
   *Let her talk to the professor.*

   Note that when the subject is expressed, it often follows the verb for emphasis.

## ■ Esercizio

*Rispondere alle domande usando i nomi fra parentesi.*

> **ESEMPIO**   Chi lo fa? Tu? (Carlo)
> **—No, lo faccia Carlo!**

1. Chi paga? Tu? (l'avvocato)
2. Chi glielo dice? Tu? (la nonna)
3. Chi ci va? Tu? (Luigi)
4. Chi ne parla? Tu? (Silvia)
5. Chi le accompagna? Tu? (l'autista)
6. Chi gli telefona? Tu? (l'ingegnere)
7. Chi se ne occupa? Tu? (lo zio)

## II. *Come* e *quanto* nelle esclamazioni

**A.** **Come** and **quanto** can introduce exclamatory sentences. They correspond to the English *how* and are invariable.

Come sono felice!
*How happy I am!*

Quanto sei buona, nonna!
*How kind you are, Grandma!*

Come cantano bene quei bambini!
*How well those children sing!*

Quanto è stato lungo il viaggio!
*How long the trip was!*

Come parlavi piano!
*How softly you talked!*

**B.** **Che** + *adjective* is often used to express *how* used as an exclamation.

Che bello!
*How beautiful!*

Che strana!
*How strange!*

Che buoni!
*How good!*

Com'è bello!
*How beautiful it is!*

Com'era strana!
*How strange she was!*

Come sono buoni!
*How good they are!*

—*Com'è romantico qui: cadono le foglie!*

**A.** **Pronomi tonici** (*Stressed pronouns*) are used as objects of prepositions and as object pronouns following a verb. Unlike the other object pronouns we have studied, they occupy the same position in a sentence as their English equivalents.

| SINGULAR | | PLURAL | |
|---|---|---|---|
| me | me / myself | noi | us / ourselves |
| te | you / yourself | voi | you / yourselves |
| Lei | you | Loro | you |
| lui / lei | him / her | loro | them (people) |
| esso / essa | it | essi / esse | them (things) |
| sé | yourself<br>himself / herself / itself / oneself | sé | yourselves<br>themselves |

Note that **me, te, noi,** and **voi** can also express a reflexive meaning, whereas in the third-person singular and plural, there is a special form for the reflexive: **sé.**

**Secondo loro** hai torto.
*According to them you are wrong.*

Parla **a me?**
*Are you speaking to me?*

Non mi piace lavorare **per lui.**
*I don't like to work for him.*

Lui non pensa mai agli altri, pensa **a sé.**
*He never thinks of others, he thinks of himself.*

Il direttore vuole **te!**
*The director wants you!*

Preferisco non parlare **di me.**
*I prefer not to talk about myself.*

Signora Rossi, lei pensa sempre a tutti, ogni tanto pensi anche a sé.
*Mrs. Rossi, you always think about everybody, once in a while think about yourself too.*

**B.** Stressed pronouns are used most frequently as objects of prepositions.

Il fornitore ha lasciato un messaggio **per te.**    Venga **con me!**
*The vendor left a message for you.*    *Come with me!*

Non gettar via quei libri. Qualcuno **di essi** può esserti utile.
*Don't throw away those books. Some of them can be useful to you.*

1. Many single-word prepositions add **di** before a stressed pronoun.

| | |
|---|---|
| **contro** *against* | Ha combattuto contro gli inglesi; sì, **contro di loro.**<br>*He fought against the British; yes, against them.* |
| **dentro** *inside* | C'è qualcosa **dentro di te.**<br>*There is something you're holding in.* |
| **dietro** *behind* | Camminavano **dietro di me.**<br>*They were walking behind me.* |
| **dopo** *after* | Arrivarono dopo gli zii. Arrivarono **dopo di loro.**<br>*They arrived after our aunt and uncle. They arrived after them.* |
| **fra (tra)** *between / among* | C'era una certa ostilità **fra di loro.**<br>*There was a certain hostility between them.* |
| **fuori** *outside* | È fuori città; è **fuori di sé** dalla gioia.<br>*He is out of town; he is beside himself with happiness.* |
| **presso** *at / near* | Vivi presso i nonni? —Sì, vivo **presso di loro.**<br>*Do you live at (your) grandparents? —Yes, I live with them.* |
| **senza** *without* | Viene senza il marito; viene **senza di lui.**<br>*She is coming without her husband; she is coming without him.* |
| **sopra** *above* | Volava sopra la città; volava **sopra di noi.**<br>*It flew over the city; it flew over us.* |
| **sotto** *under* | **Sotto di me** abita una famiglia inglese.<br>*An English family lives below me.* |
| **su** *on* | Contiamo sul tuo aiuto; sì, contiamo **su di te.**<br>*We're counting on your help; yes, we're counting on you.* |
| **verso** *to / toward* | È stato buono **verso di voi.**<br>*He has been kind to (toward) you.* |

2. **Da** + *stressed pronoun* can mean two things: **a (in) casa di** *(at / to someone's home)* and **da solo (sola / soli / sole)** *(without assistance).*

Dove andiamo? A casa di Riccardo? —Sì, andiamo **da lui!**
*Where shall we go? To Riccardo's? —Yes, let's go to his house.*

L'ho capito **da me (da solo/a).**
*I understood it by myself.*

Hanno riparato il televisore **da sé (da soli/e).**
*They fixed the TV themselves.*

**C.** Stressed pronouns are also used after verbs:

1. for emphasis, instead of the other object pronouns (direct or indirect). They always follow the verb.

| | | | |
|---|---|---|---|
| Ho visto **lei.** | L'ho vista. | Scrivono **a me.** | Mi scrivono. |
| (emphasis on her) | (no emphasis) | (emphasis on me) | (no emphasis) |
| I saw her. | I saw her. | They write to me. | They write to me. |

Often, for greater emphasis, adverbs like **anche, proprio,** and **solamente** are used with the stressed pronouns.

Aspettavamo **proprio te.**           Telefono **solamente a lui.**
*We were waiting just for you.*        *I call only him.*

2. when there are two or more direct objects or indirect objects in the same sentence.

Hanno invitato **lui** e **lei.**          Antonio ha scritto **a me** e **a Maria.**
*They invited him and her.*        *Antonio wrote to me and to Mary.*

**D.** The **sé** form can only be used in the reflexive. It is masculine or feminine, singular or plural, and can refer to either people or things.

Silvia non ama parlare **di sé.**          Carla e Valeria amano parlare **di sé.**
*Sylvia doesn't like to talk about herself.*   *Carla and Valeria love to talk about themselves.*

La cosa **in sé** ha poca importanza.
*The thing has little importance in itself.*

**Stesso** is often added to the pronoun for extra emphasis and agrees in gender and number with the stressed pronoun. The accent mark on **sé** is optional before **stesso.**

Parlavo con **me stessa.**          Paolo è egoista: pensa solo a **sé stesso.**
*I was talking to myself.*        *Paul is selfish: he thinks only of himself.*

## ▪ Esercizi

**a. In ditta.** *Il direttore di una ditta di componenti meccaniche che esporta all'estero parla con un collega. Rispondere alle domande usando i pronomi tonici.*

ESEMPIO     Vuoi parlare davvero con i sindacati *(unions)?*
            **Sì, voglio parlare davvero con loro.**

1. Hai intenzione di dare il nuovo incarico <u>a Marco</u>?
2. Hai veramente fiducia <u>in Marina</u> per il contratto con la TREEFFE?
3. Vuoi che mandiamo gli ordini per settembre solo <u>ai F.lli Rosselli</u>?
4. Non sembra anche <u>a te</u> che i prodotti della Selenia siano i migliori?
5. Il dottor Merlotti vuole solo <u>Stefano</u> per il contratto di Oslo, vero?
6. E possono sempre contare <u>su te e Luca</u> per la merce dall'Inghilterra, vero?
7. E finiranno la produzione di quest'anno anche <u>senza di me e senza di te</u>?

**b.** **Non ci credo!** *Federica ha passato un anno all'estero e non è al corrente di quanto è successo durante la sua assenza. Seguire l'esempio.*

ESEMPIO    Franco è andato in ferie senza sua moglie.
                    **Veramente è andato in ferie senza di lei?**

1. Gli Arbizzi contano su di te per il nuovo negozio.
2. Adesso mia cugina vive a Londra senza i suoi amici.
3. Il nostro ex professore di storia abita sotto di noi.
4. Le nostre compagne di Padova si sono laureate dopo di mia sorella.
5. Luciano si è rotto la gamba proprio mentre sciava dietro di me.
6. Patrizia è andata via di casa e adesso vive presso i nonni a Montreal.
7. Margherita è sempre molto gentile verso di noi.

Il Teatro Verdi a Busseto. Giuseppe Verdi è nato a Roncole, frazione di Busseto, nel 1813.

©age fotostock/SuperStock

# ■ Prima di leggere

«Vespa» fa parte di un libro di racconti scritti da giovani italiani. L'autore, Alberto Fassina, ha diciassette anni. È uno degli undici scrittori scelti tra i più di 600 ragazzi italiani che hanno scritto un brano da includere nel libro. Il brano tratta dei passatempi preferiti dell'autore: il cinema e il suo motorino, la Vespa. In Italia il motorino è un mezzo di trasporto molto diffuso, specialmente tra i giovani. La Vespa è uno dei primi esemplari, prodotto dalla ditta Piaggio nel 1946. Rappresentava il simbolo del recupero dell'Italia dopo le devastazioni della guerra, e della nuova libertà del popolo italiano che aveva subito la dittatura fascista. Grazie anche al costo relativamente basso, la Vespa è diventata subito di moda tra uomini e donne di ogni età e di ogni livello sociale. Il sito della Vespa la descrive oggi come «un mito, un modo di essere, di pensare e di esprimere se stessi».

Con la mia Vespa mi sento libero.

Il passatempo di andare in giro con la Vespa, molto diffuso tra gli Italiani, è il tema del film *Caro diario*, diretto e interpretato da Nanni Moretti. Nel film (in gran parte auto-biografico), il protagonista gira liberamente (perché non ostacolato dal traffico) in Vespa per i quartieri semideserti di Roma nel giorno di Ferragosto. Osserva tranquillamente luoghi, persone e cose, mentre anche la sua mente si lascia andare liberamente ai pensieri più disparati. La Vespa è comunque stata presente in molti altri film famosi, da *La dolce vita* di Fellini ad *Austin Powers*.

Il brano che segue esprime il piacere di un giro in Vespa e la sensazione di libertà e indipendenza che ne deriva. Sono momenti rari nella vita di un ragazzo di liceo.

In gruppi di due o tre studenti, discutete le seguenti domande:

1. Siete mai andati in motorino o in moto? Siete mai andati in Vespa? Se no, perché? Se sì, descrivete l'esperienza.

2. Secondo voi, è importante avere un passatempo? Perché?

3. Abbiamo tutti bisogno di ore libere dal lavoro. Siete d'accordo?

4. Che cosa vi piace fare nel tempo libero? Parlate delle vostre preferenze.

5. Alberto Fassina era uno studente liceale quando ha scritto questo brano. A voi piace scrivere? Avete un'altra attività creativa?

## ■ Vespa

Mi piace andare via con la mia vespa.

Mi piace accendere il motore, mettere la prima, mollare° lentamente la frizione° e sentirmi portare via.

Mi piace passare dalla prima alla seconda.

Mi piace sentire quando in seconda accelero piano piano. 5

Mi piace tirare la seconda° fino alla fine, sentirla che non ce la fa più°, per poi farla riposare mettendo la terza.

Mi piace la mia vespa.

(...)

Con la vespa ci sono tantissime cose che diventano più belle. 10

Una di queste è il pomeriggio d'estate.

Il pomeriggio afoso che tiene tutti in casa.

Tiene tutti tranne me.

Tranne me che esco e corro con la mia vespa, corro e mi prendo tutta l'aria in viso.

(...) 15

Corro incurante del sole che batte in testa, incurante dei capelli sul viso e incurante di quei piccoli fastidiosissimi° insetti che mi vengono addosso°.

Con la mia vespa giro a qualsiasi ora, e ogni ora è bella, che ci sia° la luce o che ci sia la notte.

La notte è così bella con la vespa. 20

È bella perché c'è solo il fanale che illumina la strada, la luce illumina solo una piccola superficie e questo crea una piccola piacevole tensione, perché non so mai se dopo quel pezzetto di strada illuminata ce ne sarà un altro un po' rovinato.

Così a volte non mi accorgo di qualche piccola buca°, e allora la vespa traballa come quella giostra che ho visto a Disneyland. 25

(...)

Mi sento un po' come Nanni Moretti, Nanni Moretti che va in giro per Roma con la sua vespa.

Mi piace molto Nanni Moretti, ma non è per questo che mi piace tanto la vespa.

La vespa mi piace perché mi fa sentire meno rinchiuso° negli spazi. 30

Da quando ho la vespa, mi sento un po' come la macchia di Coca-Cola che faccio sempre sulla tovaglia mentre mangio.

La macchia di Coca-Cola si allarga sempre di più, fino a non arrestarsi°. Nella stessa maniera mi sento io da quando ho la vespa.

(...) 35

Quando sono con la mia vespa, tutto mi sembra raggiungibile°, ma sono ben consapevole° che come la macchia di Coca-Cola anche io mi devo fermare.

Ma la mia vespa non si ferma mai (...)

Mi piace andare via con la vespa e la Michela seduta dietro.

Mi piace perché sento le sue braccia che mi tengono sui fianchi. 40

A volte prendo le mani e le tiro le braccia in modo tale che mi abbracci da dietro. (...)

Mi piace andare via con la mia vespa.

Alberto Fassina, «Vespa», da *Coda*

## ■ Comprensione

1. L'autore, Alberto, parla a lungo della sua Vespa. Perché? Che tipo di rapporto ha con la sua Vespa?

2. Alberto ha visto il film *Caro diario* ed ha ammirato Nanni Moretti in «Vespa». Secondo voi, si identifica con lui?

3. Quando preferisce andare in Vespa? In quale stagione? A che ora? Perché?

4. Perché parla di Disneyland?

5. Che relazione c'è tra la macchia di Coca-Cola sulla tovaglia e le sensazioni di Alberto?

6. Chi è Michela?

## ■ Temi per componimento o discussione

1. Andare al cinema è uno dei modi per passare una serata diversa, da soli o in compagnia, di solito durante il fine settimana. Se non abbiamo voglia di andare al cinema, possiamo anche noleggiare un film oppure ordinarlo con l'antenna satellitare (*pay-per-view*) o su Internet per guardarlo a casa. Voi cosa preferite e perché? Quali altri modi ci sono per passare una serata in modo diverso? Quali alternative offre la vostra città? Quali proposte avete per passare una serata piacevole? Discutetene.

2. Film di diverse nazionalità hanno delle caratteristiche diverse. Per esempio, molti pensano che i film di Hollywood siano poco realistici e che, troppo spesso, si concludano con un lieto fine. Siete d'accordo? Avete mai visto dei film italiani o di altre nazionalità? Se sì, erano diversi da quelli americani oppure erano simili? Discutetene.

3. Pensate ad un film che vi è piaciuto molto e cercate di cambiare il finale. In gruppo scrivete l'ultima scena, impersonate i protagonisti e rappresentatela in classe. Usate le forme dell'imperativo e i pronomi tonici.

4. Avete mai letto un libro da cui è stato tratto un film? Quale? Quando i romanzi sono trasformati in film, ci sono spesso dei cambiamenti. Avete notato delle differenze nella storia o nei personaggi tra il libro che avete letto ed il film che ne è stato tratto? Quali? Secondo voi, è necessario che un film sia fedele al romanzo originale? Discutetene.

5. La produzione cinematografica offre agli spettatori film che rispondono ad interessi diversi: d'amore, d'avventura, psicologici, storici, di fantascienza, d'orrore. Esaminate due tipi di film a vostra scelta e spiegate che cosa, secondo voi, induce la gente ad andarli a vedere.

6. La TV ci porta in casa immagini di ogni genere: dai programmi per i bambini, a ciò che accade nel mondo, a scene di violenza e di orrore. In che misura questo influisce sulla nostra vita e sulla vita della società in cui viviamo?

7. I concerti di musica popolare sono frequentati da un numero elevato di persone generalmente giovani. A quali concerti andate voi? Quali sono i messaggi proposti dai cantautori? Che emozioni suscita la loro musica?

## La televisione

In ogni casa italiana c'è almeno un televisore. Per possederne uno o più, bisogna pagare il canone televisivo *(license fee)*, circa 100 euro all'anno. Questo dà accesso ai tre canali statali della RAI (Radiotelevisione italiana) e ad una serie di canali privati, di cui i più importanti sono quelli di Silvio Berlusconi (Rete 4, Canale 5, Italia 1) e LA7. Tutti questi canali offrono una varietà di programmi più o meno simili. Per avere ancora più scelta, soprattutto per quanto riguarda le trasmissioni sportive, molti Italiani si abbonano al «satellite». Anche se è un po' costoso, questo servizio offre oltre 150 canali.

***E tu, cosa pensi della televisione? E i tuoi compagni? In gruppi, rispondete alle seguenti domande:***

1. Hai un televisore? Che tipo di servizio hai: via cavo *(cable)* o satellite? Se no, perché?

2. Guardi film o altri programmi al computer? Passi molte ore guardando questi programmi? Pensi che sia una buona cosa?

3. Che cosa ti piace vedere?

Adesso guarda il video al sito web **www.cengage.com/login**, in cui alcune persone parlano della televisione italiana. Ti sembra che la scelta offerta dalla televisione italiana sia simile a quella del tuo paese? Parlane con i tuoi compagni di classe. Puoi trovare altre attività basate sul video alla fine del Capitolo 10 del *Workbook* (nel *Student Activities Manual*) che accompagna questo libro.

 **PER COMUNICARE**

Track 21

**Dieci anni dopo.** Due vecchi amici, Angelo e Daniela, non si vedono da dieci anni.

| | |
|---|---|
| ANGELO: | Mi scusi, Lei non è per caso... Ma sì, sei Daniela! |
| DANIELA: | Angelo? Non è possibile! Che sorpresa! |
| ANGELO: | Ma guarda! Ritrovarsi dopo tanto tempo, e in Cile! |
| DANIELA: | Incredibile! |
| ANGELO: | Dimmi, come stai? Cosa fai? |
| DANIELA: | Sono consulente di una compagnia italiana che ha investimenti nell'agricoltura cilena. |
| ANGELO: | Ma va'! Che mi dici? Non facevi antropologia? |
| DANIELA: | Sì, quand'ero giovane. E tu cosa fai? Come mai sei qui? |
| ANGELO: | Sono venuto a filmare un servizio sugli emigrati italiani. |
| DANIELA: | Ma allora sei diventato davvero corrispondente televisivo! Magnifico! Sono proprio contenta per te! Devo andare. Hanno appena annunciato il mio volo. Senti, hai notizie di Michele? |
| ANGELO: | Sta bene, è informatico, è ricchissimo, ha appena divorziato per la terza volta. |
| DANIELA: | Ma come! Un tipo accomodante come lui! |
| ANGELO: | Eh già! È meglio che tu vada adesso, se no perdi l'aereo. |
| DANIELA: | Angelo, mi ha fatto davvero piacere rivederti. |
| ANGELO: | Anche a me. Il mondo è veramente piccolo! |

### Esprimere ammirazione

Magnifico! Splendido!  
Stupendo! Meraviglioso! } *How wonderful!*  
Perfetto! *Perfect!*

Che bello!  
Com' è bello! } *How nice!*  
Quanto mi piace! *I really like it!*

### Dimostrare incredulità

Ma và! Incredibile! *Come on! Incredible!*  
Non è possibile! *It's not possible!*  
Ma come! Sei sicuro/a? *What? Are you sure?*  
Dici sul serio? *Are you serious?*

Che mi dici?  
Cosa mi racconti? } *What are you telling me?*  
Non ci credo proprio!  
Ma dai, chi ci crede! } *I can't believe it.*

### Esprimere sorpresa

Veramente? Davvero? *Really?*  
Che sorpresa! *What a surprise!*  
Proprio non me l'aspettavo! *I didn't expect this at all!*  
Ma guarda!  
Che strano! } *How strange!*

## ■ Che cosa diciamo?

1. Il tuo amico Giuseppe, quello che non studia mai, ha preso trenta e lode all'esame di latino.

2. Mara, la tua compagna di liceo, quella timidissima e introversa che sedeva sempre al terzo banco, è diventata un'attrice famosa.

3. Tua moglie / tuo marito ti fa trovare sotto il tovagliolo le chiavi di un'Alfa Romeo nuova.

4. Ti chiedono il tuo giudizio su un quadro che tu ammiri moltissimo.

5. Una chiromante ti predice che ti sposerai presto e avrai sei figli.

## ■ Situazioni

1. Tu hai fatto molto bene l'esame di ingegneria mineraria e il tuo professore ti ha offerto di lavorare con lui in Alaska. Immagina una conversazione telefonica in cui tu dai la notizia a tua madre e le racconti le tue reazioni.

2. Durante il telegiornale, vedi sullo schermo televisivo una tua vecchia compagna di scuola che ha appena ricevuto il Premio Nobel. Ne parli con tuo marito / tua moglie.

3. Il tuo aereo passa vicino al polo artico e tu vedi per la prima volta il fenomeno dell'aurora boreale. Comunica le tue impressioni agli altri passeggeri.

4. Vai a trovare tuo nonno, un vecchio signore di ottantasette anni a cui piace scherzare. Il nonno ti annuncia con molta serietà che ha deciso di sposarsi e t'invita al matrimonio. Tu esprimi la tua sorpresa e ti fai raccontare dal nonno i preparativi del matrimonio.

# Se gli esami andassero sempre bene!

©Susanna Rescio/Bilderberg/AURORA

**11**

*Capitolo*

**261**

Track 22

**L'esame è andato male.** Emilio è preoccupato: s'interessa di scienza del linguaggio e vuol fare la tesi in linguistica, ma l'esame di fonologia è andato maluccio. Fabio cerca di dargli appoggio morale.

EMILIO:     Se quest'esame mi va male, non so cosa fare.

FABIO:     Andrà certamente meglio dell'altro, stai studiando moltissimo. Prenderai senza dubbio un voto migliore.

EMILIO:     Ma deve essere un voto molto più alto! Se prendessi 30 e lode, potrei andare da De Mauro e chiedergli la tesi senza timore.

FABIO:     Non devi preoccuparti così! Hai una media alta.

EMILIO:     Se non avessi 21 in fonologia non mi preoccuperei.

FABIO:     Secondo me ti crei più problemi di quanto non sia necessario. E poi mi sento un po' responsabile anch'io. Se non ti avessi invitato a sciare, avresti avuto più tempo per studiare e ora saresti più tranquillo.

EMILIO:     Ma no! Mi ha fatto bene! Meno male che tra due settimane finisco. Se continuo così divento matto.

## ■ Esercizi

**a.** *Completare le frasi con le espressioni opportune.*

1. Emilio pensa: «Se quest'esame mi va male...»
   a. abbandono gli studi.
   b. non importa perché il voto dell'esame conta poco.
   c. non posso chiedere la tesi.

2. Fabio teme che...
   a. Emilio non abbia studiato abbastanza.
   b. sia colpa sua se Emilio ha perso tempo.
   c. Emilio pensi a divertirsi invece che a studiare.

3. Emilio dice che...
   a. c'è tanto tempo prima dell'esame.
   b. ha voglia di divertirsi.
   c. fare un po' di vacanza è una buona cosa.

**b. La definizione.** *Indicare la definizione giusta per ogni termine o espressione:*

1. La tesi di laurea:
   a. La ricerca originale fatta dallo studente per ottenere la laurea
   b. Una breve ricerca fatta durante il corso di laurea

2. Le attività supplementari in preparazione di un esame:
   a. Il corso di laurea
   b. Le attività di laboratorio o da esercitazione

3. La scuola universitaria dove si insegnano i corsi che portano ad una laurea specifica:
   a. La facoltà
   b. La residenza universitaria

4. La somma dei voti ottenuti diviso il numero degli esami:
   a. La media dei voti
   b. Il voto preso all'esame

5. Lo studio del linguaggio e delle lingue naturali:
   a. La fisica
   b. La linguistica

6. Essere regolarmente presenti alle lezioni di un corso:
   a. Frequentare le lezioni
   b. Mancare alle lezioni

7. Aiuto finanziario assegnato agli studenti:
   a. Le tasse universitarie
   b. La borsa di studio

## VIVERE IN ITALIA | Università e scuole superiori

All'università italiana si iscrive un numero sempre maggiore di studenti. I giovani arrivano all'università a diciannove anni, e scelgono una facoltà e un corso di laurea. Tanti nuovi corsi di «laurea breve»—tre anni soltanto, invece dei regolari quattro o sei—preparano ad opportunità di lavoro in Italia e all'estero. Gli insegnamenti sono specifici, in relazione al piano di studi scelto, non esistono corsi di cultura generale come nel «college» americano. Con il diploma di una delle tante scuole secondarie, gli studenti possono essere ammessi all'università mediante un esame attitudinale. Il costo dei corsi di laurea è in relazione al reddito della famiglia e va da circa 1000 euro ad un massimo di 3000 euro all'anno. Le lezioni dei professori sono spesso accompagnate da attività di laboratorio o da esercitazioni. Per ogni corso gli studenti devono sostenere un esame orale, spesso anche uno scritto, ed ottenere il voto minimo di diciotto. Il massimo è 30 e lode.

Con qualche eccezione, gli edifici universitari non sono in un «campus» di stile americano, ma sparsi nelle città, e si tratta spesso di antichi palazzi storici. Sono poche le residenze universitarie che ospitano gli studenti provenienti da città differenti da quella in cui ha sede l'università oppure dall'estero. I «Portali degli Studenti» offrono informazioni sulle attività ricreative che possono interessare ai giovani.

L'istruzione superiore è aperta a tutti gli studenti dei paesi dell'Europa Unita, e ormai si tende a rendere i piani di studio dei vari paesi simili tra loro. Allo scopo di facilitare i contatti tra i giovani dei diversi paesi dell'Unione Europea, il Progetto Erasmus offre programmi di studio all'estero da tre mesi a un anno, finanziati con borse di studio. Spesso gli studenti americani vanno a studiare in Italia attraverso programmi offerti dalle loro università che gli permettono di seguire alcuni corsi presso università italiane.

Esistono altre scuole, non necessariamente universitarie, che preparano ad una professione, spesso con corsi biennali, come le scuole di giornalismo, di arte o di scienze gastronomiche.

A Siena e a Perugia ci sono poi Università per Stranieri, specializzate in corsi di lingua e cultura italiana che preparano all'insegnamento dell'italiano come seconda lingua.

## ■ Vocabolario utile

*L'università*

**l'anno accademico** the academic year
**l'alunno/a** student
**la residenza universitaria** university housing
**le tasse universitarie** tuition
**la borsa di studio** scholarship
**il test / la prova d'ammissione** admissions exam
**l'obbligo di frequenza** obbligatory attendance
**il piano di studio** program of study
**la laurea** university degree
**l'esame** exam
**la lezione** lesson
**il corso** course
**gli appunti** notes
**il / la docente** teacher
**il / la professore/-essa** professor
**il voto** grade
**la media** average
**la facoltà** school, college (within a university)
**il dipartimento** branch (within a school)
**l'istituto** department, institute (within a university)
**la ricerca** research
**il ricercatore** researcher
**la tesi di laurea** dissertation
**la tesina** term paper
**il saggio** essay
**il compito** homework
**le esercitazioni** practice sections, problem sets
**la discussione della tesi** thesis defense
**la festa di laurea** graduation party

*Espressioni utili*

**l'istruzione** education
**l'educazione** manners
**conseguire la maturità** high school, GED completion

**frequentare la lezione** to attend class
**sostenere / superare un esame** to take / pass an exam
**prendere 30 e lode** to get a 30 *cum laude* (A+)
*****essere bocciato all'esame** to fail an exam
**avere una media alta / bassa** to have a high / low GPA
*****iscriversi al corso** to register for the class
*****essere iscritto/a** to be enrolled
*****iscriversi, immatricolarsi** to enroll
**abbandonare gli studi** to drop out of school
**«a numero chiuso»** "closed", limited-enrollment course

*Un ripasso: Verbi ed epressioni*

**introdurre** to introduce, to insert *Per aprire la porta, dobbiamo introdurre la chiave nella serratura.*
**presentare** to introduce *Tu conosci Mariangela? Chi te l'ha presentata?*
*****presentarsi** to introduce oneself *Lo studente si è presentato all'esame in pigiama.*

**fallire** to fail, to be unsuccessful *Chi ha fallito l'esperimento?*
**bocciare** to fail, to flank, to repeat a year *Quest'anno i professori hanno bocciato molti studenti.*
**bocciare** is very often used in the passive (**essere bocciato**). *Roberto è stato bocciato in francese.*
**non superare un esame** to fail an exam *L'esame era difficile e molti studenti non l'hanno superato.*
**mancare di + *infinitive*** to fail, to neglect to do something *Non mancare di salutare i tuoi genitori!*

Palazzo della Carovana, sede della Scuola Normale di Pisa.

## ■ Pratica

**a.** *Scegliere la parola o le parole che completano meglio la frase.*

1. Era una prova troppo difficile. Non sono stato sorpreso quando ho sentito che molti l'avevano _____.
2. Voglio conoscere la ragazza seduta vicino alla finestra. Perché non me la _____ se la conosci?
3. I genitori di Riccardo sono preoccupati perché il figlio non ha fatto bene gli esami ed è stato _____.
4. Non sapevi che bisogna _____ la carta telefonica nell'apparecchio prima di fare il numero?
5. L'esame d'italiano sarà difficile. Ragazzi, non _____ di studiare anche le frasi ipotetiche!

**b. La conferenza.** *Scegliere le parole che completano meglio il brano.*

È stata una conferenza noiosissima. L'oratore ha _____ molti concetti nuovi e difficili. Avevo voglia di andarmene ma speravo di conoscere la ragione per cui la sua ditta è _____. Non lontano da me c'era una ragazza interessante; ho pensato che fosse quella tua amica che mi avevi _____ alla mostra d'arte. L'idea mi consolava un po', ma invece no, era una mia professoressa che l'anno scorso mi aveva _____ in diritto internazionale. Che peccato!

**c.** *Domande per te.*

1. Quando tu sei arrivato/a all'università, hai incontrato molte persone nuove. Ti ricordi chi ti ha presentato i tuoi amici attuali? Spiega.
2. Quali sono le tue materie preferite all'università? Hai un giudizio positivo di qualcuno dei tuoi professori?
3. Cosa farebbero i tuoi genitori se tu fossi bocciato/a in tutti gli esami? E se prendessi 30 e lode in tutti gli esami?
4. Se fosse il tuo compleanno, cosa farebbero i tuoi amici? Cosa penseresti tu se qualcuno mancasse di partecipare alla tua festa?
5. Ti sei mai presentato/a tardi ad un esame? Che cosa è successo?

## ■ A voi la parola

a. **All'università.** *In gruppi di due o più studenti, rispondete alle domande che seguono e discutete le vostre opinioni con quelle degli altri gruppi.*

1. In Italia, gli studenti che si iscrivono ad un corso di «laurea breve», lo fanno per prepararsi ad una professione specifica. Di solito, il loro corso di studi prevede l'apprendimento di almeno una lingua straniera. I corsi che seguite voi vi danno la possibilità di ottenere un posto di lavoro nel campo di vostra scelta? Sarà importante per voi la conoscenza di una lingua straniera? Sì? No? Perché?

2. L'università italiana differisce dal «college» americano, tra l'altro, perché non offre corsi di cultura generale. Così, chi sceglie medicina non segue corsi di lingua o letteratura, chi si iscrive ad arti dello spettacolo non deve studiare matematica. Quali sono le differenze col vostro paese rispetto al piano di studi? Sapreste spiegarne le ragioni? Cosa pensate del sistema di insegnamento italiano?

3. In Italia le università sono quasi tutte pubbliche e le spese dell'istruzione sono essenzialmente a carico dello Stato. Le tasse universitarie pagate dagli studenti ne coprono solo una piccola parte. Nel Nord America e in altri paesi, molte università sono private e quindi costose, ma esistono vari meccanismi per ridurre le spese. Com'è la situazione universitaria nel vostro paese da questo punto di vista? Discutete possibili vantaggi e svantaggi tra università pubbliche e private.

4. Gli universitari italiani non devono sostenere tanti esami durante il semestre, ma un solo esame alla fine del corso. Vi piacerebbe se i vostri corsi fossero organizzati così? Perché sì? Perché no?

| Università di Milano<br>Facoltà | Università di Urbino<br>Facoltà di Lettere e Filosofia<br>Istituti |
|---|---|
| Agraria | Archeologia |
| Farmacia | Civiltà Antiche |
| Giurisprudenza | Filologia Classica |
| Lettere e Filosofia | Filologia Moderna |
| Medicina e Chirurgia | Filosofia |
| Medicina Veterinaria | Geografia |
| Scienze Matematiche, Fisiche e Naturali | Linguistica |
| Scienze Motorie (Sport) | Storia |
| Scienze Politiche | Storia dell'Arte |

b. **Facoltà e istituti / dipartimenti.** *Le università italiane sono divise in facoltà (vedi Università di Milano), e ogni facoltà offre diversi corsi nei vari istituti o dipartimenti (vedi Università di Urbino). Tenendo conto che università diverse hanno facoltà e dipartimenti diversi, esaminate i piani di studio proposti da Milano e Urbino e notate eventuali somiglianze e differenze con la vostra università. Che cosa manca? Ci sono studi che vi piacerebbe seguire ma che mancano nella vostra università? Se sì quali? Se no, perché?*

**Studi all'estero per avvicinare sempre di più i giovani all'Eu. PROGETTO ERASMUS.**

**ROMA** - Partire a vent'anni per studiare in una università straniera: vivere a Parigi, a Londra, a Madrid. Viverci, non passarci un week-end e via. Imparare davvero una lingua, non sui libri, ma nella vita di tutti i giorni. Divertirsi. Farsi nuovi amici. Arricchire il proprio curriculum. E, senza accorgersene, costruire un pezzo della nuova Europa. Dal 1987 a oggi sono stati 1 milione 250 mila gli universitari europei che hanno partecipato a Erasmus, il progetto che permette di studiare per almeno tre mesi in un altro Stato dell'Unione. Un formidabile canale di integrazione che l'Italia usa meno degli altri paesi e che il Presidente della Repubblica, Carlo Azeglio Ciampi[1], vuole estendere anche alle scuole superiori.

**c.** **Esperienze all'estero.**

1. Grazie al Progetto Erasmus gli universitari europei possono fare un'esperienza di studi all'estero. Quali sono le opportunità offerte dalle università americane? Qualcuno di voi ha studiato o spera di studiare in un paese straniero? Discutete le vostre esperienze o i vostri progetti. Che tipo di spese bisogna considerare? Chi paga?

2. Vivere lontano da casa, fuori dal proprio ambiente sociale, può presentare notevoli difficoltà e richiedere molta tolleranza e flessibilità. Pensate che sia comunque importante fare esperienza personale dello stile di vita di gente diversa? Quali sono i vantaggi di conoscere altre forme culturali?

David R. Frazier Photolibrary, Inc./Alamy

Studenti francesi davanti all'università La Sorbonne di Parigi.

---

[1] Carlo Azeglio Ciampi é stato presidente dal 1999 al 2006, il presidente attuale é Giorgio Napolitano.

**CANTIAMO!** | Andrea Bocelli – *Il mare calmo della sera*

Spesso capita che le persone si laureino in una certa materia e poi seguano una carriera completamente diversa! Questo è successo al famosissimo Andrea Bocelli, che si è laureato in legge ed ha fatto carriera nel campo della musica. Per ascoltare una sua canzone, vai al sito web **www.cengage.com/login** (clicca sul «iTunes playlist»). Puoi trovare altre informazioni ed attività basate sulla canzone alla fine del Capitolo 11 del *Lab Manual* (nel *Student Activities Manual*) che accompagna questo libro.

 **STRUTTURA**

### I. Periodo ipotetico con *se*

**A.** The **periodo ipotetico** (*if*-clause) consists of two parts or clauses: a *dependent clause* introduced by *if* (**se**) indicating a condition, a possibility, or a hypothesis (*If I felt ready for the exam...*), and a *main clause* indicating the result of the condition (*...I would take it*). An *if*-clause can express real or probable situations, possible situations, or contrary-to-fact situations. The mood and tense of the verb depend on the type of the condition.

Situation: Lucia is giving a party; two of her friends are talking about it.

**ANNA:**   Vieni alla festa di Lucia?
**PAOLA:**   Oh sì! **Vengo** volentieri se **m'invita.**

Paola uses the indicative mood because she is talking about a real probability; she expects to be invited.

**ANNA:**   Vieni alla festa di Lucia?
**PAOLA:**   **Verrei** volentieri se **mi invitasse!**

Paola is not sure that she will be invited; her choice of verb moods reflects her doubt.

**ANNA:**   Perché non sei venuta alla festa di Lucia?
**PAOLA:**   **Sarei venuta** se **mi avesse invitata.**

Paola was not invited; her choice of verb moods indicates a contrary-to-fact situation.

**B.** When real or probable situations are described, the **se**-clause is in the indicative and the result clause is in the indicative or the imperative.

| CONDITION: *SE*-CLAUSE | RESULT: INDEPENDENT CLAUSE |
|---|---|
| Se + presente | presente<br>futuro<br>imperativo |

—Se tu mi dai l'indirizzo del tuo
sarto io ti do quello del mio.

Se **studiate, imparate**.
*If you study, you (will) learn.*

Se **corriamo, li raggiungeremo**.
*If we run, we'll catch up with them.*

Se lo **vedi, digli** di aspettarmi.
*If you see him, tell him to wait for me.*

| CONDITION: SE-CLAUSE | RESULT: INDEPENDENT CLAUSE |
|---|---|
| Se + futuro[1] | futuro |

Se **potrò**, lo **farò**.
*If I can, I'll do it.*

| CONDITION: SE-CLAUSE | RESULT: INDEPENDENT CLAUSE |
|---|---|
| Se + passato prossimo o remoto imperfetto | presente futuro imperfetto passato prossimo o remoto imperativo |

Sei hai studiato, lo sai.
*If you have studied, you (will) know it.*

Se hanno preso l'aereo, arriveranno prima.
*If they took a plane, they'll arrive earlier.*

Se disse questo, non sapeva quel che diceva.
*If he said that, he didn't know what he
    was saying.*

Se avete riso, non avete capito niente.
*If you laughed, you didn't understand a thing.*

Se non era vero, perché l'hai detto?
*If it wasn't true, why did you say it?*

Se è arrivata, dille di telefonarmi.
*If she has arrived, tell her to phone me.*

---

[1] This is the only tense sequence that differs from English: **se** + **futuro** in Italian; *if* + *present* in English. This construction is possible only when the verb of the independent clause is in the future.

**C.** When describing probable or imaginary situations (whether likely or unlikely), the **se**-clause is in the imperfect subjunctive, and the result clause is in the conditional (usually the present conditional).

| CONDITION: *SE*-CLAUSE | RESULT: INDEPENDENT CLAUSE |
|---|---|
| Se + congiuntivo imperfetto | condizionale presente<br>condizionale passato |

Se trovassimo un ristorante, mangeremmo.
*If we found a restaurant, we would eat.*

Se lui avesse un buon carattere, non avrebbe detto queste cose.
*If he had a good disposition, he wouldn't have said these things.*

**D.** When describing improbable or impossible situations (contrary to fact, unlikely to happen or to have happened), the **se**-clause is in the past perfect subjunctive, and the result clause is in the conditional (usually the conditional perfect).

| CONDITION: *SE*-CLAUSE | RESULT: INDEPENDENT CLAUSE |
|---|---|
| Se + congiuntivo trapassato | condizionale passato<br>condizionale presente |

Se gli altri avessero taciuto, anche noi avremmo taciuto.
*If the others had kept quiet, we would have kept quiet too.*

Se tu mi avessi aiutata, ora sarei ricca.
*If you had helped me, I would be rich now.*

1. ATTENZIONE! If the independent clause in an English sentence contains *would* (signal for the present conditional) or *would have* (signal for the conditional perfect), use the subjunctive (imperfect or past perfect) in the **se**-clause in Italian. The conditional is used in the independent clause, never in the **se**-clause.

   *If I were rich, I would travel.* → **Se fossi** ricco, viaggerei.

   *If they had missed the train, they would have called.* → **Se avessero perso** il treno, avrebbero telefonato.

2. Sometimes **se** is omitted, as in English.

   Fossi laureata, non lavorerei qui.
   *Were I a college graduate, I wouldn't work here.*

   Fosse stato vivo mio padre, che cosa avrebbe detto?
   *Had my father been alive, what would he have said?*

   Rinascessi, tornerei a fare lo scrittore.
   *Were I born again, I'd be a writer again.*

3. The order of the clauses is interchangeable.

   Se avessimo tempo mangeremmo.
   Mangeremmo se avessimo tempo. } *We would eat if we had time.*

**a.** *Trasformare le seguenti frasi secondo il modello.*

ESEMPIO  Se fa bel tempo, (noi / poter andare) al mare.
a) **Se fa bel tempo, possiamo andare al mare.**
b) **Se facesse bel tempo, potremmo andare al mare.**
c) **Se avesse fatto bel tempo, saremmo potuti andare al mare.**

**Remember! Se** is NEVER followed by a conditional.

1. a) Se ho tempo, (venire) _vengo_ volentieri al concerto con te.
   b) Se avessi tempo _verrei_ .
   c) Se avessi avuto tempo _sarei venuto_.

2. a) Se Piero non deve studiare, (andare) _andrà_ a giocare a calcio.
   b) Se Piero non dovesse _andrebbe_ .
   c) Se Piero non avesse dovuto _sarebbe dovuto_.

3. a) Papà non dorme se (prendere) _prend_ il caffè prima di andare a letto.
   b) Papà non dormirebbe se _prendesse_ .
   c) Papà non avrebbe dormito se _avesse preso_.

4. a) Fatti un panino se (avere) _____ fame.
   b) Ti faresti un panino se _____ .
   c) Ti saresti fatta un panino se _____ .

5. a) Se il mare è inquinato, noi non (potere) _possiamo_ fare il bagno.
   b) Se il mare fosse inquinato, noi non _possiamo_ .
   c) Se il mare fosse stato inquinato, noi non _avremo potuto_.

6. a) Maria ha detto che se non vado io da lei, (venire) _____ lei da me.
   b) Maria ha detto che se non andassi io da lei, _____ .
   c) Maria ha detto che se non fossi andata io da lei, _____ .

**b.** **Realtà o possibilità.** *Trasformare le seguenti frasi secondo l'esempio terminando ciascuna frase in modo originale.*

ESEMPIO  Se sono stanchi...
**Se sono stanchi non escono.**
**Se fossero stanchi non uscirebbero.**
**Se fossero stati stanchi non sarebbero usciti.**

1. Se devo studiare...
2. Se piove...
3. Se tu resti...
4. Se non hanno tempo...
5. Se ci laureiamo a luglio...
6. Se studiate sodo...
7. Se notano qualcosa di strano...
8. Se riusciamo a prendere 30 nell'esame di biologia...

**c.** **A dire il vero...** *Rispondere alle seguenti domande seguendo l'esempio e dando una ragione plausibile.*

   ESEMPIO   Mi aiuteresti a fare i compiti?
             **Se potessi ti aiuterei, ma non ho tempo.**

   1. I professori pospongono gli esami?
   2. Dareste l'esame di psicologia con noi a marzo?
   3. Verresti con me all'Istituto di Italianistica?
   4. Mi daresti gli appunti di filosofia?
   5. Professore, mi spiegherebbe di nuovo le teorie di Keynes?
   6. Mi aiuteresti ad organizzare la festa della matricola?
   7. Eleggono un nuovo rettore *(university chancellor)*?
   8. Gli impiegati della segreteria fanno sciopero *(strike)*?

**d.** **Vita universitaria.** *Formare un'unica frase secondo l'esempio.*

   ESEMPIO   Fiorello diede l'esame di storia moderna. Prese trenta.
             **Se Fiorello avesse dato l'esame di storia moderna, avrebbe preso trenta.**

   1. Marinella voleva diventare diplomatico. Entrò all'università subito dopo il liceo.
   2. Anna andò alla festa di laurea di Patrizia. Rivide molte compagne di corso.
   3. Le poste non hanno funzionato. Gli appunti di chimica non sono arrivati in tempo.
   4. Vi fermaste in biblioteca. Tornaste a casa tardi.
   5. Andammo alla conferenza. Ascoltammo la relazione di Raimondi.
   6. Tu facevi lingue moderne. Potevi fare l'interprete.
   7. Chiesi la tesi a Celati. La mia proposta gli piacque.

**e.** **Che cosa faresti tu?** *Formare frasi complete indicanti condizioni e conseguenze. Usare i seguenti verbi:*

   ESEMPIO   arrivare, salutare
             **Se arrivassi in ritardo, non potrei salutare Daniela.**
             **Se fossi arrivata in ritardo, non avrei potuto salutare Daniela.**

   1. avere paura, scappare
   2. piacere, comprare
   3. fare attenzione, capire
   4. essere bel tempo, fare una gita
   5. vedere, salutare
   6. alzarsi tardi, perdere il treno
   7. sapere, dire

**f.** *Completare con la forma corretta (condizionale o congiuntivo) del verbo fra parentesi.*

   1. Che cosa _____ (rispondere) se Le chiedessero di andare sulla luna?
   2. Se i bambini _____ (stare) zitti, potremmo studiare meglio.
   3. Se tu avessi avuto la coscienza tranquilla, non _____ (parlare) così!
   4. Se lui ci _____ (dare) una mano, finiremmo prima.
   5. _____ (bagnarsi) se fosse uscita senza ombrello.
   6. Non ci avrei creduto se non lo _____ (leggere) sul giornale.
   7. Mi dispiace, se _____ (potere) lo farei volentieri, ma proprio non posso.
   8. Se _____ (mettersi) gli occhiali, ci vedresti.

**g. Le conseguenze...** *Completare con un verbo all'indicativo o al condizionale.*

1. Se mi iscrivessi a un corso di laurea breve...
2. Se dessi tre esami a giugno...
3. Se vieni a sciare con me...
4. Se vinco una borsa di studio...
5. Se prendessi 30 e lode in storia moderna...
6. Se avessi una media alta...
7. Se studiassi un anno a Parigi...
8. Se divento un bravo giornalista...

**h.** *Rispondere alle domande. Che cosa succederebbe...*

1. se un giorno tu vedessi un UFO? *or lavei*
2. se i marziani arrivassero sulla terra?
3. se ti proponessero una parte in un film?
4. se ti invitassero a un pranzo e il tuo vicino / la tua vicina di tavola fosse un attore famoso / un'attrice famosa?
5. se mancasse l'elettricità per 24 ore?
6. se vincessi un milione a *Chi vuol essere milionario*?
7. se ti offrissero un semestre di studio in Europa?
8. se ti regalassero una Maserati?
9. se ti offrissero un lavoro alla Casa Bianca?

## II. Altri usi di *se*

**A.** **Se** followed by the imperfect subjunctive introduces a suggestion. It corresponds to the English *How about . . . ? What about . . . ? Shouldn't we . . . ?*

**Se prendessimo** le ferie in maggio?
*How about taking our vacation in May?*

**Che ne diresti (direbbe) di** + *infinitive (What would you say to . . . ?)* can also introduce a suggestion.

**Che ne diresti di** venire al cinema con me?
*How about going to the movies with me?*

**B.** When **se** means *whether* and is introduced by a verb that denotes doubt or uncertainty or asks a question, **se** may be followed by the indicative, the conditional, or the subjunctive (all four tenses).

Domandagli se **vuole** venire o no.
*Ask him whether he wants to come or not.*

Mi domando se **è** possibile.
*I wonder if (whether) it's possible.*

Non so se **sarei** capace di dire una bugia.
*I don't know if I could tell a lie.*

Sono curiosa di sapere se lo **accetteranno**.
*I'm curious to know if (whether) they will accept him.*

Non so se a Pina **piacciano** o no le lumache.
*I don't know if (whether) Pina likes snails.*

Si chiedevano se lui **avrebbe parlato** o se **avrebbe taciuto**.
*They were wondering whether he would talk or remain silent.*

Non sapevano se lei **avesse** voglia di venire.
*They didn't know whether she felt like coming.*

Note that use of the subjunctive when **se** is introduced by a verb of doubt is optional. The subjunctive stresses the element of doubt or uncertainty.

Non so se **hanno** ragione.
Non so se **abbiano** ragione.
*I don't know if they're right.*

C. The imperfect and past perfect subjunctive may be used alone (with or without **se**) in sentences that express a wish or regret (see p. 217).

Se i vecchi **potessero** e i giovani **sapessero!**
*If only the old could and the young knew!*

(Se) **avessi avuto** un figlio!
*If only I had had a son!*

## ■ Esercizio

**Il gioco dei se...** *Completare le seguenti frasi.*

1. Non sanno se...
2. Sarei andato in aereo se...
3. Ci domandavamo se...
4. Studieresti più volentieri se...
5. Vengono a trovarci se...
6. Chiedile se...
7. Gli ho domandato se...
8. Non le parleremo mai più se...
9. Ci sarebbero meno incidenti se...
10. Voglio sapere se...

### III. Avverbi

A. Adverbs are invariable words that modify a verb, an adjective, or another adverb. Adverbs express time, place, manner, and quantity.

Federico è partito **improvvisamente.**
*Frederick left suddenly.*

Maria è **molto** intelligente.
*Maria is very intelligent.*

Mangi **troppo velocemente.**
*You eat too fast.*

Parla **poco,** ascolta **assai** e **giammai** non fallirai!
*Speak little, listen a lot, and you'll never go wrong.*

**B.** Adverbs are most often formed by adding **-mente** to the feminine form of the adjective. This form corresponds to the *-ly* form in English.

improvviso → improvvisa → **improvvisamente** *suddenly*
vero → vera → **veramente** *truly*
dolce → **dolcemente** *sweetly*

If the adjective ends in **-le** or **-re** preceded by a vowel, the final **-e** is dropped before adding **-mente**.

naturale → natural → **naturalmente** *naturally*
regolare → regolar → **regolarmente** *regularly*

**C.** Some commonly used adverbs have forms of their own: **tardi, spesso, insieme, bene, male, così, volentieri,** etc.

**D.** Some adverbs have the same form as the adjective.

Andate **piano!**
*Go slow!*

Parliamoci **chiaro!**
*Let's talk frankly!*

Non parlare così **forte!**
*Don't talk so loud!*

Perché cammini così **svelto?**
*Why are you walking so fast?*

Hai visto **giusto.**
*You guessed right.*

Lavorate **sodo,** ragazzi!
*Work hard, boys!*

Abitano **vicino.**
*They live nearby.*

**E.** Like nouns and adjectives, many adverbs can be altered using the same suffixes discussed in Chapter 5; see pp. 117–118.

bene → **benino, benone**

male → **maluccio**

poco → **pochino, pochettino**

presto → **prestino**

Come va? —Va **benone.**
*How are things? —Quite good.*

Oggi sto **maluccio.**
*Today I am feeling a little down.*

Sono un **pochino** stanca.
*I'm a bit tired.*

È ancora **prestino.**
*It is still rather early.*

**Improvvisamente è suonata le mezzanotte.**

**F.** Adverbial expressions consisting of two or more words are often used instead of simple adverbs.

| | | |
|---|---|---|
| **a poco a poco** | **di solito** | **per caso** |
| *little by little* | *usually* | *by chance* |
| **in tutto e per tutto** | **di tanto in tanto** | **per fortuna** |
| *completely* | *from time to time* | *fortunately* |
| **all'improvviso** | **in seguito** | **ad un tratto** |
| *all of a sudden, suddenly* | *later on* | *suddenly* |

## Posizione degli avverbi

**A.** In general, the adverb directly follows the verb in a simple tense, but it may precede the verb for emphasis.

Parlano **bene** l'italiano.
*They speak Italian well.*

**Qui** abita mia sorella.
*My sister lives here.*

La vediamo **raramente**.
*We rarely see her.*

**Allora** non lo conoscevo.
*I did not know him then.*

**B.** In sentences with compound tenses, the adverb may be placed:

1. between the auxiliary verb and the past participle, especially common adverbs of time: **già, mai, sempre, ancora, spesso, più.**

   Te l'ho **già** detto mille volte!
   *I already told you a thousand times!*

   Ci siamo **veramente** divertiti.
   *We really had a good time.*

   Non mi hanno **ancora** invitata.
   *They haven't invited me yet.*

   Non ci sono **più** andate.
   *They didn't go there again.*

2. directly after the past participle (most adverbs of place, time, and manner).

   Non sono venuti **qui**.
   *They didn't come here.*

   Mi hanno risposto **male**.
   *They answered me badly.*

   Sei arrivata **tardi**.
   *You arrived late.*

3. before the auxiliary verb, for emphasis.

   Io **subito** ho risposto.
   *I answered right away.*

   **Mai** avrei immaginato una cosa simile.
   *I would never have imagined such a thing.*

**C. Anche** (*also, too, as well*) normally precedes the word it refers to.

Fausto era intelligente ed era **anche** bello.
*Fausto was intelligent and handsome too.*

Possiamo prendere l'autobus ma possiamo **anche** prendere un tassì.
*We can take the bus, but we can also take a cab.*

Vengo **anch'io** al concerto.
*I am coming to the concert too.*

**Anche** cannot be used at the beginning of a sentence to mean *also* in the sense of *besides, moreover, in addition, furthermore*. **Inoltre** must be used in such cases.

Non posso venire. **Inoltre,** non ne ho voglia.
*I can't come. Besides, I don't feel like it.*

## ■ Esercizi

**a. Il primo appuntamento.** *Ieri sera Annamaria è uscita per la prima volta con un ragazzo che lavora con lei. La sua amica le chiede i particolari. Seguire l'esempio.*

ESEMPIO     Ha parlato molto? (costantemente)
            **Sì, ha parlato costantemente.**

1. Ti ha raccontato la storia della sua vita? (già)
2. Ama gli animali? (molto)
3. Quando siete usciti, vi siete sentiti a vostro agio? (immediatamente)
4. Esce la sera con i suoi amici? (raramente)
5. Va alle partite di calcio? (regolarmente)
6. Ti piacerebbe uscire con lui un'altra volta? (ancora)
7. Ha parlato di cose interessanti? (subito)
8. Hai capito se ha la ragazza? (no / assolutamente)
9. Si è lamentato di qualcosa? (mai)
10. Ma senti, hai intenzione di dirlo a Mario? (certamente)

**b. Gli esami.** *Il professor Monti fa parte di una commissione di esami di maturità e ne parla con la moglie. Formare nuove frasi usando l'opposto degli avverbi sottolineati.*

1. Il presidente (*chairman*) aveva già aperto le buste con i temi di italiano quando sono arrivato.
2. Fortunatamente all'esame orale quasi tutti i ragazzi hanno risposto bene.
3. Abbiamo concluso gli esami abbastanza presto.
4. Un membro della commissione ci ha chiesto se avevamo mai avuto delle difficoltà di procedura.
5. La mia collega di scienze non gli aveva ancora raccontato quello che successe l'anno scorso.
6. Ho notato che al presidente piace molto interrogare gli studenti.
7. Devo ammettere che io do voti alti raramente.
8. L'unica cosa che mi dà fastidio è quando i membri della commissione vogliono fare tutto in fretta.

## Comparativo di uguaglianza

The following forms are used in comparisons of equality:

**A.** (**così**) + *adjective or adverb* + **come**      *as . . . as*
(**tanto**) + *adjective or adverb* + **quanto**      *as . . . as*

La mia casa è (**così**) **grande come** la tua.
La mia casa è (**tanto**) **grande quanto** la tua.
*My house is as big as yours.*

**Così** and **tanto** are often unexpressed.

When a personal pronoun follows **come** or **quanto,** it is a stressed pronoun.

Il bambino è alto quanto **me.**
*The child is as tall as I am.*

**B.** **tanto** + *noun* + **quanto**      *as much as; as many . . . as*
**tanto quanto**      *as much as*

**Tanto** + *noun* + **quanto** usually agree in gender and number with the noun they modify.

Hanno ricevuto tant**i** regal**i** quant**i** ne volevano.
*They received as many presents as they wanted.*

(**Tanto**) **quanto** (invariable and not separated) follows a verb.

È vero che guadagni (**tanto**) **quanto** me?
*Is it true you earn as much as I do?*

## Comparativo di maggioranza e minoranza

The following forms are used for comparisons of inequality:

**più... di**
**più... che**      } *more . . . than; -er . . . than*

**meno... di**
**meno... che**      } *less . . . than; fewer . . . than*

**A.** **più / meno... di** (**di** combines with the definite article) with numbers and when two different persons or things are compared in terms of the same quality or action.

Il nonno ha **più di** settant'anni.
*Grandpa is more than seventy years old.*

Gli italiani bevono **più** vino **degli** americani.
*Italians drink more wine than Americans.*

I soldi sono **meno** importanti **della** salute.
*Money is less important than health.*

Tu sei **più** alta **di** me?
*Are you taller than I am?*

L'Italia è 30 volte **più** piccola **degli** Stati Uniti.
*Italy is 30 times smaller than the United States.*

**B. più / meno... che** when two words of the same grammatical category (nouns, adjectives, infinitives, adverbs) are directly compared in relation to the same person, thing, or action.

I miei amici mangiano **meno** carne **che** pesce.
*My friends eat less meat than fish.*

L'alta moda è **più** elegante **che** pratica.
*High fashion is more elegant than practical.*

È **più** facile salire **che** scendere.
*It is easier to get up than to get down.*

Hanno risposto **più** gentilmente oggi **che** ieri.
*They answered more kindly today than yesterday.*

Scriverò **più** rapidamente con la matita **che** con la penna.
*I will write faster with a pencil than with a pen.*

ATTENZIONE! If the two words on either side of *than* can be reversed, and the sentence still makes sense though with an opposite meaning, the word you want for *than* is **che**; otherwise use **di**.

*I drink more coffee* than *tea.*
*(I drink more tea* than *coffee.)*
Bevo più caffè **che** tè.

*They spent more time in France* than *in Italy.*
*(They spent more time in Italy* than *in France.)*
Hanno passato più tempo in Francia **che** in Italia.

But:

*I drink more coffee* than *Mary.*
*(cannot be reversed)*
Bevo più caffè **di** Maria.

**C. più / meno...** {
  **di quel(lo) che** + *verb* in the indicative
  **di quanto** + *verb* in the indicative or subjunctive
  **che non** + *verb* in the subjunctive
}

when the comparison is followed by a conjugated verb, that is, when it introduces a dependent clause.

Lo spettacolo è stato **meno** interessante **di quello che** ci aspettavamo.
*The show was less interesting than we expected.*

La conferenza durò **più di quanto** immaginavo (immaginassi).
*The lecture lasted longer than I imagined.*

Hanno lavorato **più di quel che** credi.
*They worked more than you think.*

Quell'uomo è **più** gentile **di quanto non** sembri.
*That man is kinder than he seems.*

## ■ Esercizi

**a.** *Completare le seguenti frasi con un comparativo (di uguaglianza, maggioranza o minoranza), secondo il senso.*

ESEMPIO   Un treno locale è **meno** veloce **di** un treno rapido.

1. I mesi invernali sono _____ caldi _____ quelli estivi.
2. Il mese di novembre ha _____ giorni _____ il mese d'aprile, ma _____ giorni _____ dicembre.
3. La giraffa ha il collo _____ lungo _____ l'elefante.
4. Un limone è _____ dolce _____ una mela.
5. Sei sicura che ci siano _____ calorie in una carota _____ in un avocado?
6. Le montagne sono _____ alte _____ le colline.
7. Un'Audi costa _____ _____ una Ford.
8. Negli Stati Uniti un viaggio in autobus è _____ caro _____ un viaggio in treno.
9. Gli italiani bevono _____ vino _____ gli americani; bevono _____ la gente creda!
10. Veramente, non sono proprio malato; sono _____ stanco _____ malato!

**b.** *Riscrivere le seguenti frasi sostituendo il comparativo di maggioranza o minoranza al comparativo di uguaglianza.*

ESEMPIO   Sono alta come mio padre.
          **Sono più (meno) alta di mio padre.**

1. È vero che il bambino mangia tanto quanto te?
2. Non è tardi come pensavo.
3. Abbiamo usato tanto burro quanta farina.
4. Il letto sembrava tanto bello quanto comodo.
5. Sapete che guadagnate quanto noi?
6. Eravate stanchi come gli altri.
7. Hanno tanto coraggio quanto credi.
8. Per me, la storia è interessante come la geografia.

**c.** *Completare le seguenti frasi usando* **di** + *articolo,* **che, di quel che, come, quanto.**

1. Gli americani bevono più caffè _____ vino.
2. Mi sento più felice in campagna _____ in città.
3. I giorni feriali sono più numerosi _____ giorni festivi.
4. Non trovate che i motorini siano più pericolosi _____ automobili?
5. L'aria è tanto necessaria _____ acqua.
6. Quell'edificio è più bello _____ utile.
7. La tua macchina consuma più benzina _____ mia.
8. Nella vita, tu hai avuto più gioie _____ dolori.
9. L'autunno è meno caldo _____ estate.
10. Nessuno ha tanta pazienza _____ ne ho io.
11. L'esame sarà meno facile _____ voi crediate!
12. Camminavano meno rapidamente _____ me.
13. Qualche volta è più difficile tacere _____ parlare.
14. Come balli bene! Sei leggera _____ una piuma.
15. L'Italia ha più colline e montagne _____ pianure.

## Superlativo relativo

Italian forms the relative superlative of adjectives and adverbs *(most, least, -est)* with the definite article + **più** or **meno**. **Di** (or **fra**) used after a superlative is the equivalent of *in* or *of* in English.

**la meno** famosa di tutte le attrici
*the least famous of all actresses*

**il** ragazzo **più** intelligente della famiglia
*the most intelligent boy in the family*

**il più** rapidamente possibile
*the most rapidly (as rapidly as possible)*

**A.** When the superlative follows its noun, the definite article is not repeated with **più** or **meno**.

il museo più famoso
*the most famous museum*

la sorella meno carina
*the least pretty sister*

**B.** The subjunctive often follows the superlative (see p. 202).

Il mio professore d'italiano è l'uomo più alto che io **conosca.**
*My Italian professor is the tallest man I know.*

È il film più lungo che io **abbia** mai **visto.**
*It's the longest movie I have ever seen.*

**C.** With the superlative of adverbs, the definite article is usually omitted unless **possibile** is added to the adverb. (Note the idiomatic expressions with **possibile.**)

Ha parlato più rapidamente di tutti.
*He spoke the most rapidly of all.*

Ha parlato il più rapidamente possibile.
*He spoke as rapidly as possible.*

il più presto possibile (al più presto)
*as soon as possible*

il più tardi possibile
*as late as possible*

## Superlativo assoluto

The absolute superlative *(very intelligent, quite pretty, very rapidly)* can be formed:

**A.** by dropping the final vowel of the masculine plural form of the adjective and adding **-issimo** (**-issima, -issimi, -issime**). The absolute superlative always agrees in gender and in number with the noun it modifies.

ricco → ricchi → **ricchissimo**
simpatico → simpatici → **simpaticissimo**
lungo → lunghi → **lunghissimo**

Pietro prende sempre voti **altissimi.**
*Pietro always gets very high grades.*

La situazione politica era **gravissima.**
*The political situation was very serious.*

**B.** by adding -**issimo** to the adverb minus its final vowel.

tardi → **tard<u>i</u>ssimo**
spesso → **spess<u>i</u>ssimo**

La mamma è arrivata ieri sera, **tard<u>i</u>ssimo.**
*Mother arrived last night, very late.*

**C.** for adverbs ending in -**mente,** by adding -**mente** to the feminine form of the superlative adjective.

sicuramente: sicuro → sicur<u>i</u>ssima → **sicurissimamente**
gentilmente: gentile → gentil<u>i</u>ssima → **gentilissimamente**

Questo succede **rarissimamente.**
*This happens very rarely.*

**D.** by using such adverbs as **molto, bene, estremamente, incredibilmente, infinitamente, altamente** + *adjective* or *adverb.*

Silvia è una ragazza **molto strana.**
*Sylvia is a very strange girl.*

La situazione è **estremamente difficile.**
*The situation is very difficult.*

Le sono **infinitamente grato.**
*I'm extremely grateful to you.*

Lo farò **ben volentieri.**
*I'll be delighted to do it.*

**E.** by adding a prefix to an adjective: **arci**contento, **stra**pieno, **extra**r<u>a</u>pido, **super**veloce, **ultra**-moderno, etc.

La carne era **stracotta.**
*The meat was overcooked.*

Vivono in un palazzo **ultramoderno.**
*They live in a very modern apartment building.*

**F.** by adding another adjective or phrase to an adjective.

**ricco sfondato**
*filthy rich*

**pieno zeppo**
*overflowing*

**innamorato cotto**
*madly in love*

**stanco morto**
*dead tired*

**vecchio decrepito**
*very old, on one's last legs*

**ubriaco fradicio**
*drunk*

**pazzo da legare**
*raving mad (fit to be tied)*

**sordo come una campana**
*as deaf as a post*

**G.** by repeating the adjective or the adverb.

Se ne stava in un angolo **zitta zitta.**
*She kept very silent in a corner.*

I bambini camminavano **piano piano.**
*The children were walking very slowly.*

## ■ Esercizi

a. **Sono eccezionali!** *Trasformare le frasi secondo l'esempio dato.*

ESEMPIO  È un bel palazzo.
 **È il palazzo più bello della città. È bellissimo!**

1. È un monumento famoso.
2. È un bel parco.
3. È una vecchia statua.
4. È un ristorante caro.
5. Sono dei palazzi moderni.
6. Sono chiese buie.

b. **Interessantissimo!** *Paola racconta a Umberto come si trova con il professor Marchetti. Riscrivere le frasi usando un'altra forma del superlativo assoluto.*

1. Le sue lezioni sono molto interessanti.
2. Ma i suoi esami sono estremamente difficili.
3. Anche i seminari di storia medievale sono molto lunghi.
4. Normalmente l'aula è strapiena di studenti.
5. Dopo aver assistito alle sue lezioni, arriviamo tutti a casa stanchissimi.
6. Ma è un docente *(teacher)* assai bravo e molto preparato.
7. Saremmo arcicontenti se anche tu ti iscrivessi a Lettere e Filosofia.
8. Vedrai che i suoi assistenti ti tratteranno benissimo.

c. **Da Luigi.** *Che cosa dice Luigi per convincere i clienti a comprare la sua merce? Seguire l'esempio usando* **che ci sia / siano** *a seconda del caso.*

ESEMPIO  Queste pere sono buone?
 **Sono le più buone che ci siano.**

1. Le uova sono fresche?
2. I fichi sono maturi?
3. Le olive nere in vasetto *(jar)* sono saporite?
4. La mozzarella è fresca di giornata?
5. I piselli sono dolci?
6. Questo prosciutto è buono?
7. Le arance siciliane sono belle rosse?

**A.** Some adjectives have irregular comparatives and superlatives in addition to their regular forms. The first form shown is the regular one.

| ADJECTIVES | | | |
|---|---|---|---|
| | **Comparative** | **Relative Superlative** | **Absolute Superlative** |
| **buono** <br> *good* | più buono <br> migliore <br> *better* | il più buono <br> il migliore <br> *the best* | buonissimo <br> ottimo <br> *very good* |
| **cattivo** <br> *bad* | più cattivo <br> peggiore <br> *worse* | il più cattivo <br> il peggiore <br> *the worst* | cattivissimo <br> pessimo <br> *very bad* |
| **grande** <br> *big, great* | più grande <br> maggiore <br> *bigger, greater* | il più grande <br> il maggiore <br> *the biggest* | grandissimo <br> massimo <br> *very big* |
| **piccolo** <br> *small, little* | più piccolo <br> minore <br> *smaller* | il più piccolo <br> il minore <br> *the smallest* | piccolissimo <br> minimo <br> *very small, slightest* |
| **alto** <br> *high, tall* | più alto <br> superiore <br> *higher* | il più alto <br> il superiore <br> *the highest* | altissimo <br> supremo, sommo <br> *very high, supreme* |
| **basso** <br> *low, short* | più basso <br> inferiore <br> *lower* | il più basso <br> l'inferiore <br> *the lowest* | bassissimo <br> infimo <br> *very low* |

1. The choice of a regular or an irregular form is dictated by meaning and / or style and usage. In general, the irregular forms indicate figurative qualities and values; the regular forms are used to indicate material qualities.

   Questa casa è **più alta** di quella. <br> *This house is taller than that one.*

   Vorrei scarpe con tacchi **più bassi.** <br> *I'd like shoes with lower heels.*

   Questa quantità è **superiore** al necessario. <br> *This quantity is more than necessary.*

   Sono scarpe di qualità **inferiore.** <br> *They are shoes of poorer quality.*

2. Note the special meanings of **maggiore** and **minore.** In addition to meaning *greater, major,* and *lesser,* they are frequently used in reference to people to mean *older* and *younger.* **Il maggiore** means *the oldest* (in a family) and **il minore** means *the youngest.* When referring to physical size, *bigger* and *biggest* are expressed by **più grande** and **il più grande;** *smaller* and *smallest* by **più piccolo** and **il più piccolo.**

   Il sole è **più grande** della luna. <br> *The sun is bigger than the moon.*

   I tuoi difetti sono **minori** dei miei. <br> *Your faults are smaller than mine.*

   Chi è **maggiore:** tu o tua sorella? <br> *Who is older: you or your sister?*

   I tuoi piedi sono **più piccoli** dei miei. <br> *Your feet are smaller than mine.*

3. Often the regular and irregular forms are used interchangeably, especially when material qualities are compared.

Questo formaggio è **più buono (migliore)** di quello.
*This cheese is better than that.*

In questo negozio i prezzi sono **inferiori (più bassi).**
*In this shop prices are lower.*

4. Some additional examples of the irregular forms are:

I Rossi sono **i** miei **migliori** amici.
*The Rossis are my best friends.*

Al **minimo** rumore si spaventa.
*He gets frightened at the smallest noise.*

È un'**ottima** occasione.
*It's an excellent opportunity.*

Dovete andare al piano **superiore.**
*You must go to the upper floor.*

L'ipocrisia è **il peggior(e)**[1] difetto.
*Hypocrisy is the worst fault.*

Il valore di quel libro è **infimo.**
*The value of that book is minimal.*

Quali sono state le temperature **minime** e **massime** ieri?
*What were the lowest and highest temperatures yesterday?*

**B.** Some adverbs have irregular comparatives and superlatives.

| ADVERBS | | | |
|---|---|---|---|
| | **Comparative** | **Relative Superlative** | **Absolute Superlative** |
| **bene** *well* | meglio *better* | (il) meglio *the best* | molto bene, benissimo ottimamente *very well* |
| **male** *badly* | peggio *worse* | (il) peggio *the worst* | molto male, malissimo pessimamente *very badly* |
| **molto** *much, a lot* | più, di più *more* | (il) più *the most* | moltissimo *very much* |
| **poco** *little* | meno, di meno *less* | (il) meno *the least* | pochissimo *very little* |

L'hai fatto bene, ma puoi farlo **meglio.**
*You did it well, but you can do it better.*

Hanno scritto **malissimo.**
*They wrote very badly.*

Vedo che hai già finito. **Benissimo!**
*I see you are already done. Very good!*

Cercano di mangiare **il meno possibile.**
*They try to eat as little as possible.*

In the relative superlative, the article is usually omitted unless **possibile** is added.

Ha risposto **meglio** di tutti.
*He gave the best answer.*
  (lit. He answered the best of all.)

Ha risposto **il meglio possibile (nel miglior modo possibile).**
*He answered as well as possible.*

---

[1] **Migliore, peggiore, maggiore,** and **minore** can drop the final -e before nouns that do not begin with **z** or **s** + *consonant*: il **maggior** dolore; il **miglior** professore; but il **migliore** scrittore.

1. Note that *more* and *less,* when used alone without nouns (usually after a verb), are **di più** and **di meno.**

Bisogna lavorare **di più** e
 chiacchierare **di meno.**
*One must work more and chatter less.*

Quando è depresso, Pietro mangia **di più.**
*When he is depressed, Peter eats more.*

2. **Sempre più** and **sempre meno** correspond to *more and more* and *less and less* + adjective or adverb. Use **sempre di più** and **sempre di meno** when the expressions are used by themselves.

La situazione diventa **sempre più** grave.
*The situation is getting more and more serious.*

Capite **sempre di meno.**
*You understand less and less.*

3. **Più... più** and **meno... meno** correspond to *the more . . . the more* and *the less . . . the less.*

**Più** dorme, **più** ha sonno.
*The more he sleeps, the sleepier he is.*

**Meno** lavorano, **meno** guadagnano.
*The less they work, the less they earn.*

4. **Il più, i più, la maggior parte (la maggioranza)** + **di** + *noun* + *verb* (singular or plural) express *most,* meaning *the greatest quantity, the majority, most persons.*

**Il più** è fatto.
*Most of it is done.*

**I più** preferiscono quest'idea.
*Most people prefer this idea.*

**La maggior parte** dei nostri amici
 era già partita.
*Most of our friends had already left.*

**La maggior parte (la maggioranza)** degli
 uomini è contenta del proprio stato.
*Most men are happy with their condition.*

C. When expressing *better* or *worse* you have to determine whether they are used as adjectives or adverbs. **Migliore / Migliori** express *better* as an adjective; **peggiore / peggiori** express *worse* as an adjective.

Abbiamo visto tempi **migliori.**
*We've seen better times.*

Non ho mai bevuto un vino **peggiore** di questo.
*I've never drunk a worse wine than this one.*

**Meglio** and **peggio** express *better* and *worse* as adverbs.

Stanotte ho dormito **meglio.**
*Last night I slept better.*

Con questi occhiali ci vede **peggio.**
*With these glasses he doesn't see as well (he sees worse).*

**Meglio** and **peggio** can also be used with **il**, as masculine nouns, to mean *the best (thing), the worst (thing).*

Il **meglio** deve ancora venire.
*The best is yet to come.*

**Il peggio** è passato.
*The worst is over.*

## ■ Esercizi

a. **Contrasti.** *Completare le seguenti frasi usando* **meglio, migliore/i, peggio** *e* **peggiore/i.**

1. La macchina nuova funziona _____ di quella vecchia.
2. È una brava dentista: credo che sia la _____ dentista che io abbia mai avuto.
3. Abitano in una brutta zona; è la zona _____ della città.
4. Questo vestito ti sta veramente bene; sta _____ a te che a me.
5. Gli studenti di quest'anno sono _____ di quelli dell'anno scorso.
6. Luigi non è certo modesto! Dice sempre: «Quello che fanno gli altri, io lo faccio _____».
7. Le cose vanno male! Non potrebbero andar _____.
8. Come la tratti male! La tratti _____ di una schiava.
9. Non gli ho detto niente; ho ritenuto che fosse _____ non dirgli niente.
10. Con gli occhiali nuovi la nonna ci vede _____.
11. Dobbiamo risolvere il problema nel modo _____.
12. Vuoi abbandonare gli studi? Io non sono d'accordo. Mi sembra la soluzione _____.

b. **Quiz.** *Rispondere alle seguenti domande:*

1. I Rossi abitano sopra di noi; i Bianchi abitano sotto di noi. Chi abita al piano inferiore?
2. Paolo ha preso 26; Roberto ha preso 29. Chi ha preso il voto migliore?
3. Il mio orologio è di plastica; quello di Giancarlo è d'oro. Qual è l'orologio di qualità superiore?
4. Anna pesa 53 chili; Mirella pesa 140 libbre. Chi pesa di più?
5. Mario ha la febbre a 39° C., Carlo a 37° C. Chi sta peggio?
6. Mio cugino ha 20 anni; io ne ho 19. Chi è maggiore?
7. Io ho fatto tre chilometri; tu hai fatto tre miglia. Chi ha camminato di più?[1]

c. **Parliamo un po'.** *Lavorando con un compagno / una compagna, immagina di aver appena conosciuto un ragazzo / una ragazza alla mensa universitaria. Alternatevi a fare domande e a rispondere.*

Domanda...

1. se ha un fratello maggiore o una sorella maggiore e quanti anni hanno più di lui / lei.
2. se lui / lei è alto/a come suo padre o più alto/a.
3. chi è la persona più simpatica della sua famiglia, la più strana e la meglio vestita.
4. chi parla più lingue, chi parla meglio l'inglese e chi ha la migliore pronuncia.

d. **Conversazione.**

1. Si parla tanto di un mondo migliore: come lo immagini tu?
2. Quali sono i tre apparecchi elettronici che tu consideri più utili? Perché?
3. Qual è il più bel regalo che tu abbia mai fatto o ricevuto?
4. Qual è il più bel complimento che tu abbia mai fatto o ricevuto?
5. Qual è il miglior voto che tu abbia mai preso?

---

[1] A mile equals 1.6 kilometers.

## ■ Prima di leggere

Questo brano fa parte di un racconto intitolato «Essere e tempo», scritto da Riccardo Ferrazzi. L'autore, nato nel 1947, si è laureato in economia, ma dopo vent'anni di lavoro ha deciso invece di diventare scrittore. Questo suo brano, pubblicato nel 2000, è la storia di un'esperienza stranissima capitata al narratore, studente universitario, durante *exam session* l'appello° di un esame orale.

Sarà stanco o disperato?

Nel sistema universitario italiano, i voti dipendono più dagli esami che da altri fattori, come la frequenza e i compiti assegnati. Ci sono alcuni corsi che richiedono di lavorare a dei progetti, ma gli esami finali sono spesso l'unico metodo di giudizio. Generalmente gli studenti devono superare due tipi di esame per ogni materia che studiano: quello scritto e quello orale. L'esame orale non è nemmeno un'esperienza privata fra studente e professore. Infatti ci sono quasi sempre altre persone, di *oral exam* solito studenti, che osservano l'interrogazione°. Inoltre, qualche volta c'è un gruppo di professori a cui gli studenti devono rispondere.

Questo brano ci comunica l'ansia e lo stress di sostenere un esame importantissimo. Però, com'è suggerito dal titolo del racconto originale, in questa storia universale è introdotto un elemento straordinario. Il giorno dell'esame, che era pure il suo compleanno, il protagonista ha scoperto di possedere un potere sovrannaturale.

In gruppi di due o tre studenti, discutete le seguenti domande:

1. Avete mai sostenuto un esame orale? Se sì, in quale materia? Descrivete la vostra esperienza. Eravate nervosi e insicuri o avevate fiducia in voi stessi?

2. Come vi sentite prima di dare un esame importante? State più tranquilli se vi siete preparati? Quali emozioni provate se non avete studiato abbastanza?

3. Avete mai sognato di dare un esame per il quale non eravate affatto preparati? Descrivete il vostro sogno. Cosa fareste se il vostro sogno diventasse realtà?

4. Avete mai preso in un esame un voto migliore di quello che vi aspettavate? Cosa fareste se vi capitasse invece di ricevere un voto peggiore? Cosa fareste se, secondo voi, il professore si fosse sbagliato?

5. Il narratore di questo brano si definisce «uno scherzo di natura». Dato che deve dare un esame, che tipo di potere pensate che abbia?

## ■ L'esame orale

*freak of nature*
*I prepared*

*impudence / **levarli...** :*
*get them out of the way*

***col...** : out of breath*

*match*

*crew cut*
*he rattled off*

*as many / cigarette butt /*
*heel*

*to sink*

*eyelashes*
***rimescolato...** : disturbed*
*by a foreboding / under*
*the banner / glided / look*

*wanders / turns*

*take out*
*kick*

***non...** : I wouldn't have*
*let myself be disheartened*

*bulged*

***stava...** : was browning*
*on the grill*

Scoprii di essere uno scherzo di natura° il giorno del mio diciottesimo compleanno. (...) Il mio destino cambiò verso la fine del primo anno di università. All'appello di giugno portai° cinque esami, convinto di superarne due o tre.

Con molta fortuna e un po' di sfacciataggine° riuscii a levarli di mezzo° tutti e cinque. All'appello di ottobre mi presentai a matematica. Passai lo scritto, con che voto non so, non me lo dissero mai, e il giorno del mio compleanno fui chiamato a sostenere l'orale. ⁵

Alle nove del mattino, un assistente si presentò in aula col fiato corto° per aver salito due piani di scale. Non si degnò di salutare i presenti, gettò le sue carte sulla cattedra, accese una sigaretta, buttò a terra un cerino° scosso ma non spento, e chiamò il primo candidato. ¹⁰

Si fece avanti un ragazzo magro, dal viso rettangolare, che portava occhiali senza montatura e capelli a spazzola°: sembrava un ingegnere tedesco. E sapeva tutto: dal calcolo combinatorio alle equazioni differenziali snocciolò° risposte precise, sviluppando i ragionamenti con la logica percussiva di un Clausewitz[1]. Dopo cinque domande e altrettante° risposte l'assistente lasciò cadere il mozzicone°, lo schiacciò sotto il tacco°, e ¹⁵ propose:

«Ventisette. Le va bene?»

Il poveraccio si sentì sprofondare°: si era preparato per il trenta. Chiese di poter rispondere a un'altra domanda. L'assistente scosse il capo.

«Se crede, può ritirarsi.» ²⁰

Lo studente batté le ciglia° sugli occhi miopi, si alzò senza una parola e uscì.

Mi feci avanti con l'animo rimescolato da un presagio° di catastrofe. L'assistente aprì il libretto e contemplò i miei cinque voti che, all'insegna° della mediocrità, planavano° dal ventiquattro al diciotto. Lessi nel suo sguardo° che quel mattino avrei fatto meglio a non venire. ²⁵

«Il secondo teorema di Napier» mormorò.

Non saprei dire cosa mi successe. Ai tre teoremi di Napier avevo dedicato lunghi pomeriggi di impegno, tormento e conquista. Attaccai la dimostrazione col sollievo di chi vaga° in un quartiere sconosciuto, svolta° un angolo e ritrova la strada di casa.

«Ha problemi di udito? Le ho chiesto il SECONDO teorema!» ³⁰

Una luce bianca mi esplose nel cervello.

«Torni a febbraio, se per allora avrà imparato a distinguere il secondo teorema dal terzo.»

Non ebbi il coraggio di aprire bocca. Uscii dall'aula e andai a sedere sconsolato sui gradini della scala coi gomiti sui ginocchi e il viso nelle mani. Pensavo a mia madre, che aveva cucinato una torta, e a mio padre che era sceso in cantina a prelevare° una bottiglia ³⁵ di spumante. E io tornavo a casa con un calcio° nel sedere.

Se avessi potuto cancellare l'ultima mezz'ora, se qualche perversa singolarità nella struttura dell'universo mi avesse fatto regredire di trenta minuti, non mi sarei lasciato smontare° da un commento sarcastico. E non avrei buttato via tre mesi a ristudiare quel che sapevo già. ⁴⁰

All'improvviso mi sentii battere su una spalla. Un compagno di corso mi disse: «Be', che fai, non vieni?»

Non so nemmeno perché lo seguii. Tornai in aula e mi schizzarono° gli occhi dalle orbite. L'orologio segnava le nove e dieci. Il ragazzo con la faccia da ingegnere stava rosolando sulla graticola°. ⁴⁵

---

[1] Expression used here to illustrate tactical genius; from the name Carl Von Clausewitz, military philosopher known for his book, *On War*, published in 1832.

From the beginning

una... : any old nonsense

handing back

skipped / record
snorts
act cruelly

Dapprincipio° accaddero le stesse cose. L'assistente propose il ventisette, il candidato implorò di essere interrogato ancora, ma soggiunse che aveva bisogno di un voto alto per mantenere la borsa di studio. L'esaminatore lo guardò dall'alto in basso, domandò una inezia qualsiasi°, tanto per forma, e scrisse il voto ancor prima che lo studente avesse finito di rispondere.

«Ventinove» sentenziò porgendo° il libretto. L'altro lo prese e se ne andò, non esultante ma neppure disperato.

Venne il mio turno. L'assistente tralasciò° di ispezionare i miei precedenti°. Mi rivolse una domanda di routine e sanzionò le mie incertezze con occhiatacce, grugniti° e gesti di fastidio, ma evitò di infierire°.

Alla fine, mi diede ventitré. (...)

Fu un bel compleanno.

Riccardo Ferrazzi, da «Essere e tempo», in *Il tempo, probabilmente*

## ■ Comprensione

1. Perché questo giorno è tanto importante per il narratore?

2. È un bravo studente il narratore? Come lo sappiamo?

3. Quale esame sostiene? A che ora comincia?

4. Com'è il ragazzo che viene interrogato prima del narratore? Che voto prende?

5. Quando tocca al narratore essere interrogato, cosa succede? Come si comporta l'assistente con lui?

6. Che ore sono quando il narratore esce per la prima volta dall'aula? Quando entra di nuovo, che ore sono? Qual è il potere speciale del narratore?

7. Infine, cosa succede con l'esame orale? Come si sente il narratore?

8. Il protagonista di «L'esame orale» è dotato dell'abilità di giocare con il tempo. Secondo te, cosa farà con questo potere? Se le cose andassero male per lui, le cambierebbe con il tempo? Cosa succederebbe se lui usasse troppo il suo potere?

## ■ Temi per componimento o discussione

1. Secondo te, quale delle affermazioni che seguono è la più importante e perché? La funzione principale della scuola è di:

    a. preparare a un lavoro.

    b. insegnare a pensare in maniera critica.

    c. offrire un'esperienza sociale che sviluppi la comprensione e la tolleranza.

2. Nel brano «L'esame orale» il narratore possiede un potere sovrannaturale. Ti piacerebbe avere un potere simile? Se tu potessi scegliere un potere sovrannaturale, quale sceglieresti? Cosa faresti con questo potere?

3. In Italia, gli esami sono molto determinanti per gli studenti universitari. Descrivi i metodi usati per giudicare gli studenti del tuo paese. Secondo te, è necessario frequentare un corso per superarlo? È meglio usare soltanto gli esami per dare i voti, è preferibile invece fare dei progetti scritti o delle ricerche? Discuti i vantaggi e gli svantaggi dei due sistemi.

4. Descrivi il sistema universitario del tuo paese. È simile o diverso da quello italiano? Credi che il sistema universitario del tuo paese sia adeguato a preparare gli studenti al mondo del lavoro? Esponi le tue opinioni in modo elaborato. Se tu potessi cambiare qualcosa, che cosa faresti?

5. In molti paesi ci sono singoli corsi universitari che si possono seguire online o perfino diplomi universitari da conseguire completamente online. Che cosa pensi di questo tipo di opportunità? Tu hai mai seguito un corso online? Se sì, qual è stata la tua esperinza? Esprimi le tue opinioni sui possibili vantaggi e svantaggi di corsi o diplomi online.

6. In gruppi di tre, immaginate di essere:

Uno studente / Una studentessa che sostiene un esame orale: ieri è stato il tuo compleanno e non hai studiato molto.

Il professore / La professoressa che amministra l'esame: hai il raffreddore e non hai dormito bene. Inoltre, ci sono un sacco di studenti che devi interrogare.

Un amico / Un'amica che accompagna lo studente / la studentessa all'appello. Anche tu devi sostenere un esame simile e vuoi osservarlo.

In quale materia è l'esame? Cosa succede? Scrivete una scenetta da rappresentare in classe. Non dimenticate di usare il *Lei* fra professori e studenti, ed il *tu* fra gli studenti.

Studenti universitari a Bologna. Spesso nelle città italiane gli edifici dell'università sono situati in varie strade del centro storico; solo le università relativamente nuove sono state costruite entro i limiti del campus.

# L'isola deserta

Il periodo ipotetico non è soltanto un difficile argomento di grammatica, ma è anche molto utile per alcuni giochi di fantasia. A tutti noi è stato chiesto almeno una volta: «Se fossi un animale, che animale saresti?». Domande come questa sono tipiche di alcuni giochi che si fanno in compagnia, spesso alle feste di grandi e bambini. «Se fossi un albero / un colore / un film / un giorno della settimana / una bevanda / una città / un numero, che cosa saresti? E se vincessi la lotteria, che cosa faresti?» Anche in questo video troverai una domanda simile: «Se tu partissi per un'isola deserta, che cosa porteresti?»

***E se potessi portare una sola cosa su un'isola deserta? Considera le seguenti domande:***

1. Che cosa porteresti? E che cosa porterebbero i tuoi compagni? Intervistane cinque.

2. Quali pensi che saranno alcune risposte degli Italiani intervistati nel video?

Adesso confronta le tue risposte con il video al sito web **www.cengage.com/login**. Sei sorpreso/a dalle risposte degli Italiani? Parlane con i tuoi compagni di classe. Puoi trovare altre attività basate sul video alla fine del Capitolo 11 del *Workbook* (nel *Student Activities Manual*) che accompagna questo libro.

## PER COMUNICARE

Track 23

**Due mamme.**
—Ciao. Come sono andati gli esami di Carlo?
—Bene, bene. Ha preso la maturità a luglio, grazie a Dio! Eravamo così preoccupati! Se l'avessero rimandato anche solo in una o due materie, avremmo dovuto passare l'estate in città e spendere un mucchio di soldi in ripetizioni°.

*private lessons*

**Studenti universitari in attesa dell'esame.**
—Non so se ce la farò.
—Chissà se riuscirò a rispondere a tutto.
—Se vuole che gli parli di Bloomfield, sono rovinata.
—Ho paura di non ricordare più niente.
—Ho studiato tanto! Ci mancherebbe che andasse male!
—Se il prossimo che esce è bocciato, mi ritiro.

**Dopo l'esame.**
—Ancora non ci credo! M'ha dato ventotto!
—Non mi ha chiesto niente su D'Annunzio. Che fortuna!
—Che rabbia! Basta non sapere tre verbi latini e Paratore ti butta fuori!
—Basta, non ne posso più! Io l'esame di logica non lo passerò mai!
—Accidenti°! Un respinto sul libretto proprio non ci voleva!

*Darn!*

## Espressioni per la vita universitaria

| | |
|---|---|
| Le iscrizioni si aprono il 24 ottobre. | *Registration begins October 24th.* |
| Mi sono iscritto/a a Economia e Commercio. | *I enrolled in the School of Business.* |
| Ho ottenuto una borsa di studio. | *I was awarded a scholarship.* |
| Sono al terzo (primo, secondo) anno di Farmacia. | *I'm in the third (first, second) year of Pharmacy.* |
| Non frequento. / Non vado a lezione. | *I don't attend any classes.* |
| Do (l'esame di) fisiologia a dicembre. | *I will take the physiology exam in December.* |
| Faccio la tesi con (il professor) Bernardini. | *I am doing my thesis with Prof. Bernardini.* |
| Devo parlare con il mio relatore. | *I must speak to my thesis advisor.* |
| Discuto la tesi a febbraio. | *I will defend my dissertation in February.* |

## Esprimere insicurezza

| | |
|---|---|
| Ho paura di non essere pronto/a. | *I'm afraid I'm not prepared.* |
| Quasi quasi mi ritiro. | *I'm thinking about withdrawing.* |
| E se poi mi chiede / interroga su... | *And what if he asks me about . . .* |
| Spero solo che mi vada bene. | *I only hope I'll do well.* |
| Mi sembra di avere dimenticato tutto. | *It seems as if I've forgotten everything.* |

## Esprimere frustrazione

| | |
|---|---|
| È andata male. Che rabbia! | *It didn't go well. How frustrating!* |
| Mi ha buttato/a fuori. | *The professor threw me out. (colloquial)* |
| Non ci mancava altro! | *That's all I needed!* |
| Lo sapevo! | *I knew it!* |
| Non ne posso più. | *I can't take it any longer.* |
| Non c'è più niente da fare. | *There is nothing else I can do.* |
| È la seconda volta che mi boccia. | *This is the second time he has flunked me.* |
| Eppure avevo studiato. | *And yet I did study.* |

## Esprimere sollievo dopo un esame

| | |
|---|---|
| Meno male! | *Thank goodness!* |
| Ce l'ho fatta. M'ha dato 24. | *I made it. He / She gave me 24.* |
| È andato benissimo. | *It went very well.* |
| Che sollievo! | *What a relief!* |
| Che fortuna! | *Such luck!* |
| Che bellezza! | *It's great!* |
| Non ci devo pensare più. | *I don't have to think about it any more.* |
| Se Dio vuole anche questa è fatta! | *Thank heavens I can put this behind me!* |
| Ho preso 30 e lode. Roba da non crederci! | *I received 30 with honors. Hard to believe!* |

## ■ Che cosa diciamo?

1. Un compagno / Una compagna di corso ti chiede se hai gli appunti di letteratura comparata. Tu non frequenti da più di due semestri.

2. Stai aspettando di dare l'esame di scienze politiche ma non ti sei preparato/a bene e sei incerto/a del risultato. Che cosa dici al ragazzo / alla ragazza seduto/a vicino a te?

3. Dopo aver preso 30 e lode in chimica applicata, esci dall'aula dell'esame ed esclami...

4. Hai fatto la fila per due ore per iscriverti al terzo anno di Magistero (Education), e la segreteria chiude proprio prima che tocchi a te.

## ■ Situazioni

1. Tua nonna è un po' anziana e non si ricorda mai che cosa fai all'università. Ogni volta che la vai a trovare, devi spiegarle che anno fai, a che corso di laurea ti sei iscritto/a, se hai ricevuto una borsa di studio, e quali saranno i tuoi prossimi esami. Immagina una conversazione in cui la nonna ti fa diverse domande e tu rispondi.

2. Dopo aver dato un esame per il quale avevi studiato molto, ma che non è andato molto bene, telefoni ad un amico / un'amica per sfogarti *(to vent your feelings)*. Gli / Le racconti com'è andato l'intero esame. L'amico/a cerca di farti coraggio e di convincerti che prendere 18 non è la fine del mondo.

3. Subito dopo aver dato la maturità, stai cercando di decidere a quale facoltà iscriverti. Telefoni a un (un') interprete che tu conosci solo di vista e che ha fatto lingue orientali alla Ca' Foscari di Venezia. Gli / Le chiedi quali sono i professori migliori, i seminari più o meno difficili, gli esami più o meno impegnativi. Lui / Lei a ti risponde dettagliatamente, dandoti anche consigli sulle possibilità di lavoro dopo l'università.

# Donne e lavoro

JUPITERIMAGES/Comstock Images/Alamy

**È nata una bambina.** Cristina e Laura frequentano l'Università di Pavia e studiano spesso insieme. La sorella maggiore di Laura è diventata mamma per la seconda volta e Cristina ha tante domande.

CRISTINA: Tua sorella è a casa in congedo, vero?         *leave*

LAURA: Sì, sì. Avendo lavorato i due mesi prima del parto ha quasi cinque mesi *(from work)*
di libertà.

CRISTINA: Come sta tua sorella? La bambina è tranquilla? Dorme la notte?

LAURA: A dir la verità, le prime settimane sono state difficili. Rita si svegliava,
piangeva... Era Paolo ad alzarsi e a prendersi cura di lei.

CRISTINA: Ma che bravo papà! Mi piacerebbe un marito così! Non un tipo come mio
fratello che, padre di due bambini, non ha mai cambiato un pannolino°.     *diaper*

LAURA: Loro desideravano un altro figlio, non volevano che Marco crescesse° da    *grow up*
solo. Paolo ha sempre aiutato. È lui che si occupa di Marco la mattina e
lo porta a scuola; mia sorella lo va a riprendere e, se il tempo è buono,
porta i bambini ai giardini pubblici.

CRISTINA: E poi torna a casa, prepara la cena, eccetera.

LAURA: Dice che per adesso non le pesa tanto.

CRISTINA: E dopo? Quando tua sorella torna a lavorare?

LAURA: Dovranno portare Marco a scuola, Rita al nido e pagare tante ore della
signora Pia. Hanno due stipendi, si possono permettere qualcuno che li aiuti.

CRISTINA: D'accordo, ma non è solo questione di soldi. Sono bravi tutti e due. Io
credo che avrò un figlio solo.

Courtesy of the authors

Quando papà è in vacanza gioca
tanto con noi.

## ■ Esercizi

**a.** *Inserire le parole opportune:* **accompagnare, alzarsi, congedo, contare (su), occuparsi, i panno-lini, potersi permettere, riprendere, svegliarsi.**

1. Quando Rita piange di notte, _____ papà.
2. È bene che i papà imparino a cambiare i _____.
3. Per fortuna ora Rita non si _____ più tanto spesso di notte.
4. Laura non deve lavorare, è in _____ e per ora non ha preoccupazioni.
5. Per un po' di mesi Laura si deve _____ solo della casa e dei bambini, senza impegni di lavoro.
6. La mattina Paolo _____ Marco a scuola, il pomeriggio Laura va a _____ lo.
7. Laura e Paolo possono _____ due stipendi e sull'aiuto della signora Pia.
8. Non tutte le famiglie _____ la baby-sitter.

**b.** *Combinare le parole della lista A con quelle della lista B.*

| A | B |
|---|---|
| 1. il parto | a. prendersi cura (di) |
| 2. l'aiuto | b. per i bambini fino a tre anni |
| 3. conciliare | c. avere fiducia nell'aiuto di |
| 4. potersi permettere (di) | d. mettere d'accordo |
| 5. contare su | e. così nascono i bambini |
| 6. occuparsi (di) | f. la collaborazione |
| 7. asilo nido | g. avere la possibilità |

## VIVERE IN ITALIA | Famiglia e lavoro

Sono molte le mamme italiane che hanno un'attività di lavoro al di fuori *(outside)* della famiglia, e la percentuale è maggiore nelle regioni del Nord. Per fortuna aumenta il numero dei papà che si occupano dei bambini, specialmente la mattina quando bisogna vestirli, preparare loro la colazione e portarli a scuola, ma questi papà sono piuttosto pochi. Ancora meno *(Even less)* sono quelli che fanno la spesa o preparano la cena. La maggior parte dei mariti lascia ancora alle mogli le cure domestiche.

Le lavoratrici godono dei vantaggi che derivano dalle leggi sociali e dal diritto di famiglia, in particolare l'aspettativa con assegni *(congedo... : leave with pay)* per malattia di un familiare *(family member)* e il mantenimento del posto *(position)*, ma non basta. Lo dicono le 50.000 madri lavoratrici che hanno risposto ad un sondaggio ISTAT (Istituto Nazionale di Statistica). Il 35% non riesce a conciliare le esigenze *(demands)* del lavoro con quelle della famiglia. Le più fortunate possono contare sull'aiuto dei nonni (31,8%), o hanno i mezzi finanziari *(financial ability)* necessari per potersi permettere asili nido privati e baby-sitter (43,6%). Molte altre, invece, non riescono a superare le tante difficoltà di ogni giorno e decidono per questo di abbandonare l'impiego.

## ■ Vocabolario utile

*Lavoro e donna*

**la lavoratrice** worker
**la retribuzione** salary
**la discriminazione** discrimination
**la parità salariale** equal wage
**la maternità** maternity
**l'asilo nido** nursery school
**il parto** childbirth
**l'aspettativa, il congedo** leave of absence
**la nascita** birth
**l'aiuto** help

**la donna in carriera** career woman
**la donna manager** manager
**l'incarico di lavoro** job-related task
**la riunione di ufficio** office meeting
**delegare l'incarico** to delegate the task
**presiedere la riunione** to preside over / run a meeting
**coordinare i lavori** to coordinate the assignments

**il lavoro domestico, gli oneri domestici e familiari** house chores
**la casalinga** housewife
**fare la spesa** to go grocery shopping
**lavare** to wash
**stirare** to iron
**rigovernare** to wash up
**accompagnare** to accompany

**fare le commissioni / dei giri** *(informal)* to run errands
*****andare in banca** to go to the bank
*****andare alla posta** to go to the post office

*Espressioni utili*

**sentirsi realizzata** to feel complete
**rinunciare alla maternità** to give up maternity
**rimandare la maternità** to postpone maternity
*****diventare mamma** to become a mother
**prendersi cura (di)** to take care (of)
**l'accudimento dei figli** to take care of one's children
*****occuparsi (di)** to attend (to)
*****potersi permettere** to be able to afford
**riprendere** to resume, to pick up, to get

**i problemi** problems
**superare** to overcome
**conciliare (la carriera e la famiglia)** to reconcile (career and family)
**incentivare il lavoro femminile** to promote women's employment
**godere (di)** to enjoy

*****svegliarsi** to wake up
*****alzarsi** to get up
**pesare** to be heavy, to weigh
**bastare** to have enough
**piangere** to cry
**cambiare** to change

**contare (su)** to rely upon

**essere questione di** to be a matter of

*Un ripasso: Verbi ed espressioni*

**aspettare** *Da quanto tempo aspetti l'autobus?*
*****aspettarsi** (**di** + infinitive or **che** + subjunctive)
*Mi aspettavo un po' di gratitudine!*
*Mi aspetto che tu organizzi la riunione.*

**discussione** (*f*) *Hanno molte discussioni perché non vanno d'accordo.*
**argomento** *Il mio amico è capace di scrivere poesie su qualsiasi argomento.*
*Mi dispiace, ma i Suoi argomenti non sono convincenti.*

**fingere**
**fare finta** } **di** + infinitive
*Michele finge di lavorare, ma in realtà sta sognando.*

**finto**
*fiori finti, denti finti, pelle finta, finto marmo*
**pretendere** (**di** + infinitive or **che** + subjunctive)
*L'allenatore pretende che voi corriate 10 km. ogni giorno.*
*Lui pretende la massima puntualità dai suoi impiegati.*

## Pratica

**a.** *Scegliere le parole che completano meglio le frasi.*

1. I ragazzi, quando tornano da scuola, non _____ che il pranzo sia pronto.
2. I dipendenti degli uffici pubblici sono in sciopero; _____ di essere pagati di più, ma non ci sono soldi.
3. Avrei bisogno di più tempo libero, ma mio marito _____ di non capire.
4. Ho lavorato proprio bene quest'anno e _____ un aumento di stipendio.
5. Capisco perfettamente i Suoi _____, ma non posso darLe un'altra settimana di ferie.
6. Mia moglie è in viaggio per lavoro e io _____ ansiosamente il suo ritorno.
7. Le ha regalato una borsa, ma non è di coccodrillo, è di pelle _____.
8. Ha cercato di giustificarsi, ma i suoi _____ non erano convincenti.

**b.** *Scegliere le parole che completano meglio il brano.*

Grazie al movimento femminista, ai nostri giorni le donne _____ dalla vita molto di più delle loro mamme. Quello della parità fra uomini e donne è un _____ convincente; dopotutto, perché gli uomini dovrebbero _____ di essere superiori? È una _____ che va avanti da tanto tempo e le soluzioni all'interno della coppia sono sempre differenti. Marcello, per esempio, non _____ più—come faceva suo padre—che la moglie gli faccia trovare la cena pronta e le pantofole calde vicino al caminetto. Accetta perfino di aiutare nei lavori di casa; però continua a _____ che Lucia, oltre ad aiutarlo in ufficio, faccia le cose esattamente come vuole lui. Quando Lucia gli porta _____ contrari, lui si arrabbia e finiscono col fare una bella _____. La nonna di Lucia non approva. «Ma no—dice—quando non c'è niente da fare è inutile discutere; invece, quando è possibile, devi _____ di dargli ragione e poi fare a modo tuo *(as you please)*».

**c.** *Domande per te.*

1. Nel tuo paese l'organizzazione della società è in favore delle donne lavoratrici? In che modo?
2. Ci sono attività e professioni nelle quali le donne sono più numerose degli uomini? Quali? Perché?
3. Nel tuo paese il lavoro a tempo parziale è regolato dalla legge? Quali sono i vantaggi, o gli svantaggi, per i lavoratori?
4. A Bolzano, città della regione Trentino-Alto Adige, hanno istituito i «cortili aperti» *(open schoolyards)*. Alcune associazioni private hanno ottenuto dal Comune l'uso dei cortili delle scuole dove, fuori dagli orari di lezione, gli adolescenti possono riunirsi per giocare e stare insieme. Come passano il tempo libero gli adolescenti della tua città? Ci sono strutture simili per loro? Quali?
5. Nel centro storico di Pistoia, in Toscana, molti commercianti espongono un orsetto *(teddy bear)*. I bambini che si trovassero in difficoltà sanno che nei negozi con l'orsetto ci sono adulti pronti ad aiutarli. Ti sembra una cosa utile o necessaria? Ci sono provvedimenti *(measures)* simili nella tua città? Da parte di chi?

## ■ A voi la parola

**a. Ruoli vecchi e nuovi.** *In piccoli gruppi, rispondete alle domande che seguono e paragonate le vostre conclusioni con quelle degli altri gruppi.*

1. Pensate di sposarvi o di abitare con il vostro ragazzo / la vostra ragazza? Come sarà diviso il lavoro domestico? In che modo vi sembra ragionevole partecipare e che cosa vi aspettate dal compagno / dalla compagna?

2. Molte donne italiane hanno difficoltà a conciliare famiglia e professione. Descrivete la tipica giornata della donna manager. Pensate che ci siano anche molte donne americane in condizioni simili? Se sì, quali sono i loro problemi? Quali potrebbero essere le soluzioni?

3. Avete letto nel dialogo iniziale che la sorella di Laura ha diritto a quasi cinque mesi di l'aspettativa? dopo il parto. È una delle tante regole molto generose delle leggi sociali italiane. Pensate che sia opportuno ottenere qualcosa di simile nel vostro paese di origine? Perché?

4. Sono ancora molti gli uomini italiani che non amano occuparsi delle faccende domestiche. Che giustificazioni avranno? Qual è l'atteggiamento degli uomini che conoscete voi? È sempre stato così?

5. Eravate a conoscenza (*Were you aware*) dello stereotipo italiano della donna che si occupa soltanto della casa e della famiglia? Che cosa, secondo voi, avrà provocato i cambiamenti?

6. Qual è il ruolo della donna nel vostro paese? Quali differenze sono evidenti tra la vostra vita e quella dei vostri genitori, dei vostri nonni?

**b.** **Lavorare tanto quanto gli uomini, guadagnare di meno.** *Leggete le informazioni sulla pay gap in Italia e rispondete alle domande.*

---

### Paghe minori

Negli ultimi dieci anni è cresciuta l'occupazione femminile, ma le donne continuano ad essere svantaggiate rispetto agli uomini. Il *pay gap* in Italia è intorno al 16%. L'occupazione femminile è maggiore dove lo stipendio è intorno agli 800 euro mensili, al di sopra dei 1000 euro la maggioranza dei posti di lavoro è occupata dagli uomini.

"Istat: Come cambia la vita delle donne italiane" Corriere della Sera, 3rd paragraph, Sezione Cronache, 8 marzo 2004 (Paghe minori).

---

1. In molti casi le lavoratrici italiane sono pagate meno degli uomini. Qual è la situazione nel vostro paese? (Su Internet potete trovare informazioni a proposito del vostro paese o dell'area in cui vivete, oppure potete fare un sondaggio tra amici.)

2. Qual è la vostra reazione al fatto che l'occupazione femminile in Italia è maggiore quando lo stipendio è basso? Succede lo stesso nel vostro paese?

3. Perché, secondo voi, le donne italiane guadagnano meno degli uomini, e hanno occupazioni di livello inferiore?

---

 **CANTIAMO!** | **Edoardo Bennato – *Viva la mamma***

La mamma è uno dei soggetti preferiti dei cantanti italiani! Per ascoltare «Viva la mamma», una canzone dedicata a lei, vai al sito web **www.cengage.com/login** (clicca sul «iTunes playlist»). Puoi trovare altre informazioni ed attività basate sulla canzone alla fine del Capitolo 12 del *Lab Manual* (nel *Student Activities Manual*) che accompagna questo libro.

# STRUTTURA

## I. Infinito

**A.** The infinitive is the unconjugated form of a verb. It corresponds to *to* + *verb* in English *(to love)* or the gerund *(loving).* The infinitive has two forms: the simple (or present) infinitive and the compound (or past) infinitive, which is made up of **avere** or **essere** plus the past participle of the main verb.

| INFINITO PRESENTE | INFINITO PASSATO |
|---|---|
| **amare** | **avere amato** |
| *to love* | *to have loved* |
| **perdere** | **avere perduto** |
| *to lose* | *to have lost* |
| **partire** | **essere partito/a/i/e** |
| *to leave* | *to have left* |

Note that the past infinitive is translated as *to have + verb,* even when it is formed with **essere.** Also note that when the past infinitive is formed with **essere,** the past participle agrees with the subject in gender and number.

**B.** In both forms, object pronouns follow the infinitive and are attached to it to form one word. The final **-e** of the infinitive is dropped.

Sarebbe bene dir**glielo.**
*It would be a good idea to tell it to him.*

Non credo di aver**la** invitata.
*I don't think I invited her.*

Preferisci veder**li** ora o più tardi?
*Do you prefer to see them now or later?*

Vino? Spero di aver**ne** comprato abbastanza.
*Wine? I hope I bought enough.*

**C.** Reflexive pronouns are also attached to the infinitives of reflexive verbs and must match the subject (see Capitolo 5, pp. 114–115).

Io vorrei lavar**mi.**
*I would like to wash.*

Voi vorreste lavar**vi?**
*Would you like to wash?*

In the case of reflexive compound infinitives, the pronoun is attached to **essere,** and the past participle agrees with the subject in gender and number.

Dopo esser**ci** alzat**i,** abbiamo mangiato.
*After getting up, we ate.*

Laura non crede di esser**si** divertit**a.**
*Laura doesn't think she had a good time.*

## Uso dell'infinito presente

**A.** The infinitive may be used:

1. as the subject of a sentence.

    **Parlare** con lui è un vero piacere.
    *Speaking with him is a real pleasure.*

2. with an impersonal expression containing **essere.**

   Non sapevo che fosse proibito parcheggiare qui.
   *I didn't know it was forbidden to park here.*

3. as an imperative in impersonal commands (see pp. 250–251).

   **Tenere** la destra.
   *Keep right.*

4. as an object of verbs like **volere, potere,** and **dovere** and verbs expressing likes and dislikes, wishing, preferring, etc. (see Appendix, p. 376).

   Non volevano **uscire.**              Preferivano **aspettare.**
   *They did not want to go out.*        *They preferred to wait.*

**B.** Most verbs require a preposition before a dependent infinitive.

1. Certain verbs require **a** before a dependent infinitive; others require **di.** There are no general rules governing the usage of **a** and **di;** practice and the dictionary must serve as guides. For a list, see the Appendix, pp. 374–376.

   S'è abituato **a bere** l'espresso.         Non vuoi ammettere **di aver** torto?
   *He got used to drinking espresso.*         *Don't you want to admit you're wrong?*

   Ti diverti **a guardare** i treni.          Hanno deciso **di partire** in aereo.
   *You have fun watching trains.*             *They decided to leave by plane.*

   Proviamo **a entrare!**                      Vi ringrazio **d'esser venuti.**
   *Let's try to get in!*                       *Thank you for coming.*

   Riesci **a leggere** senza occhiali?         Hanno paura **di uscire** sole la sera.
   *Can you read without glasses?*              *They're afraid to go out alone at night.*

2. Some frequently used verbs change meaning according to the preposition that follows them.

   **cominciare a** + *infinitive*               to begin, to start doing something
   **cominciare con** + *article* + *infinitive*  to begin by (the first thing in a series)

   **finire di** + *infinitive*                   to finish, to be through doing something
   **finire per** + *infinitive*                  to end up doing something, to do it eventually

   **decidere di** + *infinitive*                 to decide to do something
   **decidersi a** + *infinitive*                 to make up one's mind to do something

   Quando ha cominciato **a nevicare?**          Hanno cominciato **col chiedere** 50 euro.
   *When did it begin to snow?*                   *They started by asking 50 euros.*

   Hai finito **di piangere?**                    Finirai **per stancarmi.**
   *Have you finished crying?*                     *You'll end up making me tired.*

   Ho deciso **di partire.**                      Mi sono deciso **a partire.**
   *I decided to leave.*                           *I made up my mind to leave.*

**C.** Most adjectives require a preposition before a dependent infinitive.

1. Certain adjectives require **a** before a dependent infinitive; others require **di.** For a list, see the Appendix, pp. 376–377.

   Erano abituati **a fare** la siesta.          Silvia era ansiosa **di essere** sola.
   *They were used to taking a siesta.*           *Silvia was anxious to be alone.*

   State attenti **a non bruciarvi!**             Sareste capaci **di dirglielo?**
   *Be careful not to burn yourselves!*           *Would you be able to tell it to him/her?*

Carlo è stato il primo studente **a finire.**
*Carlo was the first student to finish.*

Eravamo stanchi **di leggere.**
*We were tired of reading.*

Sono sempre pronti **ad aiutarci.**
*They are always ready to help us.*

Sembravano contenti **di vederci.**
*They seemed happy to see us.*

2. Some adjectives require **da** + *infinitive* or, less commonly, **a** + *infinitive* in the reflexive form if the dependent infinitive has a passive meaning.

| | | |
|---|---|---|
| **facile** *easy* | **difficile** *difficult* | **orribile** *horrible* |
| **bello** *beautiful* | **brutto** *ugly* | **eccellente** *excellent* |
| **buono** *good* | **cattivo** *bad* | |

Questo formaggio è buono **da mangiare** con la frutta.
*This cheese is good to eat with fruit.*

Era una cosa orribile **da vedere (a vedersi).**
*It was a horrible thing to see.*

La parità è difficile **da ottenere.**
*Equal rights are difficult to obtain.*

**D.** Nouns also require a preposition before a dependent infinitive.

1. **Da** is used before an infinitive when the infinitive indicates the purpose and use of the noun. Note that the infinitive expresses a passive meaning.

Chi ha tempo **da perdere?**
*Who has time to waste?*

*Casablanca* era un film **da vedere.**
*Casablanca was a film to see.*

Dov'è la roba **da mangiare?**
*Where are the things to eat?*

Cerco i pacchi **da spedire.**
*I'm looking for the packages to be mailed.*

2. **Di** (rarely **a** or **per**) is used before an infinitive in all other cases. Note that the infinitive then expresses an active meaning.

Chi ti ha dato il permesso **di parlare?**
*Who gave you permission to talk?*

È ora **di mangiare?**
*Is it time to eat?*

Fammi il piacere **di venire** a trovarmi.
*Do me the favor of coming to see me.*

Mi piace il suo modo **di rispondere.**
*I like his / her way of answering.*

E. Prepositions that are not governed by a verb, adjective, or noun can introduce the infinitive to form prepositional phrases.

1. The prepositions **a, da, in, con, su,** and **tra** (or **fra**) require the masculine singular article, which combines with the preposition before the infinitive.

**Nel rispondere** cerca d'essere chiaro!
*In answering try to be clear!*

**Tra il dire e il fare** c'è di mezzo il mare.
*There's an ocean between saying and doing.*
*(There's many a slip twixt the cup and the lip.)*

Ho fatto uno sbaglio **nell'usare** questo verbo.
*I made a mistake in using this verb.*

**Col passare** del tempo tutto s'aggiusta.
*With the passage of time everything works out.*
*(Time heals all wounds.)*

2. Other prepositions can introduce an infinitive without an article.

**invece di** *instead of*
**oltre a (oltre che)** *besides, in addition to*
**per** *to, in order to*
**piuttosto che** *rather than*

**prima di** *before*
**senza** *without*
**tranne (che)** *except*

Perché giocate **invece di studiare?**
*Why are you playing instead of studying?*

Sei venuto da me solo **per parlare** di affari?
*Have you come to my house only to talk business?*

## ■ Esercizi

**a.** *Sostituire l'infinito al nome indicato.*

ESEMPIO    *Il nuoto fa bene a tutti.*
**Nuotare fa bene a tutti.**

1. *La lettura* era la nostra passione.
2. Vi piace *lo studio?*
3. *L'amore* per i propri figli dovrebbe essere una cosa istintiva.
4. *La scelta* di una professione non è sempre facile.
5. Ci conforta *il pensiero* che hai trovato lavoro.
6. *L'accudimento* dei bambini era la sua unica preoccupazione.
7. *La vita* riserva continue sorprese.
8. *La preparazione* della cena è compito tuo.
9. Per Pierino *il gioco* è un'attività necessaria.

**b. Preposizioni.** *Completare ogni frase con la preposizione corretta, quando è necessaria.*

1. Non vengo ora perché ho paura _____ disturbarvi.
2. Sono facili _____ imparare le lingue orientali?
3. Ci sono domande a cui è impossibile _____ rispondere.

4. Hai qualche buona notizia _____ darmi?
5. Siamo contenti _____ informarvi che non è necessario _____ aspettare.
6. Io non sarei stato capace _____ fare bene come te.
7. Faresti meglio _____ tacere se non vuoi _____ offendere nessuno.
8. Marco è stato il solo studente _____ finire l'esame e _____ uscire prima di mezzogiorno.
9. Chi vi ha dato l'ordine _____ chiudere il negozio?
10. Ho voglia _____ fare qualcosa: perché non andiamo _____ ballare?
11. Se continuano _____ correre così, finiranno _____ stancarsi.
12. Era un concetto difficile _____ capire.
13. Pensate che sia difficile _____ camminare nel bosco?
14. Mi rifiuto _____ credere che non avete intenzione _____ venire alla mia festa.

c. **Abitudini alimentari.** *Rispondi alle seguenti domande:*

1. Che cosa sei stufo/a di mangiare?
2. Quanti ravioli (quante pizze, quanti gelati) sei capace di mangiare?
3. Che cosa sei disposto/a ad eliminare dalla tua dieta?
4. Che piatto sei curioso/a di provare?
5. Che cosa sei abituato/a a bere durante i pasti?
6. Saresti disposto/a di rinunciare ai dolci per un anno?

d. **La gravidanza.** *Il medico consiglia a Beatrice di fare le seguenti cose durante la gravidanza. Seguire l'esempio.*

ESEMPIO  Faccia una passeggiata ogni giorno! È meglio.
**Ah, è meglio fare una passeggiata ogni giorno?**

1. Non fumi! È pericoloso.
2. Mangi adeguatamente! È essenziale.
3. Non faccia molti sforzi! È sbagliato.
4. Non beva alcolici! È importante.
5. Cerchi di rilassarsi! È meglio.
6. Smetta di lavorare! È necessario.
7. Non prenda medicine inutili! È più prudente.
8. Non faccia tardi la sera! È consigliabile.
9. Venga per la visita di controllo mensile! È opportuno.
10. Non vada in motocicletta! È rischioso.

e. *Formare nuove frasi col contrario delle parole indicate.*

ESEMPIO  Ho *cominciato* a scrivere alle undici.
**Ho finito di scrivere alle undici.**

1. Fu il *primo* ad andarsene.
2. È *utile* conoscere le lingue?
3. La maestra ci *permise* di uscire.
4. Quando ha *smesso* di parlare?
5. Si sono *dimenticati* di comprare il caffè.
6. È un dolce *facile* a farsi.
7. Ha *torto* di lamentarsi.
8. Hanno fatto *bene* a venire.

**f.** **Viva le donne!** *Ecco quanto è emerso da un recente incontro femminista. Formare delle nuove frasi con i verbi indicati. Usare le preposizioni necessarie.*

1. Le donne non hanno ancora *ottenuto* la parità dei diritti.
   a. Cercano...
   b. Vogliono...
   c. Non sono riuscite...

2. Infatti, non *hanno* completo *accesso* ai posti di lavoro più prestigiosi.
   a. Non volete...
   b. Vi piacerebbe...
   c. Siete le sole...
   d. Chiedono...

3. Incoraggiamo ogni donna a *battersi* per la propria liberazione.
   a. Mi hanno detto...
   b. Ci hanno consigliato...
   c. Non sono riuscita...
   d. Avrei voluto...

**g.** *Sostituire alle parole in corsivo* **prima di** *+ infinito o* **prima che** *+ congiuntivo, usando gli esempi come guida.*

> ESEMPI  *Prima della partenza* sono venuti a salutarci.
> **Prima di partire sono venuti a salutarci.**
>
> *Prima del tuo arrivo* devo pulire la casa.
> **Prima che tu arrivi devo pulire la casa.**

1. Finirò il lavoro *prima del vostro ritorno*.
2. Andammo via *prima della fine del film*.
3. *Prima della partenza* telefonateci!
4. Ha fatto molto freddo *prima del mio arrivo*.
5. Partì *prima della vostra telefonata*.
6. *Prima della scelta* eravamo tutti indecisi.
7. *Prima del loro arrivo* non sapevo cosa fare.

## Uso dell'infinito passato

The past infinitive is used instead of the present infinitive to express an action that has clearly taken place before the action expressed by the main verb of the sentence. It can be introduced by a verb or expression and must *always* be used when preceded by the preposition **dopo**.

Siete contenti di **avere scelto** l'italiano?
*Are you glad you chose Italian?*

Non credo di **averli capiti**.
*I don't think I understood them.*

Cosa hai fatto **dopo essere ritornata** a casa?
*What did you do after returning home?*

The past infinitive is always used after the verb **ringraziare**.

Vi ringrazio di (per) essere venuti e di (per) averci portato i fiori.
*I thank you for coming and for bringing us the flowers.*

# ■ Esercizi

**a.** **I pensieri di Beatrice.** *Sostituire l'infinito passato all'infinito presente.*

> ESEMPIO  Spero di essere brava.
> **Spero di essere stata brava.**

1. Sono contenta di vedere spesso il dottore e di potergli parlare delle mie paure.
2. Temo di pagare troppo le visite.
3. Dubito di saper seguire tutti i suoi consigli.
4. Il dottore spera di tranquillizzarmi.
5. Mio marito vorrebbe aver preparato la stanza del bambino prima del parto.
6. Sono contenta di essermi dedicata allo studio della psicologia infantile.
7. Mi considero fortunata di poter scegliere la clinica Sant'Anna.
8. Non credo di perdere il controllo durante il parto.
9. Ammetto di essermi spaventata un po' della nuova esperienza.
10. È nata Francesca, e mia madre dice di pensare lei a dare l'annuncio a parenti ed amici.

**b.** **Prima e dopo.** *Mettere **dopo** al posto di **prima di** e fare i cambiamenti necessari.*

> esempio  Ho avuto dei dubbi prima di prendere questa decisione.
> **Ho avuto dei dubbi dopo aver preso questa decisione.**

1. Gino ha trovato un lavoro prima di laurearsi.
2. Sono venuti a casa nostra prima di andare al cinema.
3. Ce ne siamo andati prima di sapere i risultati.
4. Carla passerà da me prima di fare la spesa.
5. Partimmo prima di ricevere il telegramma.
6. Telefonerete prima di cenare?
7. Mi disse «Buona sera» prima di stringermi la mano.
8. Sei andato via prima di renderti conto del pericolo.

## II. Gerundio

The Italian **gerundio** is not the same as the gerund in English (*Reading* is important). Instead, it usually corresponds to the English present participle: *Reading your letter, I found many mistakes.*

**A.** The **gerundio** has two forms: the simple (or present) gerund formed by adding **-ando** to the stem of **-are** verbs, and **-endo** to the stem of **-ere** and **-ire** verbs; and the compound (or past) gerund, formed with **avendo** or **essendo** plus the past participle of the main verb.

| GERUNDIO PRESENTE | GERUNDIO PASSATO |
|---|---|
| **amando** <br> *loving* | **avendo amato** <br> *having loved* |
| **perdendo** <br> *losing* | **avendo perduto** <br> *having lost* |
| **partendo** <br> *leaving* | **essendo partito/a/i/e** <br> *having left* |

Note that the translation of the compound gerund is *having* + verb, even when it is formed with **essendo.** Note also that the simple gerund is invariable and that when the compound gerund is formed with **essendo,** the past participle agrees with the subject in gender and number.

**B.** Verbs that use the Latin stem to form the **imperfetto** also use the same stem to form the gerund.

bere (bevevo) **bevendo**
dire (dicevo) **dicendo**
fare (facevo) **facendo**
introdurre (introducevo) **introducendo**
porre[1] (ponevo) **ponendo**

**C.** Reflexive and object pronouns follow the gerund and are attached to it to form one word. In the compound gerund, they are attached to **avendo** or **essendo.**

Non sentendo**mi** bene, ho chiamato il dottore.
*Not feeling well, I called the doctor.*

Non avendo**la** vista, non ho potuto parlarle.
*Not having seen her, I was unable to talk to her.*

## Uso del gerundio presente

1. The **gerundio presente** is used with the **presente** or the **imperfetto** of **stare**[2] to express an action in progress in the present or in the past: **sto lavorando,** *I am (in the process of ) working;* **stavo lavorando,** *I was (in the process of ) working.*[3]

Note that the progressive forms are used less frequently in Italian than in English.

| FORME PROGRESSIVE | | |
|---|---|---|
| **Presente** | | **Imperfetto** |
| sto<br>stai<br>sta<br>stiamo<br>state<br>stanno | lavorando | stavo<br>stavi<br>stava<br>stavamo<br>stavate<br>stavano    lavorando |

Non fate rumore: il bambino **sta dormendo** (dorme).
*Don't make noise; the baby is sleeping.*

**Stavamo uscendo** (uscivamo) di casa quando squillò il telefono.
*We were leaving the house when the telephone rang.*

Che cosa **stai (vai) dicendo** (dici)?
*What are you saying?*

Quando arrivammo noi, loro **stavano facendo** (facevano) colazione.
*When we arrived they were having breakfast.*

---

[1] Other verbs ending in **-porre** also use the stem **-pon-**.
[2] And, less commonly, **andare.**
[3] The progressive forms are also used in the subjunctive (present and imperfect): **Non credo che tu stia studiando.** *I don't believe you're studying.* **Pensavo che tu stessi cucinando.** *I thought you were cooking.*

Note the difference:

**lavoro:** *I am working, I work*
**lavoravo:** *I was working, I used to work*

**sto lavorando:** *I am working (right now)*
**stavo lavorando:** *I was working (right at that time)*

In the **stare** + *gerund* construction, reflexive and object pronouns may precede **stare** or be attached to the gerund.

Stavo vestendo**mi** quando sono venuti.
**Mi** stavo vestendo quando sono venuti.
*I was dressing when they came.*

Stavamo telefonando**ti,** cara.
**Ti** stavamo telefonando, cara.
*We were calling you, dear.*

2. The **gerundio presente** is also used to express an action or state of being that accompanies the action of the main verb. It is often the equivalent of a dependent clause expressing time, means, manner, condition, or cause. Note that there are several English equivalents for this use of the gerund in Italian and that there is no equivalent in Italian for *while, on, in, by* when followed by the *-ing* form of the verb.

**Essendo (= dato che erano)** malati, non sono andati a scuola.
*Being sick, they did not go to school.*

È diventato ricco **lavorando** molto.
*He became rich by working hard.*

**Volendo (= se volete)** potete riuscire.
*You can succeed if you want to.*

The gerund must have the same subject as that of the main verb. If the subject is different, a clause is used instead of the gerund. Compare the following two sentences:

L'ho incontrata **camminando** in via Veneto.
*I met her walking (= while I was walking) on Via Veneto.*

L'ho incontrata **che camminava (mentre camminava)** in via Veneto.
*I met her walking (= while he was walking) on Via Veneto.*

3. No preposition or conjunction is used before the gerund in Italian, except for **pur(e). Pur** + *gerund* is the equivalent of a clause expressing concession (**benché** or **sebbene** + *subjunctive*).

**Pur studiando** (Benché studi) tanto, non impara niente.
*Although he / she studies (Despite studying) a lot, he / she doesn't learn a thing.*

—*Sta parlando con me professore?*

## ■ Esercizi

**a.** **In ufficio.** *La dottoressa Brambilla vuole sempre sapere che cosa fanno i suoi dipendenti (employees). Seguire l'esempio.*

> ESEMPIO  Marta / preparare il bilancio annuale
> STUDENTE 1:  **E Marta che cosa sta preparando?**
> STUDENTE 2:  **Sta preparando il bilancio annuale.**

1. Edoardo / parlare con un cliente
2. tu / battere a macchina la lettera per la ditta Frattini
3. il ragionier Martelli / controllare i conti di novembre
4. gli avvocati / preparare un contratto
5. Clara e il capufficio / discutere gli ordini per il prossimo anno
6. gli esperti di marketing / organizzare la vendita di un nuovo prodotto
7. il vice direttore / chiudersi in ufficio per telefonare alla fidanzata si *stava chiudendo*
8. la segretaria / andare allo snack-bar a mangiare un tramezzino
9. la signora Laura / brontolare *(to grumble)* perché non trova un documento importante

**b.** *Sostituire a* **stare per** *+ infinito (to be about to do something) la forma* **stare** *+ gerundio (to be doing something).*

> ESEMPIO  Paola sta per uscire con i bambini, ma piove.
> **Paola sta uscendo con i bambini, ma piove.**

1. Gli operai stanno per prendere l'autobus.
2. Il dottore sta per visitare la bambina.
3. Stavamo per uscire di casa; non stavamo per vestirci.
4. Stai per incominciare il congedo o stai per finirlo?
5. Cosa stavi per bere?
6. Stavo per dire una sciocchezza!

**c.** **Intervista.** *Intervistiamo alcuni amici sposati. Cosa stavano facendo quando si sono visti per la prima volta? Utilizzare le seguenti espressioni o crearne delle nuove.*

> ESEMPIO  camminare
> **Quando l'ho vista/o, stava camminando.**

1. presiedere la riunione
2. programmare il lavoro dall'ufficio
3. studiare in biblioteca
4. prendere un cappuccino al bar
5. delegare l'incarico all'assistente
6. comprare il giornale
7. lavorare in uno studio medico
8. cercare un appartamento in affitto
9. pagare il conto *(check)* al ristorante

**d.** *Formare nuove frasi mettendo il gerundio al posto delle parole fra parentesi.*

> ESEMPIO  (Mentre tornavo) da scuola, ho incontrato lo zio.
> *Il valore della frase* **Tornando da scuola, ho incontrato lo zio.**

*Temporale* 1. I bambini correvano (mentre giocavano) al pallone. *giocando. ha un valore temporale*
*Condizionale* 2. (Se tu lo vedessi), forse lo riconosceresti.
*Causale* 3. (Poiché non sapevano) la risposta, sono stati zitti.
*Non sapendo. è implicita. frase sub. esplicita. causale*

4. (Con l'insistere) troppo, non ha ottenuto niente.
5. (Dato che non avevano) spiccioli, non mi hanno potuto dare il resto. *causale*
6. (Nello scrivergli), mi sono accorta che dovevo dirgli troppe cose. *Temporale o Modale*
7. Sono arrivata in ritardo, (perché credevo) che la riunione fosse alle cinque. *causale*
8. (Se non comprate) il biglietto, risparmiate cinque dollari. *condizionale*
9. (Poiché abita) in campagna e (conosce) poche persone, quella ragazza è timida *causale* e insicura.
10. (Quando ti prepari) per l'esame, non dimenticare di studiare il gerundio! *Temporale*

**e.** *Formare un'unica frase usando il gerundio del verbo della prima frase.*

ESEMPIO   Prendono il caffè. Chiacchierano.
**Prendendo il caffè, chiacchierano.**

1. Voi fate attenzione. Imparate molto.
2. Leggeva la lettera. Piangeva.
3. Dormivo. Ho fatto un brutto sogno.
4. Devo partire. Verrò a salutarvi.
5. Si sente stanca. È andata a letto.
6. Guardavamo la televisione. Ci siamo addormentati.
7. Non accetti il nostro invito. Ci offendi.
8. Si trovano bene qui. Sperano di restare.

**f.** **Viva le lingue straniere!** *Completare le seguenti frasi usando* **conoscere** *o* **conoscendo**.

1. _Conoscere_ una lingua straniera è importante.
2. _Conoscendo_ una lingua straniera, dovresti trovare un lavoro migliore.
3. Pur _conoscendo_ più di una lingua straniera, Mario è disoccupato. *concessiva*
4. Per _conoscere_ bene una lingua straniera, ci vogliono molti anni di studio. *finale*
5. In America, quante sono le persone che hanno bisogno di _conoscere_ una lingua straniera?
6. Com'è possibile vivere in un paese straniero senza _conoscere_ la lingua di quel paese?

**g.** **Conversazione.**

1. In che modo puoi migliorare il tuo italiano?
2. Come passi il tempo in un giorno di pioggia?
3. Come puoi aiutare le persone sole?
4. Com'è possibile diventare ricchi, secondo te?

## Uso del gerundio passato

When the action expressed by the gerund has clearly taken place *before* the action of the main verb, the **gerundio passato** is used.

**Avendo ottenuto** l'aspettativa per maternità, Cristina non lavora.
*Since she has gotten maternity leave, Cristina is not working.*

**Essendo partiti** presto, siamo arrivati presto.
*Having left early, we arrived early.*

Note that the tense of the main verb does not influence the choice of the **gerundio presente** or the **gerundio passato**.

## ■ Esercizi

**a.** **Causa ed effetto.** *Formare un'unica frase seguendo l'esempio.*

ESEMPIO   Ho trovato il caffè cattivo. Ho ordinato del tè.
**Avendo trovato il caffè cattivo, ho ordinato del tè.**

1. Ho perduto molte lezioni. Sono rimasto indietro.
2. Ha bevuto troppo. È stato male tutta la notte.
3. Hanno finito di mangiare. Sono usciti dal ristorante.
4. Si è rotta una gamba. È andata all'ospedale.
5. Hai perso la scommessa. Devi pagarci un pranzo.
6. Abbiamo perso l'aereo. Arriveremo dopo.
7. Mi sono confusa. Non ho superato l'esame.

**b.** **Benché...** *Formare nuove frasi usando* **pur** + *gerundio (presente o passato) al posto di* **benché** + *congiuntivo.*

ESEMPIO   Benché sia stanco, esco.
**Pur essendo stanco, esco.**

1. Benché fosse raffreddato e non si sentisse bene, il tenore ha voluto cantare lo stesso.
2. Benché avessi mangiato tanto in fretta, ero riuscita a sentire il gusto del formaggio.
3. Benché lo sapesse, non volle dire il nome del ladro.
4. Benché avessero studiato poco, sono riusciti a farcela agli esami.
5. Benché mi conosceste, non mi avete salutato.
6. Benché lavorassimo molto, non guadagnavamo abbastanza.
7. Benché fossero partiti tardi, arrivarono in tempo.
8. Benché io apprezzi l'eleganza nel vestire, non faccio mai attenzione agli abiti delle persone.

## III. Participio

The Italian participle has two forms: the present and the past.

**A.** The participio **presente** *(present participle)* is formed by adding **-ante** to the stem of **-are** verbs and **-ente** to the stem of **-ere** and **-ire** verbs.

| PARTICIPIO PRESENTE | | |
|---|---|---|
| amare | **amante** | *loving* |
| perdere | **perdente** | *losing* |
| partire | **partente** | *leaving* |

1. The participio presente is mostly used as an adjective, and as such agrees with the noun it modifies.

Era una lettera **commovente** e **convincente**.
*It was a moving and convincing letter.*

Ho visto molte facce **sorridenti**.
*I saw many smiling faces.*

2. Sometimes the present participle is used as a noun.

i grandi **cantanti**
*the great singers*

gli **abitanti** di Roma
*the inhabitants of Rome*

il mio / la mia **assistente**
*my assistant*

**insegnanti** e **studenti**
*teachers and students*

3. When the present participle is used as a verb, it is the equivalent of a relative clause.

Quanti sono i cittadini italiani **residenti** (= **che risiedono**) all'estero?
*How many Italian citizens are residing abroad?*

Ho comprato un quadro **raffigurante** (= **che raffigura**) un tramonto.
*I bought a picture representing a sunset.*

**B.** The **participio passato** *(past participle)* is formed by adding **-ato** to the stem of **-are** verbs, **-uto** to the stem of **-ere** verbs, and **-ito** to the stem of **-ire** verbs.

| PARTICIPIO PASSATO | | |
|---|---|---|
| amare | **amato** | *loved* |
| perdere | **perduto** | *lost* |
| partire | **partito** | *left* |

A number of verbs, especially **-ere** verbs, have irregular past participles. Several endings are possible: **-so (-sso), -lto, -nto, -to (-tto), -sto.**

| | |
|---|---|
| mu<u>o</u>vere *to move* | **mosso** |
| t<u>o</u>gliere *to remove* | **tolto** |
| v<u>i</u>ncere *to win* | **vinto** |
| morire *to die* | **morto** |
| chi<u>e</u>dere *to ask* | **chiesto** |

For a list of verbs with irregular past participles, see Capitolo 3, p. 55, and the Appendix, pp. 391–392.

## Uso del participio passato

**A.** The past participle is used with an auxiliary verb, either **avere** or **essere,** to form compound tenses of verbs.[1]

Stefano **ha scritto** molte cartoline.
*Stefano wrote many postcards.*

**È andato** a spedirle.
*He went to mail them.*

In the compound tenses, the past participle is often subject to agreement. If the verb is conjugated with **avere** and a direct-object pronoun precedes the verb, the past participle often agrees in gender and number with the direct object (see pp. 89–90). When the verb is conjugated with **essere,** the past participle agrees with the subject (see p. 54).

---

[1] For a more complete discussion of the compound tenses, see the **passato prossimo,** p. 53, the **trapassato prossimo,** p. 142, the **trapassato remoto,** pp. 142–143, the **futuro anteriore,** pp. 165–166, the **condizionale passato,** pp. 169–170, and the compound tenses of the subjunctive, pp. 192, 216.

**B.** When used as an adjective, the past participle must agree in gender and number with the noun it modifies.

Era una lettera ben **scritta.**
*It was a well-written letter.*

Perché le finestre non sono **chiuse?**
*Why aren't the windows closed?*

L'avvocato sembrava **soddisfatto.**
*The lawyer seemed satisfied.*

**C.** The past participle is sometimes used as a noun.

Conosci gli **scritti** di Dante?
*Do you know Dante's writings?*

Un **laureato** / Una **laureata** è qualcuno che ha finito l'università.
*A "laureato/a" is someone who has received a university degree.*

**D.** The past participle is frequently used, without an auxiliary verb, in place of the compound gerund *(having finished)* or **dopo** + *compound infinitive (after finishing).*

**Arrivati** alla porta,
**Essendo arrivati** alla porta,    } abbiamo suonato il campanello.
**Dopo essere arrivati** alla porta,
*Once we arrived (Upon arriving) at the door, we rang the bell.*

1. Reflexive and object pronouns follow the past participle and are attached to it, forming one word.

**Messosi** il cappotto, Paolo non aveva più freddo.
*After he put on his winter coat, Paolo was no longer cold.*

**Vistala** sola, mi sono avvicinato alla donna.
*Seeing her alone (When I saw that she was alone), I went over to the woman.*

2. Note the agreement of the past participle in these constructions: If the verb used is conjugated with **avere,** and if there is a direct object, the past participle agrees in gender and number with its direct object.

**Fatta** colazione, i bambini andarono a scuola.
*Having had breakfast, the children went to school.*

**Fatto** il compito, i bambini guardarono la TV.
*After they did their homework, the children watched TV.*

**Presili** per un braccio, li accompagnammo alla porta.
*Having taken them by the arm, we accompanied them to the door.*

If the verb is conjugated with **essere,** the past participle agrees with the subject.

**Uscita** dal portone, **la ragazza** attraversò la strada.
*Having come out the front door, the girl crossed the street.*

**Alzatisi** in piedi, **gli spettatori** applaudirono.
*Having stood up, the spectators applauded.*

The past participle may be preceded by **appena** or **dopo.**

**Appena ricevuto** il telegramma, partirono.
*As soon as they received the telegram, they left.*

Cosa farete **dopo mangiato?** Il bagno? Ma non è bene fare il bagno subito **dopo mangiato!**
*What are you going to do after you eat? Go swimming? But it is not a good idea to go swimming right after you eat!*

# ■ Esercizi

**a.** *Sostituire il participio passato alle costruzioni tra parentesi.*

> **ESEMPIO** (Dopo aver ottenuto) notevole indipendenza, le donne italiane sono più contente.
> **Ottenuta notevole indipendenza, le donne italiane sono più contente.**

1. (Dopo aver letto) i libri, li riportai in biblioteca.
2. (Avendo sentito) uno strano rumore, si fermarono in un'officina.
3. (Dopo aver riparato) il guasto al motore, ripresero la strada.
4. (Dopo aver lasciato) l'impiego, ho avuto un altro bambino.
5. (Quando finì) la guerra, tornammo alle nostre case.
6. (Dopo aver salutato) i parenti, siamo saliti sul treno.
7. (Dopo essersi cambiata) in fretta, la signora è uscita di nuovo.
8. (Avendo ricevuto) notizie dal figlio, la mamma è tranquilla.
9. (Dopo avermi detto) queste parole, ti sei allontanato.
10. (Quando si sposò) mia figlia, mi trasferii a Milano.

**b.** *Completare le seguenti frasi usando l'infinito, il participio o il gerundio dei verbi tra parentesi.*

1. Non riesco a _____ (capire) quello che stai _____ (dire).
2. Non volete _____ (ascoltare) un po' di musica? Non credete di _____ (studiare) abbastanza?
3. Lui fingeva di _____ (stare) attento, ma era chiaro che non ascoltava una parola.
4. È possibile _____ (imparare) molto _____ (stare) attenti in classe.
5. _____ (sentirsi) sola, la bambina è scoppiata a _____ (piangere).
6. Tempo _____ (permettere), vorrei _____ (andare) al mare.
7. Gli spettatori si alzarono in piedi _____ (applaudire).
8. _____ (morire) la moglie, il marito ha cambiato casa.
9. Il ragazzino è caduto _____ (giocare) al pallone.
10. Ammetto di _____ (fare) molti sbagli negli ultimi anni.
11. _____ (uscire) subito, troverai la farmacia ancora aperta.
12. Come hai potuto _____ (convincere) tutti?—Ho usato argomenti molto _____ (convincere)!

**c. Povera Luciana.** *Completare il seguente brano usando l'infinito, il participio o il gerundio dei verbi tra parentesi.*

Mentre stava _____ (uscire) dall'ufficio, Luciana si è ricordata di non _____ (avere) niente da _____ (mangiare) in casa. Così è passata al supermercato. Dopo _____ (comprare) il necessario, è ritornata subito a casa. Appena _____ (entrare), ha sentito _____ (suonare) il telefono. Invece di _____ (rispondere), ha messo la roba nel frigo. Dopo _____ (mettere) la roba nel frigo, ha preparato la cena. Stava per _____ (sedersi) a tavola e _____ (cenare), quando si è ricordata che Marco l'aveva invitata a cena per quella sera! _____ (cambiarsi) in fretta, ha aspettato. _____ (aspettare) Marco, ha guardato la televisione. Ma ecco di nuovo il telefono! Questa volta ha risposto. Era Marco: telefonava per _____ (dirle) che non poteva _____ (venire). Luciana era così delusa che ha perso la voglia di _____ (mangiare)!

## ■ Prima di leggere

©Paul Barton/Surf/Corbis

Che fortunata! Ha trovato un telelavoro!

Da quando in Italia molte casalinghe sono diventate lavoratrici, si è cercato di risolvere in tutti i modi il problema del tempo di lavoro: uffici pubblici e privati, scuole e negozi hanno adottato orari meno rigidi, e continuano a diffondersi il part time e il telelavoro fatto a casa con il computer. Sta cambiando, inoltre, il rapporto di coppia, nel senso che i mariti e i padri oggi si prendono più cura dei figli. Certo, non tutto è ancora risolto, ma si stanno sviluppando, seppur lentamente, condizioni favorevoli ad una maggiore emancipazione della donna italiana.

Il brano che segue è un'intervista ad una famosa giornalista televisiva, Maria Luisa Busi, alla quale viene chiesto quanto costa, in termini di impegno, qualità della vita e carriera, conciliare la maternità con una professione prestigiosa ma abbastanza impegnativa come la sua.

In gruppi di due o più studenti, discutete le seguenti domande:

1. Come sono organizzate le cose nel vostro paese da questo punto di vista? Sono molte le donne che hanno un mestiere ben retribuito *(paid)*? Che tipo di lavoro fanno? Si tratta di occupazioni tradizionalmente «femminili» (insegnante, infermiera, segretaria, venditrice) o di attività estese ai campi dell'informatica, della medicina, della finanza, della dirigenza industriale?

2. Si tratta, in maggioranza, di attività a tempo pieno o a tempo parziale? Per quali motivi?

3. Nella zona dove abitate voi sono sufficienti i servizi esistenti in favore delle donne lavoratrici? Se no, quali sono i problemi più evidenti e chi dovrebbe risolverli?

# ■ Telegiornalista e mamma: Maria Luisa Busi

*pair of names*

*Donna e mamma: un binomio° tanto abusato da aver convinto tutti, donne comprese, che se non si è mamme non si è «complete»: Maria Luisa, lo pensi anche tu?*

Penso, davvero, che quello della maternità sia un concetto universale. Conosco donne, amiche, che pur non essendo madri hanno sviluppato un magnifico rapporto con bambini non loro, nipoti, figli di amiche. 5

*si... : completes herself*

No, non penso assolutamente che una donna si «completi°» solo essendo madre. Detto questo, certamente la mia vita ha assunto una «completezza» di significato, di esperienza, di «senso» con la nascita di mia figlia.

*Il femminismo in Italia ha emancipato le donne: ha fatto guadagnare loro ruoli che prima erano squisitamente maschili—su tutti la «manager»—ma, allo stesso tempo, non ha fatto* 10

*involvement*

*loro perdere quelli tradizionali, la «mamma baby-sitter», la casalinga. Il coinvolgimento°*

*entrusted*

*paterno nell'educazione quotidiana dei figli resta tuttavia secondario, e, quando è possibile, affidato° di preferenza a una baby-sitter. Sei d'accordo con questa interpretazione?*

Sono convinta che i figli debbano stare con le madri.

Sono portata a pensare, avendo un marito molto collaborativo e coinvolto pienamente 15
nel ruolo di padre, che vivano meglio, crescano meglio, quando c'è la presenza, in quantità di tempo e in qualità di relazione, di ambedue i genitori. Ma è altrettanto vero che la nostra società non è costruita per la famiglia: non lo è per il singolo individuo,

*imagine*

figuriamoci° per la famiglia così detta tradizionale. E ancor meno è costruita per i bambini.

Ormai è raro che i nuclei familiari possano permettersi che un solo genitore lavori. 20
Allora è piena l'Italia di donne con figli che corrono tutto il giorno per sostenere il peso, la responsabilità del doppio lavoro. L'ufficio, la casa, la sua organizzazione.

*afford*
*very early age / asilo... : nursery / breathless / in... : in double parking*

Conosco madri che, non potendo permettersi° la baby-sitter, sono costrette a lasciare i figli in tenerissima età°—qualche mese—all'asilo nido°. E le vedo che, trafelate°, vanno a prenderli all'uscita di scuola, tenendo aperto lo sportello dell'auto in doppia fila°. 25

E invece, chi può delegare ad una persona estranea la custodia del bambino, lo fa spesso con mille dubbi: è la persona giusta? Mi posso fidare? Eccetera: mille e una domande; comunque, mai a cuor leggero.

E non dimentichiamo che spesso si tratta di donne che a loro volta lasciano i loro figli nei loro Paesi di origine: tu con i tuoi sensi di colpa continui a lavorare e a crescere nella 30
tua vita professionale, grazie al sacrificio, comunque e ancora, di altre donne. [...]

*Dunque, una donna che vuol fare carriera non deve necessariamente rinunciare alla famiglia, ma accettare dei compromessi? E quando questi ultimi diventano non più*

*bearable*

*sostenibili°? È possibile far convivere famiglia e carriera senza eccessivo stress, sensi di colpa, rinunce? E come, secondo te?* 35

*studded*
*rationing*

Stress, rinunce... la vita di tutti è costellata° di difficoltà più o meno grandi. Penso alle donne che mantengono i loro figli centellinando° gli stipendi dei mariti, non trovando una occupazione, non avendo una loro autonomia, magari sopportando situazioni matrimoniali difficili, per i figli, o per mancanza di possibilità economiche.

Penso alle altre donne, quelle che lavorano, ma non hanno l'asilo sotto casa. 40

*unfair*

Penso alle donne sole, che mantengono i figli da sole, o a quelle che hanno un figlio malato, o a quelle donne che un figlio lo vorrebbero e che una legge ingiusta° limita in

*sacred*

questo sacrosanto° desiderio. La vita delle donne è difficile, sempre. Senza stress o rinunce non è possibile, neanche nella mia esperienza. Ma è poca cosa rispetto a molte, troppe altre.

Cosa bisognerebbe fare?

*support*
*increase*

Politiche sociali serie, di reale sostegno° della famiglia, non in modo ipocrita. Della famiglia, ripeto, non necessariamente solo di quella unita in matrimonio. L'aumento° dei salari, delle donne soprattutto, in questo Paese ancora troppo svantaggiate nella progressione della carriera.

*envies*

Più asili nido, infine, modello Emilia Romagna. Ce li invidia° il mondo.

Stefania Trivigno "Telegiornalista e mamma. Intervista a Maria Busi" in www.telegiornaliste.com/intervista-busi.htm

## ■ Comprensione

1. Che cosa pensa Maria Luisa Busi del binomio donna-mamma? E tu cosa ne pensi?

2. Che cosa pensa Maria Luisa Busi del coinvolgimento paterno? E tu cosa ne pensi?

3. Come descrive Maria Luisa Busi la situazione delle donne-mamme che lavorano?

4. Quali sono, secondo Maria Luisa Busi, le difficoltà maggiori che le donne italiane affrontano al giorno d'oggi?

5. Quali servizi dovrebbero essere migliorati per aiutare le donne in Italia?

6. Quali sono le similarità e le differenze tra la situazione delle donne-mamme italiane che lavorano descritte nell'intervista e quelle nel tuo paese?

## ■ Temi per componimento o discussione

1. Fin verso la metà del Novecento, la funzione della donna era quella di «angelo della casa» quando non doveva, per necessità, lavorare in campagna o in fabbrica. Le donne famose del passato si sono distinte essenzialmente nel campo dell'arte o dell'educazione. Esaminate le nuove funzioni della presenza femminile nel mondo del lavoro contemporaneo.

2. Esaminate come i moderni servizi di vendita, quali i supermercati e i centri commerciali, i cibi surgelati o pronti, e le strutture pubbliche (scuole, palestre, parchi giochi, piscine) facilitano la vita delle donne e delle mamme contemporanee rispetto alla situazione delle loro nonne. Quali differenze si possono immaginare nel ritmo della giornata?

3. Considerate i vostri interessi e i vostri futuri progetti di lavoro. In particolare: quali sono le professioni preferite dalle ragazze? E quelle preferite dai ragazzi? Perché?

4. Dibattito. Discutete le tesi che seguono.
   a. Le donne hanno le stesse abilità degli uomini e gli stessi diritti al lavoro in tutte le professioni e a tutti i livelli.
   b. Geneticamente le donne hanno minori abilità tecnico-scientifiche rispetto agli uomini, e quindi dovrebbero evitare le carriere per le quali non sono adatte.

Maria Montessori (1870–1952), educatrice. Sono famose le scuole che basano l'insegnamento sul suo metodo educativo.

## Il matrimonio

L'idea tradizionale del matrimonio in Italia è quella del rito celebrato in chiesa, generalmente nella parrocchia di uno dei due sposi. In Italia, però, è legale anche il matrimonio civile, ovvero non religioso. Negli ultimi anni molte persone preferiscono convivere invece che sposarsi, e quelle che vengono chiamate le «unioni di fatto» sono in continuo aumento. Per tradizione, quando le donne si sposavano cambiavano il loro cognome e adottavano quello del marito. Al giorno d'oggi, sempre più donne preferiscono mantenere il proprio cognome.

*E tu, cosa pensi del matrimonio? Considera le seguenti domande e presenta le tue risposte ai compagni.*

1. In generale, che cosa pensi del matrimonio religioso, di quello civile, e della convivenza? Perché?

2. Quale di queste tre unioni vorresti per te? Spiega.

3. Di solito, nel tuo paese, le donne che si sposano cambiano il loro cognome? Pensi che sia giusto?

Adesso guarda il video al sito web **www.cengage.com/login**, in cui un ragazzo esprime la sua opinione sul matrimonio. Che cosa pensi dei suoi commenti? Parlane con i tuoi compagni di classe. Puoi trovare altre attività basate sul video alla fine del Capitolo 12 del *Workbook* (nel *Student Activities Manual*) che accompagna questo libro.

©Bettmann/Corbis

**Congratulazioni!** Anna telefona al marito per dirgli della recente promozione. Come risponderà Daniele all'entusiasmo di Anna?

ANNA:      Pronto, Daniele?

DANIELE:   Ciao, cara. Cosa mi dici di bello?

ANNA:      Mi hanno dato la promozione e l'aumento di stipendio.

DANIELE:   Congratulazioni! Sono proprio contento per te!

ANNA:      Sì, è favoloso! Però devo cambiare ufficio.

DANIELE:   Ti dispiace?

ANNA:      No, no. Non farà differenza, tanto più che continuerò a lavorare con Giannelli. Ma, amore, c'è una complicazione. Mi chiedono di seguire un corso intensivo di amministrazione aziendale° per tre settimane in Svizzera, e proprio nei giorni in cui volevamo andare in montagna.

*amministrazione... :
business administration*

DANIELE:   Pazienza! Se è importante per la tua carriera, va bene lo stesso. In ferie ci andremo in un altro momento.

ANNA:      Sei un tesoro!

### Espressioni di affetto

| | |
|---|---|
| amore (mio), tesoro (mio)<br>caro / cara, mio caro / mia cara | *dear, honey, darling, my love* |
| Ti voglio (molto / tanto) bene. | *I am (very) fond of you.* |
| Ti amo. | *I love you.* |
| Che carino/a (tesoro / amore)! | *How nice (darling / sweet)!* |
| Zietto/a, mammina, nonnino/a | *Auntie, Mommy, Grandaddy* |

### Esprimere contentezza

| | |
|---|---|
| Che bello! | *How nice!* |
| È favoloso!<br>È fantastico!<br>È meraviglioso! | *It's wonderful!* |
| Sono proprio contento/a. | *I'm really glad.* |
| Non potrebbe andar meglio! | *It couldn't be any better!* |

### Dimostrare indifferenza

| | |
|---|---|
| Per me è lo stesso.<br>Va bene lo stesso.<br>È uguale. | *It's all the same to me.* |
| Non importa.<br>Non fa differenza.<br>Non ha importanza. | *It doesn't matter.* |

### Espressioni di rassegnazione e accettazione

| | |
|---|---|
| Come vuoi tu. | *As you wish.* |
| Fai come credi.<br>Decidi tu. | *It's up to you.* |
| Pazienza! | *Never mind!* |
| Se è necessario! | *If it's necessary!* |
| Fai come ritieni opportuno. | *Do what you believe is right.* |
| Come ti sembra meglio. | *(Do) what you believe is best.* |
| Come preferisci. | *As you prefer.* |

## ■ Che cosa diciamo?

1. Tu vuoi comprare una macchinetta per fare il caffè espresso. La preferiresti nera, ma il commesso / la commessa ti dice che ne sono rimaste solo due, una bianca e una rossa.

2. Tu vuoi molto bene alla vecchia zia Livia che, novantenne e in casa di riposo, continua a rendersi utile. La zia ti ha appena fatto le tende per la cucina. Prendi il telefono e chiamala per ringraziarla.

3. Il tuo amico Marcello ha appena finito una dieta ed è in perfetta forma (great shape). Che cosa gli dici?

4. Tu vuoi andare a Parigi a luglio. Il tuo compagno / La tua compagna vuole aspettare fino alla fine di agosto. Tu decidi di farlo/a contento/a.

5. Pietro è molto carino e gentile. Ieri ti ha invitato a cena in un delizioso ristorante sul lago. Tu pensi...

## ■ Situazioni

1. Ti sei appena diplomato/a e cerchi lavoro. Speravi di ottenere un posto in una grossa ditta, ma non ti hanno fatto un'offerta e hai dovuto accettare un posto di poca soddisfazione. Tua madre è molto dispiaciuta per te. Cerca di convincerla che tu sei contento/a lo stesso.

2. Tua sorella, la mamma di Chiaretta, sarà in viaggio di lavoro per una settimana, e tu ti occuperai della bambina da quando esce da scuola nel pomeriggio fino all'ora di cena, quando ritorna papà. Immagina la conversazione nella quale tu informi la tua nipotina.

3. Il tuo fidanzato / La tua fidanzata sta seguendo un corso di specializzazione all'estero per sei mesi. Vi telefonate spesso e parlate del più e del meno (this and that). Entrambi usate espressioni di affetto.

4. Discuti con tua moglie l'acquisto di un'automobile nuova. Tu vorresti comprarne una piccola, ma tua moglie ne desidera una grande e comoda. La conversazione è molto amichevole e alla fine uno/a dei due fa contento/a l'altro/a.

©Ted Levine/zefa/Corbis

**Una gita in montagna.** Mario, Franco e Alberto frequentano l'Università di Roma. Dopo una settimana di studio hanno bisogno di distrazione. Franco e Alberto vogliono convincere Mario a fare una gita con loro al Terminillo, una montagna dell'Appennino centrale.

FRANCO *(a Mario):*   Abbiamo deciso di farti fare esercizio invece di stare davanti alla TV a veder giocare i tuoi campioni preferiti.

ALBERTO:   Domani mattina ci alziamo presto e andiamo al Terminillo. Ho sentito dire che c'è una gita organizzata e ho preso informazioni. Il gruppo è composto da ragazzi e ragazze. L'appuntamento è alle 8.00 a Lisciano, a meno di 100 chilometri° da qui. Possiamo partire verso le 7.00.   *63 miles*

FRANCO:   Il percorso è facile. In quattro ore arriviamo al Rifugio Rinaldi intorno ai 2000 metri°.   *6,600 feet*

MARIO:   Quattro ore! Ma siete matti? Io non sono allenato!

ALBERTO:   Non sei il solo. Una parte del gruppo prenderà la seggiovia° per metà del per-corso, poi continuiamo insieme. Una passeggiata di due ore la puoi fare…   *chair lift*

FRANCO:   Il tempo sarà magnifico e dal rifugio c'è un panorama stupendo!

ALBERTO:   Non solo, ci sarà anche un pranzo in buona compagnia: polenta, salsicce°, funghi° e vino.   *sausages*
*mushrooms*

MARIO:   Ho capito, proprio non volete lasciarmi stare a casa in pace!

ALBERTO *(a Franco, quando Mario non sente):*   Speriamo bene°! Non gli abbiamo detto che c'è anche la funivia°. Se in macchina, dalla strada, la vede salire, si fa portare fino in cima.   *Let's hope*
*cable car*

Il panorama del Rifugio Rinaldi.

©Sandro Vannini/Corbis

## ■ Esercizi

**a.** *Rispondere alle seguenti domande:*

1. Che cosa vogliono fare Franco e Alberto? Perché?
2. Dove vogliono andare? Con chi?
3. Il luogo dell'appuntamento è lontano? Quanto tempo ci vuole per raggiungerlo?
4. Come reagisce Mario?
5. Cosa può fare Mario per abbreviare *(to shorten)* il percorso?
6. Cosa c'è di bello da vedere e di buono da mangiare al Rifugio Rinaldi?
7. Franco e Alberto non hanno dato a Mario un'informazione importante. Quale? Perché?

## VIVERE IN ITALIA | Gli Italiani e lo sport

Fino a relativamente pochi anni fa si consideravano «sportivi» gli Italiani che seguivano con interesse le partite di calcio, le corse automobilistiche e il Giro d'Italia in bicicletta, ma la loro attività «sportiva» si riduceva a guardare la televisione o a leggere il *Corriere dello Sport*. Ci sono sempre stati gli appassionati del tennis e del nuoto, dello sci e dell'equitazione *(horseback riding)*, sport che erano e sono privilegio di pochi. Recentemente si è manifestato, invece, un notevole interesse per le attività fisiche, e non soltanto da parte dei giovani. Aumenta il numero delle palestre e dei centri sportivi che, anche se a pagamento, attraggono sempre nuovi soci. Sono «in» la danza, le arti marziali e le varie forme di ginnastica. Per molti andare in palestra almeno due volte alla settimana diventa un impegno per la propria salute. L'esercizio fisico fa bene e, insieme alla dieta opportuna, aiuta a mantenere la linea. Per chi vuole spendere poco, bastano un paio di scarpe adatte per correre o fare footing: i marciapiedi, infatti, non costano niente. L'interesse per il movimento fisico ha raggiunto anche gli ultraquarantenni *(those over forty),* che preferiscono fare esercizio in palestra e scelgono il nuoto, l'acquagym o la ginnastica aerobica.

**b.** *Usando il* **Vocabolario utile,** *inserire le parole che meglio completano le frasi.*

1. Marina ha avuto un incidente di sci e si è rotta una gamba. Per portarla al _____ abbiamo dovuto chiamare l'_____.
2. Il dottore ha detto che si tratta di una brutta _____.
3. Ora Marina ha una pesante ingessatura e cammina con le _____.
4. Alla scuola di sci sono molto bene attrezzati, in caso di _____ arriva subito il gatto delle nevi *(snow cat)* con il personale di assistenza.
5. Marina è ottimista, dice che la _____ arriverà presto. In tutti gli sport può succedere di _____.
6. Solo quelli che guardano la _____ di calcio e gli altri sport alla televisione non corrono rischi.
7. È una bella cosa che molti Italiani abbiano deciso di andare in _____ almeno due volte alla settimana.
8. Anche nei centri sportivi è aumentato il numero dei _____ e delle _____.
9. Molti fanno esercizio fisico perché fa bene alla salute e per _____.

## ■ Vocabolario utile

### Lo sport

**l'esercizio, il movimento fisico** physical exercise
**il nuoto** swimming
**la danza** dance
**la palestra** gymnasium
**il socio / la socia** member
**essere allenato** to be "in shape"
**la distrazione** distraction
**la struttura sportiva** sports complex
**la partita** game
**il tifoso / la tifosa** fan
**la ginnastica** gymnastics
**la gita** outing
**il percorso** way, path
**l'impegno** commitment
**il rifugio** shelter, mountain lodge
**la passeggiata** walk
**il marciapiede** sidewalk

### La salute

**la malattia** sicknesss
*ammalarsi** to become sick
**la farmacia** farmacy
**il pronto soccorso** emergency room
**l'ambulanza** ambulance
**il medico** doctor
**la convalescenza** convalescence
**l'emergenza** emergency
**la frattura** fracture
**la guarigione** recovery
**l'incidente** accident
**l'ingessatura** cast
**le stampelle** crutches
*farsi male** to get hurt
**guarire** to recover
**fare una radiografia** to get an x-ray
*rompersi una gamba / un braccio** to break a leg /
an arm

### Espressioni utili

**giocare** to play
**vedere** to see
**giocare a livello agonistico** to play competitively
**per divertimento** for fun
**mantenere la linea** to stay in shape
*essere sedentario** to be sedentary
*essere sovrappeso** to be overweight
*essere obeso** to be obese

### Un ripasso: Verbi ed espressioni

**compassione** (*f*) *Non ho nessuna compassione per i deboli.*
**simpatia** (opposite: **antipatia**) *Ho una grande simpatia per quell'attore.*
**condoglianze** (*f, pl*) *Quando è morto il nonno, ho scritto una lettera di condoglianze alla nonna.*
**compassionevole, comprensivo** *Chi non ha bisogno di una persona compassionevole nei momenti di sconforto?*
**simpatico** (opposite: **antipatico**) *Una persona bella non è sempre simpatica.*
*essere simpatico (antipatico) a qualcuno** means the same as **piacere (non piacere) a qualcuno**. *Mario mi era molto simpatico.*

When the verb *to make* is followed by an adjective (*You make me happy when skies are grey*), the verb **rendere** (*pp* **reso**; *pr* **resi**) is usually preferred to **fare**. The adjective follows the verb directly.

**Il tuo amore mi rende felice.** *Your love makes me happy.*
**Rendevi felici i bambini quando giocavi con loro.** *You made the children happy when you played with them.*
**Il personale ospedaliero rende la vita facile ai pazienti.** *The hospital staff makes life easy for patients.*

Ogni tanto gli sportivi hanno
un incidente e si fanno male.

## ■ Pratica

**a.** *Scegliere le parole che completano meglio le frasi.*

1. Quel ragazzo ha un così bel carattere; per questo è _____ a tutti.
2. Dobbiamo insegnare ai bambini a provare _____ per i poveri, i vecchi e i malati.
3. Ci sono persone che tu non puoi sopportare, persone che tu trovi veramente_____?
4. Vi prego di accettare le mie più sentite _____ in occasione della tragica perdita.
5. Gli ho raccontato tutte le mie sventure e lui mi è stato a sentire, ma non mi è sembrato molto

   _____.
6. Quando vivevo a Chicago, il vento mi _____ nervosa.
7. Non possiamo ancora parlare di amore tra i due, solo di una grande _____.

**b.** *Inserire le parole che completano meglio il brano.*

La signora Beltrami è una persona meravigliosa. Non solo è una persona _____ ma è anche estremamente _____. È sempre pronta ad aiutare chiunque ne abbia bisogno ed è sempre piena di _____ per i poveri e i bisognosi. Se hai delle difficoltà e gliene parli, lei ti ascolta con animo _____; il solo parlarne con lei ti _____ più sereno. Che bello sarebbe se fossero tutti come la signora Beltrami, invece al mondo ci sono tante persone _____!

**c.** *Domande per te.*

1. Se ti ammali, che cosa devi fare per ottenere le cure necessarie? Chi paga le spese?
2. Sei mai stato/a ricoverato/a in ospedale? O forse è capitato a qualcuno dei tuoi parenti o amici? Racconta l'esperienza.
3. Hai un medico di famiglia? Sei assicurato/a contro le malattie? Sei contento/a della tua assicurazione? Sì? No? Perché?
4. Secondo te, i medici, in generale, rassicurano i loro pazienti? Li rendono tranquilli?
5. Ti è mai capitato, in quanto paziente, di trattare con un medico particolarmente simpatico e comprensivo oppure con uno antipatico e indifferente? Racconta.
6. Che cosa pensi del servizio sanitario italiano?
7. Come fa nel tuo paese una persona non assicurata che ha bisogno di cure mediche o di ricovero in ospedale?

## ■ A voi la parola

**a. L'esercizio fisico.** *In piccoli gruppi, rispondete alle domande che seguono e paragonate le vostre conclusioni con quelle degli altri gruppi.*

1. In Italia, ci sono varie iniziative per aumentare nelle scuole il periodo dedicato all'educazione fisica. Attualmente *(At present)*, l'orario delle lezioni stabilisce un'ora di ginnastica alla settimana. Paragonate la vostra esperienza con quella degli studenti italiani.
2. In Italia sono molto diffusi i club che raggruppano gli appassionati dei vari sport e organizzano attività per i loro soci. Sono famosi il Touring Club Italiano e il CAI (Club Alpino Italiano) che contano moltissimi iscritti. Conoscete organizzazioni simili nel vostro paese? Sapete quali vantaggi offrono? Vi interesserebbe partecipare?

3. Ormai da parecchi anni il calcio, il gioco preferito dagli Italiani, è diffuso anche nel Nord America. Avete mai giocato a calcio o assistito ad una partita? Pensate che il calcio possa diventare popolare nel Nord America tanto quanto il football e il baseball? Sapete quali giochi americani sono apprezzati in Italia?

4. Voi e i vostri amici partecipate a regolari attività sportive? Quali sono i programmi di fitness più comuni fra i giovani?

5. Vi è mai capitato di avere un incidente e di rompervi un braccio o una gamba? O di aiutare un amico / un'amica che ha avuto un incidente? Se sì, che cosa avete fatto? Siete andati al pronto soccorso? Che tipo di cura hanno proposto i medici? Quanto è durata la convalescenza?

---

**NIKE Fitness Club**
Milano (02) 73.83.89.99
Palestra body building e cardiofitness, corsi di aerobica, step tonificazione, fit-boxe, hip-hop, spinning su cyclette. Sauna e Jacuzzi. Personal trainer anche a domicilio.

---

**Fit-Boxe**

La fit-boxe è un'attività fisica di gruppo praticata a tempo di musica. Combina le caratteristiche dell'aerobica con quelle di alcune arti marziali. Anti-stress, dimagrante, divertente.

---

**b. Sport per tutti i gusti.** *Leggete le informazioni del Nike Fitness Club e la sua proposta di una nuova attività fisica di gruppo, la fit-boxe. In gruppi di due o tre studenti, rispondete alle seguenti domande:*

1. Sapete in che cosa consiste la fit-boxe? Fa parte dei programmi delle palestre della zona in cui abitate voi? Se non avete informazioni, cercatele su Internet e poi decidete se voi ed i vostri amici siete interssati.

2. Ci sono programmi di esercizio fisico proposti da Nike che vi interessano? Quali? Spiegate perché e quali sono, secondo voi, i loro vantaggi.

3. Nella pubblicità di Nike ci sono molte parole inglesi. Sapete spiegarne la ragione?

---

 **CANTIAMO!** | Edoardo Bennato & Gianna Nannini – *Un'estate italiana*

Lo sport non è solo un passatempo, ma fa anche bene alla salute, sia fisicamente che psicologicamente. Che bello fare il tifo per un giocatore o una squadra e festeggiare quando vince! Per ascoltare una canzone che esprime questo entusiasmo, vai al sito web **www.cengage.com/login** (clicca sul «iTunes playlist»). Puoi trovare altre informazioni ed attività basate sulla canzone alla fine del Capitolo 13 del *Lab Manual* (nel *Student Activities Manual*) che accompagna questo libro.

I. *Fare* + infinito

**A.** **Fare** *(To make, have, get)* followed immediately by the infinitive is used to form a causative construction. In this construction, the subject of the sentence does not perform the action; instead, the subject causes something to be done or causes someone else to do something.

| NON-CAUSATIVE CONSTRUCTION | CAUSATIVE CONSTRUCTION |
|---|---|
| *(subject performs the action)* | *(subject causes action to be performed by someone else)* |
| Il professore **corregge** gli esami. *The teacher corrects the exams.* | Il professore **fa correggere** gli esami. *The teacher has the exams corrected.* |
| | **Fa correggere** gli esami agli assistenti. *He has the assistants correct the exams.* |

1. In the causative construction:

   ▪ Noun objects follow the infinitive.

   Fai giocare **Marco.**
   *Have Marco play.*

   ▪ Pronoun objects normally precede the conjugated form of **fare.**

   **Lo** faccio giocare domenica prossima.
   *I'll have him play next Sunday.*

   ▪ Pronoun objects follow and are attached to **fare** only in the infinitive, gerund, past participle, and imperative (**tu, voi, noi** forms).

   | | |
   |---|---|
   | Mi piace far**la** giocare. *I like to have him play.* | Facendo**lo** giocare le hai fatto un piacere. *By making him play, you did him a favor.* |
   | Fatto**lo** giocare, gli hanno dato un premio. *Having made him play, they gave him a prize.* | Fate**lo** giocare ancora. *Have him play again.* |

2. If the infinitive following **fare** is reflexive, the reflexive pronoun is omitted.

   Su, bambini, non fate **arrabbiare** l'allenatore!
   *Come on, children, don't make the coach mad!*

   Perché non fate **accomodare** i tifosi nello stadio?
   *Why don't you have the fans come into the stadium?*

3. When the causative construction has one object (either a person or a thing), it is a direct object.

   La mamma fa mangiare **la bambina; la** fa mangiare.
   *The mother makes the child eat; she makes her eat.*

   Ho fatto tradurre **i verbi; li** ho fatti tradurre.
   *I had the verbs translated; I had them translated.*

If there are two objects (usually a person performing the action and a thing receiving the action), the thing is the direct object and the person the indirect object.

La mamma fa mangiare la minestra **alla bambina; le** fa mangiare la minestra.
*The mother makes the child eat the soup; she makes her eat the soup.*

Ho fatto tradurre i verbi **a Mario; gli** ho fatto tradurre i verbi.
*I had Mario translate the verbs; I had him translate the verbs.*

4. Sometimes the use of the indirect object for the person may cause ambiguity: **Faccio scrivere una lettera a Stefano** could mean *I have Stefano write a letter* or *I have a letter written to Stefano.* To avoid ambiguity, **da** + *person* is used instead of **a** + *person*.

Faccio scrivere una lettera **da** Stefano.
*I have Stefano write a letter.*

**B.** **Farsi** + *infinitive* is used to express *to have or get something done for oneself by someone else*, usually involving parts of the body or clothing. When the person made to perform the action is expressed, **da** + *person* is used.

**Mi faccio tagliare** i capelli **da** un parrucchiere italiano. **Me** li **faccio tagliare** una volta al mese.
*I have my hair cut by an Italian hairdresser. I have it cut once a month.*

La signora **si è fatta fare** due vestiti da sera. **Se** ne **è fatti fare** due.
*The lady had two evening gowns made. She had two made.*

**Farsi** + *infinitive* is also used for expressions such as *to make or get oneself understood, heard, loved, arrested, invited,* where the action performed affects the subject of the sentence.

Per **farti capire** da tutti, devi parlare più adagio.
*In order to make yourself understood by everyone, you've got to speak more slowly.*

**C.** The causative constructions **fare** + *infinitive* and **farsi** + *infinitive* are used in many common expressions:

| | |
|---|---|
| **fare aspettare** | *to keep waiting* |
| **fare costruire**[1] | *to build* |
| **fare crescere** | *to grow (something)* |
| **fare entrare (uscire)** | *to let in (to let out)* |
| **fare esplodere (scoppiare)** | *to explode* |
| **fare impazzire** | *to drive one insane* |
| **fare osservare** | *to point out* |
| **fare pagare** | *to charge* |
| **fare saltare** | *to blow up (with explosives)* |
| **fare sapere (informare)** | *to inform, let someone know* |
| **fare vedere (mostrare)** | *to show* |
| **farsi imprestare** | *to borrow* |
| **farsi vedere** | *to show one's face* |

Notice the following cooking terms:

| | | | |
|---|---|---|---|
| **fare arrostire** | *to roast* | **fare cuocere** | *to cook* |
| **fare bollire** | *to boil* | **fare friggere** | *to fry* |

Perché mi **fai** sempre **aspettare?**
*Why do you always keep me waiting?*

Quanto ci vuole per **fare cuocere** un uovo?
*How long does it take to cook an egg?*

**Si è fatto crescere** i baffi.
*He has grown a moustache.*

**Fammi sapere** quando arrivi.
*Let me know when you're coming.*

---

[1] Italian distinguishes between building something yourself, **costruire,** and having something built by someone else, **far costruire.**

## ■ Esercizi

**a.** **Alcune persone non fanno mai niente...** *Rispondere a ciascuna domanda usando **fare** + infinito come nell'esempio.*

> ESEMPIO    Scrive lui le lettere?
> **—No, fa scrivere le lettere.**

1. Stira lei le camicie?
2. Lavano loro la macchina?
3. Tagliano loro l'erba?
4. Dipinge lei la casa?
5. Ripara lui il televisore?
6. Pesano loro le lettere?

**b.** *Formare nuove frasi con le parole tra parentesi facendo i cambiamenti necessari.*

> ESEMPIO    La faccio mangiare. (le lasagne)
> **Le faccio mangiare le lasagne.**

1. La fanno studiare. (lettere)
2. Lo faremo pagare. (il debito)
3. Lo hanno fatto leggere. (la poesia)
4. La farei cantare. (una canzone folk)
5. Fatelo suonare. *(Santa Lucia)*
6. Dobbiamo farlo firmare. (il nuovo contratto)

**c.** **Quante cose devo far fare oggi...** *Formare frasi con il verbo dato tra parentesi usando un pronome invece del nome.*

> ESEMPIO    Il televisore è guasto. (riparare)
> **Devo farlo riparare.**

1. Il passaporto è scaduto *(has expired)*. (rinnovare)
2. Le scarpe sono bucate. (risuolare)
3. Il motore non funziona. (revisionare, *to overhaul*)
4. L'orologio è rotto. (aggiustare)
5. Non ci vedo con questi occhiali. (cambiare)
6. Luigi ha i capelli lunghi. (tagliare)

**d.** **L'ho già fatto fare...** *Formare frasi usando il passato prossimo di **fare** + infinito e un pronome invece del nome.*

> ESEMPIO    Dovresti far riparare la radio.
> **—L'ho già fatta riparare.**

1. Dovresti far pitturare la casa.
2. Dovresti far allargare la gonna.
3. Dovresti far rinnovare il passaporto.
4. Dovresti far potare *(trim)* le piante.
5. Dovresti far cambiare l'olio.
6. Dovresti far mettere il telefono.

**e. Chi me l'ha fatto fare...** *Le persone nominate in quest'esercizio non si considerano responsabili delle proprie azioni. Se hanno fatto qualcosa, è perché qualcuno o qualcosa le ha obbligate a farlo. Trasformare le frasi come nell'esempio.*

ESEMPIO  Ho perso la pazienza. (mio marito)
**Mio marito mi ha fatto perdere la pazienza.**

1. Ho riso. (le tue barzellette)
2. Abbiamo starnutito. (il pepe)
3. Siamo dimagriti. (le preoccupazioni)
4. Ho letto l'inserzione. (il destino)
5. Siamo arrivate in ritardo. (il traffico)
6. Hai gridato. (la paura)
7. Abbiamo pianto. (il dolore)
8. La bambina è arrossita. (l'imbarazzo)

**f. Conversazione.**

Quali cose o persone ti fanno ridere? Ti fanno sognare? Ti fanno arrossire? Ti fanno applaudire? Ti fanno perdere la pazienza? Ti fanno amare la vita?

**g. Simpatie ed antipatie personali...** *Quali persone ti piacciono? Usare **fare** + infinito.*

1. A me piacciono le persone che...
   a. mi fanno divertire.
   b. si fanno notare.
   c. non fanno entrare i cani in casa.
   d. fanno arrostire le castagne.
   e. si fanno crescere la barba.
   f. ...

2. A me non piacciono le persone che...
   a. mi fanno aspettare.
   b. mi fanno perdere tempo.
   c. non si fanno capire.
   d. si fanno prestare soldi.
   e. mi fanno pagare troppo.
   f. ...

**h.** *A Silvano non piace farsi le cose da solo, preferisce farsele fare dagli altri. Seguire gli esempi.*

ESEMPI  dal barista
**Dal barista si fa portare il cappuccino in ufficio.**

al figlio
**Al figlio fa lavare la macchina.**

1. dal barbiere
2. al benzinaio
3. alla moglie
4. dal segretario
5. dagli amici
6. alla figlia
7. dal meccanico
8. dalla collaboratrice domestica
9. perfino dal cane

**A.** **Lasciare** *(To let, to allow, to permit)* followed immediately by the infinitive is used just like *let + infinitive* in English; in this construction, the subject of the sentence gives permission to someone to do something or allows something to happen.

**Lascio uscire** la mia gatta.
*I let my cat go out.*

La **lascio uscire** tre volte al giorno.
*I let her go out three times a day.*

1. Noun objects follow the infinitive:

Hanno lasciato scappare **il prigioniero.**
*They let the prisoner escape.*

Pronoun objects normally precede the conjugated form of **lasciare:**

**L'**hanno lasciato scappare.
*They let him escape.*

Pronoun objects follow and are attached to **lasciare** only in the infinitive, gerund, past participle, and imperative (**tu, voi, noi** forms).

Non dovevate lasciar**lo** scappare.
*You were not supposed to let him escape.*

Lasciando**lo** scappare, mi avete messo nei guai.
*By letting him escape, you got me in trouble.*

Lasciato**lo** scappare, sono disperato.
*Having let him escape, I am desperate.*

Lasciate**mi** in pace.
*Leave me alone.*

—*Lascia perdere: se quella pera non si stacca, vuol dire che è ancora acerba...*

2. If the infinitive following **lasciare** is reflexive, the reflexive pronoun is omitted.

Lui vuole **alzarsi,** ma il dottore
   non lo lascia **alzare.**

*He wants to get up, but the doctor*
   *won't let him get up.*

Signora, i bambini non devono assolutamente
   **bagnarsi;** non deve lasciarli **bagnare.**

*Ma'am, the children must not get wet; you*
   *must not let them get wet.*

3. As is the case with the causative construction, if the infinitive following **lasciare** takes an object, the object of **lasciare** becomes indirect.

Lascia**la** cantare!
*Let her sing!*

Lascia**le** cantare la canzone che vuole!
*Let her sing the song she wants!*

**B.** **Lasciare** + *infinitive* is the equivalent of **permettere di** + *infinitive*. Compare:

Lasci**atela** parlare.
*Let her speak.*
     }    **lasciare** + direct object + infinitive

Permett**etele di** parlare.
*Allow her to speak.*
     }    **permettere** + indirect object + **di** + infinitive

**Lasciare** and **permettere** may also be followed by **che** + subjunctive.

Lasciate che parli.
*Let her speak.*

Permettete che parli.
*Allow her to speak.*

## ■ Esercizi

**a.** *Sostituire a* **che** + congiuntivo *la costruzione con l'infinito.*

   **ESEMPIO**   Perché non lasciate che io compri una moto?
               **Perché non mi lasciate comprare una moto?**

   1. Perché non lasciate che io dica quello che penso?
   2. Non hanno lasciato che tu pagassi il biglietto per la partita di calcio.
   3. Lasciamo che lui venga alla gita!
   4. Lascerò che voi diate la mancia.
   5. Lasciava che tutte le macchine passassero.
   6. Lasciate che il cane s'avvicini!

**b.** *Cambiare secondo l'esempio. Il soggetto delle nuove frasi è* **voi.**

   **ESEMPIO**   Cani e gatti entrano in casa
               —**Lasciate entrare in casa cani e gatti.**
               —**Ma lasciate che entrino!**

   1. I ragazzi dormono fino a mezzogiorno.
   2. Gli amici litigano.
   3. Maria va in palestra tutti i giorni.
   4. Paolo studia in cucina.
   5. Carlo e Anna parlano sempre.
   6. La minestra si raffredda *(gets cold).*
   7. Il nonno e la nonna vanno in discoteca!

**c.** *Mettere* **permettere** *al posto di* **lasciare** *e fare i cambiamenti necessari.*

ESEMPIO     Papà non mi ha lasciato uscire.
        **Papà non mi ha permesso di uscire.**

1. Il dottore non mi ha permesso di uscire.
2. Il giudice non lasciò parlare l'imputato *(defendant)*.
3. Signora, perché non mi lascia fumare?
4. Lasciatela passare!
5. Perché non mi lasci venire con te?
6. Se io La lasciassi scegliere, che cosa sceglierebbe?
7. Non lo lasciamo giocare con te.
8. Non avrei dovuto lasciarli fermare.

## III. Verbi di percezione + infinito

**A.** The most common verbs of perception in Italian are:

**vedere** to see                     **sentire** to hear
**guardare** to look at, to watch     **udire** to hear
**osservare** to observe, to watch    **ascoltare** to listen, listen to

Verbs of perception may be followed directly by the infinitive of another verb.

**Guardo passare** il treno.             Non **senti muoversi** qualcosa?
*I watch the train go by.*               *Don't you hear something moving?*

**Ho visto piangere** Anna.
*I saw Anna cry (crying).*

1. Noun objects follow the infinitive:

   Hai sentito piangere **i bambini?**
   *Did you hear the children cry?*

   Pronoun objects precede the conjugated form of the verb of perception:

   Sì, **li** ho sentiti piangere.
   *Yes, I heard them cry.*

   Pronoun objects follow and are attached to the verb of perception only when the verb is in the infinitive, gerund, past participle, or imperative (**tu, voi, noi** forms):

   Non mi piace sentir**li** piangere.
   *I don't like to hear them cry.*

   Sentendo**li** piangere, vado a consolarli.
   *Hearing them cry, I go to console them.*

   Sentito**li** piangere, ho chiamato la loro mamma.
   *Having heard them cry, I called their mother.*

   Senti**li** piangere! Perché non vai da loro?
   *Hear them crying! Why don't you go to them?*

2. If the infinitive following a verb of perception has an object of its own, the noun object is placed between the verb and the infinitive; the object of the infinitive follows it.

   **Osserviamo i contadini lavorare** la terra.       **Ho sentito Luciano parlare** di Susanna.
   *We watch farmers till the soil.*                   *I heard Luciano talk about Susan.*

**B.** A relative clause with **che** + *indicative* or a clause with **mentre** + *indicative* may replace the infinitive after a verb of perception.

Ho sentito Luciano cantare una canzone (**che cantava** una canzone).
*I heard Luciano sing a song.*

Li vedo uscire di casa (**mentre escono** di casa) ogni mattina.
*I see them leave the house every morning.*

**C. Sentire,** in addition to *to hear,* can mean *to feel* or *to smell.*

Sento un dolore allo stomaco.  Anche tu senti un cattivo odore?
*I feel a pain in my stomach.*  *Do you smell something bad too?*

## ■ Esercizi

**a.** *Sostituire l'infinito a* **che** + *verbo come nell'esempio.*

ESEMPIO  Sento il bambino che piange.
         **Sento piangere il bambino.**

1. Ho visto Gigi che correva.
2. Osserviamo la nave che si allontana.
3. Hai sentito Patrizia che rideva?
4. Guardava le macchine che passavano.
5. Vedono i camion che si fermano e uomini mascherati che scendono.
6. Sento mia sorella che suona il pianoforte.
7. L'avete sentita che sospirava?
8. Lo vidi che arrivava con la sua macchina sportiva bianca.

**b. Testimone oculare (eyewitness).** *Il testimone afferma di aver visto ogni azione dell'uomo coi suoi propri occhi.*

ESEMPIO  È sceso da un tassì verso le due?
         —Sì, l'ho visto scendere da un tassì verso le due.

1. Ha attraversato la strada?              5. Ha urtato un bambino?
2. Si è fermato a parlare con un altro uomo?  6. L'uomo ha fermato una macchina?
3. È entrato nella casa dei Rossi?          7. L'uomo è salito in macchina?
4. È uscito di corsa poco dopo?             8. La macchina è partita a tutta velocità?

**c.** *Inserire in modo opportuno i verbi indicati e i pronomi necessari.*

ascoltare   guardare   permettere   vedere   fare   lasciare   sentire

La padrona di casa non mi _____ in pace. La sera mi telefona per dirmi che _____ suonare la mia radio troppo forte e _____ abbassare il volume. Spesso mi aspetta alla finestra e, appena _____ arrivare, scende per _____ fare qualche servizio, poi sta lì a _____ lavorare e io devo _____ mentre mi racconta la storia della sua vita. Abita in una vecchia casa che _____ costruire nel 1920. Nel giardino _____ crescere la cicoria (*chicory*) e non _____ a nessuno di toccarla, neanche a me che ci vorrei _____ l'insalata. Però in fondo è una brava persona. La settimana scorsa stavo poco bene; lei mi _____ tossire (*cough*) e si è preoccupata. Mi ha telefonato per chiedermi il permesso di entrare nel mio appartamento (ha le chiavi) e poco dopo l'ho _____ arrivare con una minestrina e un bicchiere di Chianti.

—*E ora va in onda la trentesima puntata del teleromanzo «Breve storia d'amore».*

## IV. Numeri ordinali

The Italian ordinal numbers correspond to *first, second, third, fourth,* etc. in English:

| NUMERI CARDINALI[1] | | | | NUMERI ORDINALI | |
|---|---|---|---|---|---|
| 1 | uno | I | 1° | primo |
| 2 | due | II | 2° | secondo |
| 3 | tre | III | 3° | terzo |
| 4 | quattro | IV | 4° | quarto |
| 5 | cinque | V | 5° | quinto |
| 6 | sei | VI | 6° | sesto |
| 7 | sette | VII | 7° | settimo |
| 8 | otto | VIII | 8° | ottavo |
| 9 | nove | IX | 9° | nono |
| 10 | dieci | X | 10° | decimo |
| 11 | undici | XI | 11° | undicesimo |
| 12 | dodici | XII | 12° | dodicesimo |
| 50 | cinquanta | L | 50° | cinquantesimo |
| 100 | cento | C | 100° | centesimo |
| 500 | cinquecento | D | 500° | cinquecentesimo |
| 1000 | mille | M | 1000° | millesimo |

1. From **uno** to **dieci,** ordinals have forms of their own. From **undici** on, ordinal numbers are formed by adding -**esimo** to the cardinal number. The last vowel is dropped except for cardinals ending in -**tré,** in which case the final -**e** is retained but without the accent.

   ventitré **ventitreesimo**          cinquantatré **cinquantatreesimo**

---

[1] For a discussion of cardinal numbers, see pp. 38–39.

2. Unlike cardinal numbers, ordinal numbers agree in gender and number with the nouns they modify. They usually precede nouns but follow the names of popes and kings.

Le piace la **nona** sinfonia di Beethoven o preferisce la **quinta?**
*Do you like Beethoven's ninth symphony or do you prefer the fifth?*

—Chi fu il Papa prima di **Benedetto VI (sesto)?** —**Giovanni Paolo II (ventitreẹsimo).**
*Who was the pope before Paul the sixth?* *John the twenty-third.*

—A che piano andate? —All'**ottavo.**
*What floor are you going to?* *To the eighth.*

—I miei cugini arrivarono **terzi.**
*My cousins came in third.*

3. Ordinal numbers can be written with Roman numerals or abbreviated using Arabic numerals with a superscript ° for the masculine and a superscript ᵃ for the feminine.

Sono stato in vacanza dal **1°** agosto al 30 settembre.
*I was on vacation from August 1st to September 30th.*

Questa è la **9ᵃ** settimana del semestre.
*This is the ninth week of the semester.*

## ■ Esercizio

**Compleanni e ricorrenze.** *Completare con la forma corretta del numero ordinale.*

1. Oggi Roberto compie vent'anni anni; festeggia il suo _____ compleanno.
2. I miei genitori celebrano le nozze d'argento; cioè il _____ (25°) anniversario del loro matrimonio.
3. Conoscete qualcuno che abbia celebrato le nozze di diamante, cioè il _____ (60°) anniversario di matrimonio?
4. Io compirò 33 anni il 6 novembre; sarà il mio _____ compleanno.
5. L'Associazione dei Giovani Esploratori (*Boy Scouts*) sorse in Italia nel 1911; nell'anno 2011 si celebrerà il _____ anniversario della sua fondazione.
6. Sono già passate quattro settimane dal rapimento dell'ingegnere; ora siamo nella _____ settimana.
7. Sono 40 anni che il nostro professore insegna; quest'anno festeggia il _____ anniversario del suo insegnamento.

## ■ Frazioni

1. Cardinal and ordinal numbers are used together to indicate fractions. As in English, the cardinal expresses the numerator and the ordinal expresses the denominator.

1/4 **un quarto**     3/8 **tre ottavi**     7/23 **sette ventitreẹsimi**

2. There are two ways to express *half* as a noun: **mezzo** and **metà. Mezzo** is used for 1/2; **mezzi** is used for all other fractions whose denominator is 2.

1/2 **un mezzo**     15/2 **quindici mezzi**

When *half* is not expressed as a fraction, **metà** is used.

Il bambino ha mangiato solo **metà** della minestra. **Metà** degli studenti non hanno capito.
*The child ate only half of the soup.* *Half of the students didn't get it.*

3. **Mezzo** can also be used as an adjective, and as such it agrees with the noun it modifies.

Porzione intera per il bambino o **mezza porzione?**
*A full portion for the child or half a portion?*

Ho lavorato **due mezze giornate.**
*I worked two half-days.*

## ■ Secoli

There are two ways of indicating centuries in Italian: the ordinal number + the word **secolo**, and, from the thirteenth century on, a cardinal number used with the article. The number is usually capitalized.

| | | | |
|---|---|---|---|
| (701–800) | VIII secolo | l'ottavo secolo | — |
| (1101–1200) | XII secolo | il dodicesimo secolo | — |
| (1201–1300) | XIII secolo | il tredicesimo secolo | il Duecento |
| (1301–1400) | XIV secolo | il quattordicesimo secolo | il Trecento |
| (1401–1500) | XV secolo | il quindicesimo secolo | il Quattrocento |
| (1501–1600) | XVI secolo | il sedicesimo secolo | il Cinquecento |
| (1601–1700) | XVII secolo | il diciassettesimo secolo | il Seicento |
| (1701–1800) | XVIII secolo | il diciottesimo secolo | il Settecento |
| (1801–1900) | XIX secolo | il diciannovesimo secolo | l'Ottocento |
| (1901–2000) | XX secolo | il ventesimo secolo | il Novecento |
| (2001–2100) | XXI secolo | il ventunesimo secolo | il Duemila |

Scusa, hai detto il **primo secolo** avanti Cristo o dopo Cristo?[1]
*Excuse me, did you say the first century B.C. or A.D.?*

Boccaccio visse nel **quattordicesimo secolo** (nel **Trecento**).
*Boccaccio lived in the fourteenth century.*

## ■ Esercizio

**Giochetti coi numeri...** *Completare con la forma corretta del numero ordinale.*

1. Tuo padre è ricco, guadagna 6000 euro al mese; mio padre ne guadagna 2000. Mio padre guadagna un _____ del tuo.
2. Quattro è un _____ di dodici.
3. Un minuto è la _____ parte di un'ora.
4. Un metro è la _____ parte di un chilometro.
5. Novembre è l'_____ mese dell'anno.
6. Un giorno è la _____ parte di un anno.
7. I secoli _____ (15°) e _____ (16°) sono i più gloriosi dell'arte italiana.
8. Giacomo Leopardi fu uno dei più grandi poeti del secolo _____ (19°).
9. L'ascensore si è fermato al diciassettesimo piano; quattro piani più in su, cioè al _____ piano, c'era un guasto.
10. Questa è la _____ lezione del libro.

---

1 B.C. and A.D. are expressed in Italian as **avanti Cristo** (abbreviated as **a.C.**) and **dopo Cristo** (abbreviated as **d.C.**).

Following are the most frequent cases in which English and Italian differ in the use of prepositions after verbs or verbal expressions:

## A

**\*appoggiarsi a**
*to lean on*

**credere a**
*to believe in*

**nascondere a**
*to hide from, to conceal from*

**pensare a**
*to think of (about)*

**rubare a**
*to steal from*

## DA

**\*dipendere da**
*to depend on*

**\*guardarsi da**
*to beware of*

## DI

**chiedere di**
*to ask for (a person)*

**\*essere carico di**
*to be loaded with*

**\*essere contento (soddisfatto) di**
*to be pleased with*

**\*essere coperto di**
*to be covered with*

**fare a meno di**
*to do without*

**\*innamorarsi di**
*to fall in love with*

**\*interessarsi di (a)**
*to be interested in*

**\*meravigliarsi di**
*to be surprised at*

**piangere di (per)**
*to cry about (for)*

**ridere di**
*to laugh at*

**riempire di**
*to fill with*

**ringraziare di (per)**
*to thank for*

**saltare di (per)**
*to jump with (for)*

**soffrire di**
*to suffer from*

**trattare di**
*to deal with*

**vivere di**
*to live on, to subsist on*

## Altre Preposizioni

**\*essere gentile con**
*to be kind to*

**\*congratularsi con qualcuno per qualcosa**
*to congratulate someone on something*

**sperare in**
*to hope for*

---

Non puoi **nascondere** la verità **a** tutti.
*You can't hide the truth from everyone.*

Hanno **rubato** tutto **allo** zio di Romeo.
*They stole everything from Romeo's uncle.*

Tutto **dipende da** te.
*It all depends on you.*

**Chiedono del** dottore, signora.
*They are asking for the doctor, Ma'am.*

Vorrei **congratularmi con** voi **per** il vostro successo.
*I would like to congratulate you on your success.*

Tutti **si meravigliavano della** nostra scelta.
*Everybody was surprised at our choice.*

Bisogna **essere gentili con** tutti.
*One must be kind to everyone.*

Le sue parole mi hanno **riempito di** gioia.
*His words filled me with joy.*

## ■ Esercizio

*Completare con la preposizione corretta (semplice o articolata).*

1. L'uomo non vive _____ solo pane.
2. La situazione era disperata ma noi speravamo ancora _____ un miracolo.
3. _____ che cosa tratta il film che ha vinto l'Oscar quest'anno?
4. Da quando si sono trasferiti in campagna, soffrono _____ solitudine.
5. Cerca di non appoggiarti _____ muro: la pittura è ancora fresca.
6. C'è qualcuno _____ cui pensi quando senti questa musica?
7. Non so se potremo fare a meno _____ tuo aiuto.
8. Il nostro amico ha moltissima esperienza e non si meraviglia più _____ niente.
9. Sarebbe stato molto meglio se avessimo imparato a interessarci solo _____ fatti nostri.
10. Carmela sognava un uomo biondo e con gli occhi azzurri, e sai _____ chi si è innamorata? _____ mio cugino che è castano e ha gli occhi verdi.

Nelle farmacie italiane si comprano medicinali e prodotti cosmetici.

Robert Fried/Alamy

## ■ Prima di leggere

Nell'articolo che segue viene presentato un fenomeno che si è sviluppato in Italia negli ultimi trent'anni, quello dei bambini in sovrappeso.

1. Secondo voi, questo è un fenomeno solo italiano?
2. Secondo voi, perché trent'anni fa i bambini erano più in forma dei bambini di oggi? Che cosa c'era di diverso nella loro vita, nelle abitudini alimentari e nel modo di passare il tempo libero?
3. Nel vostro paese ci sono strutture e programmi per facilitare la pratica dello sport e dell'attività fisica per i bambini?
4. L'obesità è un problema che non colpisce solo i bambini, ma anche tanti adulti. Conoscete programmi di prevenzione offerti dalla società per aiutare le persone ad essere in forma?

© Galina Barskaya/Fotolia

### ■ I medici contro l'obesità: «Prescriviamo lo sport»

*overweight*

Un'indagine dell'Istituto Superiore di Sanità rivela che il 35% dei bambini è sovrappeso°
o obeso. Le cause sono troppa tv, poca attività fisica e cattive abitudini alimentari. Come
prevenzione i medici hanno scelto di inserire lo sport nelle ricette.

ROMA, 8 ottobre 2008—Oggi in Italia c'è un solo farmaco che può combattere l'obesità
di un milione di bambini tra gli 8 e i 9 anni: lo sport. Lo dice un'indagine condotta negli
ultimi mesi dal Ministero del Lavoro, Salute e Politiche sociali e coordinata dall'Istituto

*insist / prescribe*

Superiore di Sanità (ISS), lo ribadiscono° i medici di famiglia, pronti a prescrivere°
l'attività fisica come un vero e proprio medicinale.

5

**UNO SU TRE** – Il quadro che emerge nelle scuole italiane è a dir poco preoccupante: oltre un bambino su 3 passa troppe ore davanti a tv e videogiochi, mentre è poco il tempo dedicato allo sport. Le abitudini alimentari squilibrate° fanno il resto. Dei 46 mila bambini analizzati, il 35,9% è sovrappeso o obeso (rispettivamente 23,6% e 12,3%), con grandi differenze da regione a regione e tra Sud e Nord Italia: la maglia nera va alla Campania, dove praticamente un piccolo studente su 2 (quasi 200.000 bambini) presenta disturbi° fisici legati° alla sbagliata alimentazione. Seguono Molise, Calabria e Sicilia (42%), la Basilicata e la Puglia (39%). La medaglia d'oro° va, invece, al Piemonte (27%).

**MALATTIA** – La sottovalutazione del problema da parte dei genitori e le persistenti responsabilità delle scuole danno la misura di quanto ancora in Italia l'obesità non sia percepita° come una malattia. Tutta colpa delle cattive abitudini alimentari, da imputare° anche alla negligenza° dei genitori: l'11% dei bambini non fa colazione la mattina, il 28% la fa in maniera non adeguata, l'82% fa una merenda° di metà mattina troppo abbondante (con snacks ipercalorici e pieni di conservanti°), il 23% non consuma quotidianamente° frutta e verdura.

**PIÙ SPORT** – Se si aggiunge che solo un bambino su 10 svolge° sport in modo adeguato per la propria età, a fronte di° comportamenti sedentari° (un ragazzino su 4 guarda la tv per 4 ore o più al giorno e uno su 2 ha la televisione in camera) il quadro è completo. «Per questo l'attività fisica in età evolutiva va vista come un vero e proprio farmaco e le scuole si devono impegnare a tenere più aperte le palestre, magari portando l'obbligo dell'educazione fisica settimanale a due ore». Il sottosegretario° alla Salute Francesca Martini chiama in causa pure il CONI[1]: «In generale, le strutture sportive dovrebbero essere aperte più spesso».

**RICETTA** – La svolta° potrebbe arrivare grazie ai medici di famiglia che [...] a Grosseto, nel corso del 1° congresso nazionale di Medicina dello sport, hanno scelto d'inserire° l'attività fisica nella ricetta dei medicinali. «Sport e prevenzione rappresentano il binomio vincente per una migliore qualità di vita. La cultura della prevenzione—afferma Luigi Gatta, responsabile dell'area di medicina dello sport SIMG[2]—sarà sempre più lo strumento portante per aumentare la qualità di vita delle persone e ridurre la comparsa di molte patologie».

www.gazzetta.it " I medici contro l'obesita'- prescriviamo lo sport" Claudio Lenzi

[1] Comitato Olimpico Nazionale Italiano
[2] Società Italiana di Medicina Generale

*Margin glosses:*
*unbalanced*
*problems*
*linked*
*la...: the gold medal*
*perceived / to attribute*
*negligence*
*snack*
*preservatives / daily*
*practices*
*a ...: to contrast /*
*comportamenti...: sedentary habits*
*undersecretary*
*change*
*to input*

## ■ Comprensione

1. Secondo l'indagine dell'Istituto Superiore di Sanità, quali sono le cause del sovrappeso dei bambini italiani?

2. In quale fascia di età i bambini sono più colpiti dall'obesità in Italia? È lo stesso nel tuo paese?

3. Secondo i medici, qual è il rimedio adatto a combattere l'obesità nei bambini?

4. Quali sono le abitudini alimentari squilibrate di cui parla l'articolo?

5. Nell'articolo, i genitori e le scuole sono ritenuti responsabili dei problemi di sovrappeso che affliggono i bambini. Secondo te, perché? Succede la stessa cosa nel tuo paese? Fai qualche esempio.

6. Qual è la percentuale più preoccupante di bambini italiani in sovrappeso ed in quale parte d'Italia è presente?

7. Quali altri cambiamenti dovrebbe fare la società italiana per stimolare l'attività sportiva nei bambini?

8. Perché la cultura della prevenzione è così importante? Come dovrebbe essere attuata?

Filippo Brunelleschi, Loggia dell'Ospedale degli Innocenti, Firenze. Costruito nel XV secolo per accogliere i bambini abbandonati, ora è un museo.

## ■ Temi per componimento o discussione

1. In vari paesi del mondo esiste la «medicina di Stato», cioè un servizio sanitario esteso a tutti i cittadini e pagato essenzialmente con i soldi delle tasse. Ti piacerebbe avere un sistema analogo nel tuo paese? Perché sì? Perché no? E se la medicina di Stato venisse adottata nel tuo paese, ci sarebbero conseguenze positive o negative, secondo te? Quali? Perché?

2. La clinica privata italiana è un luogo molto confortevole, ma anche molto costoso. Esistono strutture simili nel tuo paese? Come funzionano? E a te o ad un tuo conoscente è capitato di dover stare in ospedale? È stata un'esperienza positiva o negativa? Quale è stata la qualità delle cure, del cibo e dei servizi per i pazienti?

3. Le palestre ed i club sportivi sono sempre più presenti nelle città italiane e non solo. Secondo te, riescono a fornire uno stimolo positivo ed efficace per stare in forma? Discuti.

4. Il sindaco (major) di una località italiana ha creato un programma gratuito (free) per i cittadini del suo paese. Non solo, ha perfino istituito dei premi monetari (monetary prizes) per chi dimagrisce: più i partecipanti perdono peso, più soldi vincono (win). Il programma prevede la consulenza di nutrizionisti, personal trainer, ed attività fisica in palestre ed in luoghi all'aperto come passeggiate, corse e giri in bicicletta. Cosa pensi di questa iniziativa? Ci sono programmi simili nel tuo paese? Discuti.

## In farmacia

In Italia, per comprare i medicinali si va in farmacia. Di solito le farmacie sono aperte dal lunedì al sabato, dalle 8.30 alle 19.30 e generalmente chiudono per una pausa pranzo di due o tre ore. Di notte e di domenica fanno i turni, così da garantire che almeno una farmacia sia aperta in ogni zona. Alcune farmacie italiane sono comunali, mentre la maggior parte di esse è di proprietà privata. Non ci sono catene *(chains)* di farmacie come in altri paesi, e di solito la proprietà di quelle private passa da una generazione all'altra. Le farmacie italiane non vendono solo medicinali, ma anche occhiali, cosmetici e perfino alcuni alimenti per persone con restrizioni alimentari.

**E tu, che cosa compri in farmacia? Considera le seguenti domande e presenta le tue risposte ai compagni.**

1. Dove compri i medicinali di solito? Descrivi il luogo.

2. Che orari fanno le farmacie nel tuo paese?

3. Quando vai in farmacia, parli mai con il / la farmacista? Di che cosa parlate?

4. Che cosa compri in farmacia, oltre ai medicinali?

Adesso guarda il video al sito web **www.cengage.com/login**, in cui Marco chiede consiglio ad un farmacista. Quali sono le tue impressioni su quello che dice il farmacista? Parlane con i tuoi compagni di classe. Puoi trovare altre attività basate sul video alla fine del Capitolo 13 del *Workbook* (nel *Student Activities Manual*) che accompagna questo libro.

Track 27

## PER COMUNICARE

**Salutare e accomiatarsi *(to take one's leave)*.** In ogni società ci sono dei modi di comportarsi e delle convenzioni sociali che si riflettono nell'uso della lingua. In Italia non esiste l'equivalente di *Hi! How are you (today)?* come forma di saluto. «Come sta / stai?» è una vera e propria domanda che si aspetta una risposta, se non sincera almeno formale. Ai compagni di scuola o ai colleghi d'ufficio basta dire «Buongiorno» o «Ciao». È gentile salutare con «Come sta / stai?» i conoscenti o gli amici che non si vedono tutti i giorni, o i compagni e i colleghi che sono stati assenti o malati. Nei negozi, negli uffici pubblici, e in banca si dimostra attenzione ai clienti con formule tipo «Prego?» o «Mi dica». È da notare inoltre che, normalmente, nel rispondere a dimostrazioni di interesse, gli Italiani evitano forme di eccessivo entusiasmo quando si tratta di dare informazioni su se stessi o sullo stato della propria salute.

### Mostrare interesse

Come sta la famiglia / stanno i tuoi?    *How is your family?*
La signora sta bene?                     *How is your wife?*
Come sta Suo marito?                     *How is your husband?*
Come va la vita?                         }
Come vanno le cose?                        *How are things?*

| | |
|---|---|
| Cosa c'è di nuovo? | *What's new?* |
| Che cosa fai di bello adesso? | *What are you up to now?* |
| Cosa mi racconti? | *What's up?* |

### Rispondere a dimostrazioni d'interesse

| | |
|---|---|
| Non c'è male. | *It's going O.K.* |
| Non mi posso lamentare. | *I can't complain.* |
| Si tira avanti. | *It's going!* |
| (Va) Così, così. | *So-so.* |
| (Va) Abbastanza bene. | *I am doing O.K.* |
| Non potrebbe andare meglio. | *It couldn't be any better.* |

### Dimostrare sorpresa nel vedere qualcuno

| | |
|---|---|
| Che sorpresa! | *What a surprise!* |
| Ma guarda chi si vede! | *Look who's here!* |
| Dopo tanto tempo che non ci vedevamo! | *It's been a long time since I saw you!* |
| Che piacere rivederti / rivederLa! | *What a pleasure to see you again!* |

### Accomiatarsi

| | |
|---|---|
| Ci vediamo dopo. | |
| A più tardi. | *See you later.* |
| A presto. Ciao! | *See you soon.* |
| Chiamami tu. | *Call me.* |
| Ti chiamo io. | *I'll call you.* |
| Fatti sentire. | *Let me hear from you.* |
| Allora ci sentiamo. | |
| Le telefono la prossima settimana. | *We'll talk (next week).* |
| Tante belle cose. | *Take care.* |
| Salutami tutti a casa. | |
| Saluti alla famiglia. | *Say hello to your family.* |
| Mi saluti la signora. | *My regards to your wife.* |
| Tanti saluti a Suo marito. | *My regards to your husband.* |
| Fammi sapere com'è andata. | *Let me know how it turned out.* |

## ■ Che cosa diciamo?

1. Tu incontri le seguenti persone e le saluti:

   a. un tuo ex collega d'ufficio che ha cambiato lavoro
   b. la tua vicina di casa che ha il marito malato
   c. Cristina Mattarella, una tua vecchia compagna di scuola, che da sei anni insegna italiano in Australia
   d. il tuo professore di diritto *(law)* di cui tu conosci anche la moglie
   e. un'amica di tua madre che tu non vedi da tanto tempo

2. Tu ti accomiati dalle seguenti persone:

   a. il professore di radiologia che ti ha dato degli articoli da leggere e vuole riparlarne con te
   b. degli amici con cui hai in programma di fare una gita il prossimo fine settimana
   c. una vecchia signora amica di famiglia che ha tanti figli e nipoti
   d. tua cugina che non ti telefona mai
   e. il tuo amico Antonio che si sta separando dalla moglie

1. Tu hai trent'anni, sei sposato/a e hai un bambino. In una libreria del centro, dopo tanti anni, rivedi con grande piacere la tua professoressa di lettere della scuola media a cui eri molto affezionato/a. Come si svolge la conversazione?

2. Sabato scorso, a una festa, la tua amica Simona ti ha detto che il lunedì successivo sarebbe andata dal professor Bizzarri a chiedergli la tesi. È passata una settimana e tu incontri Simona allo snack bar dell'università.

3. Gabriele Settepassi, un tale *(person)* con cui tu andavi in montagna anni fa, ha una casa all'isola d'Elba ed ha appena comprato una grossa barca a vela. Tu lo incontri per caso all'ufficio postale. Vi scambiate notizie, Gabriele ti invita a fare una gita in barca, tu prometti di telefonargli per fare programmi più precisi.

4. Devi risolvere una difficoltà legale e ti rechi dall'avvocato di famiglia che ti conosce da quando eri bambino/a. L'avvocato ti riceve molto cordialmente e ti chiede notizie di tutta la famiglia.

5. Tu sei insegnante. Il tuo allievo Massimo Conti, dopo una lunga assenza, torna a scuola con il braccio sinistro ingessato. Cosa gli dici tu? Cosa gli dicono gli studenti? Cosa risponde Massimo?

# Tesori d'arte dappertutto!

©Mimmo Jodice/Value Art/Corbis

**Monumenti ed edifici.** I turisti hanno appena visitato l'antica chiesa romana di Santa Maria in Cosmedin. Alcuni protestano perché si riprende il percorso turistico, e non è stato concesso loro il tempo di mettere una mano nella Bocca della Verità. Si tratta di un disco di pietra con scolpita una maschera con la bocca aperta. Secondo la credenza popolare, la bocca si chiudeva ad imprigionare la mano degli impostori.

GUIDA:    Abbiate pazienza! Non si può fare tutto! Da qui, in pochi minuti si raggiunge il Circo Massimo, poi visiteremo il Colosseo. Questa parte del programma è dedicata ai luoghi delle manifestazioni ludiche° dei Romani.    *of the games*
*dates back*

Il Circo Massimo è tra i monumenti più antichi: lo si fa risalire° ai leggendari re Tarquini, e si sa per certo che alcune parti sono state costruite intorno al II secolo avanti Cristo. Il circo era dedicato al divertimento del popolo. Lungo 600 m. e largo 140 m., poteva contenere 250.000 persone. La corsa delle bighe° era, insieme alla lotta dei gladiatori, lo spettacolo più amato dalla plebe°.    *chariots*
*populace*

Il Colosseo fu niziato nel 72 dopo Cristo dall'Imperatore Vespasiano e terminato otto anni dopo dall'Imperatore Tito. Il nome esatto del monumento è Anfiteatro Flavio, in onore della famiglia Flavia alla quale appartenevano gli imperatori che lo fecero erigere. Quanto al Colosseo, pare che il nome derivi da una statua «colossale» di Nerone che si trovava lì vicino. Nel Colosseo avevano luogo i «ludi circensi», cioè i giochi del circo: lotte tra gladiatori e tra gladiatori e fiere°. Si sa che era concesso a tutti    *wild animals*
l'ingresso gratuito, infatti i governanti dicevano che era bene distribuire gratis ai cittadini «pane e giochi». Ai giochi si andava di mattina e ci si restava per molte ore. Perché gli spettatori fossero protetti dal sole e dalla pioggia, un «velario», cioè una sorta di grande tenda, si stendeva a cupola sopra l'anfiteatro; del velario era incaricato un nucleo speciale di marinai°    *sailors*
della flotta° di Capo Miseno. L'anfiteatro poteva contenere fino a 50.000    *fleet*
spettatori e, come sempre succede, i ricchi si dividevano i posti migliori.

©Garry Adams/Index Stock Imagery

Foro Romano: le tre colonne del Tempio dei Dioscuri e il Tempio di Antonino e Faustina, II secolo d.C. (dopo Cristo)

## ■ Esercizi

**a.** *Rispondere alle seguenti domande:*

1. Che cos'è la Bocca della Verità?
2. Quando si hanno notizie precise del Circo Massimo?
3. Quali spettacoli avevano luogo nel Circo Massimo?
4. Quando fu costruito il Colosseo?
5. Da chi fu fatto costruire?
6. Durante i giochi pubblici, in che periodo della giornata si andava agli spettacoli? Ci si restava a lungo?
7. In che modo gli spettatori erano protetti dal sole e dalla pioggia?
8. Si spendeva molto per comprare il biglietto d'ingresso?
9. Che cosa hanno fatto costruire i Fabi sopra il Teatro di Marcello?
10. A chi era dedicato il Pantheon? A chi è dedicato ora?
11. Su quanti livelli è stata costruita la chiesa di San Clemente?
12. Cosa c'è da vedere a Roma?

**b.** *Usando il **Vocabolario utile,** inserire le parole che meglio completano le frasi.*

1. Cesare è in crisi esistenziale e ha deciso di passare una settimana di meditazione in un _____ benedettino.
2. La terza tappa *(leg)* del Giro d'Italia ha attraversato paesi di montagna. È stato un _____ lungo e faticoso.
3. La moderna sinagoga romana fu _____ vicino al Tevere nel 1904.
4. Il Colosseo era un _____ riservato agli spettacoli pubblici.
5. In Italia l'_____ ai musei è spesso gratuito per le persone anziane.
6. Molti monumenti antichi sono andati _____.
7. Nel Medioevo la gente cominciò a prendere dagli edifici romani il _____.
8. Il Colosseo è stato parzialmente distrutto da una serie di _____.

## VIVERE IN ITALIA | Roma da scoprire

Camminare lungo le strade di Roma significa scoprire tracce di secoli di storia. Sono medievali le torri che appaiono all'improvviso tra le vecchie case, furono fatte costruire dalle ricche famiglie locali a scopi difensivi. Nel Medioevo i grandiosi edifici di epoca romana, ormai in rovina, incominciarono ad essere usati come materiale da costruzione o rinnovati per altri scopi. La pratica fu continuata nei secoli successivi. I marmi del Colosseo, danneggiati da una serie di terremoti, servirono a costruire edifici del Seicento fra i quali il famoso Palazzo Barberini, esempio di architettura barocca. Sui resti del teatro di Marcello, inaugurato *(opened)* dall'imperatore Augusto, la famiglia Fabi, nel 1300, fece costruire un castello. Nel 1500 i Savelli aggiunsero i due piani *(storeys)* del palazzo che si vede ora.

Molte chiese romane erano originariamente templi pagani che i papi dedicarono poi ai santi e ai martiri. È celebre il Pantheon, originariamente il tempio di tutti gli dei e successivamente consacrato alla Madonna, ma che fortunatamente ha mantenuto la sua struttura originaria. Mancano però le parti di bronzo del portico che Papa Urbano VIII (Maffeo Barberini) fece

*(continues)*

fondere *(melt)* per edificare il «baldacchino» *(canopy)* dell'altare di San Pietro. Le guide di Roma non mancano di riferire *(to report)* l'opinione dei romani in proposito: «Quel che non fecero i barbari, fecero i Barberini».

Sono frequenti i monumenti costruiti su vari strati *(layers)*, come la chiesa di San Clemente, che presenta nei suoi livelli la continuità storica di Roma. Al livello più basso si conservano edifici pubblici e privati del I e II secolo tra i quali un «mitreo», santuario di epoca romana dedicato al dio orientale Mitra. Il mitreo fu poi trasformato in un luogo di culto *(worship)* in onore di San Clemente. Al secondo livello fu eretta *(built)*, nel IV secolo, una grande basilica paleocristiana. Al terzo livello si trova l'attuale basilica, costruita nel 1121, che mantiene la struttura originaria nonostante i cambiamenti operati nel Settecento.

Roma offre infiniti monumenti e opere d'arte che, secondo una guida del Touring Club Italiano, presentano «trenta secoli di storia su sette colli» *(hills)*. Catacombe e cortili *(courtyards)*, fontane e obelischi, ponti e torri sono fra i tanti tesori da scoprire.

## ■ Vocabolario utile

*Monumenti ed edifici*

**il monumento** monument
**la guida** guide
**l'archeologo** archeologist
**il percorso** route
**il tragitto** route, way
**l'ingresso (gratuito)** (free) entrance, admission
**il ridotto** reduced (price) ticket
**la biglietteria** ticket counter
**l'abbazia** abbey
**la biblioteca** library
**l'anfiteatro (romano)** (Roman) amphitheater
**il tempio pagano** pagan temple
**la colonna** column
**l'iscrizione** inscription
**il mosaico** mosaic
**il pavimento** floor
**il monastero, la certosa** monastery
**l'anfiteatro** amphitheater
**l'arena** arena
**il dipinto** painting
**la scultura** sculpture
**la basilica** basilica
**la rovina** ruin
**il foro** forum
**la cattedrale, il duomo** cathedral
**la sinagoga** synagogue
**la moschea** mosque
**la cupola** dome

**il tempio** temple
**il materiale da costruzione** building material
**il terremoto** earthquake
**erigere (pp eretto; pr eressi)** to build, to erect
***andare in rovina** to decay
**concedere** to grant, to allow
**iniziare** to start, to begin
**costruire** to build
**risalire** to date back, to date from
**demolire** to demolish
**stendere** to spread
**distruggere (pp distrutto; pr distrussi)** to destroy

*Espressioni utili*

**aperto** open
**aperto tutti i giorni** open every day
**chiuso** closed
**uscita** exit
**in restauro** undergoing restoration
**l'allestimento della mostra** exhibition preparation
**di interesse artistico-storico** of artistic and historical interest
**ingresso gratuito** free entry
**il patrimonio di famiglia** family assets
**il patrimonio culturale** cultural heritage
**il patrimonio mondiale dell'umanità** UNESCO world heritage site

*Un ripasso: Verbi ed espressioni*

**mu<u>o</u>vere** *Il vento muove le foglie.*

**commu<u>o</u>vere** *La notizia della sua morte ci ha profondamente commossi.*

\***mu<u>o</u>versi** *La luna si muove intorno alla terra.*

\***commu<u>o</u>versi** *Io mi commuovo sempre quando sento quest'aria.*

**traslocare** or **cambiare casa** *Siamo molto occupati perché dobbiamo traslocare (cambiare casa) la settimana prossima.*

**trasferire** *Abbiamo trasferito tutti i libri dalla casa in campagna all'apartamento in città.*

\***trasferirsi** *Hanno intenzione di trasferirsi in Australia.*

**spostare** *Deve spostare la macchina, qui c'è divieto di parcheggio.*

\***spostarsi** *Durante il terremoto, il quadro si è spostato.*

**salvare** *Ha salvato il bambino dal naufragio.*

**risparmiare** *Dobbiamo risparmiare i soldi se vogliamo andare in vacanza in Italia.*

**conservare** *Conservo ancora un buon ricordo di San Gimignano.*

**preservare** *Bisogna preservare il Colosseo dall'inquinamento.*

## ■ Pratica

**a.** *Scegliere le parole che completano meglio le frasi.*

1. L'ingegner Parodi deve _____ da Milano a Roma per ragioni di lavoro. La moglie non è contenta: in sette anni di matrimonio ha già dovuto _____ quattro volte!
2. Siena è una delle città italiane che hanno chiuso il centro al traffico per _____ i suoi monumenti.
3. Non c'era vento e non una foglia _____.
4. La storia della tragica peste di Firenze ci ha profondamente _____.
5. Vogliamo andare in Italia. Abbiamo bisogno di _____ i soldi!
6. Il bambino è caduto nel lago. Per fortuna un turista lo ha _____.
7. La foto non è riuscita bene. Avevo detto ai bambini di stare fermi, ma invece loro _____!
8. Chi ha _____ i miei occhiali? Non li trovo più.
9. Visitare la chiesa non costa nulla: _____.
10. Napoleone ha _____ molte opere d'arte italiane in Francia: che ladro!

**b.** *Scegliere le parole che completano meglio il brano.*

**Valeria racconta.** Mio nonno era architetto e durante la seconda guerra mondiale non _____ dalla città. Mia madre invece _____ in un paesino di montagna con i suoi fratelli. Vivevano in modo molto semplice perché dovevano _____ i loro soldi. Alla fine della guerra la mamma tornò in città. Fortunatamente i suoi parenti _____ e stavano tutti bene. Era tanto tempo che non vedeva suo padre e si _____ profondamente.

**c.** *Domande per te.*

1. Da bambino/a, hai mai cambiato casa? Ti sei mai trasferito/a in una nuova città? Racconta.
2. Si dice che dobbiamo tutti risparmiare dei soldi per il futuro. Hai voglia di risparmiarne? Come vorresti spendere i tuoi soldi?
3. Conosci qualcuno che ha salvato la vita di un'altra persona? Se sì, racconta la storia.
4. Qualche volta si vedono (anche virtualmente!) monumenti ed opere d'arte veramente straordinari. Usando *Google Earth,* cerca su Internet un monumento (o un'opera d'arte) che è stato dichiarato «patrimonio dell'umanità» dall'UNESCO. Descrivi la tua visita immaginaria del monumento così trovato, dalla biglietteria all'uscita.

## ■ A voi la parola

**a. I monumenti come storia di un paese.** *In ogni parte del mondo si trovano «segni» della vita dei loro abitanti. Dalle pitture murali ai moderni grattacieli, gli abitanti hanno lasciato documenti della loro storia. In piccoli gruppi, rispondete alle domande che seguono e paragonate le vostre conclusioni con quelle degli altri gruppi.*

1. Avete visitato luoghi che conservano tracce di civiltà antiche? Se sì, dove? Se no, ci sono dei luoghi particolari dove vi piacerebbe andare? Quali? Perché?

2. Quando visitate per la prima volta una zona o una città, cosa preferite vedere? Zone archeologiche, monumenti, musei, chiese, giardini? Vi attrae di più scoprire come la gente vive oggi o come viveva nel passato?

3. Sapete come viveva la gente del vostro paese nei secoli passati?

4. Nella zona dove abitate voi ci sono monumenti storici o edifici che hanno una funzione differente da quando sono stati costruiti? Per esempio: una stazione diventata un caffè, una scuola ristrutturata in condominio, una fabbrica dove ora ci sono degli uffici?

5. Supponete di essere una guida turistica nella zona dove abitate. Secondo voi, quali luoghi o edifici dovete assolutamente mostrare ai visitatori?

---

### GALLERIA NAZIONALE D'ARTE ANTICA

**PALAZZO BARBERINI**

Via Barberini 18
Tel. 06 4814591
Apertura 9–14
Biglietti: Intero euro 6,20.
Ridotto euro 4,64

Alla costruzione del palazzo Barberini contribuirono i due maggiori architetti del 600: Bernini e Borromini. Dal 1949 il palazzo è diventato un museo. Tra le opere

famose vi si ammira «La Fornarina» di Raffaello. Tra gli altri artisti presenti nella raccolta: Andrea del Sarto, Filippino Lippi, Lorenzo Lotto, Perugino e Tintoretto.

### IL TEMPIETTO DEL BRAMANTE

Si trova nel cortiletto della chiesa di San Pietro in Montorio, Piazzale del Gianicolo. Accesso attraverso la chiesa quando aperta. È opportuno indossare pantaloni lunghi e avere le spalle coperte.

Il Tempietto del Bramante (1502) è un edificio a pianta centrale, con sedici colonne doriche, e una cupola. Nel Tempietto Bramante espresse per la prima volta il concetto di spazio del Rinascimento.

*© Michael S. Yamashita/Corbis*
*A. Slayman/Artful Media LLC/Alamy*

---

**b.** *Leggete le informazioni che la guida turistica dà di due diversi monumenti da visitare a Roma, poi discutete con i compagni le domande che seguono.*

1. Vi interessano questi due edifici romani? Perché sì, perché no? Li conoscevate? Vorreste vederli tutti e due o avete qualche preferenza?

2. Conoscete o avete visitato altri palazzi romani che ora sono diventati dei musei? Ci sono chiese o cappelle che vi interessano e vorreste vedere o studiare? Parlatene con i compagni e spiegate le ragioni del vostro interesse.

3. C'è un'opera d'arte che vi ha particolarmente colpiti? Di che cosa si tratta? Parlatene con i vostri compagni.

4. Conoscete opere di pittori italiani? Quali? Parlatene con i compagni.

5. Conoscete opere di scultori italiani? Quali? Parlatene con i compagni.

6. Vi è mai capitato di vedere un documentario o un programma televisivo dedicato all'arte italiana? Quali sono state le vostre reazioni?

CANTIAMO! | Luciano Pavarotti – *Nessun dorma*

L'Italia è conosciuta per i suoi innumerevoli tesori, con l'opera che ne rappresenta uno dei maggiori. Per ascoltare una delle arie per tenori più famose, vai al sito web **www.cengage.com/login** (clicca sul «iTunes playlist»). Puoi trovare altre informazioni ed attività basate sulla canzone alla fine del Capitolo 14 del *Lab Manual* (nel *Student Activities Manual*) che accompagna questo libro.

 **STRUTTURA**

## I. Forma passiva

**A.** Like English verbs, Italian verbs have an active and passive voice. A verb is in the active voice when the subject of the verb performs the action of the verb. A verb is in the passive voice when the subject of the verb is acted upon. In the passive voice, the person or thing that performs the action on the subject is called the *agent*.

| | | | |
|---|---|---|---|
| **ACTIVE** | Il gatto *(subject)* | mangia *(active verb)* | il topo. *(object)* |
| **PASSIVE** | Il topo *(subject)* | è mangiato *(passive verb)* | dal gatto. *(agent)* |

Note that when an active sentence is changed to a passive sentence, the object becomes the subject and the subject, if expressed, becomes the agent.

**B.** The passive can be used in all tenses and all moods and is formed with the desired tense of **essere** + *past participle*. The agent, if expressed, is preceded by **da.** Compare the conjugation of the verb **lodare** *(to praise)*.

| INDICATIVO | |
|---|---|
| **Presente** | **Passato prossimo** |
| sono lodato/a | sono stato/a lodato/a |
| sei lodato/a | sei stato/a lodato/a |
| è lodato/a | è stato/a lodato/a |
| siamo lodati/e | siamo stati/e lodati/e |
| siete lodati/e | siete stati/e lodati/e |
| sono lodati/e | sono stati/e lodati/e |
| **Imperfetto** | **Trapassato prossimo** |
| ero lodato/a | ero stato/a lodato/a |
| **Passato remoto** | **Trapassato remoto** |
| fui lodato/a | fui stato/a lodato/a |
| **Futuro semplice** | **Futuro anteriore** |
| sarò lodato/a | sarò stato/a lodato/a |

| CONGIUNTIVO | |
| --- | --- |
| **Presente** | **Passato** |
| che io sia lodato/a | che io sia stato/a lodato/a |
| **Imperfetto** | **Trapassato** |
| che io fossi lodato/a | che io fossi stato/a lodato/a |

| CONDIZIONALE | |
| --- | --- |
| **Presente** | **Passato** |
| sarei lodato/a | sarei stato/a lodato/a |

| IMPERATIVO |
| --- |
| sii lodato/a |

| INFINITO | |
| --- | --- |
| **Presente** | **Passato** |
| essere lodato/a/i/e | essere stato/a/i/e lodato/a/i/e |

| GERUNDIO | |
| --- | --- |
| **Presente** | **Passato** |
| essendo lodato/a/i/e | essendo stato/a/i/e lodato/a/i/e |

La virtù **è lodata** da tutti.
*Virtue is praised by everyone.*

Il campanile **è stato colpito** dal fulmine.

*The bell tower was struck by lightning.*

Quando **saremo ricevuti** da voi?
*When will we be received by you?*

Le operaie vogliono **essere pagate** subito.
*The workers want to be paid right away.*

I cantanti **furono applauditi** a lungo.
*The singers were applauded a long time.*

Non credevo che la tesi **sarebbe stata discussa** così presto.

*I didn't think the thesis would be discussed so early.*

Pretendevano che il restauro **fosse finito** in una settimana.

*They expected the restoration to be completed in a week.*

—*Non per sfiducia, ma preferiremmo essere pagati in anticipo.*

1. Note that *all* past participles agree with the subject in gender and number (which is always the case when the auxiliary verb is **essere**).

2. Remember that in both passive and active voices, the **imperfetto** is used with verbs of description and feelings, or to indicate a habitual action; the **passato prossimo** (or **remoto**) is used to express specific actions.

Gino **era amato** da tutti.
*Gino was loved by everyone.*

Gino **era invitato** dai nonni ogni estate.
*Gino was invited by his grandparents every summer.*

Gino **è stato invitato** dai miei per il weekend.
*Gino was invited by my family for the weekend.*

## ■ Esercizi

**a.** *Rispondere alle domande usando la forma passiva. Seguire l'esempio.*

ESEMPIO　　—Firma lui le lettere?
　　　　　　　**—Certo! Tutte le lettere sono firmate da lui.**

1. Dipinge lui i quadri?
2. Aprono loro le valigie?
3. Controlla lei i passaporti?
4. Annunciano loro i voli?
5. Fa lei i dolci?
6. Prendono loro la frutta?
7. Informa lui i parenti?
8. Chiude lui le finestre?

**b.** **Il preside dell'Istituto Alessandro Volta è oppresso dagli impegni di lavoro.** *Seguire l'esempio mettendo ogni frase al futuro e utilizzando le seguenti espressioni temporali: **domani, giovedì, la settimana prossima, in primavera, il mese prossimo, durante le vacanze.***

ESEMPIO　　Pagare la bolletta della luce
　　　　　　　**La bolletta della luce sarà pagata lunedì.**

1. intervistare il nuovo professore di matematica e fisica
2. informare i genitori di Renzo Macchi della sospensione
3. firmare le pagelle del primo semestre
4. acquistare altri quattro microscopi
5. far pulire le finestre
6. convocare il consiglio dei professori
7. far aggiustare il tetto della scuola
8. proibire l'ingresso a motorini e biciclette
9. scrivere gli inviti per la festa della scuola
10. organizzare l'Operazione Riciclaggio

**c.** **È vero che…** *Rispondere affermativamente usando la forma passiva. Proseguire a catena: lo studente che risponde formulerà la domanda successiva.*

ESEMPIO　　È vero che hanno usato i marmi del Colosseo per costruire altri monumenti?
　　　　　　　**Sì, i marmi del Colosseo sono stati usati per costruire altri monumenti.**

1. È vero che Raffaello ha dipinto questo quadro?
2. È vero che le sorelle Fendi hanno disegnato queste pellicce?
3. È vero che Caino ha ucciso Abele?

4. È vero che Romolo e Remo hanno fondato Roma?
5. È vero che Shakespeare ha scritto l'*Otello?*
6. È vero che un italiano ha inventato la radio?
7. È vero che uno straniero ha vinto la corsa?
8. È vero che Marco Polo ha introdotto gli spaghetti in Italia?

**d.** *Cambiare dalla forma attiva alla forma passiva quando possibile.*

ESEMPIO   I Rossi hanno comprato una villa al mare.
**Una villa al mare è stata comprata dai Rossi.**

1. Visitate le Alpi. La bellezza del paesaggio vi colpirà.
2. Hanno rubato una celebre Madonna con Bambino. Una guardia notturna ha riconosciuto i ladri e ha fatto regolare denuncia alla polizia.
3. Non sapevo che avrebbero trasferito il signor Saletti. Mi dispiace moltissimo. I figli gli avevano appena comprato un bell'appartamentino e il pover'uomo sembrava finalmente tranquillo.
4. Niente eredità per noi. Nel 1999 il nonno perse tutto il patrimonio della famiglia.
5. Credevi che Moravia avesse scritto *Il Pendolo di Foucault?* —Ma no, l'ha scritto Umberto Eco.
6. Pensi che abbiano fatto le congratulazioni al presidente eletto? —Sì, ma temo che abbiano mandato i telegrammi all'indirizzo sbagliato.

**e.** *Cambiare dalla forma passiva alla forma attiva.*

ESEMPIO   Molti monumenti antichi sono stati scoperti dagli archeologi.
**Gli archeologi hanno scoperto molti monumenti antichi.**

1. Gli scaffali della biblioteca erano occupati da migliaia di libri.
2. La festa di San Guido sarà celebrata da tutto il paese.
3. L'attore è stato riconosciuto da molte persone.
4. Da chi è stata dipinta questa Madonna?
5. Come mai il tenore non fu applaudito dal pubblico?
6. Le sue parole potevano essere ascoltate da molti.
7. Credo che il ministro sia stato ricevuto dalle autorità.
8. Le ultime rose potrebbero essere bruciate dal gelo.

**f. Ieri c'è stato un grave incidente…** *Descrivere un incidente utilizzando i vocaboli elencati e usando molti verbi al passivo.*

1. una macchina sportiva / un grande camion / la nebbia
2. scontrarsi / demolire
3. chiamare / un'ambulanza / i feriti / trasportare all'ospedale
4. la polizia / interrogare / il conducente del camion
5. togliere la patente / arrestare / processare / condannare a sette mesi di reclusione
6. la compagnia d'assicurazioni / informare

**g. Conversazione.**

1. Sei mai stato/a derubato/a? bocciato/a? premiato/a? insultato/a? picchiato/a? ingannato/a *(cheated)?* (Quando la risposta è affermativa, dare particolari.)
2. Sai da chi è stato diretto il film *8 1/2?* Da chi è stata scritta la *Divina Commedia?* Da chi è stata scoperta la penicillina? Da chi è stata fondata la Fiat? Da chi è stato scritto il romanzo *I promessi sposi?*

# Osservazioni supplementari sulla forma passiva

**A.** Verbs other than **essere** can be used with past participles to express the passive voice in Italian. The past participles agree with the subject in gender and number.

1. **venire** (in simple tenses only)

   Le leggi **vengono** (sono) **discusse** in parlamento.
   *Laws are discussed in parliament.*

   Io **verrei** (sarei) **licenziato** subito **se** dicessi questo!
   *I would be fired immediately if I said this!*

2. **andare** (in all tenses) with verbs that indicate the loss of something: **perdere, distruggere, sprecare,** and **smarrire**

   Molto cibo **va** (è) **sprecato** nei ristoranti.
   *A lot of food is wasted in restaurants.*

   Alcuni documenti importanti **erano andati** (erano stati) **distrutti** nell'incendio.
   *Some important documents were destroyed in the fire.*

3. **andare** + *past participle* (in simple tenses only) to express necessity or obligation. In this sense, it corresponds to **dover essere** + *past participle.*

   Il vino bianco **va servito** (deve essere servito) freddo.
   *White wine must be served cold.*

   Quell'esercizio **andava fatto** (doveva essere fatto) per oggi.
   *That exercise was supposed to be done for today.*

   Common expressions that illustrate this usage are:

   | | | | |
   |---|---|---|---|
   | **va considerato** | *it must be considered* | **va ricordato** | *it must be remembered* |
   | **va detto** | *it must be said* | **va ripetuto** | *it must be repeated* |
   | **va notato** | *it must be noticed* | **non va dimenticato** | *it mustn't be forgotten* |

**B.** Only transitive verbs (those that take a direct object) can be made passive. In Italian, only the direct object of an active sentence can be made the subject of a passive sentence. The indirect object remains indirect in both the active and passive voices; it can *never* be the subject of a passive sentence. Compare:

| ENGLISH | ITALIAN |
|---|---|
| *The director gave Carlo a raise.* | **Il direttore ha dato un aumento a Carlo.** |
| *A raise was given to Carlo by the director.* | **A Carlo è stato dato un aumento dal direttore.** |
| *Carlo was given a raise by the director.* | (There is no Italian equivalent in the passive.) |
| *The waitress will serve us coffee and tea.* | **La cameriera ci servirà caffè e tè.** |
| *Coffee and tea will be served to us by the waitress.* | **Caffè e tè ci saranno serviti dalla cameriera.** |
| *We will be served coffee and tea by the waitress.* | (There is no Italian equivalent in the passive.) |

To express sentences similar to the two labeled "having no Italian equivalent," an active construction must be used. If the agent is not known, an impersonal **loro** is the subject of the active verb.

**Hanno dato** un aumento a Carlo.
*Carlo was given a raise.* or *They gave Carlo a raise.*

**Mi chiederanno** di rimanere.
*I'll be asked to stay.*

Le **hanno promesso** un premio.
*She was promised a prize.*

Ci **serviranno** caffè e tè.
*We'll be served coffee and tea.*

Non **permettono** ai bambini di venire.
*Children are not allowed to come.*

Mi **dicono** che lo sciopero è inevitabile.
*I'm told the strike is unavoidable.*

## ■ Esercizio

*Completare ogni frase inserendo la forma corretta di **andare** o **venire**.*

1. Molte macchine straniere _____ comprate dagli italiani.
2. Mi dispiace, signorina, ma questa lettera _____ rifatta.
3. Questi prodotti _____ conservati in un luogo fresco se non vuoi che vadano a male.
4. In quante università americane _____ insegnato l'italiano?
5. Ogni volta che rispondevano bene, gli studenti _____ lodati dal professore.
6. State attenti! Queste espressioni non _____ prese alla lettera!
7. Per essere apprezzata, la musica classica _____ ascoltata in silenzio.
8. L'anno scorso, Mario _____ spesso invitato a pranzo dagli amici.

## II. *Si* passivante

The passive voice can also be expressed by **si**[1] + *active form* of the verb, particularly when the agent is not indicated. The verb is in the third-person singular or plural, depending on whether the subject is singular or plural. The subject usually follows the verb. In compound tenses **essere** is used (with the past participle agreeing in gender and number with the subject).

Non **si studia** abbastanza l'italiano.
*Italian isn't studied enough.*

Non **si studiano** abbastanza le lingue straniere.
*Foreign languages aren't studied enough.*

**Si è scritto** molto sull'energia solare.
*A lot has been written on solar energy.*

**Si sono scritti** molti libri e molti articoli.
*Many books and many articles have been written.*

## ■ Esercizi

**a.** *Cambiare le seguenti frasi usando il **si** passivante. Cominciare ciascuna frase con **si**.*

ESEMPIO    Quest'articolo è venduto nei migliori negozi.
           **Si vende quest'articolo nei migliori negozi.**

1. È richiesta la conoscenza di due lingue straniere.
2. Sono stati fatti molti errori. Si sono fatti

---

[1] In want ads, advertisements, telegrams, and commercial messages, where brevity is essential, si is attached to the end of the verb: **Cercasi** (+ si cerca) autista, *Chauffeur wanted;* **Offronsi** strumenti di misura, *Measurement instruments for sale;* **Affittasi camera ammobiliata,** *Furnished room for rent.*

3. Alcune parole potrebbero essere tolte. *Si potrebbere togliere alcune*
4. L'autostrada verrà inaugurata domenica prossima. *Si inaugurerà l'auto*
5. Tutte le partite saranno trasmesse in diretta *(live)*. *si trasmetterano* why did this change
6. I responsabili dovrebbero essere puniti. *Si dovrebber punire* from
7. Queste condizioni non possono essere accettate. *Non si possono* ← + that decide
8. Una decisione è stata presa. *Si è presa una decisione*

**b.** *Inserire i verbi che seguono mettendoli al modo e tempo opportuno, secondo il senso. Usare il* **si** *passivante:* **mangiare, poter fare, avere, scrivere, parlare, trovare, contaminare, ripetere, vedere, perdere.**

Una volta i frutti di mare _____ crudi *(raw)* con una goccia di limone, ma è una cosa che non _____ più, a meno che non *ci siano* dati rassicuranti sull'eliminazione dello scarico dei rifiuti nel mare. _____ e _____ a lungo dei problemi ecologici, ma fino ad ora, come dice il presidente del Touring Club Italiano, non _____ una soluzione. Di giorno in giorno gli ambienti naturali _____ per colpa dell'incuria *(carelessness)* e della mancanza di responsabilità collettiva dei cittadini. Ogni inverno nelle città _____ l'allarme inquinamento, e _____ cittadini con la mascherina bianca che copre il naso e la bocca. Così le speranze di un ambiente pulito e sano _____ in un ipotetico futuro.

## III. *Si* impersonale

**A. Si** + *third-person singular* of the verb corresponds to the English impersonal construction *one (you, we, they, people) + verb.*

**Si mangia** tardi.          Se **si potesse** fare quello che **si vuole!**
*One eats late.*          *If only people could do what they want!*

**Si partì** senza una meta precisa.
*We left without a precise destination.*

Though the verb is singular in this impersonal construction, adjectives or nouns referring to the subject have a plural ending.[1]

Quando si è **stanchi,** non si ragiona bene.          Quando si è **giornalisti,** si lavora anche di notte.
*When one is tired, one doesn't reason well.*          *When you're a journalist, you also work at night.*

**B.** In the **si impersonale** construction, compound tenses are always formed with **essere.** If the verb normally requires **avere** as its auxiliary, the past participle takes the masculine singular ending -**o.**

Si è ris**o** molto alla festa. (La gente **ha**          Si è dett**o** che si sarebbe lavorat**o** tutta la notte.
   riso…)                                                (**Abbiamo** detto… **avremmo** lavorato…)
*People laughed at lot at the party.*          *We said we'd work all night.*

If, however, the verb normally requires **essere** as its auxiliary, the past participle takes a plural ending.

Si è nat**i** per soffrire. (Uno **è** nato…)          Si è rimast**i** più a lungo di quanto si volesse.
*We were born to suffer.*                              (**Siamo** rimasti…)
                                                       *We stayed longer than we wanted to.*

---

[1] The same rule applies to all impersonal constructions: if an adjective follows an impersonal verb or expression, the plural form is used: **Bisogna stare molto attenti quando si guida.** *You must be very careful when you drive.* **Non è bello essere gelosi.** *It's not nice to be jealous.*

**C.** When a reflexive verb is used in the impersonal construction, **ci si** replaces **si si** (that is, the impersonal **si** and the reflexive **si**).

**Ci si** alza presto d'estate.
*People get up early in the summer.*

**Ci si** è divertiti tanto ieri sera.
*We had such a good time last night.*

**D.** Object pronouns precede **si**. Only **ne** can follow, and then **si** becomes **se: se ne...**

Come si parla al nonno? **Gli si** parla con rispetto.
*How does one talk to Grandpa? One talks to him with respect.*

—Si può fare a meno dello zucchero?
 *Can people do without sugar?*

—Si, **se ne** può fare a meno.
 *Yes, people can do without it.*

**E.** Other ways of expressing the impersonal construction in Italian are to use **uno** + *third-person singular* of the verb; **la gente** + *third-person singular* of the verb; or the impersonal **noi, voi,** and **loro.**

Quando **uno viaggia, spende** molti soldi.
*When one travels, one spends a lot of money.*

Che cosa **dirà la gente?**
*What will people say?*

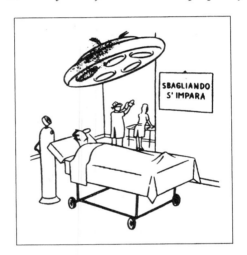

SBAGLIANDO S'IMPARA

## Ricapitolazione

**A.** Compare the four different Italian constructions using the pronoun **si:**

REFLEXIVE

Luigi **si** vestì.
*Luigi got dressed.*

**Si** credono molto intelligenti.
*They think themselves very intelligent.*

RECIPROCAL

**Si** sono incontrate al bar.
*They met one another at the café.*

Non **si** sono salutate.
*They didn't greet one another.*

PASSIVE

**Si** richiede la laurea.
*A university degree is required.*

**Si** offrono ottime condizioni di lavoro.
*Excellent working conditions are offered.*

IMPERSONAL

**Si** dice che nevicherà.
*They say it will snow.*

In Italia **si** mangia bene.
*In Italy one eats well.*

**B.** Note the differences between the personal and impersonal constructions in the various cases.[1]

Anna è triste quando è sola.
*Anna is sad when she is alone.*

Uno è triste quando è solo.
*One is sad when one is alone.*

Si è tristi quando si è soli.
*People (They) are sad when they are alone.*

Giancarlo si è alzato presto e ha studiato.
*Giancarlo got up early and studied.*

Tutti si sono alzati presto e hanno studiato.
*Everyone got up early and studied.*

Ci si è alzati presto e si è studiato.
*We got up early and studied.*

## ■ Esercizi

**a.** *Mettere le frasi alla forma impersonale come nell'esempio.*

ESEMPIO   La domenica non paghiamo l'ingresso ai musei.
**La domenica non si paga l'ingresso ai musei.**

1. Dobbiamo aver pazienza.
2. Abbiamo speso poco e siamo stati bene. Si è speso poco si è stati bene
3. Non sappiamo dov'è nascosto. Si su
4. Quando andiamo in montagna, ci divertiamo molto. quando si
5. Se non ci sbrighiamo, arriveremo tardi.
6. Avevamo camminato molto ed eravamo stanche. Si era caminato molto ed si era stanca
7. Quando vediamo le finestre chiuse, pensiamo che la casa sia disabitata.
8. In questo paese viviamo come se fossimo in una grande città.
9. Non avevamo sentito nessun rumore. Si era sentito
10. Come possiamo finire il lavoro in quindici minuti? Come si può

**b.** **Le marachelle** *(pranks). Pierino fa sempre le cose sbagliate. Bisogna dirgli che certe cose non si fanno. Completare ogni frase seguendo l'esempio.*

ESEMPIO   Pierino ha dato un calcio al tavolo.
**Pierino, non si danno calci ai mobili!**

1. Pierino ha fumato una sigaretta.
   Pierino, non _si fumano_ sigarette alla tua età!
2. Pierino ha bevuto un whisky.
   Pierino, non _si bevono_ liquori quandi si è piccoli!
3. Pierino ha dato del tu al dottore.
   Pierino, non _si danno_ del tu al dottore!
4. Pierino ha detto che Orietta è stupida.
   Pierino, non _si dirono_ queste cose!
5. Pierino ha sbattuto *(slammed)* la porta.
   Pierino, non _si sbattono_ le porte!
6. Pierino ha domandato l'età all'amica della mamma.
   Pierino, non _si domadano_ queste cose!

---

[1] Note that **si** is always expressed, whereas **uno** and other pronouns can be omitted once the subject is indicated.

**c** **Conversazione.** *Rispondi ad ogni domanda indicando se le cose elencate sono possibili nella tua università.*

1. Si può bere birra alla mensa? *Non si può*
2. Si può fumare in classe?
3. Si possono portare i pantaloncini corti?
4. Si possono fare entrare i cani in aula?
5. Si può camminare scalzi?
6. Si può circolare in bicicletta?

**d.** **Una gita.** *Cambiare i verbi in parentesi alla forma impersonale.*

PIERO: Come (facciamo) *Si fanno* ad andare a Fregene?

MARIO: (Possiamo) *Si possono* andare in macchina, è la cosa più semplice, non (dobbiamo) *Si devono* guidare tanto e (arriviamo) *Si arrivano* in un'ora.

PIERO: Ottima idea, ma io non ho la macchina.

MARIO: Neanche io, ma se (invitiamo) *Invitan* Gianni e Marcella (andiamo) *ci vadano* in compagnia e (ci divertiamo) *Ci si è divertito* di più. Loro hanno una bellissima Alfa Romeo azzurra.

PIERO: Magnifico! Anna dice che se (ci fermiamo) *Ci si è fermato* in quel ristorantino dove (abbiamo mangiato) _____ l'estate scorsa, (staremo) _____ benissimo. Servono sempre dell'ottimo pesce fresco.

MARIO: Purché non sia troppo caro!

PIERO: Stai tranquillo! È un ristorante modesto dove (mangeremo) _____ bene e (spenderemo) _____ poco.

MARIO: Che bella cosa gli amici!

---

## IV. Preposizioni e congiunzioni

Some common English words may be used as both prepositions (with a noun or pronoun) and as conjunctions (to introduce a clause with its own subject and verb). In Italian, the equivalent words usually have slightly different forms; one for the preposition and one for the conjunction.

| PREPOSITIONS | CONJUNCTIONS |
|---|---|
| *(followed by a noun or pronoun)* | *(followed by a clause)* |

*after*

**dopo**
**dopo di** *(+ personal pronoun)*

**dopo che** *(+ indicative)*

Ci vedremo **dopo** il concerto.
*We'll meet after the concert.*

Non l'ho più vista **dopo che** si è sposata.
*I didn't see her anymore after she got married.*

Scusi, ma Lei è arrivato **dopo di** me.
*Excuse me, but you came after me.*

*before*

**prima di**

**prima che** *(+ subjunctive)*

Preparerò la tavola **prima di** mezzogiorno.
*I'll set the table before noon.*

Preparerò la tavola **prima che** arrivino gli invitati.
*I'll set the table before the guests arrive.*

*because (of)*

**a causa di**

**perché** *(+ indicative)*

Non sono uscita **a causa della** neve.
*I didn't go out because of the snow.*

Non sono uscita **perché** nevicava.
*I didn't go out because it was snowing.*

*since (indicating time)*

**da**

Siamo senz'acqua **da** domenica.
*We've been without water since Sunday.*

**da quando** (+ *indicative*)

Siamo senz'acqua **da quando** sei partito tu.
*We've been without water since you left.*

*since (indicating cause)*

**dato che, poiché** (+ *indicative*)

Non posso comprarlo **dato che** non ho soldi.
*I can't buy it since I don't have any money.*

*until*

**fino a**

Aspettate a uscire **fino al** mio ritorno.
*Wait until my return before going out.*

Aspettarono **fino alle** dieci.
*They waited until ten o'clock.*

**finché** (+ *indicative or subjunctive*)[1]

Aspettate a uscire **finché** io **non** torni.
*Wait until I return before going out.*

Aspettarono **finché non** tornò papà.
*They waited until Daddy returned.*

*without*

**senza**
**senza di** (+ *personal pronoun*)

Siamo rimasti **senza** soldi.
*We remained without money.*

Che cosa fareste **senza di** me?
*What would you do without me?*

**senza che** (+ *subjunctive*)

Partirono **senza che** io lo sapessi.
*They left without my knowing it.*

## ■ Esercizio

*Tradurre.*

1. Since you like Italian movies, why don't you go and see *Roma?*
2. I was bored before your arrival. After you arrived, I had a very good time.
3. Roberto has been with us since September; he has been with us since his mother left for Italy.
4. —We'll wait until he comes back.
   —You don't know what you're saying. He usually doesn't come back until two or three in the morning!
5. They started eating without their daughter; she had gone out of the house without anyone seeing her.
6. I need to talk to you. Can you come to my office after your Italian class?
7. They stayed home because it was raining. Nobody should stay home because of the rain!
8. What would you do without me—without my help, without my advice?

---

[1] **Finché non** (the **non** is optional) requires the subjunctive only if it refers to a future time.

## V. Discorso diretto e indiretto

With the exception of plays and dialogue in short stories and novels, speech is seldom reported word by word, as spoken (*direct discourse*). Usually speech is reported indirectly, introduced by such verbs as **dire, affermare, dichiarare, esclamare, chiedere,** and **rispondere** (*indirect discourse*), followed by **che.**

**A.** In converting from direct to indirect discourse, no change of tense occurs if the verb introducing the direct discourse is in the present or future.

| DIRECT DISCOURSE | INDIRECT DISCOURSE |
|---|---|
| Fausto dice: «Anna è simpatica».<br>*Fausto says, "Anna is likeable."* | Fausto dice **che** Anna è simpatica.<br>*Fausto says that Anna is likeable.* |

**B.** Many tenses and moods change in indirect discourse if the verb introducing the direct discourse is in the past (**passato prossimo, passato remoto, imperfetto,** or **trapassato**).

| DIRECT DISCOURSE | INDIRECT DISCOURSE |
|---|---|
| **Presente**<br>Carlo diceva sempre: «Io **so** nuotare molto bene».<br>*Charles always said, "I know how to (can) swim very well."* | **Imperfetto**<br>Carlo diceva sempre che lui **sapeva** nuotare molto bene.<br>*Charles always said that he knew how to (could) swim very well.* |
| **Passato prossimo / remoto**<br>Carlo ha detto: «**Ho** sempre **amato** i miei genitori».<br>*Charles said, "I've always loved my parents".* | **Trapassato prossimo**<br>Carlo ha detto che **aveva** sempre **amato** i suoi genitori.<br>*Charles said that he had always loved his parents.* |
| **Futuro**<br>Carlo ha detto: «**Verrò** alle otto».<br>*Charles said, "I'll come at eight."* | **Condizionale passato**<br>Carlo ha detto che **sarebbe venuto**[1] alle otto.<br>*Charles said that he would come at eight.* |
| **Imperativo**<br>Carlo mi ha detto: «**Fammi** un favore».<br>*Charles said to me, "Do me a favor."* | **Congiuntivo imperfetto** *or* **di** + infinito<br>Carlo mi ha detto che gli **facessi (di fargli)** un favore.<br>*Charles told me to do him a favor.* |
| **Congiuntivo presente**<br>Carlo disse: «Penso che lei **si sbagli**».<br>*Charles said, "I think she's mistaken."* | **Congiuntivo imperfetto**<br>Carlo disse che pensava che lei **si sbagliasse**.<br>*Charles said that he thought she was mistaken.* |
| **Congiuntivo passato**<br>Carlo disse: «Temo che **abbiano avuto** un incidente».<br>*Charles said, "I'm afraid they've had an accident."* | **Congiuntivo trapassato**<br>Carlo disse che temeva che **avessero avuto** un incidente.<br>*Charles said that he was afraid they had had an accident.* |

---

[1] For this special use of the **condizionale passato**, see pp. 168–169.

**c.** Other words also change when direct discourse is converted to indirect discourse.

1. First- and second-person pronouns and possessives become third-person pronouns and possessives.

io, tu → lui                        noi, voi → loro
mio, tuo → suo                  nostro, vostro → loro
a me, a te → a lui               a noi, a voi → a loro

2. **Questo** becomes **quello.**

3. Expressions of time and place change as follows:

qui (qua) → lì (là)
ora → allora

| | |
|---|---|
| oggi → in quel giorno | *that same day* |
| domani → il giorno dopo (l'indomani) | *the following day* |
| ieri → il giorno prima | *the day before* |
| la settimana scorsa → la settimana precedente | *the previous week* |
| la settimana prossima → la settimana seguente | *the following week* |

Ha detto: «La lettera è arrivata **ieri**».
*He said, "The letter arrived yesterday."*

Ha detto che la lettera era arrivata **il giorno prima.**
*He said that the letter had arrived the day before.*

Ha confessato: «Non **mi** piace partire, ma partirò».
*He confessed, "I don't like leaving, but I'll leave."*

Ha confessato che non **gli** piaceva partire ma che sarebbe partito.
*He confessed that he didn't like leaving, but that he would leave.*

Ha annunciato: «Partirò **la settimana prossima** con tutta la **mia** famiglia».
*He announced, "I will leave next week with my entire family."*

Ha annunciato che sarebbe partito **la settimana seguente** con tutta la **sua** famiglia.
*He announced that he would leave the following week with his entire family.*

## ■ Esercizi

**a.** *Mettere le frasi al discorso indiretto, usando prima **di** + infinito, poi **che** + congiuntivo.*

ESEMPIO    Ha detto al tabaccaio: «Mi dia dieci francobolli di posta aerea!».
                 **Ha detto al tabaccaio di dargli dieci francobolli di posta aerea.**
                 **Ha detto al tabaccaio che gli desse dieci francobolli di posta aerea.**

1. Ha detto al cameriere: «Tenga il resto!».
2. Ha pregato la signora: «Mi dia degli spiccioli!».
3. Ha detto alla cassiera: «Mi cambi venti dollari!».
4. Ha detto all'autista: «Mi porti in via XX Settembre!».
5. Ha detto al gioielliere: «Mi ripari anche quest'orologio!».
6. Ha ripetuto alla signorina: «Venga a trovarmi!».

**b.** *Mettere le frasi al discorso indiretto usando i verbi fra parentesi.*

> ESEMPIO  Non posso venire in questo momento. (disse)
> **Disse che non poteva venire in quel momento.**

1. Non sto bene. Ho frequenti mal di testa e ho perso l'appetito. (ha ammesso)
2. Questo quadro è mio! (dichiarò)
3. Devo essere a casa prima di mezzanotte. (diceva)
4. Stiamo guardando la televisione. (hanno risposto)
5. Mia sorella parla bene il francese. (Pierino dice)
6. Non abbiamo finito gli esercizi. (hanno confessato)
7. Traslocheremo presto. (hanno annunciato)

**c. Le ultime parole famose.** *Scrivere delle frasi cominciando con* **Ha detto che...** *e facendo tutti i cambiamenti necessari.*

1. «Andrò a dormire presto ogni sera.»
2. «Giuro, non lo farò mai più.»
3. «Avremmo dovuto incontrarci qualche anno prima.»
4. «Dobbiamo vederci qualche volta.»
5. «La colpa è solo mia. Possiamo restare buoni amici.»
6. «Questa è l'ultima sigaretta che fumo. Ho deciso di smettere di fumare.»

**d.** *Mettere al discorso diretto.*

1. La professoressa ha annunciato agli studenti che non avrebbe fatto lezione la settimana dopo. Ha spiegato che andava ad una riunione di professori di lingua e che sarebbe stata via cinque giorni. Ha detto agli studenti di fare tutti gli esercizi e di finire il capitolo.

2. Attilio disse all'amico che era inutile correre: loro non avevano nessuna premura *(hurry)* e dovevano considerare quel viaggio come una gita. Cinque minuti dopo disse che sentiva odore di benzina e che sarebbe stato meglio fermarsi alla prima officina.

**e. Ricapitolando.** *Mettere le frasi al discorso indiretto.*

1. Giovanna dice: «Abito in una villa a Sabaudia. La mattina vado al mare, la sera esco con gli amici e spesso andiamo a prendere il gelato al bar della piazza».

2. Luciano racconta: «Il giovedì giocavo a minicalcio; due volte alla settimana io e mia sorella avevamo lezione di nuoto».

3. La signora disse: «Non ho saputo resistere. Ho speso un mucchio di soldi, ma sono contenta. Marina si sposerà la settimana prossima e non è il caso di risparmiare».

4. Alberto ha detto: «Sabina sta proprio bene, non l'ho mai vista così contenta. Lei e Andrea hanno lasciato il monolocale e vanno ad abitare nella casa di Via Manzoni».

5. Attilio disse: «Ci sono molti fili e non riesco a capire dove manca una vite; deve essere una vite poco importante perché vedo che la macchina va lo stesso».

6. La mamma diceva: «Guarda, c'è una piazzetta! Ci vorrebbero tante piazzette come questa, dove la gente può incontrarsi e parlare».

7. Deianira pensò: «So benissimo che Giovanni telefonerà alle undici, lui è puntuale e non ha niente di meglio da fare. Dovrebbe laurearsi, ma detesta studiare e si fa mantenere dai genitori».

8. Zia Ermelinda diceva: «Stai dritta, tieni bene le posate e studia il pianoforte. Se sabato prossimo suonerai bene ti darò le caramelle alla frutta che ti piacciono tanto».

9. Gli studiosi hanno precisato: «Fino a Colombo non era stato possibile cucinare gli spaghetti al pomodoro, né si era potuta preparare la parmigiana di melanzane».

## LETTURA

## ■ Prima di leggere

Gianni Rodari

Sulla copertina° del suo libro *Grammatica della fantasia,* Gianni Rodari è definito
giornalista, ma non bisogna dimenticare la sua attività di fabulatore°. «L'arte di inventare»,
suggerita dalle tecniche dei surrealisti francesi, gli interessa molto ed è l'attività fantastica
che inizialmente applica come insegnante di scuola elementare. «Dovevo essere un pessimo
maestro», dice, e aggiunge: «Raccontavo ai bambini, un po' per simpatia, un po' per voglia
di giocare, storie senza il minimo riferimento alla realtà né al buon senso°…».

    *cover*
    *storyteller*

    **buon…:** *common sense*

   A partire dagli anni Sessanta, Rodari ha scritto molti libri di favole per bambini, tra cui
*Favole al telefono,* da cui è tratto il brano che segue. Lo scrittore ha partecipato a riunioni
con i genitori ed è stato in tante scuole «a raccontare storie ed a rispondere alle domande
dei bambini», con lo scopo di stimolarne l'immaginazione e l'invenzione fantastica.
Secondo Rodari, la fantasia ha un ruolo fondamentale nello sviluppo dei bambini, non solo
come mezzo per «vedere» la realtà in modo nuovo e originale, ma anche come strumento
di educazione linguistica e civica.

   In gruppi di due o tre studenti, discutete le seguenti domande:

1. Vi piace visitare luoghi storici? Se sì, dove preferite andare? Se no, perché?

2. Quando visitate musei e monumenti storici, preferite essere accompagnati da una guida
   turistica o informarvi da soli? Dove trovate le informazioni di cui avete bisogno per fare il
   vostro viaggio?

3. Quando si usa una guida turistica, quali informazioni ci si aspetta di trovare?

4. Che cosa si prova a vedere un luogo storico che è sopravvissuto al tempo? Descrivete le vostre
   impressioni e sensazioni.

5. Avete mai visto il Colosseo? Conoscete edifici o monumenti che conservano una funzione
   storica nel vostro paese? Discutetene.

6. Leggete il titolo della storia che segue. Secondo voi di cosa parla? Credete che si possa rubare il
   Colosseo?

# ■ L'uomo che rubava il Colosseo

Una volta un uomo si mise in testa° di rubare il Colosseo di Roma, voleva averlo tutto per sè perché non gli piaceva doverlo dividere con gli altri.

Prese una borsa, andò al Colosseo, aspettò che il custode guardasse da un'altra parte, riempì affannosamente° la borsa di vecchie pietre° e se la portò a casa.

Il giorno dopo fece lo stesso e tutte le mattine tranne la domenica faceva almeno un paio di viaggi sempre ben attento che non lo scoprissero. La domenica riposava e contava le pietre rubate che si andavano ammucchiando° in cantina°.

Quando la cantina fu piena cominciò a riempire il solaio°, e quando il solaio fu pieno cominciò a nascondere le pietre sotto il divano° dietro gli armadi° e nella cesta° della biancheria sporca.

Ogni volta che tornava al Colosseo lo osservava ben bene da tutte le parti e concludeva fra sè: «Pare lo stesso, ma una certa differenza si nota. In quel punto là è un po' più piccolo» e asciugandosi il sudore° grattava° un pezzo di mattone da una gradinata°, staccava una pietruzza dagli archi e riempiva la borsa.

Passavano e ripassavano davanti a lui turisti in estasi con la bocca aperta per la meraviglia, e lui ridacchiava° di gusto, anche se di nascosto: -Ah come spalancherete° gli occhi il giorno che non vedrete più il Colosseo.

Se ne andava dal tabaccaio, le vedute a colori del grande anfiteatro gli mettevano allegria, doveva fingere di soffiarsi il naso° nel fazzoletto per non farsi vedere a ridere: -Ih! Ih! Le cartoline illustrate. Tra poco, se vorrete vedere il Colosseo dovrete proprio accontentarvi delle cartoline.

Passarono i mesi e gli anni. Le pietre rubate ormai si ammassavano sotto il letto, riempivano la cucina lasciando solo uno stretto passaggio tra il fornello a gas e il lavandino, colmavano la vasca da bagno, avevano trasformato il corridoio° in una trincea.

Ma il Colosseo era sempre al suo posto, non gli mancava un arco: non sarebbe stato più intero di così se una zanzara° avesse lavorato a demolirlo con le sue zampette°.

Il povero ladro, invecchiando fu preso dalla disperazione. Pensava: «Che io abbia sbagliato i miei calcoli? Forse avrei fatto meglio a rubare la cupola di San Pietro? Su, su coraggio: quando si prende una decisione bisogna saper andare fino in fondo». Ogni viaggio, ormai, gli costava sempre più fatica e dolore. La borsa gli rompeva le braccia e gli faceva sanguinare° le mani.

Quando sentì che stava per morire si trascinò un'ultima volta fino al Colosseo e si arrampicò° penosamente di gradinata in gradinata fin sul più alto terrazzo.

Il sole al tramonto colorava d'oro, di porpora e di viola le antiche rovine, ma il povero vecchio non poteva veder nulla, perché le lacrime e la stanchezza gli velavano gli occhi. Aveva sperato di rimaner solo, ma i turisti si affollavano sul terrazzino, gridando in lingue diverse la loro meraviglia. Ed ecco, tra tante voci, il vecchio ladro distinse quella argentina di un bambino che diceva: -MIO! MIO! Come stonava°, com'era brutta quella parola lassù davanti a tanta bellezza. Il vecchio, adesso, lo capiva, e avrebbe voluto dirlo al bambino, avrebbe voluto insegnargli a dire «NOSTRO», invece che «MIO» ma gli mancarono le forze°.

Gianni Rodari, *Favole al telefono*

*si...: he got into his head to*

*breathlessly / stones*

*piling up / basement*
*attic*
*sofa / wardrobes / hamper*

*asciugandosi...: wiping his sweat / he stole / flight of steps*
*sniggered / will open wide*

*soffiarsi...: to blow his nose*

*hallway*

*mosquito / little legs*

*to bleed*
*si...: he dragged himself*
*he climbed*

*Come...: How it jarred*

*his strength failed him*

## ■ Comprensione

1. Chi è il protagonista della storia, cosa voleva fare e soprattutto perché?

2. Cosa faceva per non farsi vedere dai custodi?

3. Cosa faceva il protagonista durante la settimana? E cosa faceva la domenica?

4. Dove conservava le pietre?

5. Cosa pensava il protagonista tra sé quando vedeva i turisti che guardavano con ammirazione e meraviglia il Colosseo?

6. Il protagonista riuscì a portare a termine il suo piano?

7. Che cosa fece quando capì che ormai stava per morire?

8. Le parole del bambino argentino fecero capire al protagonista una cosa molto importante. Che cosa? Sei d'accordo?

## ■ Temi per componimento o discussione

1. Se voi poteste scegliere, vi trasferireste in una città ultramoderna oppure in una città antica e ricca di storia? Discutete i vantaggi e gli svantaggi delle due situazioni.

2. Il Colosseo non ha una funzione tanto diversa da quella dei grattacieli di oggi. In quali altri modi vengono usate l'arte e l'architettura per esprimere il potere?

3. Pensate che sia importante conservare le opere d'arte e d'architettura antiche? Secondo voi, è importante questo nel vostro paese? Credete che si possa fare di più per preservare opere storiche? Discutete le vostre opinioni.

4. Con un compagno / una compagna, programmate una vacanza in Italia. Cosa vorreste sapere del Paese prima di partire? Preferireste visitare città moderne o antiche? Quali monumenti e musei vi interessano? Scrivete un dialogo in cui esprimete le vostre opinioni. Alla fine del dialogo, decidete se volete viaggiare insieme o separatamente.

# L'Italia è bella!

L'Italia ha un patrimonio artistico e culturale ricchissimo che si manifesta in diverse forme. L'architettura, ad esempio, riflette la lunga storia del Paese. I centri storici abitati sono generalmente costruiti intorno ad una piazza centrale dove di solito sorge una cattedrale o una fontana. Alcune di queste piazze sono famose in tutto il mondo: Piazza Navona a Roma, Piazza San Marco a Venezia, Piazza del Campo a Siena. Anche alcune monumenti molto antichi, come il Colosseo, la Torre di Pisa, e il Castello Sforzesco sono riconosciuti ed apprezzati universalmente; e questi sono soltanto alcuni esempi dei tesori artistici d'Italia.

### *E tu, quali tesori d'architettura italiani conosci? Considera le seguenti domande:*

1. Conosci una piazza italiana? L'hai visitata personalmente? Descrivila.

2. Cosa c'è nel centro della tua città o del tuo paese?

3. Paragona l'architettura dell'Italia a quella del tuo paese.

Adesso guarda il video al sito web **www.cengage.com/login**. Quali sarebbero le tue reazioni di fronte alle strutture architettoniche menzionate nel video? Parlane con i tuoi compagni di classe. Puoi trovare altre attività basate sul video alla fine del capitolo 14 del *Workbook* (nel *Student Activities Manual*) che accompagna questo libro.

Track 29

## PER COMUNICARE

**Che noia!** Le vacanze in crociera non sono per tutti. Stefania, per esempio, si annoia a morte e continua a lamentarsi con il marito.

| | |
|---|---|
| STEFANIA: | Che noia! È sempre coperto e tira un gran vento. Non si può neanche stare sul ponte° a prendere il sole. Non mi aspettavo di passare le giornate così! |
| FLAVIO: | Non è tanto male, è sempre meglio che stare in città! E poi la visita delle isole è interessante. |
| STEFANIA: | Ma dai! Son tutte uguali! Una vera delusione! |
| FLAVIO: | Tu ti stanchi subito di tutto, non sei mai contenta! Io ho conosciuto della gente simpatica. |
| STEFANIA: | Compresa la signora che non perde l'occasione di starti vicino e di attaccare discorso°. |
| FLAVIO: | Quella sì che è una seccatura. Quando comincia a parlare non finisce più. Comunque anche tu hai un ammiratore. |

*deck*

***attaccare...:*** *to strike up a conversation*

*Esprimere insoddisfazione*

| Com'è mon<u>o</u>tono/a! | }      | *How boring!* |
| Che noia! |        | |
| Che delusione! |        | *How disappointing!* |
| Che seccatura! |        | *What a nuisance!* |
| Che strazio! | }      | |
| Che scocciatura! |        | *What a pain in the neck!* |
| Mi aspettavo qualcosa di diverso. |        | *I expected something different.* |
| Ci si annoia facilmente qui. |        | *It's easy to get bored here.* |
| Mi sono stancato/a di… |        | *I am tired of..* |
| Sarebbe stato meglio se f<u>o</u>ssimo andati a… |        | *It would have been better if we had gone..* |

*Contraddire*

| Non è come dici tu. |        | *It's not as you say.* |
| Non è poi così brutto(a) / noioso(a). |        | *It's not all that bad / boring.* |
| È meglio di niente. |        | *It's better than nothing.* |
| Stai esagerando. | }      | |
| Che esagerazione! |        | *You're exaggerating.* |
| Lascia p<u>e</u>rdere, per favore. |        | *Let's not talk about it, please.* |
| Ma non sei mai contento/a! | }      | |
| Sei un/a eterno/a insoddisfatto/a! |        | *You're never happy / satisfied!* |

*Riferire qualcosa senza citarne la fonte*

| Ho sentito dire che… |        | |
| Mi hanno riferito che… | }      | *They told me / her that..* |
| Le hanno detto che… |        | |
| D<u>i</u>cono che… |        | *They say that..* |
| A quanto pare… |        | *The way it looks / sounds..* |
| (In giro) si dice che… |        | |
| C'è in giro la voce che… | }      | *There is a rumor that..* |
| Corre voce che… |        | |

## ▪ Che cosa diciamo?

1. All'università qualcuno ti ha detto che il professore con cui stai facendo la tesi sta per andare in congedo per un anno. Riferisci la notizia a un tuo compagno / una tua compagna di corso.

2. Non sei soddisfatto/a della casa che hai appena comprato. Ne parli con il tuo / la tua agente immobiliare.

3. Tuo figlio / Tua figlia si lamenta sempre che tu non gli / le dai abbastanza soldi. Tu non ne puoi più *(can't take it any longer)*.

4. Vai in viaggio di nozze in un'isola tropicale, ma quando arrivi all'hotel ti rendi conto che la stanza non ha né bagno né aria condizionata.

5. Dove lavori tu si parla di prossimi licenziamenti *(layoffs)* e di tagli alla produzione. Descrivi la situazione al tuo ragazzo / alla tua ragazza.

6. Il vicino della casa accanto non lavora da più di due anni ed ha appena comprato una Maserati nuova. La gente del quartiere pensa che traffichi *(deals)* in droga.

7. La tua amica Nadia adora l'architettura, tu invece non sei molto interessato/a. Che cosa dici quando Nadia t'invita a visitare il nuovo edificio di un architetto famoso?

1. Ti dicono che Roberto, un amico che tu conosci benissimo, è un tipo strano, è snob e antipatico. Tu non sei d'accordo. Ne parli con sua sorella senza dire chi ti ha informato/a.

2. Vuoi fare l'astronauta e ti sei iscritto/a a ingegneria aerospaziale, ma le cose non vanno bene. Devi studiare tanta matematica, in laboratorio si fanno sempre le stesse cose, gli esami sono difficili e tu non riesci a prendere buoni voti. Sei demoralizzato/a e decidi di parlarne con il tuo medico.

3. Secondo te, tuo fratello / tua sorella è affetto/a da mania di persecuzione. Continua a dire che lo stipendio è miserevole, che non avrà mai occasione di fare carriera, che il direttore promuove solo gli amici; è convinto/a che nessuno gli / le vuole bene e che non riuscirà mai a dimostrare le sue buone qualità. Tu invece sei una persona ottimista e vedi sempre degli aspetti positivi in ogni situazione. Hai invitato tuo fratello / tua sorella a cena e avete finito col parlare dei suoi problemi.

## I. Verbi coniugati con *essere* nei tempi composti

| | | | |
|---|---|---|---|
| accadere | *to happen* | nascere | *to be born* |
| andare | *to go* | parere | *to seem* |
| arrivare | *to arrive* | partire (ripartire) | *to leave, depart (to leave again)* |
| arrossire | *to blush* | | |
| avvenire | *to happen* | passare (ripassare) | *to stop by (to stop by again)* |
| bastare | *to be enough* | | |
| cadere | *to fall* | piacere | *to be pleasing* |
| cambiare | *to become different* | restare | *to stay* |
| capitare | *to happen* | ricorrere | *to recur, occur* |
| comparire | *to appear* | rimanere | *to remain* |
| costare | *to cost* | risultare | *to be known* |
| crescere | *to grow* | ritornare (tornare) | *to return* |
| dimagrire | *to lose weight* | riuscire | *to succeed* |
| dipendere | *to depend* | salire (risalire) | *to go up (to go up again)* |
| dispiacere (spiacere) | *to be sorry, to mind* | saltare (in aria) | *to explode* |
| divenire (diventare) | *to become* | scappare | *to run away* |
| durare | *to last* | scattare | *to click* |
| entrare | *to go in, enter* | scendere | *to descend* |
| esplodere | *to explode* | scivolare | *to slide* |
| essere | *to be* | scomparire | *to disappear* |
| evadere | *to escape* | scoppiare | *to explode* |
| fuggire | *to flee* | sembrare | *to seem* |
| giungere | *to arrive* | servire | *to be of use* |
| guarire | *to get well* | sparire | *to disappear* |
| impazzire | *to go mad* | sprizzare | *to spray* |
| importare | *to matter* | stare | *to stay* |
| ingrassare | *to get fat, put on weight* | succedere | *to happen* |
| mancare | *to lack, be lacking* | uscire | *to go out* |
| morire | *to die* | venire | *to come* |

+ all verbs used reflexively

## II. Verbi ed espressioni seguiti dalla preposizione *a*

**A.** davanti a un nome o a un pronome

| | | | |
|---|---|---|---|
| abituarsi a | *to get used to* | giocare a | *to play (a game or a sport)* |
| assistere a | *to attend* | | |
| assomigliare (somigliare) a | *to resemble* | interessarsi a | *to be interested in* |
| | | mescolarsi a | *to get mixed with* |
| badare a | *to pay attention to* | partecipare a | *to participate in* |
| contravvenire a | *to go against* | pensare a | *to think about* |
| credere a | *to believe in* | raccomandarsi a | *to ask favors of* |
| dare noia a | *to bother* | ricordare a | *to remind* |
| da mangiare a | *to feed* | rinunciare a | *to give up* |
| fastidio a | *to bother* | servire a | *to be good for* |
| retta a | *to listen to* | stare bene a | *to look good on* |
| torto a | *to blame* | stringere la mano a | *to shake hands with* |
| la caccia a | *to chase* | tenere a | *to value, to care about* |
| un calcio a | *to kick* | | |
| un pugno a | *to punch* | | |
| fare attenzione (caso) a | *to pay attention to* | | |
| bene (male) a | *to be good (bad) for* | | |
| piacere a | *to please* | | |
| vedere a | *to show* | | |
| visita a | *to visit* | | |
| un regalo a | *to give a present to* | | |

**B.** davanti a un infinito

| | | | |
|---|---|---|---|
| abituarsi a | *to get used to* | pensare a | *to think about* |
| affrettarsi a | *to hurry* | persuadere a | *to convince* |
| aiutare a | *to help* | preparare a | *to prepare* |
| cominciare (incominciare) a | *to begin* | provare a | *to try* |
| | | rinunciare a | *to give up* |
| condannare a | *to condemn* | riprendere a | *to start again, to resume* |
| continuare a | *to continue* | | |
| convincere a | *to convince* | riuscire a | *to succeed* |
| costringere a | *to compel* | sbrigarsi a | *to hurry* |
| decidersi a | *to make up one's mind* | servire a | *to be good for* |
| | | volerci a (per) | *to take, require* |
| divertirsi a | *to have a good time* | | |
| fare meglio a | *to be better off* | + verbs of movement: | |
| fare presto a | *to do (something) quickly* | andare a | *to go* |
| imparare a | *to learn* | correre a | *to run* |
| incoraggiare a | *to encourage* | fermarsi a | *to stop* |
| insegnare a | *to teach* | passare a | *to stop by* |
| invitare a | *to invite* | stare a | *to stay* |
| mandare a | *to send* | tornare a | *to return* |
| mettersi a | *to start* | venire a | *to come* |
| obbligare a | *to oblige* | | |

## III. Verbi ed espressioni seguiti dalla preposizione *di*

**A.** davanti a un nome o a un pronome

| | | | |
|---|---|---|---|
| accorgersi di | *to notice* | occuparsi di | *to take care of,* |
| avere bisogno di | *to need* | | *attend to* |
| avere paura di | *to be afraid* | pensare di | *to have in mind, plan* |
| beffarsi di | *to made fun* | pentirsi di | *to be sorry about* |
| coprire di | *to cover with* | non poterne più di | *not to be able to take* |
| dimenticarsi di | *to forget* | preoccuparsi di | |
| fare a meno di | *to do without* | (per) | *to worry about* |
| fidarsi di | *to trust* | rendersi conto di | *to realize* |
| innamorarsi di | *to fall in love with* | ricordarsi di | *to remember* |
| infischiarsi di | *not to care about* | ridere di | *to laugh at* |
| intendersi di | *to be knowledgeable* | riempire di | *to fill with* |
| | *about* | ringraziare di (per) | *to thank for* |
| interessarsi di | *to be interested in* | soffrire di | *to suffer from* |
| lamentarsi di | *to complain about* | stupirsi di | *to be astonished at* |
| meravigliarsi di (per) | *to be surprised about* | trattare di | *to deal with* |
| nutrirsi di | *to feed on, nourish* | vergognarsi di | *to be ashamed about* |
| | *oneself with* | vivere di | *to live on* |

**B.** davanti a un infinito

| | | | |
|---|---|---|---|
| accettare di | *to accept* | decidere di | *to decide* |
| accorgersi di | *to notice* | dimenticare | |
| ammettere di | *to admit* | (dimenticarsi) di | *to forget* |
| aspettare di | *to wait for* | dire di | *to say, tell* |
| aspettarsi di | *to expect* | dispiacere di | *to be sorry* |
| augurare di | *to wish* | domandare di | *to ask* |
| augurarsi di | *to hope* | dubitare di | *to doubt* |
| avere bisogno di | *to need* | essere in grado di | *to be in a position to* |
| avere il diritto di | *to have the right* | fantasticare di | *to imagine* |
| avere fretta di | *to be in a hurry* | fare a meno di | *to do without* |
| avere l'impressione | | fare segno di | *to motion* |
| di | *to have the feeling* | fingere di | *to pretend* |
| avere intenzione di | *to intend* | finire di | *to finish* |
| avere paura di | *to be afraid* | illudersi di | *to delude oneself* |
| avere ragione di | *to be right* | impedire di | *to prevent* |
| avere torto di | *to be wrong* | infischiarsi di | *not to care about* |
| avere vergogna di | *to be ashamed* | lamentarsi di | *to complain about* |
| avere voglia di | *to feel like* | meravigliarsi di | *to be surprised* |
| cercare di | *to try* | minacciare di | *to threaten* |
| cessare di | *to stop* | offrire di | *to offer* |
| chiedere di | *to ask* | ordinare di | *to order* |
| comandare di | *to order* | pensare di | *to plan* |
| confessare di | *to confess* | pentirsi di | *to repent* |
| consigliare di | *to advise* | permettere di | *to permit* |
| contare di | *to plan* | pregare di | *to beg* |
| credere di | *to believe* | preoccuparsi di | *to fret* |

| | | | |
|---|---|---|---|
| proibire di | *to prohibit* | smettere di | *to stop* |
| prom<u>e</u>ttere di | *to promise* | sognare (sognarsi) | |
| proporre di | *to propose* | di | *to dream, to imagine* |
| r<u>e</u>ndersi conto di | *to realize* | sperare di | *to hope* |
| ricordare | | stancarsi di | *to get tired* |
| (ricordarsi) di | *to remember* | suggerire di | *to suggest* |
| rifiutare (rifiutarsi) | | temere di | *to fear* |
| di | *to refuse* | tentare di | *to attempt* |
| ringraziare di | *to thank* | non vedere l'ora di | *to look forward to* |
| sapere di | *to know* | vergognarsi di | *to be ashamed about* |
| sent<u>i</u>rsela di | *to feel up to* | vietare di | *to forbid* |
| sforzarsi di | *to make an effort* | | |

<br>

## IV. Verbi seguiti dalla preposizione *su*

| | | | |
|---|---|---|---|
| contare su | *to count on* | refl<u>e</u>ttere su | *to ponder on* |
| giurare su | *to swear on* | scomm<u>e</u>ttere su | *to bet on* |

<br>

## V. Verbi ed espressioni seguiti direttamente dall'infinito

| | | | |
|---|---|---|---|
| dovere | *to have to* | fare | *to make* |
| potere | *to be able* | gradire | *to appreciate* |
| sapere | *to know how* | lasciare | *to let, allow* |
| solere (<u>e</u>ssere s<u>o</u>lito) | *to be accustomed to* | osare | *to dare* |
| volere | *to want* | piacere | *to like* |
| amare | *to love* | preferire | *to prefer* |
| desiderare | *to wish* | | |

VERBI IMPERSONALI

| | | | |
|---|---|---|---|
| basta | *it is enough* | pare (sembra) | *it seems* |
| bisogna (occorre) | *it is necessary* | | |

VERBI DI PERCEZIONE

| | | | |
|---|---|---|---|
| ascoltare | *to listen* | sentire | *to hear* |
| guardare | *to look at* | udire | *to hear* |
| osservare | *to observe* | vedere | *to see* |

<br>

## VI. Aggettivi seguiti da preposizioni + infinito

A. aggettivi seguiti da **a** + infinito

| | | | |
|---|---|---|---|
| abituato a | *accustomed* | solo a | *only* |
| attento a | *attentive, careful* | <u>u</u>ltimo a | *last* |
| disposto a | *willing* | <u>u</u>nico a | *only* |
| pronto a | *ready* | | |

**B.** aggettivi seguiti da **di** + infinito

| | | | |
|---|---|---|---|
| capace (incapace) di | *capable (incapable)* | sicuro di | *sure* |
| contento | *contented* | soddisfatto di | *satisfied* |
| (scontento) di | *(discontented)* | spiacente di | *sorry* |
| curioso di | *curious* | stanco di | *tired* |
| desideroso di | *wishing* | triste di | *sad* |
| felice di | *happy* | | |

## VII. Verbi ed espressioni che reggono il congiuntivo

**A.** Verbi che esprimono

SENTIMENTI

| | | | |
|---|---|---|---|
| augurarsi (sperare) | *to hope* | piacere | *to like* |
| non vedere l'ora | *to look forward* | dispiacere | *to be sorry* |
| avere bisogno | *to need* | preferire | *to prefer* |
| avere paura | *to be afraid* | temere | *to fear* |
| essere contento | *to be glad* | tenerci | *to value* |
| essere felice | *to be happy* | | |

DESIDERIO, VOLONTÀ, ORDINE

| | | | |
|---|---|---|---|
| comandare | *to order* | pregare | *to beg* |
| desiderare | *to wish* | pretendere | *to demand* |
| esigere | *to demand* | proibire | *to prohibit* |
| impedire | *to prevent* | proporre | *to propose* |
| insistere | *to insist* | suggerire | *to suggest* |
| lasciare | *to let, allow* | vietare | *to forbid* |
| ordinare | *to order* | volere | *to want* |
| permettere | *to permit* | | |

OPINIONE

| | | | |
|---|---|---|---|
| avere l'impressione | *to have the feeling* | negare | *to deny* |
| credere | *to believe* | pensare | *to think* |
| immaginare | | supporre | *to suppose* |
| (immaginarsi) | *to wonder* | | |

DUBBIO O INCERTEZZA

| | | | |
|---|---|---|---|
| non capire | *not to understand* | dubitare | *to doubt* |
| chiedersi | | non sapere | *not to know* |
| (domandarsi) | *to wonder* | | |

ASPETTATIVA

| | | | |
|---|---|---|---|
| aspettare | *to wait* | aspettarsi | *to expect* |

**B.** Espressioni impersonali

| | | | |
|---|---|---|---|
| è bene (male) | *it is good (bad)* | è possibile (impossibile) | *it is possible (impossible)* |
| è essenziale | *it is essential* | è probabile (improbabile) | *it is probable (improbable)* |
| è facile (= è probabile) | *it is probable* | è raro | *it is rare* |
| è difficile (= è improbabile) | *it is improbable* | è strano | *it is strange* |
| è giusto | *it is right* | è utile (inutile) | *it is useful (useless)* |
| è importante | *it is important* | è una vergogna | *it is a shame* |
| è incredibile | *it is incredible* | basta | *it suffices* |
| è indispensabile | *it is indispensable* | bisogna | *it is necessary* |
| è meglio | *it is better* | importa | *it matters* |
| è naturale | *it is natural* | occorre | *it is necessary* |
| è necessario | *it is necessary* | pare | *it seems* |
| è normale | *it is normal* | può darsi | *it is possible* |
| è ora | *it is time* | sembra | *it seems* |
| [è un] peccato | *it is a pity* | | |

## LA CONIUGAZIONE DEI VERBI

Avere ed essere

# ■ Coniugazione del verbo *avere*

| INDICATIVO | | | |
|---|---|---|---|
| **Presente** | **Passato prossimo** | **Imperfetto** | **Trapassato prossimo** |
| io ho | ho avuto | avevo | avevo avuto |
| tu hai | hai avuto | avevi | avevi avuto |
| lui ha | ha avuto | aveva | aveva avuto |
| noi abbiamo | abbiamo avuto | avevamo | avevamo avuto |
| voi avete | avete avuto | avevate | avevate avuto |
| loro hanno | hanno avuto | avevano | avevano avuto |
| **Passato remoto** | **Trapassato remoto** | **Futuro** | **Futuro anteriore** |
| io ebbi | ebbi avuto | avrò | avrò avuto |
| tu avesti | avesti avuto | avrai | avrai avuto |
| lui ebbe | ebbe avuto | avrà | avrà avuto |
| noi avemmo | avemmo avuto | avremo | avremo avuto |
| voi aveste | aveste avuto | avrete | avrete avuto |
| loro ebbero | ebbero avuto | avranno | avranno avuto |

| CONGIUNTIVO | | | |
|---|---|---|---|
| **Presente** | **Passato** | **Imperfetto** | **Trapassato** |
| io abbia | abbia avuto | avessi | avessi avuto |
| tu abbia | abbia avuto | avessi | avessi avuto |
| lui abbia | abbia avuto | avesse | avesse avuto |
| noi abbiamo | abbiamo avuto | avessimo | avessimo avuto |
| voi abbiate | abbiate avuto | aveste | aveste avuto |
| loro abbiano | abbiano avuto | avessero | avessero avuto |

| CONDIZIONALE | | IMPERATIVO | |
|---|---|---|---|
| **Presente** | **Passato** | | |
| io avrei | avrei avuto | (tu) | abbi! (*neg* non avere!) |
| tu avresti | avresti avuto | (Lei) | abbia! |
| lui avrebbe | avrebbe avuto | (noi) | abbiamo! |
| noi avremmo | avremmo avuto | (voi) | abbiate! |
| voi avreste | avreste avuto | (Loro) | abbiano! |
| loro avrebbero | avrebbero avuto | | |

| INFINITO | | PARTICIPIO | | GERUNDIO | |
|---|---|---|---|---|---|
| **Presente** | **Passato** | **Presente** | **Passato** | **Presente** | **Passato** |
| avere | avere avuto | avente (*raro*) | avuto | avendo | avendo avuto |

## ■ Coniugazione del verbo *essere*

### INDICATIVO

| Presente | | Passato prossimo | Imperfetto | Trapassato prossimo |
|---|---|---|---|---|
| io | sono | sono stato/a | ero | ero stato/a |
| tu | sei | sei stato/a | eri | eri stato/a |
| lui | è | è stato/a | era | era stato/a |
| noi | siamo | siamo stati/e | eravamo | eravamo stati/e |
| voi | siete | siete stati/e | eravate | eravate stati/e |
| loro | sono | sono stati/e | erano | erano stati/e |

| Passato remoto | | Trapassato remoto | Futuro | Futuro anteriore |
|---|---|---|---|---|
| io | fui | fui stato/a | sarò | sarò stato/a |
| tu | fosti | fosti stato/a | sarai | sarai stato/a |
| lui | fu | fu stato/a | sarà | sarà stato/a |
| noi | fummo | fummo stati/e | saremo | saremo stati/e |
| voi | foste | foste stati/e | sarete | sarete stati/e |
| loro | furono | furono stati/e | saranno | saranno stati/e |

### CONGIUNTIVO

| Presente | | Passato | Imperfetto | Trapassato |
|---|---|---|---|---|
| io | sia | sia stato/a | fossi | fossi stato/a |
| tu | sia | sia stato/a | fossi | fossi stato/a |
| lui | sia | sia stato/a | fosse | fosse stato/a |
| noi | siamo | siamo stati/e | fossimo | fossimo stati/e |
| voi | siate | siate stati/e | foste | foste stati/e |
| loro | siano | siano stati/e | fossero | fossero stati/e |

### CONDIZIONALE / IMPERATIVO

| Presente | | Passato | | | IMPERATIVO |
|---|---|---|---|---|---|
| io | sarei | sarei stato/a | | (tu) | sii! (*neg* non essere!) |
| tu | saresti | saresti stato/a | | (Lei) | sia! |
| lui | sarebbe | sarebbe stato/a | | (noi) | siamo! |
| noi | saremmo | saremmo stati/e | | (voi) | siate! |
| voi | sareste | sareste stati/e | | (Loro) | siano! |
| loro | sarebbero | sarebbero stati/e | | | |

### INFINITO / PARTICIPIO / GERUNDIO

| INFINITO | | PARTICIPIO | | GERUNDIO | |
|---|---|---|---|---|---|
| Presente | Passato | Presente | Passato | Presente | Passato |
| essere | essere stato/a/i/e | — | stato/a/i/e | essendo | essendo stato/a/i/e |

## ■ Prima coniugazione: *amare*

| INDICATIVO | | | |
|---|---|---|---|
| **Presente** | **Passato prossimo** | **Imperfetto** | **Trapassato prossimo** |
| amo | ho amato | amavo | avevo amato |
| ami | hai amato | amavi | avevi amato |
| ama | ha amato | amava | aveva amato |
| amiamo | abbiamo amato | amavamo | avevamo amato |
| amate | avete amato | amavate | avevate amato |
| amano | hanno amato | amavano | avevano amato |
| **Passato remoto** | **Trapassato remoto** | **Futuro semplice** | **Futuro anteriore** |
| amai | ebbi amato | amerò | avrò amato |
| amasti | avesti amato | amerai | avrai amato |
| amò | ebbe amato | amerà | avrà amato |
| amammo | avemmo amato | ameremo | avremo amato |
| amaste | aveste amato | amerete | avrete amato |
| amarono | ebbero amato | ameranno | avranno amato |

| CONGIUNTIVO | | | |
|---|---|---|---|
| **Presente** | **Passato** | **Imperfetto** | **Trapassato** |
| ami | abbia amato | amassi | avessi amato |
| ami | abbia amato | amassi | avessi amato |
| ami | abbia amato | amasse | avesse amato |
| amiamo | abbiamo amato | amassimo | avessimo amato |
| amiate | abbiate amato | amaste | aveste amato |
| amino | abbiano amato | amassero | avessero amato |

| CONDIZIONALE | | IMPERATIVO |
|---|---|---|
| **Presente** | **Passato** | |
| amerei | avrei amato | |
| ameresti | avresti amato | ama! (*neg* non amare!) |
| amerebbe | avrebbe amato | ami! |
| ameremmo | avremmo amato | amiamo! |
| amereste | avreste amato | amate! |
| amerebbero | avrebbero amato | amino! |

| INFINITO | | PARTICIPIO | | GERUNDIO | |
|---|---|---|---|---|---|
| **Presente** | **Passato** | **Presente** | **Passato** | **Presente** | **Passato** |
| amare | aver amato | amante | amato | amando | avendo amato |

## ■ Seconda coniugazione: *credere*

| INDICATIVO | | | |
|---|---|---|---|
| **Presente** | **Passato prossimo** | **Imperfetto** | **Trapassato prossimo** |
| credo | ho creduto | credevo | avevo creduto |
| credi | hai creduto | credevi | avevi creduto |
| crede | ha creduto | credeva | aveva creduto |
| crediamo | abbiamo creduto | credevamo | avevamo creduto |
| credete | avete creduto | credevate | avevate creduto |
| credono | hanno creduto | credevano | avevano creduto |
| **Passato remoto** | **Trapassato remoto** | **Futuro semplice** | **Futuro anteriore** |
| credei (credetti) | ebbi creduto | crederò | avrò creduto |
| credesti | avesti creduto | crederai | avrai creduto |
| credè (credette) | ebbe creduto | crederà | avrà creduto |
| credemmo | avemmo creduto | crederemo | avremo creduto |
| credeste | aveste creduto | crederete | avrete creduto |
| crederono (credettero) | ebbero creduto | crederanno | avranno creduto |

| CONGIUNTIVO | | | |
|---|---|---|---|
| **Presente** | **Passato** | **Imperfetto** | **Trapassato** |
| creda | abbia creduto | credessi | avessi creduto |
| creda | abbia creduto | credessi | avessi creduto |
| creda | abbia creduto | credesse | avesse creduto |
| crediamo | abbiamo creduto | credessimo | avessimo creduto |
| crediate | abbiate creduto | credeste | aveste creduto |
| credano | abbiano creduto | credessero | avessero creduto |

| CONDIZIONALE | | IMPERATIVO |
|---|---|---|
| **Presente** | **Passato** | |
| crederei | avrei creduto | |
| crederesti | avresti creduto | credi! (*neg* non credere!) |
| crederebbe | avrebbe creduto | creda! |
| crederemmo | avremmo creduto | crediamo! |
| credereste | avreste creduto | credete! |
| crederebbero | avrebbero creduto | credano! |

| INFINITO | | PARTICIPIO | | GERUNDIO | |
|---|---|---|---|---|---|
| **Presente** | **Passato** | **Presente** | **Passato** | **Presente** | **Passato** |
| credere | aver creduto | credente | creduto | credendo | avendo creduto |

# ■ Terza coniugazione: *finire (-isc)*

| INDICATIVO | | | |
|---|---|---|---|
| **Presente** | **Passato prossimo** | **Imperfetto** | **Trapassato prossimo** |
| finisco | ho finito | finivo | avevo finito |
| finisci | hai finito | finivi | avevi finito |
| finisce | ha finito | finiva | aveva finito |
| finiamo | abbiamo finito | finivamo | avevamo finito |
| finite | avete finito | finivate | avevate finito |
| finiscono | hanno finito | finivano | avevano finito |
| **Passato remoto** | **Trapassato remoto** | **Futuro semplice** | **Futuro anteriore** |
| finii | ebbi finito | finirò | avrò finito |
| finisti | avesti finito | finirai | avrai finito |
| finì | ebbe finito | finirà | avrà finito |
| finimmo | avemmo finito | finiremo | avremo finito |
| finiste | aveste finito | finirete | avrete finito |
| finirono | ebbero finito | finiranno | avranno finito |

| CONGIUNTIVO | | | |
|---|---|---|---|
| **Presente** | **Passato** | **Imperfetto** | **Trapassato** |
| finisca | abbia finito | finissi | avessi finito |
| finisca | abbia finito | finissi | avessi finito |
| finisca | abbia finito | finisse | avesse finito |
| finiamo | abbiamo finito | finissimo | avessimo finito |
| finiate | abbiate finito | finiste | aveste finito |
| finiscano | abbiano finito | finissero | avessero finito |

| CONDIZIONALE | | IMPERATIVO |
|---|---|---|
| **Presente** | **Passato** | |
| finirei | avrei finito | |
| finiresti | avresti finito | finisci! (*neg* non finire!) |
| finirebbe | avrebbe finito | finisca! |
| finiremmo | avremmo finito | finiamo! |
| finireste | avreste finito | finite! |
| finirebbero | avrebbero finito | finiscano! |

| INFINITO | | PARTICIPIO | | GERUNDIO | |
|---|---|---|---|---|---|
| **Presente** | **Passato** | **Presente** | **Passato** | **Presente** | **Passato** |
| finire | aver finito | finente | finito | finendo | avendo finito |

## ■ Terza coniugazione: *partire**

The conjugations of verbs like **partire** differ from the conjugation of **finire** only in the following cases:

| INDICATIVO PRESENTE | CONGIUNTIVO PRESENTE | IMPERATIVO |
|---|---|---|
| parto | parta | |
| parti | parta | parti! (*neg* non partire!) |
| parte | parta | parta! |
| partiamo | partiamo | partiamo! |
| partite | partiate | partite! |
| partono | partano | partano! |

( Verbi irregolari )

## ■ Gruppo A

Verbs that are irregular in different tenses and persons. Only the irregular forms are given.

**accadere**   *to happen* (see **cadere**)

**accogliere**   *to welcome* (see **cogliere**)

**andare**   *to go*
*Indicativo presente:*   vado, vai, va, andiamo, andate, vanno
*Futuro:*   andrò, andrai, andrà, andremo, andrete, andranno
*Condizionale:*   andrei, andresti, andrebbe, andremmo, andreste, andrebbero
*Imperativo:*   va' (vai), vada, andiamo, andate, vadano
*Congiuntivo presente:*   vada, vada, vada, andiamo, andiate, vadano

**avvenire**   *to happen* (see **venire**)

**bere**   *to drink*
*Passato remoto:*   bevvi, bevesti, bevve, bevemmo, beveste, bevvero
*Futuro:*   berrò, berrai, berrà, berremo, berrete, berranno
*Condizionale:*   berrei, berresti, berrebbe, berremmo, berreste, berrebbero
*The Latin stem*   **bev-** *is used in all other forms with regular endings.*

**cadere**   *to fall*
*Passato remoto:*   caddi, cadesti, cadde, cademmo, cadeste, caddero
*Futuro:*   cadrò, cadrai, cadrà, cadremo, cadrete, cadranno
*Condizionale:*   cadrei, cadresti, cadrebbe, cadremmo, cadreste, cadrebbero

**cogliere**   *to pick*
*Indicativo presente:*   colgo, cogli, coglie, cogliamo, cogliete, colgono
*Passato remoto:*   colsi, cogliesti, colse, cogliemmo, coglieste, colsero

*Congiuntivo presente:*  colga, colga, colga, cogliamo, cogliate, colgano
*Imperativo:*  cogli, colga, cogliamo, cogliete, colgano
*Participio passato:*  colto

---

**comparire**  *to appear*
*Indicativo presente:*  compaio, compari, compare, compariamo, comparite, compaiono
*Passato remoto:*  comparvi, comparisti, comparve, comparimmo, compariste, comparvero
*Congiuntivo presente:*  compaia, compaia, compaia, compariamo, compariate, compaiano
*Imperativo:*  compari, compaia, compariamo, comparite, compaiano
*Participio passato:*  comparso

---

**compire (compiere)**  *to complete*
*Indicativo presente:*  compio, compi, compie, compiamo, compite, compiono
*Congiuntivo presente:*  compia, compia, compia, compiamo, compiate, compiano
*Imperativo:*  compi, compia, compiamo, compite, compiano
*Participio passato:*  compiuto
*Gerundio:*  compiendo

---

**comprendere**  *to understand* (see **prendere**)

---

**contenere**  *to contain* (see **tenere**)

---

**dare**  *to give*
*Indicativo presente:*  do, dai, dà, diamo, date, danno
*Passato remoto:*  diedi (detti), desti, diede (dette), demmo, deste, diedero (dettero)
*Futuro:*  darò, darai, darà, daremo, darete, daranno
*Condizionale:*  darei, daresti, darebbe, daremmo, dareste, darebbero
*Congiuntivo presente:*  dia, dia, dia, diamo, diate, diano
*Congiuntivo imperfetto:*  dessi, dessi, desse, dessimo, deste, dessero
*Imperativo:*  da' (dai), dia, diamo, date, diano

---

**dire**  *to say*
*Indicativo presente:*  dico, dici, dice, diciamo, dite, dicono
*Imperfetto:*  dicevo, decevi, diceva, dicevamo, dicevate, dicevano
*Passato remoto:*  dissi, dicesti, disse, dicemmo, diceste, dissero
*Congiuntivo presente:*  dica, dica, dica, diciamo, diciate, dicano
*Congiuntivo imperfetto:*  dicessi, dicessi, dicesse, dicessimo, diceste, dicessero
*Imperativo:*  di', dica, diciamo, dite, dicano
*Participio passato:*  detto
*Gerundio:*  dicendo

---

**dispiacere**  *to be sorry, to mind* (see **piacere**)

---

**distrarre**  *to distract* (see **trarre**)

---

**divenire**  *to become* (see **venire**)

---

**dovere**  *to have to, must*
*Indicativo presente:*  devo (debbo), devi, deve, dobbiamo, dovete, devono (debbono)
*Futuro:*  dovrò, dovrai, dovrà, dovremo, dovrete, dovranno

*Condizionale:*  dovrei, dovresti, dovrebbe, dovremmo, dovreste, dovrebbero
*Congiuntivo presente:*  debba, debba, debba, dobbiamo, dobbiate, debbano

---

**fare**  *to do, to make*
*Indicativo presente:*  faccio, fai, fa, facciamo, fate, fanno
*Imperfetto:*  facevo, facevi, faceva, facevamo, facevate, facevano
*Passato remoto:*  feci, facesti, fece, facemmo, faceste, fecero
*Futuro:*  farò, farai, farà, faremo, farete, faranno
*Condizionale:*  farei, faresti, farebbe, faremmo, fareste, farebbero
*Congiuntivo presente:*  faccia, faccia, faccia, facciamo, facciate, facciano
*Congiuntivo imperfetto:*  facessi, facessi, facesse, facessimo, faceste, facessero
*Imperativo:*  fa' (fai), faccia, facciamo, fate, facciano
*Participio passato:*  fatto
*Gerundio:*  facendo

---

**godere**  *to enjoy*
*Futuro:*  godrò, godrai, godrà, godremo, godrete, godranno
*Condizionale:*  godrei, godresti, godrebbe, godremmo, godreste, godrebbero

---

**imporre**  *to impose* (see **porre**)

---

**intervenire**  *to intervene* (see **venire**)

---

**introdurre**  *to introduce* (see **tradurre**)

---

**mantenere**  *to maintain* (see **tenere**)

---

**morire**  *to die*
*Indicativo presente:*  muoio, muori, muore, moriamo, morite, muoiono
*Congiuntivo presente:*  muoia, muoia, muoia, moriamo, moriate, muoiano
*Imperativo:*  muori, muoia, moriamo, morite, muoiano
*Participio passato:*  morto

---

**opporre**  *to oppose* (see **porre**)

---

**parere**  *to appear*
*Indicativo presente:*  paio, pari, pare, paiamo, parete, paiono
*Passato remoto:*  parvi, paresti, parve, paremmo, pareste, parvero
*Futuro:*  parrò, parrai, parrà, parremo, parrete, parranno
*Condizionale:*  parrei, parresti, parrebbe, parremmo, parreste, parrebbero
*Congiuntivo presente:*  paia, paia, paia, paiamo (pariamo), paiate, paiano
*Imperativo:*  pari, paia, paiamo, parete, paiano
*Participio passato:*  parso

---

**piacere**  *to please*
*Indicativo presente:*  piaccio, piaci, piace, piacciamo, piacete, piacciono
*Passato remoto:*  piacqui, piacesti, piacque, piacemmo, piaceste, piacquero
*Congiuntivo presente:*  piaccia, piaccia, piaccia, piacciamo, piacciate, piacciano
*Imperativo:*  piaci, piaccia, piacciamo, piacete, piacciano
*Participio passato:*  piaciuto

---

**porre**   *to put*
*Indicativo presente:*   pongo, poni, pone, poniamo, ponete, pongono
*Passato remoto:*   posi, ponesti, pose, ponemmo, poneste, posero
*Congiuntivo presente:*   ponga, ponga, ponga, poniamo, poniate, pongano
*Imperativo:*   poni, ponga, poniamo, ponete, pongano
*Participio passato:*   posto
*Gerundio:*   ponendo

**possedere**   *to own, to possess* (see **sedere**)

**potere**   *to be able to, can*
*Indicativo presente:*   posso, puoi, può, possiamo, potete, possono
*Futuro:*   potrò, potrai, potrà, potremo, potrete, potranno
*Condizionale:*   potrei, potresti, potrebbe, potremmo, potreste, potrebbero
*Congiuntivo presente:*   possa, possa, possa, possiamo, possiate, possano

**prevedere**   *to foresee* (see **vedere**)

**ridurre**   *to change* (see **tradurre**)

**riempire**   *to fill*
*Indicativo presente:*   riempio, riempi, riempie, riempiamo, riempite, riempiono
*Congiuntivo presente:*   riempia, riempia, riempia, riempiamo, riempiate, riempiano
*Imperativo:*   riempi, riempia, riempiamo, riempite, riempiano

**rifare**   *to redo* (see **fare**)

**rimanere**   *to remain*
*Indicativo presente:*   rimango, rimani, rimane, rimaniamo, rimanete, rimangono
*Passato remoto:*   rimasi, rimanesti, rimase, rimanemmo, rimaneste, rimasero
*Futuro:*   rimarrò, rimarrai, rimarrà, rimarremo, rimarrete, rimarranno
*Condizionale:*   rimarrei, rimarresti, rimarrebbe, rimarremmo, rimarreste, rimarrebbero
*Congiuntivo presente:*   rimanga, rimanga, rimanga, rimaniamo, rimaniate, rimangano
*Imperativo:*   rimani, rimanga, rimaniamo, rimanete, rimangano
*Participio passato:*   rimasto

**riuscire**   *to succeed* (see **uscire**)

**rivedere**   *to see again* (see **vedere**)

**salire**   *to go up*
*Indicativo presente:*   salgo, sali, sale, saliamo, salite, salgono
*Congiuntivo presente:*   salga, salga, salga, saliamo, saliate, salgano
*Imperativo:*   sali, salga, saliamo, salite, salgano

**sapere**   *to know*
*Indicativo presente:*   so, sai, sa, sappiamo, sapete, sanno
*Passato remoto:*   seppi, sapesti, seppe, sapemmo, sapeste, seppero
*Futuro:*   saprò, saprai, saprà, sapremo, saprete, sapranno
*Condizionale:*   saprei, sapresti, saprebbe, sapremmo, sapreste, saprebbero

*Congiuntivo presente:*   sappia, sappia, sappia, sappiamo, sappiate, sappiano
*Imperativo:*   sappi, sappia, sappiamo, sappiate, sappiano

---

**scegliere**   *to choose*
*Indicativo presente:*   scelgo, scegli, sceglie, scegliamo, scegliete, scelgono
*Passato remoto:*   scelsi, scegliesti, scelse, scegliemmo, sceglieste, scelsero
*Congiuntivo presente:*   scelga, scelga, scelga, scegliamo, scegliate, scelgano
*Imperativo:*   scegli, scelga, scegliamo, scegliete, scelgano
*Participio passato:*   scelto

---

**sciogliere**   *to dissolve*
*Indicativo presente:*   sciolgo, sciogli, scioglie, sciogliamo, sciogliete, sciolgono
*Passato remoto:*   sciolsi, sciogliesti, sciolse, sciogliemmo, scioglieste, sciolsero
*Congiuntivo presente:*   sciolga, sciolga, sciolga, sciogliamo, sciogliate, sciolgano
*Imperativo:*   sciogli, sciolga, sciogliamo, sciogliete, sciolgano
*Participio passato:*   sciolto

---

**scomparire**   *to disappear*
*Indicativo presente:*   scompaio, scompari, scompare, scompariamo, scomparite, scompaiono
*Passato remoto:*   scomparvi, scomparisti, scomparve, scomparimmo, scompariste, scomparvero
*Congiuntivo presente:*   scompaia, scompaia, scompaia, scompariamo, scompariate, scompaiano
*Imperativo:*   scompari, scompaia, scompariamo, scomparite, scompaiano
*Participio passato:*   scomparso

---

**scomporsi**   *to lose one's calm* (see **porre**)

---

**sedere**   *to sit*
*Indicativo presente:*   siedo (seggo), siedi, siede, sediamo, sedete, siedono (seggono)
*Congiuntivo presente:*   sieda, sieda, sieda (segga), sediamo, sediate, siedano (seggano)
*Imperativo:*   siedi, sieda (segga), sediamo, sedete, siedano (seggano)

---

**sostenere**   *to support, to maintain* (see **tenere**)

---

**stare**   *to stay*
*Indicativo presente:*   sto, stai, sta, stiamo, state, stanno
*Passato remoto:*   stetti, stesti, stette, stemmo, steste, stettero
*Futuro:*   starò, starai, starà, staremo, starete, staranno
*Condizionale:*   starei, staresti, starebbe, staremmo, stareste, starebbero
*Congiuntivo presente:*   stia, stia, stia, stiamo, stiate, stiano
*Congiuntivo imperfetto:*   stessi, stessi, stesse, stessimo, steste, stessero
*Imperativo:*   sta' (stai), stia, stiamo, state, stiano

---

**supporre**   *to suppose* (see **porre**)

---

**tacere**   *to be silent*
*Indicativo presente:*   taccio, taci, tace, taciamo, tacete, tacciono
*Passato remoto:*   tacqui, tacesti, tacque, tacemmo, taceste, tacquero
*Congiuntivo presente:*   taccia, taccia, taccia, tacciamo, tacciate, tacciano
*Imperativo:*   taci, taccia, taciamo, tacete, tacciano
*Participio passato:*   taciuto

---

**tenere**  *to keep*
*Indicativo presente:*    tengo, tieni, tiene, teniamo, tenete, tengono
*Passato remoto:*    tenni, tenesti, tenne, tenemmo, teneste, tennero
*Futuro:*   terrò, terrai, terrà, terremo, terrete, terranno
*Condizionale:*   terrei, terresti, terrebbe, terremmo, terreste, terrebbero
*Congiuntivo presente:*   tenga, tenga, tenga, teniamo, teniate, tengano
*Imperativo:*   tieni, tenga, teniamo, tenete, tengano

---

**togliere**    *to remove* (see **cogliere**)

---

**tradurre**    *to translate*
*Indicativo presente:*    traduco, traduci, traduce, traduciamo, traducete, traducono
*Imperfetto:*    traducevo, traducevi, traduceva, traducevamo, traducevate, traducevano
*Passato remoto:*    tradussi, traducesti, tradusse, traducemmo, traduceste, tradussero
*Congiuntivo presente:*    traduca, traduca, traduca, traduciamo, traduciate, traducano
*Congiuntivo imperfetto:*    traducessi, traducessi, traducesse, traducessimo, traduceste, traducessero
*Imperativo:*   traduci, traduca, traduciamo, traducete, traducano
*Participio passato:*   tradotto
*Gerundio:*   traducendo

---

**trarre**    *to take out*
*Indicativo presente:*    traggo, trai, trae, traiamo, traete, traggono
*Imperfetto:*    traevo, traevi, traeva, traevamo, traevate, traevano
*Passato remoto:*    trassi, traesti, trasse, traemmo, traeste, trassero
*Futuro:*    trarrò, trarrai, trarrà, trarremo, trarrete, trarranno
*Condizionale:*    trarrei, trarresti, trarrebbe, trarremmo, trarreste, trarrebbero
*Congiuntivo presente:*    tragga, tragga, tragga, traiamo, traiate, traggano
*Congiuntivo imperfetto:*    traessi, traessi, traesse, traessimo, traeste, traessero
*Imperativo:*    trai, tragga, traiamo, traete, traggano
*Participio passato:*    tratto
*Gerundio:*    traendo

---

**trattenere**    *to hold back* (see **tenere**)

---

**udire**    *to hear*
*Indicativo presente:*    odo, odi, ode, udiamo, udite, odono
*Congiuntivo presente:*    oda, oda, oda, udiamo, udiate, odano
*Imperativo:*    odi, oda, udiamo, udite, odano

---

**uscire**    *to go out*
*Indicativo presente:*    esco, esci, esce, usciamo, uscite, escono
*Congiuntivo presente:*    esca, esca, esca, usciamo, usciate, escano
*Imperativo:*    esci, esca, usciamo, uscite, escano

---

**vedere**    *to see*
*Passato remoto:*    vidi, vedesti, vide, vedemmo, vedeste, videro
*Futuro:*    vedrò, vedrai, vedrà, vedremo, vedrete, vedranno
*Condizionale:*    vedrei, vedresti, vedrebbe, vedremmo, vedreste, vedrebbero
*Participio passato:*    visto (veduto)

---

**venire**   *to come*
*Indicativo presente:*   vengo, vieni, viene, veniamo, venite, vengono
*Passato remoto:*   venni, venisti, venne, venimmo, veniste, vennero
*Futuro:*   verrò, verrai, verrà, verremo, verrete, verranno
*Condizionale:*   verrei, verresti, verrebbe, verremmo, verreste, verrebbero
*Congiuntivo presente:*   venga, venga, venga, veniamo, veniate, vengano
*Imperativo:*   vieni, venga, veniamo, venite, vengano
*Participio passato:*   venuto

---

**vivere**   *to live*
*Passato remoto:*   vissi, vivesti, visse, vivemmo, viveste, vissero
*Futuro:*   vivrò, vivrai, vivrà, vivremo, vivrete, vivranno
*Condizionale:*   vivrei, vivresti, vivrebbe, vivremmo, vivreste, vivrebbero
*Participio passato:*   vissuto

---

**volere**   *to want*
*Indicativo presente:*   voglio, vuoi, vuole, vogliamo, volete, vogliono
*Passato remoto:*   volli, volesti, volle, volemmo, voleste, vollero
*Futuro:*   vorrò, vorrai, vorrà, vorremo, vorrete, vorranno
*Condizionale:*   vorrei, vorresti, vorrebbe, vorremmo, vorreste, vorrebbero
*Congiuntivo presente:*   voglia, voglia, voglia, vogliamo, vogliate, vogliano
*Imperativo:*   vogli, voglia, vogliamo, vogliate, vogliano

## ■ Gruppo B

These verbs are irregular only in the **passato remoto** and/or the **participio passato.** Regular forms are given in parentheses.

| | | PASSATO REMOTO | PARTICIPIO PASSATO |
|---|---|---|---|
| **accendere** | *to light* | accesi | acceso |
| **accorgersi** | *to notice* | accorsi | accorto |
| **appendere** | *to hang* | appesi | appeso |
| **aprire** | *to open* | (aprii) | aperto |
| **assistere** | *to help* | (assistei) | assistito |

| | | PASSATO REMOTO | PARTICIPIO PASSATO |
|---|---|---|---|
| **attendere** | *to wait* | attesi | atteso |
| **chiedere** | *to ask* | chiesi | chiesto |
| **chiudere** | *to close* | chiusi | chiuso |
| **concludere** | *to conclude* | conclusi | concluso |
| **confondere** | *to confuse* | confusi | confuso |
| **conoscere** | *to know* | conobbi | (conosciuto) |
| **coprire** | *to cover* | (coprii) | coperto |
| **correggere** | *to correct* | corressi | corretto |
| **correre** | *to run* | corsi | corso |
| **crescere** | *to grow* | crebbi | (cresciuto) |
| **decidere** | *to decide* | decisi | deciso |
| **difendere** | *to defend* | difesi | difeso |

| | | | |
|---|---|---|---|
| **dipendere** | *to depend* | dipesi | dipeso |
| **dipingere** | *to paint* | dipinsi | dipinto |
| **discutere** | *to discuss* | discussi | discusso |
| **distruggere** | *to destroy* | distrussi | distrutto |
| **dividere** | *to divide* | divisi | diviso |
| **esplodere** | *to explode* | esplosi | esploso |
| **esprimere** | *to express* | espressi | espresso |
| **evadere** | *to escape* | evasi | evaso |
| **fingere** | *to pretend* | finsi | finto |
| **giungere** | *to arrive* | giunsi | giunto |
| **illudersi** | *to delude oneself* | illusi | illuso |
| **insistere** | *to insist* | (insistei) | insistito |
| **leggere** | *to read* | lessi | letto |
| **mettere** | *to put* | misi | messo |
| **muovere** | *to move* | mossi | mosso |
| **nascere** | *to be born* | nacqui | nato |
| **nascondere** | *to hide* | nascosi | nascosto |
| **offendere** | *to offend* | offesi | offeso |
| **offrire** | *to offer* | (offrii) | offerto |
| **perdere** | *to lose* | persi (perdei) (perdetti) | perso (perduto) |
| **persuadere** | *to persuade* | persuasi | persuaso |
| **piangere** | *to cry* | piansi | pianto |
| **piovere** | *to rain* | piovve | (piovuto) |
| **porgere** | *to hand* | porsi | porto |
| **prendere** | *to take* | presi | preso |
| **reggere** | *to govern* | ressi | retto |
| **rendere** | *to give back* | resi | reso |
| **resistere** | *to resist* | (resistei) | resistito |
| **ridere** | *to laugh* | risi | riso |
| **risolvere** | *to solve* | risolsi (risolvei) (risolvetti) | risolto |
| **rispondere** | *to answer* | risposi | risposto |
| **rompere** | *to break* | ruppi | rotto |
| **scendere** | *to descend* | scesi | sceso |
| **scoprire** | *to discover* | (scoprii) | scoperto |
| **scrivere** | *to write* | scrissi | scritto |
| **scuotere** | *to shake* | scossi | scosso |
| **soffrire** | *to suffer* | (soffrii) | sofferto |
| **sorgere** | *to rise* | sorsi | sorto |
| **sospendere** | *to suspend* | sospesi | sospeso |
| **spegnere** | *to turn off* | spensi | spento |
| **spendere** | *to spend (money)* | spesi | speso |
| **spingere** | *to push* | spinsi | spinto |
| **stendere** | *to stretch out* | stesi | steso |
| **succedere** | *to happen* | successi | successo |
| **tendere** | *to hold out* | tesi | teso |
| **trascorrere** | *to spend (time)* | trascorsi | trascorso |
| **uccidere** | *to kill* | uccisi | ucciso |
| **vincere** | *to win* | vinsi | vinto |

An asterisk (*) before a verb indicates that the verb requires **essere** in compound tenses; **(isc)** after an **-ire** verb indicates that the verb is conjugated with **-isc-** in the present indicative, present subjunctive, and imperative.

A dash (—) in a phrase indicates that the Italian word appears therein in its basic form, with no article. Articles and changes in form are indicated.

In Italian words of two or more syllables, the stress usually falls on the next-to-last syllable. Exceptions to this rule are indicated by a line below the vowel of the syllable to be stressed.

## ABBREVIATIONS

| | | | | | |
|---|---|---|---|---|---|
| *adj* | adjective | *inf* | infinitive | *pp* | past participle |
| *adv* | adverb | *interj* | interjection | *pr* | passato remoto |
| *conj* | conjunction | *inv* | invariable | *prep* | preposition |
| *def art* | definite article | *m* | masculine | *subj* | subjunctive |
| *f* | feminine | *pl* | plural | | |

### A

**abbagliare**  to dazzle
**abbandonare (gli studi)**  to leave, to drop (out of school)
**abbastanza**  enough
**l'abbazia**  abbey
**l'abbigliamento**  clothing; **curare —** to pay attention to your image
**abbracciare**  to embrace
**l'abbraccio**  embrace
**abitare**  to live, reside; **— con i miei** to live with my parents
**l'abitazione**  dwelling
**abituarsi (a)**  to get used (to); **abituato a** used to, in the habit of
**l'abitudine**  habit; **— di provincia** the provincial customs
**l'abnegazione**  self-denial
**abusivo**  unauthorized
***accadere (pr accaddi)**  to happen
**accanto**  nearby; **— a** (*prep*) near
**accatastare**  to stack
**accelerare**  to accelerate
**accendere (pp acceso; pr accesi)**  to light; to turn on; **— un mutuo** to obtain a mortgage
**l'accendino (l'accendisigari)**  lighter
**accennare**  to nod
**acceso**  turned on
**accettare (di + inf)**  to accept
**accidenti!**  darn it!
**l'accoglienza**  reception
**accogliere (pp accolto; pr accolsi)**  to receive, to welcome
**accompagnare**  to accompany
**accontentarsi**  to be content with
**accordo**  agreement; **d'—!** agreed! **essere d'—** to be in agreement;

**andare d'—** to get along; ***mettersi d'—** to come to an agreement
***accorgersi (di) (pp accorto; pr accorsi)**  to notice, realize
**l'accudimento dei figli**  to take care of one's children
**acerbo**  green, unripe
**l'acquisto**  purchase; **il buono —** store credit; **fare —** to go shopping
**adagio**  slowly
**adattarsi**  to adapt oneself; **— all nuova cultura** to adapt to a new culture
**adatto**  appropriate
**addio**  farewell
**addirittura**  simply
***addormentarsi**  to fall asleep
**addossare**  to lean; **— a** to lean against; **— sul baratro** to lean over the precipice
**adeguarsi**  to adapt oneself
**adesso**  now
**adolesente**  adolescent; **l'adolescenza** adolescence
**adoperare**  to use
**adulto**  adult
**l'afa**  muggy (weather)
**affacciarsi**  to appear (at the window); to overlook
**affannosamente**  breathlessly
**l'affare (m)**  business, bargain
**affascinante**  fascinating
**affermare**  to state; **— se stessi** to assert oneself
**l'affermazione (f)**  statement
**affetto (m)**  affection
**affezionato (a)**  font (of)
**affidare**  to entrust
**affinché**  in order that, so that

**affittare**  to rent
**l'affitto**  rent; **prendere in — (una casa, un camper)** to rent (as renter) (a house, a camper); **il costo mensile dell'—** monthly rent
***affrettarsi**  to hasten, rush
**affrontare**  to face, to confront
**l'agenzia**  agency; **— immobiliare** real estate agency
**aggiungere (pp aggiunto; pr aggiunsi)**  to add
**l'agriturismo**  vacation on a farm
**ahimé**  alas
**aiutare (a + inf)**  to help
**l'aiuto**  help
**l'ala**  wing; **un batter d'ali** the noise of wings
**l'alba**  dawn
**l'albergo**  hotel
**l'albero**  tree
**l'alcolico**  alcoholic drink
***allarmarsi**  to become alarmed
**allegro**  cheerful; **essere —** to be happy
**l'allenamento**  training
***allenarsi (con la squadra)**  to practice (with the team)
**allenato**  "in condition"; **essere —** to be in shape
**l'allenatore (m)**  coach
**allentare**  to loosen
**l'allestimento della mostra**  exhibition preparation
**allestire**  to prepare; **— il presepe** to prepare the Nativity scene
**l'alloggio**  dwelling
**allora**  then
**almeno**  at least
**l'alone**  halo

**alto**    tall, high; **in —** high up

**l'alto**    high point

**altrettanto**    as much, as many

**altrimenti**    otherwise

**l'alunno/a**    student

**alzare**    to raise; *alzarsi to get up, stand up; **essere alzato/a** to be up; **stare alzato** to stay up

**amare**    to love

**ambientale**    environmental

**l'ambientalista**    environmentalist

**l'ambiente** (*m*)    environment

**l'ambulanza**    ambulance

**a meno che non**    unless

**l'amica** (*f* )    friend; **la migliore —** best friend

**l'amicizia**    friendship; **fare —** to make friends

**l'amico** (*m*)    (*pl* gli **amici**) friend; **il migliore —** best friend

*ammalarsi    to get sick

**ammantarsi**    to cover/wrap oneself

**ammazzare**    to kill

**l'ammazzacaffè**    "coffee-killer"/ digestif (such as **limoncello, grappa, amaro**)

**ammettere** (*pp* **ammesso**; *pr* **ammisi**)    to admit

**l'amministratore/la amministratrice delegato/a**    managing director

**l'amministrazione aziendale**    business administrator

**ammirazione**    admiration

**ammucchiano**    piling up

**l'amore** (*m*)    love; **per l' — del cielo!** for heaven's sake!; **— proprio** pride

**anche**    also, too; even; **— se** even if

**ancora**    still, yet, again

*andare    to go; *andarsene to leave, go away; **— ad affacciarsi al davanzale** to go to the windowsill;**— a correre** to go running; **— a pescare** to go fishing; **— a piedi** to go on foot; **— a sciare** to go skiing; **— a trovare** to visit; **— in barca a vela** to go sailing; **— in bici** to go bicycle riding; **— in giro per negozi** to go shopping; **— in moto** to go motorcycle riding; **— in pensione** to retire; **— in rovina** to decay; **— via di casa** to leave home

**l'anello**    ring

**l'anfiteatro (romano)**    (Roman) amphitheater

**l'angolo**    corner

**angosciato**    worried, distressed

**l'anima/l'animo**    soul

**l'animatore**    organizer of activities

**l'anno**    year; **— accademico** the academic year

*annoiarsi    to get bored

**annoiato**    bored

**annunciare**    to announce

**l'annuncio**    announcement; want ad

**l'ansia**    anxiety, anxiousness

**ansimante**    panting

**ansimare**    to gasp/pant

**l'anticipo**    advance; **in —** in advance; **organizzarsi in —** to organize oneself/plan ahead

**l'anticipo**    deposit

**antico**    ancient, antique

**l'anticoncezionale** (*m*)    contraceptive

**l'antipatia**    dislike

**antipatico**    disagreeable, unpleasant, not likeable; **essere — a** not to please

**anzi**    rather; on the contrary

**aperto**    open; **— 24 ore su 24** open 24 hours a day; **all' —** outdoor; **— tutti i giorni** open every day

**apparecchiare (la tavola)**    to set (the table)

**l'apparecchio**    device

*apparire (*pp* **apparso**; *pr* **apparvi**)    to appear

**l'appartamento** apartment; **— di tre vani** a three-bedroom apartment

**l'appartenere** (*pr* **appartenni**)    to belong

**appassionato**    fan

**l'appello**    exam session; roll call; appeal

**appena**    just, just barely; as soon as

**appendere** (*pp* **appeso**; *pr* **appesi**)    to hang

**l'appetito**    appetite; **— vien mangiando** appetite comes with eating

*appiattirsi    to flatten oneself

**applicare**    to fit

*appoggiarsi (a)    to lean (on)

**l'appoggio**    support

**apposta**    on purpose

**apprendere** (*pp* **appreso**; *pr* **appresi**)    to learn

**apprezzare**    to appreciate

**approfittare**    to take advantage

**l'appuntamento**    appointment, date

**appunto**    precisely; **per l'appunto** precisely

**l'appunto**    note

**aprire** (*pp* **aperto**)    to open

**l'archeologo**    archeologist

**ardimento velleitario**    fanciful boldness

**l'area commerciale**    shopping area

**l'arena**    arena

**l'argento**    silver

**argomentare**    to argue

**l'argomento**    subject, topic; proof, reasoning

**l'aria**    air

**l'arma** (*pl* **le armi**)    arm, weapon

**l'armadio**    wardrobe

**armato**    armed

*arrabbiarsi    to get angry

**arrampicare** to climb

*arrangiarsi to get by

**arrestare** to stop; **fino a non —si** until it stops

*arrivare    to arrive

**l'arrivo**    arrival

*arrossire (isc)    to blush

**l'arte** (*f* )    art; **visitare la mostra d' —** to visit an art exhibition

**l'articolo**    article; item; **articoli sportivi** sporting goods

**l'artigianato**    craftsmanship

**artistico**    artistic

**l'ascensore** (*m*)    elevator

**l'asciugamano**    towel

*asciugarsi    to dry, wipe oneself

**asciutto**    dry

**a seconda di**    according to

**l'asilo**    kindergarten; **— nido** nursery school

**l'asinello**    donkey

**ascoltare**    to listen, listen to; **— musica all'aperto** to attend an open-air concert

**aspettare**    to wait (for), expect; **aspettarsi** to expect; **fare —** to keep waiting

**l'aspettativa**    expectation

**assaggiare**    to taste

**l'assegno**    check

**assicurare**    to assure; **assicurarsi che** (+ *subj*) to make sure

**le assicurazioni**    insurance

**l'assistente universitario** (assistant)    lecturer: in the Italian university system, assists the primary professor of a course

**assistere (a)** (*pp* **assistito**)    to attend

**assolutamente da non perdere**    not to be missed

**assoluto**    absolute

**assomigliare (a)**    to resemble

**assumere** (*pp* **assunto**; *pr* **assunsi**)    to hire, to take on

**l'astuzia**    craftiness; **le piccole astuzie** little forms of wit

**ateo**    atheist

**l'atleta** (*m or f* )    athlete

**attaccare**    to attack; **— discorso** to strike up a conversation

**attendere** (*pp* **atteso**; *pr* **attesi**)    to wait (for)

**attento**    attentive; **stare —** to pay attention

**l'attenzione** (*f* )    attention; **fare —** to pay attention; **—!** watch it!

**l'attesa**    wait

**attiguo (a)** attached (to)
**le attività ricreative** diversions
**l'atto** act, action
**l'attore/l'attrice** actor/actress
**attorno** around; **— a** (*prep*) around
**attraversare** to cross
**l'attrezzatura** equipment/facility
**l'attrice** (*f*) actress
**attuale** contemporary, present
**l'attualità** current events
**attualmente** at present
**augurare** to wish; **augurarsi** to hope
**l'augurio** good wish
**l'aula** classroom
**aumentare** to raise, increase
**l'aumento** raise, increase
**autentico** authentic
**l'autista** (*m or f*) driver
**l'autobus (il bus)** bus
**l'automobile** (*f*) (**l'auto** *f*) car; **— di lusso** luxury car; **— elettrica** electric car; **— ibrida** hybrid car;
**l'automobilista** (*m or f*) motorist
**l'autopubblica** taxi
**l'autore** author
**l'autostrada** highway
**avanti** forward; come on; **— !** come in!; **andare —** to go on, go ahead
**avanzare** to advance
**avaro** miserly
**avere** (*pr ebbi*) to have; **avercela con** to be angry at, bear a grudge against; **— alterne fortune** to have ups and downs; **— anni** to have years; **— bisogno di** to need/want; **— caldo** to be hot; **— fame** to be hungry; **— una fame da lupo** to be hungry like a wolf; **— freddo** to be cold;— **fretta** to be in a hurry; **— paura** to be afraid; **— ragione** to be right; **— sapere di** to taste of; **— sete** to be thirsty; **— sonno** to be sleepy; **— torto** to be wrong; **— un profilo personale** to have a profile; **— voglia di** to want
***avvenire** (*pp avvenuto; pr avvenni*) to happen
**l'avvenire** (*m*) future; **un giorno —** a day to come
**l'avena** oats
***avverarsi** to come true
**avvertire** to inform, warn
**avviarsi** to start out, set out
**avvicinarsi (a)** to approach, go near
**l'avvocato** lawyer
**l'azienda** business, firm

### B

**il babbo** father, dad
**baciare** to kiss
**il bacio** kiss

**il bagagliaio** trunk
**bagnato** wet
**il bagno** bath; bathroom; **fare il —** to take a bath
**il balcone** balcony
**ballare** to dance
**il ballo** dance
**balzare** to jump
**il bambino/la bambina** child
**la bambola** doll
**il banano** banana tree
**la banca** bank; **andare in banca** to go to the bank
**la bancarella** market stall; **— di frutta** fruit stand
**il bar** café; bar
**il baratro** precipice
**un barbagianni** nocturnal rapacious bird
**la barca** boat; **— a vela** sailboat; **andare in — a vela** to go sailing
**il barista** bartender
**barocco** Baroque
**la barzelletta** joke
**la basilica** basilica
**basso** low, short
**il basso** low point
**basta** enough
***bastare** to suffice, last, be enough
**il bastimento** ship
**bastonare** to beat with a stick
**il bastone** stick; **— da passeggio** walking stick
**battere** to beat; **battersi per** to fight for; **— il pugno** to thump the table
**il bebé** baby
**il bed and breakfast** bed and breakfast
**beffarsi di** to make fun of
**belare** to bleat
**la bellezza** beauty; **che —!** how nice!
**bello** beautiful, fine; **fa —** the weather is nice
**benché** although
**bene** well
**il bene** good; **fare del —** to do good
**beninteso** needless to say, of course
**la benzina** gasoline
**il benzinaio** gas station attendant
**berlo nell'aria** (*idiom*) breathe it in the air
**bere** (*pp bevuto; pr bevvi*) to drink
**le bevande** drinks
**bianco** white
**la biblioteca** library
**il bicchiere** glass
**la bicicletta** bicycle; ***muoversi in —** to get around by bicycle
**la biga** chariot
**il biglietto** ticket
**la biglietteria** ticket counter

**il bilancio** budget
**il bilocale** a two-bedroom apartment
**il bimbo/a bimba** child
**il binomio** a pair of names
**biodegradabile** biodegradable
**biologico** organic
**biondo** blond
**la birra** beer
**il (bis)nonno/la (bis)nonna** (great-) grandfather/grandmother
**il bisogno** need; **avere — di** to need
**la bistecca** beefsteak
***bloccarsi** to get stuck
**blu** (*inv*) blue
**la bocca** mouth
**bocciare** to flunk, to fail; to repeat a year (of school)
**la bolleta** bill
**bollito** boiled
**il borgo** village
**la borsa** purse; **— di studio** scholarship; **o la — o la vita!** either your money or your life!
**la bottiglieria** liquor store
**la boutique d'alta moda** high-fashion boutique
**il box** car garage
**il braccio** (*pl le braccia*) arm; **a braccetto** arm-in-arm
**il brano** passage, selection
**bravo** good, clever, skillful; **fare il — (la brava)** to be a good boy (good girl)
**breve** short, brief; **in —** in a short time
**il brigante** bandit
**brillante** shiny
**il brivido** shiver; **avere i brividi** to shiver
**brontolando** grumbling
**il bronzo** bronze
**bruno** dark-haired; dark
**brusco** abrupt; brusque
**brutto** ugly; **fa —** the weather is bad
**il buco** hole
**il bue** ox
**buffo** funny
**la bugia** lie
**bugiardo** insincere
**il bugiardo** liar
**buio** dark
**il buio** dark, darkness; **al —** in the dark
**il buongustaio** one that has good taste in food
**buono** (*adj.*) good
**il burro** butter
**il burrone** ravine
**bussare** to knock

il **busto**   bust
la **busta**   bag; envelope
**buttare** (\***buttarsi**)   to throw; — **giù**
 to jot down

## C

il **cacao**   cocoa
la **caccia**   hunting, hunt; chase;
 **andare a** — to go hunting; **dare la**
 — **a** to chase
**cacciare**   to throw out
il **cacciatore**   hunter
\***cadere** (*pr* **caddi**)   to fall; — **a piombo**
 to fall heavily, suddenly
il **caffè**   coffee; coffee shop, café; —
 **corretto** espresso "corrected" with
 liquor; — **macchiato** espresso
 "spotted" with milk; **prednere** — to
 have coffee
la **caffeina**   caffeine
la **calamita**   magnet
**calare**   to drop, lower
il **calcio**   kick; soccer; **dare un** — **a** to
 kick; **giocare a** — to play soccer
**caldo**   hot, warm
il **caldo**   heat; **avere** — to be hot; **fa** —
 it is hot (weather)
la **calma**   calm
il **calore**   warmth
la **calza**   sock, stocking
la **calzoleria**   shoe store
i **calzoni**   pants, trousers
**cambiare**   to change, alter something;
 to exchange; to become different;
 — **casa** to move; — **idea** to change
 one's mind; \***cambiarsi** to change
 one's clothes
il **cambiamento**   change, alteration
il **cambio**   exchange rate, financial
 transaction; **in** — in return
la **camera**   room; — **da bagno**
 bathroom; — **da gioco** playroom;
 — **da letto** bedroom; — **singola/**
 **doppia** a one-/two-bed room
la **cameriera**   waitress, maid
il **cameriere**   waiter
la **camicetta**   blouse
la **camicia**   shirt
**camminare**   to walk
il **camion**   truck
la **campagna**   country, countryside;
 **in** — in (to) the country
il **campanile**   bell tower
il **camper**   camper
il **campionato**   championship
il **campione**   champion
il **campo**   field
il **cane**   dog
il/la **cantante**   singer
la **cantina**   cellar, basement
il **canto**   singing

la **canzone**   song
**capace** (**di** + *inf*)   capable
i **capelli**   hair; — **a spazzola** crew cut
**capire** (**isc**)   to understand
la **capitale**   capital (city)
\***capitare**   to happen; — **dentro** to
 happen to go inside
il **capo**   head; chief, boss; **da** — from
 the beginning
il **cappello**   hat
il **cappotto**   winter coat
la **capra**   goat
la **caramella**   candy
il **carattere**   disposition
il **cardellino**   goldfinch
**carico** (*pl* **carichi**)   loaded, burdened
la **carità**   charity; **per** — ! for goodness'
 sake!
la **carne**   meat; flesh; — **bovina**
 beef; — **ovina** lamb; **di** — **e ossa**
 meat and bone meal
**caro**   dear; expensive
il **caroprezzi**   high costs
il **carovita**   high cost of living
la **carriera**   career; **la donna in** —
 career woman
la **carrozzeria**   body (of a car)
la **carta**   paper; card; — **Bancomat**
 debit card; — **di credito** credit card;
 **giocare a carte** to play cards
la **carta** (**geografica**), la **cartina**   map
il **cartellino dei prezzi**   price tag
il **cartello**   sign (written or printed)
il **cartellone**   billboard
la **cartolina**   postcard
il/la **cartomante**   fortune teller
i **cartoni animati**   cartoons
la **casa**   house, home; **a** (**in**) — at
 home; **a** — **di** at, to the house of; —
 **di riposo** nursing home; — **dello**
 **studente** student hall of residence;
 — **ecologica** eco-friendly house;
 **rimanere/stare a** — to stay home;
 — **signorile** stately home
la **casalinga**   housewife
il **casermone**   barrack-like buildings
**cascare**   to fall down; — **fulminato** to
 fall shot to death
il **casco**   helmet
il **caso**   case; chance; event; **a** — at
 random; **fare** — **a** to pay attention
 to; **per** — by chance
il **casolare**   cottage
la **cassa**   checkout counter
la **cassetta**   tape; — **della posta/delle**
 **lettere** mail-box
**cassiere**   cashier
il **castello**   castle
la **categoria**   category
la **cattedra**   teacher's desk
la **cattedrale**   cathedral

**cattivo** (*adj*)   bad
la **causa**   cause, reason; **a** — **di**
 because of
il **cavallo**   horse; **andare a** — to ride
 a horse
**cavare**   to take out; **cavarsela** to get
 by, to manage
il **cavolo**   cabbage
**cc**   cubic centimeter
**celebrare**   to celebrate
**celebre**   famous
**celibe**   single (man)
la **cena**   supper; **fare una** — **con i**
 **fiocchi** to prepare an excellent
 dinner
**cenare**   to have supper
**un cenno del capo**   a nod of the head
**cenntellinando**   rationing
il **centesimo**   cent
il **centro**   center; **in** — downtown;
 — **commerciale** mall; — **storico**
 historical city center
**cercare**   to look for; — **di** (+ *inf*) to try
il **cerino**   match
**certo**   certain; certainly
la **certosa**   monastery
il **cervo**   deer, venison
**cessare** (**di** + *inf*)   to stop, cease
la **cesta**   hamper
il **cestello**   basket
il **cestino**   small basket
il **cetriolo**   cucumber
**chattare**   to chat (online)
**che**   what, what kind of; — **ci sia**
 whether there is
**chi**   who, whom
**chiacchierare**   to chat
**chiamare**   to call; **chiamarsi** to be
 named
**chiarire**   to make clear
**chiaro**   light, clear
la **chiave**   key; **chiudere a** — to lock
**chiedere** (*pp* **chiesto**; *pr* **chiesi**)   to
 ask, ask for; \***chiedersi** to wonder
la **chiesa**   church
\***chinarsi**   to bend down
la **chioma**   foliage
il **chirurgo**   surgeon
**chissà** (**chi sa**)?   who knows?
**chiudere** (*pp* **chiuso**; *pr* **chiusi**)   to
 close; to turn off; — **a chiave** to
 lock; «**Chiusi per ferie**». "Closed
 for vacation."
**chiunque**   anyone, whoever
**chiuso**   closed; **a numero** — (*lit*)
 closed (limited-enrollment course)
il **cibo**   food
il **cicaleccio**   chatter
il **cielo**   sky, heaven; **per l'amor del** — !
 for heaven's sake!
il **ciglio** ( *pl* **le ciglia**)   eyelash

**il cigolio della carriola** creaking noise of the wheelbarrow
**la ciliegia** cherry
**la cima** top, summit; **in — a** at the top of
**la cingallegra** great titmouse
**il cinema (cinematografo)** movie theater
**la cinepresa** movie camera
**il cinghiale** wild boar
**il cioccolato** chocolate; **il cioccolatino** chocolate candy
**cioè** that is
**la cipolla** onion
**circa** about, approximately
**la circolazione** traffic
**il circolo** club; **frequentare —** to frequent the club
**circostante** surrounding
**la città** city, town; **— gettonata** a popular city
**la civiltà** civilization
**il clacson** horn
**la classe** students in a course, classroom
**il/la cliente** client
**la clinica** private hospital
**il cofano** hood (of a car)
**cogliere** (*pp* **colto;** *pr* **colsi**) to pick
**il cognato/la cognata** brother-/sister-in-law
**il coinvolgimento** involvement
**la colazione** breakfast, lunch; **fare — ** to have breakfast/lunch
**la colla** glue
**collaborare** to collaborate
**la collana** necklace
**il colle** hill
**il/la collega** colleague
**collegare** to join, connect
**collegi** boarding schools
**collezionare** to collect
**la collina** hill
**il collo** neck
**il colloquio** interview
**la colonna** column
**colorato** colored
**il colore** color
**il colorito** coloring
**il colpo** banging; blow; **di —** suddenly; **— secco** a sharp blow
**colpire (isc)** to strike, hit
**il coltello** knife
**coltivare** to farm
**colture** plant cultures
**il comandante** chief
**comandare** to order, command; **— a bacchetta** to rule with a rod of iron
**combattere** to fight; **— i cambiamenti climatici** to combat climate change

**i combustibili fossili** fossil fuels
**come** like, how; as; **così... come** as ... as; **— se** as if; **— mai** how come
**cominciare** to begin; **— a** (+ *inf*) to start doing something; **— con** (+ *inf*) to begin by
**il/la commensale** dinner guest/companion
**il/la commerciante** shopkeeper
**il commesso/la commessa** sales clerk; shop assistant
**commettere** (*pp* **commesso;** *pr* **commisi**) to commit
**il commissario** inspector
**la commissione** errand; **— d'esame** examining committee; **fare della —** to do an errand
**commosso** moved
**commovente** moving
**commuovere** (*pp* **commosso;** *pr* **commossi**) to move, touch; **commuoversi** to be moved, touched
**comodo** comfortable
**il comodo** convenience, comfort; **fare i propri comodi** to do as one pleases
**la compagnia** company, companionship; **fare —** to keep company
**il compagno/la compagna** companion, friend; **— di stanza** roommate
***comparire** (*pp* **comparso;** *pr* **comparvi**) to appear
**la compassione** sympathy
**compassionevole** sympathetic, understanding
**(in) compenso** in return; **il —** remuneration
**comperare (comprare)** to buy, purchase
**compiere (compire)** to complete
**il compito** homework, task; **— in classe** written test
**il compleanno** birthday
**complementare** to compliment
**completarsi** to complete oneself
**il complimento** compliment; **fare un — ** to pay a compliment
**il comportamento** behavior; **— sedentario** sedentary habits
**il componimento** composition
***comportarsi** to behave
**comprare** to buy
**comprendere** (*pp* **compreso;** *pr* **compresi**) to understand
**la comprensione** understanding
**comprensivo** (*adj*) understanding
**il comune** municipality; city hall

**comune** common
**comunicare** to communicate
**la comunicazione** communication
**comunque** however
**concedere** (*pp* **concesso,** *pr* **concessi**) to grant, to allow
**concentrare** to concentrate; ***concentrarsi** to concentrate one's thoughts
**il concerto** concert
**la conchiglia** shell; **col granello di sabbia** shell with a grain of sand
**conciliare** to reconcile; **— la carriera e la famiglia** to reconcile career and family
**i concimi chimici** fertilizers
**il concittadino** fellow citizen
**concludere** (*pp* **concluso;** *pr* **conclusi**) to conclude
**condire (isc)** to season
**condividere emozioni** to share emotions
**la condizione** condition; **a — che** on condition that, provided that
**le condoglianze** condolences
**il condominio** condominium; homeowner association
**la condotta** behavior
**il/la conducente** driver
**condurre una vita sedentaria** to conduct a sedentary life
**la conferenza** lecture; conference
**confessare** to confess; to admit; **confessarsi** to confess to oneself
**la confezione regalo** gift set
**la confidenza** confidence, secret
**il conflitto** conflict
**confondere** (*pp* **confuso;** *pr* **confusi**) to confuse; ***confondersi** to get confused
**il confronto** comparison
**la confusione** confusion
**il congedo** leave of absence; **essere in — ** to be on leave
**il congresso** conference
**il conguaglio** balance
**coniugato** married
**il/la coniuge** spouse
**il/la connazionale** compatriot
***connettersi online** to go online
**il/la conoscente** acquaintance
**conoscere** (*pp* **conosciuto;** *pr* **conobbi**) to know; to meet
**consapevole** conscious; **ben — ** well aware
**consegnare** to hand over
**conseguire la maturità** high school/GED completion
**conservare** to keep; **— l'energia** to conserve energy
**i conservanti** preservatives

**il conservatorio** music school
**considerare** to consider, examine
**la considerazione** consideration, comment
**consigliare (di** + *inf* ) to advise; — **bene/male** to give good/bad advice
**il consiglio** advice
***consolarsi** to comfort each other
**consumare** to use; to consume
**il consumatore/la consumatrice** consumer
**la contabilità** accounting
**il contadino** farmer, peasant
**il contagocce** a bit at a time
**(in) contanti** cash
**contare** to count; — **di** (+ *inf*) to plan; — **(su)** to rely upon
**contemporaneamente** at the same time
**contenere** to contain
**contento** glad, content
**il contenuto** content
**continuare (a** + *inf* ) to continue
**il conto** account; check, bill; **per — suo** by himself/herself
**il contorno** side dish
**il contraccolpo** repercussion
**contrario** opposite
**contro** against
**controllare** to check
**la convalescenza** convalescence
**conversare** to converse, chat; — **con i coetanei** to chat with someone of the same age
**convincente** convincing
**convincere (***pp* **convinto;** *pr* **convinsi)** to convince
**convinto** convinced
**convivere** to live together
**coordinare i lavori** to coordinate assignments
**la copertina** cover
**coperto** cloudy
**la coppia** couple; — **non coniugata** an unmarried couple
**coprire (di)** (*pp* **coperto)** to cover (with)
**il coraggio** courage
**il corpo** body
**correggere (***pp* **corretto;** *pr* **corressi)** to correct
**correre (***pp* **corso;** *pr* **corsi)** to run
**il corridoio** hallway, passageway
**il corrispondente televisivo** TV correspondent
**la corrispondenza** mail
**la corsa** race; **di —** running
**la corsia** lane; hospital ward
**il corso** course; (main) street; **seguire (fare) un —** to take a course
**cortese** kind, courteous

**il cortile** courtyard, barn yard
**corto** short
**cosa** what
**la coscienza** conscience; **avere la — tranquilla** to have a clear conscience
**così** so, thus; like this; —**... come** as... as
**cosiddetto** so-called
***costare** to cost; — **un occhio** to cost a lot (*lit* to cost an eye)
**costellata** studded
**il costo mensile dell'affitto** monthly rent
**costoso** expensive
**costretto** compelled
**costringere (a** + *inf* ) (*pp* **costretto;** *pr* **costrinsi)** to compel
**costruire (isc)** to build
**cotto** cooked
**la credenza** sideboard
**credere** to think, believe; — **a** to believe in
**la crema** custard
***crescere** (*pp* **cresciuto;** *pr* **crebbi)** to grow, grow up; **fare —** to grow something; **crescesse** grow up
**la crisi finanziaria** financial crisis
**il cristallo** crystal
**criticare** to criticize
**la crociera** cruise; **fare una —** to go on a cruise
**crudo** raw
**il cruscotto** dashboard
**cucce** dogs' houses
**il cucchiaio** spoon
**la cucina** kitchen
**cucinare** to cook
**cucire** to sew
**il cugino/la cugina** cousin
**cuocere (***pp* **cotto;** *pr* **cossi)** to cook; — **al forno** to bake; — **alla griglia** on the grill; — **a vapore** to steam
**il cuore** heart
**la cupola** dome
**la Cupolone** St. Peter's dome
**curare** to take care of, treat; — **l'abbigliamento** to pay attention to your image; — **il proprio look** to pay attention to your image; ***curarsi** to take good care of oneself
**la curiosità** curiosity
**curioso** curious
**la cuscina** pillow

## D

**da** from, by; at (to) the place of; with; since
**da leccarsi le dita/i baffi** finger-licking/moustache-licking food
**il daino** deer; buckskin

**dannato** darned
**il danno** damage
**la danza** dance
**dappertutto** everywhere
**dapprincipio** from the beginning
**dare (** *pp* **dato;** *pr* **diedi)** to give; — **(alla TV)** to show (on television); — **le dimissioni** to resign, to retire; — **un dispiacere** to worry, to trouble (someone); — **un esame** to take an exam; — **retta (a)** to listen to, heed, mark someone's words; — **ripetizioni** to tutor
**dato che** since
**il datore di lavoro** employer
**davanti** in front; — **a** (*prep*) in front of
**davvero** really, indeed
**il debito** debt
**debole** weak
**decidere (di** + *inf* ) (*pp* **deciso;** *pr* **decisi)** to decide; **decidersi (a** + *inf* ) to make up one's mind
**la decisione** decision; **prendere una —** to make a decision
***dedicarsi** to devote oneself; — **allo sport** to engage in sports
**delegare l'incarico** to delegate the task
**demolire (isc)** to demolish
**il dente** tooth
**il/la dentista** dentist
**dentro** inside; — **a** (*prep*) inside
**il depliant** brochure, leaflet
**derubare** to rob (a person)
**descrivere (***pp* **descritto;** *pr* **descrissi)** to describe
**desiderare** to wish
**il desiderio** wish, desire
**desideroso (di** + *inf* ) desirous, eager
**la destinazione** destination
**il destino** destiny
**destro** right; **a destra** to the right
**di** of; — **là(lì)** from there
**il dialetto** dialect
**il dialogo** dialogue
**il diamante** diamond
**il diario** diary
**dichiarare** to state, declare
**la dichiarazione** statement, declaration
**i diditi** pesticides
**la dieta** diet
**dietro** behind; — **a** (*prep*) behind
**difendere (***pp* **difeso;** *pr* **difesi)** to defend
**la differenza** difference
**difficile** difficult; improbable
**diffondere (***pp* **diffuso,** *pr* **diffusi)** to spread; — **la lingua italiana** to disseminate the Italian language

**digerire (isc)** to digest
**\*dimagrire (isc)** to lose weight
**dimenticare (\*dimenticarsi)** **(di** + *inf* **)** to forget
**dimostrare** to show
**i dintorni** surroundings
**il dio (***pl* **gli dei)** god
**il dipartimento** department; academic department or division within a university
**il/la dipendente** employee; worker
**\*dipendere (da)** ( *pp* **dipeso;** *pr* **dipesi)** to depend (on)
**dipingere (***pp* **dipinto;** *pr* **dipinsi)** to paint
**il dipinto** painting
**il diploma** secondary school diploma
**dire (***pp* **detto;** *pr* **dissi)** to say, tell; **—che** to hear a rumor that; **— di uno** to say (something) about someone
**il direttore/la direttrice** director
**dirigere (***pp* **diretto;** *pr* **diressi)** to direct
**dirigente** executive
**diritto, dritto** straight
**la direzione** direction
**il diritto** right; law; **avere — a** to be entitled to
**il disagio** discomfort, uneasiness
**il disastro** disaster
**il disco** record
**discorrere (***pp* **discorso;** *pr* **discorsi)** to talk; **— del più e del meno** to talk of this and that
**il discorso** speech, talk
**la discoteca** discotheque
**il discount** discount market
**discreto** discreet
**la discriminazione** discrimination
**la discussione** argument; discussion; **— della tesi** thesis defense; **avere (fare) una —** to have an argument
**discutere (***pp* **discusso;** *pr* **discussi)** to discuss, argue
**disegnare** to design, draw
**disfare** to unpack
**disgraziatamente** unfortunately
**disgraziato** wretched
**disgustoso** disgusting
**disinnescando** difusing
**disoccupato** unemployed
**la disoccupazione** unemployment
**disordinato** messy
**il disordine** disorder, mess
**dispendioso** expensive
**disperato** desperate
**disperso** lost
**\*dispiacere** to be sorry, to mind
**disponibile** available
**disposto** willing, disposed; placed
**disserta** holds forth

**dissuadere (***pp* **dissuaso;** *pr* **dissuasi)** to dissuade, to deter
**distante (***adv***)** far away
**la distesa** expanse
**distintamente** distinctly
**distrarre (***pp* **distratto;** *pr* **distrassi)** to distract; **\*distrarsi** to let one's mind wander
**la distrazione** diversion
**distribuire (le ferie)** to spread out (vacation time)
**distruggere (***pp* **distrutto;** *pr* **distrussi)** to destroy
**disturbare** to bother
**i disturbi** problems
**disubbidire (isc)** to disobey
**la ditta** business, firm, company
**il dito (***pl* **le dita)** finger, toe
**il divano** sofa, davenport
**\*divenire (***pp* **divenuto;** *pr* **divenni)** to become
**\*diventare** to become; **— mamma** to become a mother
**diverso** different; *pl* different, several
**divertente** amusing
**divertire** to amuse; **\*divertirsi** to have a good time
**dividere (***pp* **diviso;** *pr* **divisi)** to share; to divide
**il divieto** prohibition
**divorziare** to divorce
**divorziato** divorced
**il/la docente** teacher
**il documento** document
**dolce** sweet
**il dolce** dessert; **i docli** sweets
**il dollaro** dollar
**il dolore** pain, sorrow; **— di capo** headache
**la domanda** question; **— di assunzione** job application; **fare una —** to ask a question; **fare una — d'impiego** to present a job application
**domandare** to ask; **\*domandarsi** to wonder
**domani** tomorrow
**la domenica** Sunday
**la domestica** maid
**il domicilio** residence, home; **consegnare a —** to deliver to a customer's house
**dominare** to control
**donare** to give (as a present)
**la donna** woman; **— in carriera** career woman; **— manager** manager
**dopo** after, afterwards, next
**dormire** to sleep
**il dormitorio** dormitory
**dove** where
**il dovere** duty

**dovere** to have to, must
**dovunque** wherever
**il dubbio** doubt
**dubitare** to doubt; to fear
**dunque** well then, therefore
**il duomo** cathedral
**durante** during
**\*durare** to last
**la durata** duration
**duro** hard, tough

## E

**ebbene (***interj***)** well
**ebreo** Jewish
**eccellente** excellent
**eccellere** to excel
**eccetera (ecc.)** etcetera (etc.)
**l'eccezione (***f* **)** exception
**l'ecologia** ecology
**l'economia** economy
**economico** economical
**ecco** here is, here are; here you are; **— tutto** that's all
**l'edificio** building
**educato** well-mannered, polite; **essere —** to be well-mannered, polite
**l'educazione (***f* **)** upbringing, manners
**effettivamente** actually
**efficace** effective
**efficiente** efficient
**egoista** selfish
**elastico** elastic
**l'eleganza** elegance
**elencare** to list
**l'elenco** list; **l'elenco telefonico** phone book
**l'elettrodomestico** appliance
**emarginato** excluded
**l'emergenza** emergency
**emigrare** to emigrate
**l'energia** energy; **— eolica** wind power; **— geotermica** geothermal energy; **— (non) rinnovabile** (non-) renewable energy; **— pulita** clean energy; **— solare** solar energy
**energico** energetic
**l'enogastronomia** food and wine tradition
**enorme** enormous
**l'enoteca** a wine seller/shop/bar
**entrambe/i** both
**\*entrare** to go in, come in; **fare —** to let in; **— in vigore** to go into effect (of law); **\*entrarci** to have something to do with
**l'entrata** entrance
**eppure** and yet
**ereditare** to inherit
**erigere (***pp* **eretto;** *pr* **eressi)** to build, to erect

**l'errore** (*m*)   mistake
**esagerare**   to exaggerate
**l'esame** (*m*)   exam; **dare (fare) un —** to take an exam; **essere bocciato all'—** to fail an exam; **frequentare/ superare (sostenere) un —** to take/ pass an exam
**esasperante**   exasperating
**esatto**   correct
**esclamare**   to exclaim
**l'esempio**   example
**esercitare**   to exert
**le esercitazioni**   practice sections, problem sets
**l'esercizio fisico**   physical exercise
**esigente**   demanding
**esigere** (*pp* **esatto**)   to demand, insist
**l'esigenza**   demand
**l'esilio**   exile
**esitare**   to hesitate
**l'esodo**   massive departure for vacation; **il contro —** massive return from vacation
**le esperienze quotidiane**   day-to-day experiences
**l'esperimento**   experiment
**espletare**   to fulfill, carry out
**esprimere** (*pp* **espresso**; *pr* **espressi**)   to express
**essenziale**   essential
***essere** (*pp* **stato**; *pr* **fui**)   to be; **— affettuoso/a** to be affectionate; **— allegro/a** to be happy; **— al verde** to be broke; **— assunto/a** to be hired; **— bocciato all'esame** to fail an exam; **— capriccioso/a** to be naughty; **— carico di** to be loaded with; **— connesso/a** to be connected online; **— critici** to be critical of; **— d'accordo** to agree; **— determinato/a** to be determined; **— educato/a** to be well-mannered; **— giù di corda** to feel down; **— impiegato/a** to be employed; **— in congedo** to be on leave; **— indipendente** to be independent; **— innamorato/a** to be in love; **— iperattivi** to be hyperactive; **— iscritto/a** to be enrolled; **— malato/a** to be sick; **— maleducato/a** to be rude; **— obeso** to be obese; **— pieno/a** to be full; **— pigri** to be lazy; **— questione di** to be a matter of; **— scatenato/a** to be out of control, wild; **— sedentario** to be sedentary; **— sovrappeso** to be overweight; **— solitario/a** to be solitary, alone; **— spensierato/a** to be carefree; **— sposato/a** to be married; **— tranquillo/a** to be easy going; **— triste** to be sad; **— ubbidiente** to be obedient; **— viziato/a** to be spoiled

**l'est** (*m*)   east
**l'estate** (*f*)   summer
**estendere**   to extend
**estero**   foreign; **all'—** abroad; **dall'—** from abroad
**l'età**   age
**eterno**   eternal
**l'etichetta**   label
***evadere** (*pp* **evaso**; *pr* **evasi**)   to escape
**evidente**   evident
**eventuale**   possible
**l'evidenza**   evidence
**evitare**   to avoid; **— le fregature** to avoid a swindle

F

**fa**   ago
**fa venire l'acquolina in bocca**   makes your mouth water
**la fabbrica**   factory
**lo/la fabulatore**   storyteller
**la faccenda**   matter; **le faccende di casa** household chores
**il facchino**   porter
**la faccia**   face
**facile**   easy; likely
**la facoltà**   college, school
**il fagiolino**   string bean
**il fagiolo**   bean
**fallire** (**isc**)   to fail, be unsuccessful, go bankrupt
**il fallo**   fault; **senza —** undoubtedly
**falso**   false
**la fame**   hunger; **avere —** to be hungry; **avere una — da lupo** to be hungry like a wolf
**la famiglia**   family; **— estesa/ allargata** extended family; **il patrimonio di —** family assets; **— tradizionale** traditional family unit; **una — numerosa** a large family; **il nucleo familiare** family unit
**famoso**   famous
**il fanale**   headlight
**la fantascienza**   science fiction
**la fantasia**   imagination, fantasy
**fantasticare** (**di** + *inf*)   to imagine
**fare** (*pp* **fatto**; *pr* **feci**)   to do, make; **— acquisti** to go shopping; **— arrabbiare** to make someone angry; **— bella figura** to make a good impression; **— bene (male) a** to be good (bad) for; **— commissioni (dei giri)** to run errands; **— delle commissioni** to do errands; **— due chiacchiere** to chat; **— esplodere** to explode; **— i conti** to make/balance a budget; **— il/la prepotente** to act as a bully; **— il primo/il secondo anno** to be in first/second year; **— immersioni** to

go swimming/diving; **— impazzire** to drive one insane; **— la spesa** to go grocery shopping; **— le spese** to go shopping (in general); **— quadrare i conti** to square accounts, to balance the checkbook; **— tardi** to be late; **—** (+ *def art* + *noun*) to be a (+ *profession*); **— un corso** to take a course; **— una crociera** to go on a cruise; **— una domanda** to ask a question; **— una domanda d'impiego** to present a job application; **— una figuraccia** to make a very bad impression; **— una passeggiata** to take a walk; **— un piacere a qualcuno** to do a favor for someone; **— uno sconto** to give a discount; **— sosta** to rest; **— uno sport** to play a sport; **farcela** to manage, to cope; ***farsi avanti** to come forward, approach; ***farsi capire** to make oneself understood; **farsi male** to get hurt;
**i fari**   headlights
**la farmacia**   pharmacy
**il farmaco**   medicine
**il fastidio**   nuisance, bother; **dare —** (**a**) to bother; **fastidiosissimi** very annoying
**il fatto**   fact, matter
**la fava**   broad bean
**la favola**   fable, fairy tale
**la febbre**   fever; **avere la —** to have a fever
**felice**   happy
**le ferie**   holidays, vacation; **«Chiusi per —»**. "Closed for vacation."; **distribuire —** spread out vacation time; **prendere — dal lavoro** take time off; **trascorrere —** (**al mare, in campagna, in montagna, all'agriturismo**) to spend vacation time (at the beach, in the countryside, in the mountains, on a farm)
***ferirsi**   to injure oneself
**il ferito/la ferita**   wounded, injured person
**fermare**   to stop; ***fermarsi** to stop, come to a halt; **— a fare due chiacchiere** to stop for a chat
**la fermata**   stop (bus, streetcar, train); **— successiva dell'autobus, del treno** the next bus, train stop
**fermo**   stopped; **fermi tutti!** no one move!
**Ferragosto**   Holiday: 15 August
**il ferro**   iron
**la festa**   party, holiday; **— cittadina** town festival; **— familiare (matrimonio, battesimo, prima**

**comunione, fidanzamente, di laurea)** family holiday (wedding, Baptism, First Holy Communion, engagement, graduation); **— religiosa (Natale, Pasqua)** religious holiday (Christmas, Easter)

**festeggiare** to celebrate

**il festival di musica** music festival

**fiaba** fairy tale

**lo fiato corto** short breath, out of breath

**la fiera** fair; wild animal

**la fiamma** flame

**il fiammifero** match

**il fidanzato/la fidanzata** fiancé/fiancée

*__fidarsi (di)__ to trust

**la fiducia** confidence, trust; **avere — in** to trust

**il figlio/la figlia** son/daughter; **essere — unico/a** to be an only child

**la figura** figure; **— di riferimento** role model; **fare bella —** to look smart, elegant, to make a good impression

**figurare** to imagine

**la figurina** trade card

**la fila** row; **in doppia —** in double parking

**la filiale** branch

**il film** movie, film

**finalmente** at last

**finché (non)** (*conj*) till, until

**la fine** end

**la finestra** window; **il finestrino** train window

**fingere (di + *inf*) (*pp* finto; *pr* finsi)** to pretend

**finire (isc)** to finish, end; **— di (+ *inf*)** to be through doing something; **— per (+ *inf*)** to end up doing something (eventually)

**fino a** (*prep*) till, until; as far as

**finora** until now

**la finta** pretense; **fare — di (+ *inf*)** to pretend

**finto** fake, false

**il fiore** flower; **in —** in bloom

**fiorentino** Florentine

**fiorire** to flourish

**firmare** to sign

**firmato** designer (*lit.* signed)

**fischiare** to whistle (= to boo, in U.S.A.)

**fissare** to establish; **— un appuntamento** to make an appointment

**fitto** thick

**la flanella** flannel

**la flotta** fleet

**la foglia** leaf

**il foglio** sheet (of paper)

**la folla** crowd

**folle** mad, crazy, foolish; insane

**fondare** to found

**il fondatore** founder

**il fondo** background; bottom; end; **in —** in the background; in reality; **in — a** at the bottom of, at the end of

**la fontana** fountain

**la fonte** source

**la forchetta** fork

**il forestiero** stranger

**la forma** shape; **essere in —** to be in good shape

**il formaggio** cheese

**la formica** ant

**il fornaio** a baker

**il foro** forum, online forum

**forse** perhaps, maybe; **in —** in doubt

**forte** strong; fast; *adv* loudly, fast

**la fortuna** luck, fortune; **per —** luckily, fortunately

**fortunato** lucky, fortunate

**la forza** strength; **—!** come on!

**la foschia** haze

**la fotografia (la foto)** photograph; **fare una —** to take a picture

**fra** between; in

**il francobollo** stamp

**la frase** sentence; phrase

**il fratello** brother

**la frattura** fracture

**freddo** cold

**il freddo** cold; **avere —** to be cold; **fa — ** it is cold (weather)

**frenare** to brake

**il freno** brake

**frequentare** to attend (school); **— il circolo** to frequent the club; **— la lezione** to attend class

**frequente** frequent

**fresco** fresh, cool

**la fretta** haste, hurry; **in —** in a hurry; **avere —** to be in a hurry

**il frigorifero (il frigo)** refrigerator

**fritto** fried

**la frizione** clutch

**a fronte di** to contrast

**il frumento** wheat

**la frustrazione** frustration

**la frutta** fruit; **— fresca** fresh fruit

*__fuggire__ to flee, run away

**fumare** to smoke

**il fumetto** comic strip

**il fumo** smoke, smoking

**i funghi** mushrooms

**la funivia** cable car

**funzionare** to work, function

**fuori** out, outside; **— di** (*prep*) outside

**il furto** robbery

**la gamba** leg

**il garage** car garage

**garantire (isc)** to guarantee

**la garanzia** guarantee

**gelato** frozen

**il gelato** ice cream

**il gelo** frost

**geloso** jealous

**il gemello/la gemella** twin

**la generazione** generation

**il genere** kind

**i generi alimentari** food items

**il genero** son-in-law

**generoso** generous

**il genitore** parent; **i genitori iperprotettivi/permissivi/autoritari** very protective/permissive/authoritarian parents

**la gente** people

**gentile** kind

**il gesto** gesture

**gettare** to throw

**già** already, yet; sure, of course; **non —** certainly not

**la giacca** jacket, short coat

**giallo** yellow

**il giallo** thriller (movie or book), detective story

**il giardiniere** gardener

**il giardino** garden

**la ginnastica** gymnastics

**il ginocchio (*pl* le ginocchia)** knee

**giocare** to play; **— a** to play a game, sport (**— a baseball/calcio/football americano/hockey/pallacanestro** to play baseball/soccer/football/hockey/basketball); **— a livello agonistico** to play competitively

**il giocattolo** toy

**il gioco** game

**la gioia** joy

**il gioielliere** jeweler

**il gioiello** jewel

**il giornale** newspaper

**il/la giornalista** journalist

**la giornata** day; **— feriale** weekday

**il giorno** day; **al — d'oggi** nowadays; **di —** during the day; **— festiva** holiday;

**la giostra** amusement park ride (also a merry-go-round)

**il/la giovane** young person

**il giovanotto** young man

**giovare** to be useful, to help

**la giovinezza** youth

**girare** to turn; to go around; to visit; **girarsi** to turn around

**il giro** tour; **andare in — per negozi** to go shopping; **fare un —** to take a tour

**la gita** short trip, outing; **fare una —** to take a short trip (excursion)

**giù** down; **essere — di corda** to feel down

**giudicare** to judge

**il giudice** judge

**il giudizio** judgment

***giungere** (*pp* **giunto;** *pr* **giunsi**) to arrive

**giurare** to swear, promise

**giusto** right, correct

**godere (di)** to enjoy; **godersela** to enjoy life

**la goccia** drop

**il golf** sweater

**goloso/golosone** a gluttonous food-lover

**il gomito** elbow

**gonfio** swollen

**il gorgheggio** warble

**la governante** governess

**gradire (isc)** to enjoy, appreciate, relish, like, welcome

**il grado** state, condition; rank; **essere in — di** (+ *inf*) to be in a position to

**grande** big, great; **da —** as a grown up

**il grande magazzino** department store

***grandinare** to hail

**la gradinata** flight of steps

**la grandine** hail

**il granello** grain

**il grano** wheat

**il granturco** corn

**grasso** fat, greasy

**la graticola** grill

**gratis** (*adv*) free

**grattare** to steal

**gratuitamente** free

**gratuito** (*adj*) free; **ingresso —** free entry

**grave** serious

**la gravidanza** pregnancy

**grazie** thanks, thank you

**greco** (*pl* **greci**) Greek

**la green economy** "green" economy

**il gregge** flock

**la greppia** manger

**gridare** to shout, scream

**grigio** gray

**la griglia** grill

**grosso** big

**i grugniti** grunts

**il gruppo** group

**guadagnare** to earn

**i guadagni** earnings

**il guaio** trouble, predicament

**il guanto** glove

**guardare** to look (at); **— le vetrine** window shopping; ***guardarsi da** to beware of

**la guarigione** recovery

***guarire (isc)** to get well

**il guasto** trouble, breakdown

**la guerra** war

**la guida** guide

**guidare** to drive

**gustare** to enjoy, savor, appreciate

**il gusto** taste

**gustoso** tasty

## I

**l'idea** idea

**l'identità** identity, sense of self

**l'idioma** language

**idiota** idiotic, stupid

**ieri** yesterday

***illudersi** (*pp* **illuso;** *pr* **illusi**) to delude oneself

**illuminare** to light something up; **illuminarsi** to light up

**l'illusione** (*f*) illusion, delusion

**illustrare** to illustrate

**imbandito** well-stocked

**imboccare** to enter

**imbrogliare** to muddle, mix up

**imbucare** to mail

**immaginare, immaginarsi** to imagine

**immatricolarsi** to enroll

**l'immobile** real estate; **il bene —** property

**imparare** (**a** + *inf*) to learn; **— i costumi del paese** to learn a nation's customs; **— la lingua** to learn a language

**a impatto zero** (*lit*) zero-impact; nonpolluting

***impazzire (isc)** to go crazy

**impedire** (**di** + *inf*) to prevent

**l'impegno** diligence, commitment

**impensato** unexpected

**l'impianto idroelettrico** hydroelectric plant

**impiegare** to hire

**l'impiegato** clerk; **— statale** public servant

**l'impiego** employment, job; **fare una domanda d'—** to present a job application

**imporre** (*pp* **imposto;** *pr* **imposi**) to impose, to require

**importante** important

***importare** to matter

**impossibile** impossible

**impostare** to mail

**un imprenditore** developer, entrepreneur (businessman)

**impressionare** to impress

**l'impressione** (*f*) impression

**imprestare** to lend; **farsi —** to borrow

**imprevisto** unforseen, unexpected

**improvviso** sudden; **all'—** suddenly

**imputare** to judge

**inaugurare** to open

**l'incantesimo** spell

**incapace** incapable

**l'incarico** task; **delegare —** to delegate the task; **— di lavoro** job-related task

**l'incendio** fire

**incentivare il lavoro femminile** to motivate women's employment

**incerto** uncertain

**l'inchiesta** inquiry

**l'incidente** (*m*) accident

**incolumità** safety

**incominciare** to begin

**incontrare** to meet

**l'incontro** meeting; **— sportivo** sports match

**l'inconveniente** disadvantage, drawback

**incoraggiare** (**a** + *inf*) to encourage

**l'incredulità** incredulity, disbelief

**l'incubo** nightmare

**incurante (di)** heedless (of)

**incuriosire (isc)** to make curious

**l'indiano** Indian

**indicare** to point at, indicate

**indietro** back

***indirizzarsi** to address oneself

**l'indirizzo** address

**indistinto** unclear

**indistruttibili** indestructible; undying

**indossare** to put on (clothing)

**indovinare** to guess

**indotto** induced

**l'industriale** (*m or f*) industrialist

**la inezia** trifle, nonsense

**l'infanzia** childhood

**infastidito** annoyed

**infelice** unhappy

**l'infezione** (*f*) infection

**infierire** to act cruelly; rage

**infilare** to thread

***infischiarsi di** not to care about

***informarsi** to inquire

**ingannare** to swindle, deceive

**inganni** deceptions

**l'ingegnere** (*m*) engineer

**l'ingegneria** engineering

**l'ingessatura** cast

**l'ingiustizia** injustice

**ingiusto** unjust, unfair

**l'ingresso** entrance, admission; **— gratuito** free entry

***ingrassare** to get fat, put on weight

**iniziare** to start, to begin

**l'inizio** beginning

**l'iniezione** shot; **fare un'** — to give a shot

***innamorarsi (di)** to fall in love (with)

**innamorato** in love; **essere — (di)** to be in love (with)

**innestare** to engage; **— la marcia** to engage the clutch

**inoltre** also, moreover

**l'inquinamento** pollution

**inquinante** polluting

**gli inquinanti** pollutants

**inquinare** to pollute

**l'insalata** salad

**l'insegna** sign (over stores or public places)

**l'insegnamento** teaching

**l'insegnante** (*m or f*) teacher

**insegnare** to teach

**inserire (isc)** to insert, to input

**gli insetticidi** insecticides

**insicuro** insecure

**insieme** together; **— a** (*or* **con**) together with

**insinuarsi in** to creep into

**insipido** tasteless

**insistere** (*pp* **insistito**) to insist

**insolito** unusual

**insomma** in short, anyway

**insopportabile** unbearable

**l'insuccesso** failure

**l'insufficienza** failing grade

**insultare** to insult

**l'insulto** insult

**insuperabile** insurmountable

**intendere** to mean; ***intendersi di** to be knowledgeable/an expert about; **— (+** *inf*) to plan

**l'intenzione** (*f*) intention; **avere — di (+** *inf*) to intend

**interessante** interesting

**interessare** to interest; **interessarsi (a** *or* **di)** to be interested (in)

**di interesse artistico-storico** of artistic-historical interest

**l'interlocutore** (*m or f*) speaker

**intero** entire

**l'interprete** (*m or f*) interpreter

**interrogare** to interrogate, question

**l'interrogazione** oral test

**interrompere** (*pp* **interrotto**; *pr* **interruppi**) to interrupt

***intervenire** (*pp* **intervenuto**; *pr* **intervenni**) to intervene

**l'intervista** interview

**intervistare** to interview

**intimo** intimate

**intorno** around; **— a** (*prep*) around

**introdurre** (*pp* **introdotto**; *pr* **introdussi**) to introduce, insert, bring in

**inutile** useless

**invano** in vain

**invariabile** invariable

**invecchiare** to age

**invece** instead, on the contrary; **— di** instead of

**l'invenduto** unsold item

**l'inventore** (*m*) inventor

**l'inverno** winter; **d' —** in winter

**gli investimenti** investments

**inviare** to send; **— un SMS** to send an SMS (text message)

**invidiare** to envy

**invitare** to invite

**l'invitato** guest

**l'invito** invitation

**l'ipermercato** less expensive supermarket

***iscriversi** (*pp* **iscritto**; *pr* **iscrissi**) to register; **— al corso** to register for the class

**l'iscrizione** (*f*) inscription, registration

**l'isola** island

**isolare** to isolate

**l'ispirazione** (*f*) inspiration

**l'istante** (*m*) instant, moment

**l'istituto** department, institute (within a university); **— professionale** trade school

**istruire (isc)** to instruct, educate

**istruito** educated

**l'istruzione** (*f*) education

**l'itinerario** itinerary

## L

**là** there

**il labbro** (*pl* **le labbra**) lip

**la lacrima** tear

**il ladro** thief

**laggiù** down there

**il lago** lake

***lamentarsi (di)** to complain (about)

**la lampadina** light bulb

**lanciare** to throw

**largo** wide, broad; **in lungo e in —** all over

**lasciare** to leave; to let; **— alloggiare** to be allowed to stay/lodge; **— cadere** to drop; **— in pace** to leave alone; **— stare (perdere)** to leave alone; ***lasciarsi (+** *inf*) to allow oneself to be

**lassù** up there; **di —** from up there

**il lato** side; **ai lati** on the sides

**la laurea** university degree

***laurearsi** to graduate (from a university)

**la lavagna** blackboard

**lavare** to wash; ***lavarsi** to wash up

**la lavastoviglie** dishwasher

**la lavatrice** washing machine

**lavorare** to work; **— come un matto/ una matta** to work like crazy; **— sodo** to work hard; **— sotto pressione** to work under pressure

**il lavoratore/la lavoratrice** worker

**il lavoro** work, job; **— a tempo determinato** short-term employment; **— a tempo pieno** full-time employment; **— amministrativo** paperwork; **— artistico** artistic work; **— di gruppo** group work; **— domestico** house chores; **— d'ufficio** office work; **il mercato del —** job market; **l'incarico di —** job-related task; **— nero** undeclared employment; **— part time** part-time employment

**leale** loyal; fair

**i legami (affettivi)** bonds (of affection)

**legare** to tie, link

**la legge** law

**leggere** (*pp* **letto**; *pr* **lessi**) to read

**leggero** light

**il legno** wood

**lento** slow

**la lettera** letter; **alla —** literally; **le lettere** humanities; **fare lettere** to study humanities

**il letterato** man of letters

**il letto** bed; **a —** in bed

**la lettura** reading

**levare** to remove, take off; **— di mezzo** to take out of the way

**la lezione** lesson; **frequentare —** to attend class; **prendere una —** to take a lesson

**lì** there

**la libbra** pound

**liberare** to free

**il libretto universitario** grade record book

**la licenza** permit

**licenziare** to fire, to dismiss

**il liceo** prep school

**libero** free

**lieto** glad

**la lingua** language; **una — di cultura** a language of culture; **una — romanza** a Romance language

**la linguistica** the science of language

**liscio** straight (hair)

**litigare** to argue, quarrel, bicker

**il litigio** quarrel

**il locale notturno** nightclub

**lodare** to praise

**la lode** praise

**logico** logical

**lontano (da)**   far (from)
**la lotta**   fight
**lottare**   to fight
**la luce**   light
**lucido**   clear
**ludico**   recreational; game
**il lume**   light
**la luna**   moon; **— di miele** honeymoon; **avere la — (le lune) per traverso** to be in a bad mood
**il luna-park**   amusement park
**lungo**   long; along; **a —** a long time
**il luogo**   place; **avere —** to take place; **— di ritrovo** meeting place

## M

**ma**   but
**il macellaio**   butcher
**macché**   nonsense; not on your life
**la macchia**   blur; spot, stain
**macchiato**   spotted, stained
**la macchina**   car; machine; **— costosa** expensive car
**il maestro/la maestra**   elementary school teacher
**magari**   if only, perhaps
**maggiore**   bigger, greater; older
**maggiorenne**   of age
**magnanimità**   generosity
**magro**   thin, skinny, lean
**mai**   ever; **non... —** never
**il maiale**   pig, pork
**il mais**   maize, corn
**malato**   sick, ill; **— di** sick with; **essere —** to be sick
**la malattia**   sickness, illness
**male** (*adv*)   badly, poorly
**il male**   pain; disease; **— di testa** headache; **fare —** to be bad for, to hurt; **fare del —** to hurt/damage (someone); **farsi —** to get hurt; **andare a —** to spoil, go bad
**malgrado**   despite
**malinconico**   sad
**il maltempo**   bad weather
**la mancanza**   lack, absence
*__mancare__   to lack; **— di** (+ *inf*) to fail, neglect to do something
**la mancia**   tip
**mandare**   to send; **— un SMS** to send an SMS (text message)
**mangiare**   to eat; **dare da —** to feed
**la mania**   mania, craze
**la maniera**   way, manner
**la mano** (*pl* **le mani**)   hand; **mani in alto!** stick 'em up!; **sotto —** handy; **stringere la — a** to shake hands with
**la manodopera**   workforce
**la manopola**   knob

**mantenere** (*pp* **mantenni**)   to support; to keep; **— una promessa** to keep a promise; **— una scommessa** to stick to a bet; **—la linea** to stay in shape
**la marca**   brand; **il prodotto di —** brand-name product
**la marcia**   march, running; **in —** marching
**il marciapiede**   sidewalk
**il mare**   sea
**la margarina**   margarine
**il marinaio**   sailor
**il marito**   husband
**la marmellata**   jam, preserve, marmalade
**il marmo**   marble
**marrone** (*inv*)   brown
**mascherato**   masked
**maschile**   masculine
**massimo**   greatest
**masticare**   to chew
**la materia**   subject
**il materiale**   material; **— da costruzione** building material; **— naturale** natural material
**la maternità**   maternity
**materno**   maternal
**la matricola** (*m or f*)   freshman
**il matrimonio**   wedding, matrimony
**il mattino/la mattina**   morning
**la maturità**   standardized final secondary school exam
**maturo**   mature
**il meccanico**   mechanic
**la medaglia d'oro**   the gold medal
**la media**   average; **avere una — alta/ bassa** to have a high/low average; **i —** media
**la medicina**   medicine; **— di stato** public health care
**il medico**   doctor, physician
**meglio** (*adv*)   better; **fare — a** (+ *inf*) to be better off doing something
**il melone**   melon
**meno**   less; **a — che non** unless; **essere da —** to be inferior; **fare a — di** to do without; **— male!** Thank goodness!; **non posso fare a — di** (+ *inf*) I cannot help doing (something)
**la mensilità**   monthly payment
**mentalmente**   mentally
**la mente**   mind; **venire in —** to come to mind
**mentre**   while
**la meraviglia**   marvel, wonder, surprise
*__meravigliarsi di__   to be surprised at
**meraviglioso**   marvelous

**il mercato**   market; **a buon —** a good deal; **— del lavoro** job market; **il mercatino** small market
**la merce**   merchandise, goods
**la merenda**   snack
**meritare**   to deserve
**il merito**   merit
**il merlo**   blackbird
**il mese**   month
**il messaggero**   messenger
**il messaggino**   SMS/text message
**il mestiere**   job, trade
**la metà**   half
**la meta**   destination
**mettere** (*pp* **messo;** *pr* **misi**)   to put; *__metterci__ to take (time); *__mettersi__ to put on; **— a** (+ *inf*) to start; **— in mostra** display; **— in testa** to get into one's head
**la mezzanotte**   midnight
**i mezzi pubblici**   public transportation
**mezzo**   half; **in —** a between, amidst, in the middle of
**il mezzogiorno**   noon
**mica**   at all
**la microvacanza**   short vacation
**i miei** (*idiomatic*)   my parents
**il miele**   honey
**il miglio** (*pl* **le miglia**)   mile
**migliorare**   to improve
**il miliardo**   billion, a thousand million
**la minaccia**   threat
**la minestra**   soup
**il minicalcio**   minisoccer
**minore**   smaller, lesser; younger
**minorenne**   minor, under age
**il minuto**   minute
**la misura**   measurement; amount; size
**il mito**   myth or legend
**il mobile**   piece of furniture; **i mobili** furniture
**la moda**   fashion; **una parola di —** a buzz word
**modificare**   to modify, change
**il modo**   way, manner; **ad ogni —** at any rate; **in — che** in order that, so that; **in qualunque —** no matter how; **un — tenuto** the manner used
**la moglie**   wife, **chiedere in —** to ask in marriage
**mollare**   to release
**molle**   soft
**molto**   much, a lot of
**il momento**   moment
**il monastero**   monastery
**il mondo**   world
**la moneta**   coin
**il monolocale**   studio apartment

**la montagna** mountain; **in —** in (to) the mountains
**montare** to mount
**il monumento** monument
**il «mordi e fuggi»** (*lit*) "bite and run" (vacation)
***morire** (*pp* **morto**) to die
**la morte** death
**morto** dead
**il morto, la morta** dead person
**la mosca** fly
**il moscerino** midge, little fly
**il mosaico** mosaic
**la moschea** mosque
**la mostra** show; **— d'arte** exhibition
**mostrare** to show
**il motivo** reason
**la motocicletta (la moto)** motorcycle
**il motore** motor, engine; **— di ricerca** search engine
**il motorino** scooter
**il motoscafo** speedboat
**il movimento fisico** physical exercise
**mozzare** to cut/chop off
**il mozzicone** stub, cigarette butt
**la mucca** cow
**il mucchio** pile; **un — di** a lot of
**la multa** fine, ticket
**il mulino** mill
**muovere** (*pp* **mosso**; *pr* **mossi**) to move; ***muoversi** to move, change place; **— in bicicletta** to get around by bicycle
**il muro** wall
**il muro di cinta** surrounding wall; **le mura** city/castle walls
**il muschio secco** dried moss
**il museo** museum
**la musica** music
**il/la musicista** musician
**la mutazione** change
**muto** silent, dumb
**il mutuo** mortgage; **— per la casa** home loan; **— ventennale** a twenty-year mortgage

### N

***nascere** (*pp* **nato**; *pr* **nacqui**) to be born
**la nascita** birth
**nascondere** (*pp* **nascosto**; *pr* **nascosi**) to hide; ***nascondersi** to hide oneself
**il nascondiglio** hiding place
**nascosto** hidden; **di —** secretly
**il naso** nose
**natale** native
**il Natale** Christmas
**la natura** nature
**naturale** natural
**la nave** ship

**navigare in rete** to browse/surf the Web
**la nebbia** fog
**negare** to deny
**la negligenza** negligence
**il/la negoziante** store owner
**il negozio** store, shop; **— di fiducia** trusted shop
**il nemico** (*pl* **i nemici**) enemy
**il neologismo** new word, neologism
**il neonato** newborn
**neppure** not even
**nero** black
**nessuno** (*adj.*) no, not
**la neve** snow
**nevicare** to snow
**il nido** nest; day care center
**niente** nothing
**il/la nipote** nephew/niece; grandson/granddaughter, grandchild
**nobile** noble
**nobiltà** nobleness
**la nocciola** hazelnut
**il nocciolo** core; heart
**la noia** annoyance; **avere a —** not to like; **dare — a** to bother; **prendere a — to** take a dislike to; **venire a — to** become a bother
**noioso** boring
**noleggiare** to rent (movable things); **— un film** to rent a film
**il noleggio** rent
**il nolo** fee for rental; **prendere a —** to rent
**il nome** name
**nominare** to appoint; to mention
**non** not; **— ... affatto** not at all; **— ... che** only
**il nonno, la nonna** grandfather, grandmother
**nonostante** in spite of
**normale** normal
**notare** to notice; **farsi —** to attract attention
**la notizia** piece of news; **le notizie** news; **avere notizie di (ricevere notizie da)** to hear from
**noto** well-known
**la notte** night; **di —** at night; **la —** at night
**la novella** short story
**le nozze** wedding, nuptials; **viaggio di —** honeymoon
**nubile** single (woman)
**il nucleo familiare** family unit; **— monogenitoriale** the single parent family unit
**il/la nudista** nudist
**nulla** nothing
**numeroso** numerous
**la nuora** daughter-in-law
**nuotare** to go swimming

**il nuoto** swimming
**nuovo** new; **di —** again
**nutrirsi di** to feed on
**la nuvola** cloud

### O

**obbedire** (**isc**) to obey
**obbligatorio** mandatory, compulsory
**l'obbligo di frequenza** obligatory attendance
**l'obiezione** objection; **fare —** to raise objection
**l'occasione** (*f*) opportunity, bargain
**gli occhiali** glasses
**l'occhio** eye
***occorrere** (*pp* **occorso**; *pr* **occorsi**) to need
**occulto** hidden
**occupare** to occupy; ***occuparsi di** to take care of, attend to
**occupato** busy
**l'occupazione** employment
**odiare** to hate
**l'odore** (*m*) smell
**offendere** (*pp* **offeso**; *pr* **offesi**) offend; **offendersi** to take offense
**l'offerta** offer
**offrire** (*pp* **offerto**) to offer
**l'oggetto** object
**oggi** today; **al giorno d'—** nowadays
**ogni** every; **— tanto** now and then
**ognuno** everyone
**oltre** beyond; **— a (che)** besides, in addition to; **— tutto** after all
**ombra e riparo** shade and shelter
**l'ombrello** umbrella
**omertoso** silent
**l'onda** wave; **andare in —** to go on the air
**l'onere domestici e familiare** house chores
**onorare** to honor
**l'opera** work; opera
**l'operaio** worker, workman
**l'opinione** (*f*) opinion
**opporre** (*pp* **opposto**; *pr* **opposi**) to oppose
**opportuno** appropriate
**opposto** opposite
**l'opposto** opposite
**oppure** or
**ora** now
**l'ora** hour, time; **non vedo —** I can't wait to
**l'orario** schedule; **in —** on schedule
**ordinare** to order; **— del vino** to order wine; **— una pizza** to order a pizza
**l'ordine** order; **un —** kind; **mettere in —** to straighten

**organizzarsi in anticipo** to organize oneself/plan ahead

**orgoglioso** proud

**l'orecchio** ear

**ormai** by now

**l'oro** gold

**l'orologeria** clock mechanism

**l'orologio** watch; clock

**orribile** horrible

**l'orso** bear

**l'ortaggio** vegetable

**l'orto** vegetable garden

**gli ortofrutticoli** vegetable and fruit gardens

**l'orzo** barley

**osare** to dare

**l'ospedale** (*m*) hospital

**l'ospite** (*m or f*) house guest

**osservare** to observe, watch, point out

**l'osso** (*pl* **le ossa**) bone

**l'osteria** (neighborhood) restaurant

**ostinato** obstinate, stubborn

**l'outlet** outlet

### P

**il pacco** package; **il pacchetto** small package; — **vacanza** vacation package

**la pace** peace, calm; **lasciare in** — to leave alone

**il paesaggio** landscape

**il paese** village, town; country

**il pagamento** fee; — **della rata** installment payment

**a pagamento** at a fee

**pagare** to pay; **farsi** — to charge;— **a rate** to pay by installment; — **con la carta di credito** to pay with a credit card; — **con la carta Bancomat** to pay with a debit card; — **in contanti** to pay with cash; — **la boletta (del gas)** to pay the (gas) bill

**la pagina** page; **a** — ... on page...

**la paghetta** allowance; — **(settimanale)** weekly allowance

**il paio** (*pl* **le paia**) pair, couple

**il palazzo** palace; apartment house

**la palestra** gymnasium; **andare in** — to go to the gym

**la palla** ball; **il pallone** big ball

**pallido** pale

**il paltò** winter coat

**la panchina** bench

**il panino** sandwich

**la panna** cream

**il pannolino** diaper

**il panorama** panorama, view

**i pantaloni** pants, trousers

**la pantofola** slipper

**il Papa** pope

**il papà** daddy

**il parabrezza** windshield

**il paradiso** paradise

**il paragone** comparison

**il parco** park; — **eolico** wind park

**parecchio** a lot of; *pl* several

**il/la parente** relative

**\*parere** (*pp* **parso**; *pr* **parvi**) to seem

**il parere** opinion

**la parità** equality; — **dei diritti** equal rights; — **salariale** equal wage

**parlare** to speak, talk; — **di** to talk about

**il parmigiano** Parmesan cheese

**la parola** word; **una** — **di moda** a buzz word

**il parroco** parish priest

**il parrucchiere** hairdresser

**la parte** part, side; **d'altra** — on the other hand; **dalla** — **di** in the direction of; **da una** — on one side; **fare** — to be a part; **la maggior** — **di** most

**partecipare (a)** to participate (in)

**la partenza** departure

**particolare** particular; out of the ordinary, unusual; **in** — particularly

**il particolare** detail

**\*partire** to leave, go on a trip, depart; — **all'avventura** to depart with little planning

**la partita** game

**il partito** political party

**il parto** childbirth

**il passaggio** passing; lift; **di** — passing through; **chiedere un** — to hitchhike, ask for a lift

**il/la passante** passerby

**passare** to spend (time); to stop by, pass by, go by; — **il tempo** to pass time; — **la serata con gli amici** to spend the evening with friends

**il passatempo** pastime

**la passeggiata** walk; **fare una** — to talk a walk

**il passero** sparrow

**il passo** step; **commettere un** — **falso** to do the wrong thing; **fare due passi** to take a short walk; **quattro passi bastano** it only takes a short walk

**la pasticceria** pastry shop

**la pasta** pastry; noodles

**il pasto** meal

**il pastore** shepherd

**la patata** potato

**la patente** driver's license

**il patrimonio** estate; — **cultural** cultural heritage; — **di famiglia** family assets;—**mondiale dell'umanità** UNESCO world heritage site

**il patto** deal, pact; **a** — **che** provided that

**la paura** fear; **avere** — **(di)** to be afraid (of)

**paventare** to dread

**il pavimento** floor

**la pazienza** patience; **avere** — to be patient

**pazzo** mad, crazy

**peccato** too bad

**il peccato** sin

**la pecora** sheep

**il/la pediatra** pediatrician

**la pelle** skin; leather

**la pelletteria** leather store

**la pelliccia** fur coat

**la pellicola** movie, film

**il/la pendolare** commuter

**la penna** pen; **una buona** — a good writer

**pensabile** thinkable

**pensare (a)** to think (about); — **di (qualcosa o qualcuna)** to have an opinion on (something or somebody); — **di** (+ *inf*) to plan

**il pensiero** thought; **essere (stare) in** — **per** to worry about

**la pensione** inexpensive hotel; **andare in** — to retire

**il pepe** pepper

**il peperoncino** chili

**il peperone** pepper

**per** to, in order to; for; — **divertimento** for fun

**la pera** pear

**percepire** to perceive

**perché** why, because; so that

**perciò** therefore

**il percorso** route

**perdere** (*pp* **perso**; *pr* **persi**) to lose, to miss; — **il treno** to miss the train; — **di vista** to lose touch with; **assolutamente da non** — not to be missed

**la perdita** loss

**perfezionarsi** to improve oneself

**il pericolo** danger

**pericoloso** dangerous

**la periferia** suburbs, outskirts

**il periodo** period; — **di riposo** break/time off

**la perla** pearl

**la permanenza** stay

**il permesso** permission; — **di soggiorno** residency permit

**permettere** (*pp* **permesso**; *pr* **permisi**) (**\*permettersi**) to allow; **\*potersi** — to be able to afford

**però** however

**persino** even

**la persona** person; *pl* people

**il personaggio** important person; character

**persuadere (a + inf) (pp persuaso; pr persuasi)** to convince

**pesare** to be heavy, to weigh

**la pesca** peach

**pescare** to fish; **andare a —** to go fishing

**il pesce** fish

**il peso** weight

**il petrolio** oil

**il pettegolezzo** gossip; **fare pettegolezzi** to gossip

**il pettirosso** robin (redbreast)

**il pezzo** piece

***piacere (pp piaciuto; pr piacqui)** to like; **non —** to displease; to dislike

**il piacere** pleasure; **fare — a** to give pleasure to, to please

**piacevole** pleasant

**piangere (pp pianto; pr piansi)** to cry

**piano (adv)** slowly

**il piano** floor, story; plan; surface; piano; **— regolatore** town plan; **— di studio** course program

**la pianura** plain

**il piatto** dish, plate; **il primo/il secondo —** first/second course

**la piazza** square

**piccante** spicy

**picchiare** to beat

**piccino** tiny

**piccolo** small, little; **da —** as a young boy

**il piede** foot; **andare (venire) a piedi** to walk, go on foot; **essere in piedi** to be up; **stare in piedi** to stand

**pieno** full

**la pietà** pity

**la pietra** stone

**pigro** lazy

**la pioggia** rain

**piovere (pp piovve)** to rain

**la pipa** pipe

**la piscina** swimming pool

**la pista ciclabile** bicycle path

**il pittore** painter

**la pittura** painting

**più** more; plus; **non —** no more, no longer; **sempre —** more and more; **— di tanto** much

**il più** the greater part; **parlare del — e del meno** to talk about this and that

**piuttosto** rather; **— che** rather than

**planare** to glide

**la plastica** plastic

**il plebe** populace, common people

**poco** not much; **fra —** shortly; **un — (un po')** a little

**il poema** poem

**la poesia** poem; poetry

**il poeta** poet

**poi** then, afterwards

**polacco** Polish

**la politica** politics; policy; **— ambientale** environmental policy

**politico** political, **uomo —** politician

**la polizia** police

**il poliziotto** policeman

**il pollo** chicken

**il polso** pulse, wrist

**la poltrona** armchair

**la polvere** powder; dust

**il pomeriggio** afternoon

**il ponte** bridge; deck

**popolare** popular

**il popolo** people (of a country)

**porgere (pp porto; pr porsi)** to hand (back), give, extend

**porre (pp posto; pr posi)** to put; **— a termine** to finish

**la porta** door

**portare** to bring, take, carry, accompany; to wear; **— a spasso il cane** to walk the dog

**il portico** arcade

**la portiera** door (of a car)

**il portiere** concierge; goalkeeper

**il porto** port

**posare** to put down

**le posate** silverware

**la posizione** job, position, standing

**possedere** to own, possess

**la posta** mail; **la cassetta della —** mail-box; **andare alla —** to go to the post office; **le poste** postal services

**il posteggio** parking place

**il postino** mailman

**il posto** place; **a —** in order; in place; **— di lavoro** position

**potente** powerful

**potere** to be able; **non poterne più (di)** not to be able to take; ***potersi permettere** to be able to afford

**il potere** power

**povero** poor

**pranzare** to dine, have dinner

**il pranzo** dinner

**la pratica** practice; **fare —** to practice

**praticare uno sport** to play a sport

**i precedenti** records

***precipitarsi** to rush

**preciso** precise

**predire (pp predetto; pr predissi)** to foretell

**la preferenza** preference

**preferire (isc)** to prefer

**pregare (di + inf)** to pray, beg

**il pregiudizio** prejudice

**prelevare** to take out

**premiare** to reward

**il premio** prize

**la premura** haste, hurry; concern

**prendere (pp preso; pr presi)** to take, pick up; to have (food); ***prendersela** to take offense; **— diciotto/trenta e lode** to get 18/30 *cum laude* (A+); **— in affitto (una casa, un camper)** to rent (a house, a camper); **— informazioni** to get information; **— iniziative** to take measures; **— in prestito** to borrow; **— le ferie dal lavoro** take time off; **— un bel/brutto voto** to get a good/bad grade; **— un caffè** to have coffee; **— una decisione** to make a decision; **— qualcosa da bere** to get a drink; **prendersi cura (di)** to take care (of)

**prenotare** to reserve

**preoccupare** to worry, trouble; **preoccuparsi (di)** to be concerned, to worry (about)

**preoccupato** worried

**la preoccupazione** worry

**preparare** to prepare

**il presagio** omen

**prescrivere** to prescribe

**presentare** to present, introduce, get people acquainted; ***presentarsi** to introduce oneself

**la presenza** presence; **alla — di** in the presence of

**il presepe** Nativity scene

**preservare** to preserve; **— da** to protect from

**presiedere la riunione** to preside over, to run a reunion/meeting

**presso** near, at

**il prestito** loan; **— linguistico** borrowed word (from another language)

**presto (adv)** early, soon, quickly; **al più —** as soon as possible; **fare — a (+ inf)** to do something quickly

**il prete** priest

**pretendere (pp preteso; pr pretesi)** to demand, expect

**la pretesa** demand

**prevedere (pp previsto; pr previdi)** to foresee, forecast; **— il traffico** forecast the traffic

**prezioso** precious

**il prezzo** price

**prima** before; **— che** before; **— di (prep)** before; **— o poi** sooner or later

**il primato**   record
**la primavera**   spring
**il principe**   prince
**la principessa**   princess
**il principio**   beginning; **in —** at the beginning; **da —** from the beginning
**probabile**   probable
**il problema**   problem
**il prodotto**   product; **— di marca** brand-name product; **— in promozione** special-offer item
**produrre** (*pp* **prodotto**; *pr* **produssi**)   to produce
**la professione**   profession
**il/la professionista**   professional
**il professore/la professoressa**   teacher
**profondo**   deep
**il profumo**   perfume
**il programma**   program; **— spazzatura** trash TV program
**proibire (isc) (di +** *inf* **)**   to prohibit
**la proibizione**   prohibition
**la proiezione**   projection
**la promessa**   promise
**promettere (di +** *inf* **) (***pp* **promesso;** *pr* **promisi)**   to promise
**promosso**   successful
**la promozione**   promotion
**pronto**   ready; **il — soccorso** emergency room
**pronunciare**   to pronounce
**il proposito**   purpose; **a —** by the way; **a — di** with regard to, apropos of
**la proposta**   proposal
**il proprietario**   owner
**proprio**   own; (*adv*) truly, really, exactly
**il prosciutto**   cured ham
**prossimo**   next
**il/la protagonista**   protagonist
**protestare**   to protest
**la prova**   test, trial; rehearsal; **— d'ammissione** admissions exam
**provare**   to try, try on, try out; to feel; **— a (+** *inf* **)** to try
***provenire** (*pp* **provenuto;** *pr* **provenni**)   to come (from)
**provvedere**   to take care of
**il provvedimento**   measure
**la provvista**   supply
**la prudenza**   prudence
**la/lo psichiatra**   psychiatrist
**pubblicare**   to publish
**la pubblicità**   advertising
**pubblico**   public
**pulire (isc)**   to clean
**punire (isc)**   to punish
**la punta**   tip
**la puntata**   installment

**il punto**   point, stitch; **— di vista** point of view
**puntuale**   punctual, on time
**purché**   provided that
**pure**   also; (*with imperative*) by all means, go ahead
**purtroppo**   unfortunately

## Q

**qua, qui**   here
**il quadrato**   square
**il quadro**   painting
**qualche**   some
**qualcosa**   something
**qualcuno**   someone
**quale**   which
**quali**   what
**la qualifica**   qualification
**qualsiasi**   any
**qualunque** (*adj*)   any, any sort of; **— cosa** (*pronoun*) whatever
**quando**   when; **da —** since
**quanto**   how much; as; **— a noi** as for us; **per —** although; as far as; **per — possibile** as much as possible
**quantunque**   although
**il quartiere**   neighborhood; **sentirsi parte del —** to feel part of the neighborhood
**quasi**   almost, nearly; **— (che)** as if
**i quattrini**   money
**la quiete**   calm
**quieto**   quiet
**quindi**   then; therefore
**quotidiano**   daily; **le esperienze quotidiane** day-to-day experiences; **quotidianamente** daily

## R

**la rabbia**   anger
**racchiudono**   imply, hide
**la raccolta differenziata**   recycling collection
**il raccolto**   harvest
**raccomandare**   to recommend; **raccomandarsi (a)** to depend on; to ask favors of
**raccontare**   to tell, narrate, recount, relate
**il racconto**   tale, short story
**la radice**   root
**il radio**   radium
**la radio**   radio
**la radiografia**   X-ray; **fare una —** to get an X-ray
**radunare**   to gather
**il raffinato**   refined man
**il raffreddore**   cold; **avere il —** to have a cold; **prendere un/il —** to catch a cold

**il ragazzo/la ragazza**   boyfriend/girlfriend
**raggiante**   radiant, beaming
**il raggio**   ray
**raggiungere** (*pp* **raggiunto;** *pr* **raggiunsi**)   to reach
**raggiungibile**   attainable
**la ragione**   reason; **avere —** to be right; **dare — a qualcuno** to concede that someone is right
**ragionevole**   reasonable
**il ragioniere**   accountant
**rallentare**   to slow down
**il ramo**   branch
**il rammarico**   regret
**il ranocchio**   frog
**la rapa**   turnip
**il rapimento**   kidnapping
**rapina**   robbery, theft
**rapinare**   to rob (a person)
**rapinatore**   robber, thief
**rapire (isc)**   to kidnap
**rapito**   enraptured, entranced
**il rapporto**   relationship
**rappresentare**   to represent
**raro**   rare
**rassomigliare**   to resemble, to be like
**la razza**   kind, race
**il re** (*pl* **i re**)   king
**reagire (isc)**   to react
**reale**   real
**realizzare**   to realize, achieve
**la realtà**   reality; **in —** actually
**reciproco**   mutual, reciprocal
**recitare**   to play, act
**la réclame**   advertising
**la reclusione**   imprisonment
**il reddito**   income; salary
**referenziato**   with references
**regalare**   to give (as a gift)
**il regalo**   gift; **fare un — a** give a gift to; **il regalino** small present
**reggere** (*pp* **retto;** *pr* **ressi**)   to govern
**il/la regista**   movie director
**registrare**   to record
**il registro**   register
**regnare**   to rule
**la regola**   rule
**il regolamento**   rule
**regolarmente**   regularly
***regredire (isc)**   to regress, go backward
**il relatore**   thesis advisor
**rendere** (*pp* **reso;** *pr* **resi**)   to return, give back; **— (+** *adj* **)** to make; **rendersi conto (di)** to realize, understand
**il reparto**   department
**il resconto**   account, report
**la residenza**   residence; **— universitaria** university housing; **la zona residenziale** residential area

**respinto** failed
**respirare** to breathe
**il respiro** breath
**responsabile (di)** responsible (for)
**il/la responsabile** responsible party
*restare to remain, stay
**restaurare** to restore; **in restauro** undergoing restoration
**restituire (isc)** to return, give back
**il resto** change, money given back; rest, remainder
**la rete** Internet, net; network; goal; — **televisiva** TV channel
**retribuito** paid
**la retribuzione** remuneration; salary
**il retrovisore** rear-view mirror
*rialzarsi to get up again
**riaprire (pp riaperto)** to reopen
**riassettare** to tidy up
**ribadire** to insist
**ribattere** to retort
**ribelle** rebellious
**il ribrezzo** disgust
**ricambiarsi** to reciprocate
**ricaricare (le batterie)** to recharge (the batteries)
**la ricerca** research; **il motore di —** search engine
**il ricercatore** researcher (assistant professor)
**la ricetta** recipe; — **(medica)** prescription
**riccio** curly
**ricco** rich
**ricevere** to receive
**la ricevuta** receipt
**il richiamo** call
**la richiesta** request
**riciclare** to recycle
**riconoscere (pp riconosciuto; pr riconobbi)** to recognize
**ricordare** to remember; — **qualcosa a qualcuno** to remind someone of something; *ricordarsi (di + inf) to remember
**il ricordo** memory
*ricorrere (pp ricorso; pr ricorsi) to recur, occur
**ricoverare** to hospitalize
**ricreativo** recreational
**ridacchiare** to giggle
**ridere (di) (pp riso; pr risi)** to laugh (at)
**ridicolo** ridiculous
**il ridotto** reduced (price) ticket
**ridurre (pp ridotto; pr ridussi)** to reduce; — **in cenere** to turn to ashes, to destroy; — **la dipendenza energetica dall'estero** to reduce energy dependence from abroad

**riempire (di)** to fill (with); *riempirsi (di) to get filled (with)
**rifare (pp rifatto; pr rifeci)** to do again
**rifiutare (*rifiutarsi) (di + inf)** to refuse
**riflettere** to think
**il rifugio** shelter, mountain lodge
**rigovernare** to wash up
**riguardare** to concern
**riguardo a** on the subject of
**la rima** rhyme
**rimandare** to postpone; — **la maternità** to postpone maternity
**rimandato a settembre** failed in one or more subjects
*rimanere (pp rimasto; pr rimasi) to remain; — **a casa** to stay home; — **contento** to be satisfied
**rimescolato** disturbed, ruffled
**rimproverare** to reprimand, scold
**rinchiudere (pp rinchiuso; pr rinchiusi)** to close in, to pen in
**ringraziare (di)** to thank (for)
**rinnovare** to renew
**rinunciare (a)** to give up; — **alla maternità** to give up maternity
*ripartire to leave again
*ripassare to stop by again
**ripetere** to repeat
**la ripetizione** private lesson; **dare —** to tutor
**ripieni** stuffed
**riportare** to return
**riposarsi** to rest
**riprendere (a + inf) (pp ripreso; pr ripresi)** to resume, start again; to take back
*risalire to go up again; — **a** to date back, to go back to
**il rischio** risk
**riservato** reserved
**il riso** laughter
**risolvere (pp risolto)** to solve
**la risorsa** resource
**i risparmi** savings
**risparmiare** to save; — **energia** to conserve energy
**rispettabile** respectable
**rispettare** to respect
**risplendere** to shine
**rispondere (pp risposto; pr risposi)** to answer, reply
**la risposta** answer
**ristagnarsi** to stagnate
**il ristorante** restaurant
*risultare to be known
*il risultato result; score
**ritagliare** to cut out
**il ritardo** delay; **essere in —** to be late

**ritirare** to withdraw; to pick up; **ritirarsi** to retire, to withdraw (from an exam)
**il rito** ritual
*ritornare to return, go back
**il ritorno** return; **andata e —** round trip
*ritrovarsi to find oneself again; — **per** to meet up for
**la riunione di ufficio** office reunion
**riunire (isc)** to reunite
*riuscire to be successful, turn out, come out; — **a** or **di** (+ inf) to succeed in (doing something)
**la riuscita** issue, result; **la buona —** success, good result; **la cattiva —** failure; **una male —** a bad result
**rivedere (pp rivisto; pr rividi)** to see again; revise
**rivelare** to reveal
**la rivista** magazine
**rivolgere (pp rivolto; pr volsi)** to address; — **una domanda** to ask a question; — **la parola** to talk, to address
**la roba** stuff
**romantico** romantic
**il romanzo** novel
**rompere (pp rotto; pr ruppi)** to break; **rompersi** to get broken; — **una gamba, un braccio** to break a leg, an arm
**rosa (inv)** pink
**la rosa** rose
**rosolare** to brown
**rosso** red
**la rosticceria (healthy)** fast food
**rotto** broken
**rovesciato** upside down
**la rovina** ruin; **andare in —** to decay
**rovinare** to ruin
**rovinato** damaged, ruined
**rubare** to steal
**il rudere** ruin
**la ruga** wrinkle
**ruggire** to roar
**il rumore** noise
**la ruota** wheel
**la rupe** cliff

### S

**la sabbia** sand
**il sacco** sack; **un — di** a lot of
**sacrosanto** sacred, sacrosanct
**il saggio** essay
**la sagra** town festival
**la sala** room, hall; — **d'ingresso** entry hall; — **da giochi** arcade; — **da pranzo** dining room

**salato** salty

**il saldo** sale; **i saldi di fine stagione** end-of-season sales

**il sale** salt

**salire** to climb, go up; — **in macchina** to get in a car

**la salita** climb; **in** — on the climb

**il salotto** living room

**la salsiccia** sausage

**saltare** to jump; **fare** — to blow up (with explosives); — **in aria** to explode

**in salto** jump

**il salumiere** delicatessen vendor

**salutare** to greet, say good-bye to

**la salute** health

**il saluto** greeting

**salvaguardare l'ambiente** to protect the environment

**salvare** to save

**la salvietta** serviette, napkin

**il sangue** blood

**sanguinare** to bleed

**il sanitario** doctor

**sano** healthy

**santo** saint, holy, saintly; — **cielo!** for heaven's sake!

**sapere** (*pr* **seppi**) to know, have knowledge of; to find out; **il saper vivere** rules of etiquette; **avere** — **di** to taste of; **fare** — to inform, to let someone know

**saporito** tasty

**la saracinesca** rolling shutter

**le sarde** sardines

**il sarto** tailor

**il sasso** stone, rock

**sbagliare** (*sbagliarsi) to make a mistake, to be mistaken; — **strada** to take the wrong road

**sbagliato** wrong

**lo sbaglio** mistake

**sbattere** to slam

**sbriciolare** to crumble

*sbrigarsi to hurry up

**lo scaffale** bookshelf

**la scala** staircase; sequence; **lo scalone** big staircase

**scaldare** to warm up; **scaldarsi** to get warm, become excited

**scalzo** barefoot

**scambiare (con)** to exchange; — **una foto** to exchange a photo; *scambiarsi to give (to) one another

**lo scambio** exchange

**lo scapolo** bachelor

*scappare to run along, run away

**la scarpa** shoe; — **da ginnastica** sneaker

**lo scarto** scrap; inferior quality

**scatenato** boisterous; **essere** — to be out of control, wild

**la scatola** box

*scattare to click

**lo scatto** sudden movement; **di** — suddenly

**scaturire** to arise, to result

**scegliere** (*pp* **scelto**; *pr* **scelsi**) to choose

**la scelta** choice

**lo scempio** destruction

**la scena** scene

**scendere** (*pp* **sceso**; *pr* **scesi**) to descend, get off; — **dalla macchina** to get out of a car; — **in spiaggia** to head down to the beach

**la sceneggiatura** movie script

**scheggiare** to splinter

**lo schermo** screen; **il piccolo/grande** — the small (television) screen/the big (cinema) screen

**scherzare** to joke

**lo scherzo** joke, practical joke, trick; — **di natura** a freak of nature; **fare uno** — to play a trick; **per** — jokingly, as a joke

**schiacciare** to crush

**la schiena** back

**la schiettezza** straight forwardness

**schifoso** lousy; disgusting, filthy

**schizzare** to squirt, burst

**sciare** to ski; **andare a** — to go skiing

**gli sci** skis

**la scienza** science

**la scienziata, lo scienziato** scientist

**la scimmia** monkey

**la sciocchezza** foolishness; trifle

**sciocco** foolish; **sciocchino** little fool

**sciogliersi** (*pp* **sciolto**; *pr* **sciolsi**) to come untied; to dissolve

**lo sciopero** strike; **fare** — (**scioperare**) to (go on) strike; **essere in** — to be on strike

*scivolare to slide

**lo scolaro** pupil

**la scommessa** bet; **mantenere una** — to stick to a bet

**scommettere** (*pp* **scommesso**; *pr* **scommessi**) to bet

*scomparire (*pp* **scomparso**; *pr* **scomparvi**) to disappear

**scontento** discontented, unhappy

**lo sconto** discount

**lo scontrino** receipt

**la scoperta** discovery

*scoppiare to explode; — **a ridere (piangere)** to burst out laughing (crying)

**il scoppio** explosion

**scoprire** (*pp* **scoperto**) to discover

**scorre a stento** barely runs

**scorso** last, past; **l'anno** — last year

**il scricciolo** wren

**la scrivania** writing desk

**scrivere** (*pp* **scritto**; *pr* **scrissi**) to write

**lo scrittore/la scrittrice** writer

**scruttare** to scan

**lo scultore** sculptor

**la scultura** sculpture

**la scuola** school

**scuotere** (*pp* **scosso**; *pr* **scossi**) to shake

**scuro** dark

**la scusa** apology; excuse; **chiedere** — to apologize

**scusarsi** to apologize

**sradicare** to uproot

**se** if, whether

**sebbene** though, although

**secco** dry

**il secolo** century

**secondo** according to

**la sede centrale** headquarters

**sedere, sedersi** to sit, sit down

**il sedile** seat; — **anteriore/posteriore** front/back seat

**seduto** seated

**la segale** rye

**la seggiovia** chair lift

**il segnale** sign, signal

**segnare** to mark

**il segno** mark, sign; **in** — **di** as a sign of; **fare** — **di** (+ *inf*) to motion

**il segreto** secret

**seguente** following, next

**seguire** to follow; to take (a course)

**il seguito** succession; **al suo** — following him/her; **di** —consecutively

**la selvaggina** game

**il semaforo** traffic light

*sembrare to appear

**sempre** always, all the time; — **più** more and more

**sensibile** sensitive

**il senso** sense; **buon** — common sense

**sentenziare** to judge

**il sentiero** trail

**il sentimento** feeling

**sentire** to feel; to sense; to hear; to smell; — (**dire**) **che** to hear a rumor that; — **parlare di** to hear of; — **gli amici** to get in touch with friends; **sentirci** to be able to hear; *sentirsi to feel; — **che non ce la fa più** to feel that it can't take it anymore; — **realizzata** to feel complete

**senza** without; **senz'altro** of course; — **che** without; — **riscontrare** without noticing

*separarsi to separate, part

**separato**  separated

**il sequestro**  kidnapping

**la sera**  evening, night; **la —** at night

**la serata**  evening

**il serbatoio**  gas tank

**sereno**  clear

**serio**  serious; **sul —** seriously

**servilismo linguistico**  linguistic servility

**servire**  to serve; to help; **— a** to be of use, to be good for; *servirsi di to use

**la servitù**  servants

**il servizio**  service; set; — all'americana placemats; — sanitario health-related service; — di posate flatware

**la sete**  thirst; **avere —** to be thirsty

**la settimana**  week

**il settore**  field

**severo**  severe

**la sfacciataggine**  imprudence

**sfasciarsi**  to fall apart

**sfidare**  to defy

**la sfiducia**  mistrust

**sfoggiare**  to show off

**la sfortuna**  bad luck

**sfortunatamente**  unfortunately

**sfortunato**  unlucky

*__sforzarsi__ (di + *inf* )  to make an effort

**lo sforzo**  effort

**sgorgare**  to gush out

**sgradito**  unpleasant

**gli sgravi fiscali**  tax-deductions

**lo sguardo**  look

**siccome**  as, since

**la sicurezza**  safety

**sicuro**  sure; safe

**la siepe**  hedge

**la sigaretta**  cigarette

**significare**  to mean

**il significato**  meaning

**il signore**  gentleman

**il silenzio**  silence

**silenzioso**  silent

**simile**  similar

**la simpatia**  liking, attraction

**simpatico**  likeable, congenial, nice; **essere — a** to please

**la sinagoga**  Jewish temple, synagogue

**sincero**  sincere

**il sindacato**  union

**singolo**  single; **i single** singles

**la sinistra**  left side; **a —** to the left; **tenere la —** to keep the left

**sinistro**  left, sinister

**il sistema**  system

**sistemare**  to arrange; *sistemarsi to settle (down)

**la situazione**  situation

**smarrito**  lost

**smettere (di + *inf* ) (*pp* smesso; *pr* smisi)**  to stop, cease

**lo smog**  smog

**smontare**  to dishearten

**snocciolare**  to rattle off

**il social network**  social network

**la società**  society

**socievole**  sociable

**il socio/la socia**  partner; member

**il soccorso**  help

**soddisfatto**  satisfied

**la soddisfazione**  satisfaction

**sodo**  firm; hard-boiled (egg); **lavorare —** to work hard

**soffiare**  to blow; *soffiarsi il naso to blow your nose

**soffice**  soft

**la soffitta**  attic

**soffrire (*pp* sofferto)**  to suffer, stand, tolerate; **— di** to suffer from

**il soggiorno**  stay; living room; — breve brief stay

**sognare**  to dream, dream of or about; **— ad ochi aperti** to daydream; **sognarsi (di + *inf*)** to imagine

**il sogno**  dream; **fare un —** to have a dream

**il solaio**  attic

**il soldo**  penny; **i soldi** money

**il sole**  sun

**solitario**  aloof, lonely; **essere —** to be solitary, alone

**solito**  usual; **di —** usually

**sollecitare**  to speed up

**il sollievo**  relief

**solo**  alone, lonely; **da —** by oneself; (*adv*) only

**soltanto**  only

**somigliare (a)**  to resemble

**la somma**  sum

**la sonata**  sonata

**il sondaggio**  (public opinion) poll

**il sonno**  sleep; **avere —** to be sleepy

**sonoro**  loud

**sopportare**  to tolerate; *sopportarsi to stand

**sopra**  on, upon, over

**il sopracciglio** (*pl* le sopracciglia)  eyebrow

**soprattutto**  above all

*__sopravvenire__ (*pr* sopravvenni)  to arise

**sordo**  deaf

**la sorella**  sister

*__sorgere__ (*pp* sorto; *pr* sorsi)  to rise

**la sorpresa**  surprise

**sorpreso**  surprised

**sorridere (*pp* sorriso; *pr* sorrisi)**  to smile

**il sorriso**  smile

**sorta di**  kind of

**la sorte**  fate, destiny

**la sorveglianza**  watching over, surveillance

**sorvegliare**  to watch over

**sospeso** (*pp* of sospendere)  suspended

**sospirare**  to sigh, sigh for

**il sospiro**  sigh

**la sostanza tossica**  toxic substance

**sostenere (*pp* sostenni)**  to maintain; **— un esame** to take an exam

**sostenibili**  bearable

**sotto**  under; **— casa** near home

**il sottosegretario**  undersecretary

**il sottoscritto/la sottoscritta**  undersigned

**il sottotitolo**  subtitle

**il sovrano**  sovereign

**la spaghettata di mezzanote**  post-midnight spaghetti dinner

**spagnolo**  Spanish

**spalancare**  to open wide

**la spalla**  shoulder; **in —** on one's shoulders

**spargere (*pp* sparso, *pr* sparsi)**  to spread

*__sparire__ (isc)  to disappear

**sparso**  spread, scattered

**spaventare**  to scare, frighten; *spaventarsi to get scared

**spaventato**  scared

**lo spavento**  scare, fright, fear

**spaventoso**  frightful

**lo spazio**  space

**la spazzola**  brush; **i capelli a —** crew cut

**la specialità**  specialty

**la specie**  kind

**spedire (isc)**  to mail

**spegnere (*pp* spento; *pr* spensi)**  to turn off

**spendere (*pp* speso; *pr* spesi)**  to spend (money); **— un mucchio di soldi** to spend a lot of money

**spensierato**  carefree; **essere —** to be carefree

**la speranza**  hope

**sperare (di + *inf* )**  to hope

**la spesa**  expense; shopping; **fare la —** to buy groceries; **fare le spese** to go shopping (in general); **la lista della —** shopping list

**spesso**  thick; (*adv*) often

**Spett./ Spettabile**  respectable, honorable

**lo spettacolo**  show

**spettegolare**  to gossip

**la spia**  spy

**spiacente**  sorry

*__spiacere__  to mind

**spiacevole**  unpleasant

**spiare** to spy on
**gli spiccioli** small change, small bills
**spiegare** to explain; **spiegarsi** to make oneself clear
**la spiegazione** explanation
**la spina** spine; bone
**gli spinaci** spinach
**spingere** (*pp* **spinto;** *pr* **spinsi**) to push, to drive
**sporco** dirty
**lo sportello** door (of a piece of furniture)
**sportivo** (*adj*) sports
**lo sportivo** sportsman
**lo sposo/la sposa** bridegroom/bride; **gli sposi** newlyweds
**sposare** to marry; **\*sposarsi** to get married; **\*sposarsi con** to marry
**sposato** married; **essere —** to be married
**spostando le pedane** moving platforms
**spostare** to move; **\*spostarsi** to move oneself
**spregevole** despicable
**lo sprezzo** disregard, contempt
**\*sprizzare** to spray
**\*sprofondare** to sink
**spronare** to spur, incite
**lo spruzzo** splashing
**lo spuntino** snack
**lo spunto** starting point
**la squadra** team
**squilibrate** unbalanced
**lo squillo** ringing
**squisito** delicious
**stabile** permanent
**stabilire** (**isc**) to establish; **\*stabilirsi** (**isc**) to settle
**staccare** to detach, separate; **\*staccarsi** to fall out; to come loose
**la stagione** season; **l'alta/bassa —** high/low season
**la stampa** press
**le stampelle** crutches
**stancare** to tire out; **stancarsi** (**di** + *inf*) to get tired
**stanco** tired
**la stanza** room (in a building); **una — ammobiliata** a furnished room
**\*stare** (*pr* **stetti**) to stay; **— bene** to be well; **— bene a** to look good on; **— per** + *inf* to be about to; **— a casa** to stay home
**la stazione** station
**la stella** star
**stemperare** to water down, to dilute
**stendere** (*pp* **steso;** *pr* **stesi**) to spread
**steso** (*pp* **stendere**) stretched out
**stesso** same; **lo —** just the same

**lo/la stilista** designer
**la stima** esteem
**lo stipendio** salary; stipend
**stipulare un contratto** to draw up a contract
**stirare** to iron
**lo stivale** boot
**la stoffa** material; **le stoffe** textiles
**lo stomaco** stomach; **a — pieno** on a full stomach
**una stonatura che stride** a wrong note that clashes
**stonava** jarred
**la storia** story; history
**storpiare** to mangle
**la strada** street, road; **farsi —** to grow, to advance in one's career
**la strage** slaughter
**straniero** foreign
**strano** strange
**strappare** to rip/pull off
**strascichi** sequels
**lo stress** stress
**strettamente** strictly
**stretto** tight
**stringere** (*pp* **stretto;** *pr* **strinsi**) to tighten, to grasp; **— la mano (a)** to shake hands with
**la striscia** stripe
**strizzare** to squeeze; **— l'occhio** to wink
**la struttura sportiva** sports complex
**studiare** to study
**lo studio** study; **— legale** attorney's office; **— medico** doctor's office
**stufare** to bore
**\*stupirsi** (**isc**) **di** to be astonished at
**stupito** astonished, astounded
**su** on; come on; about
**subire** to undergo
**subito** immediately
**\*succedere** (*pp* **successo;** *pr* **successi**) to happen; to succeed[1]
**successivo** following
**il successo** success
**il sud** south
**sudato** perspiring, sweaty
**il sudore** sweat
**la sufficienza** passing grade
**il suggerimento** suggestion
**suggerire** (**isc**) to suggest
**il sugo** sauce
**il suocero/la suocera** father-/mother-in-law
**suonare** to play, ring; **— uno strumento** to play an instrument
**il suono** sound
**superare** to overcome; to pass; **— un esame** to pass an exam
**il superattico** penthouse
**il supermercato** supermarket

**supporre** (*pp* **supposto;** *pr* **supposi**) to suppose
**la supposizione** conjecture, supposition
**supremo** supreme
**sussurrare** to whisper
**la sveglia** alarm clock
**svegliare** to awaken; **\*svegliarsi** to wake up
**svelto** quick
**la svendita** sale
**sviluppare** to develop
**lo sviluppo** development
**la sventura** misfortune
**svolgere** to unwind, to practice; **— attività di volontariato** to volunteer; **\*svolgersi** (*pp* **svolto,** *pr* **svolsi**) to unroll, to develop
**la svolta** change
**svoltare** to turn

## T

**il tabaccaio** tobacconist
**il tacchino** turkey
**il tacco** heel
**tacere** (*pp* **taciuto;** *pr* **tacqui**) to be quiet; to keep quiet
**taciturno** silent
**tagliare** to cut
**il tailleur** woman's suit
**tale** such
**tanto** so, so much; **—... quanto** as much as; **— più** all the more; **più di —** much
**tardare** to be late
**tardi** late; **fare —** to be late
**la tariffa** rate
**la tasca** pocket
**la tassa** tax
**le tasse universitarie** tuition
**il tassì (il taxi)** taxi
**la tata** nanny
**il tatto** touch; tact
**la tavola (il tavolo)** table; **— apparecchiata** table set for a meal; **— calda** cafeteria
**il tè** tea
**il teatro** theater
**la tecnologia verde** "green" technology
**tedesco** German
**la teglia** the pan
**la telecronaca** telecast, TV report
**telefonare (a)** to call, phone
**il telefono** telephone; **al —** on the phone
**il telefonino** cell phone
**il telegiornale** TV news
**il teleromanzo** TV serial
**il telespettatore** television viewer
**la televisione** television

**il televisore** TV set

**il tema** topic, theme

**temere** to fear

**temperato** moderate

**il tempio** temple; — **pagano** pagan temple

**il tempo** time; weather; **a — perso** in one's spare time; — **pieno/ — parziale** full/part time

**il temporale** thunderstorm

**tendere** (*pp* **teso**; *pr* **tesi**) to hold out; **tendere a** to be inclined to; to tend to

**le tenebre** darkness

**tenere** (*pr* **tenni**) to keep, hold; to consider; — **a** to value, care about; **tenuto conto di** considering that; ***tenersi in contatto** to stay in touch

**tenero** tender, young; **tenerissima** very early

**il tenore di vita** standard of living

**tentare** (**di** + *inf*) to try, attempt

**terminare** to finish

**il termine** end; **porre — a** to end

**la terra** earth; land; **a —** on the ground

**il terremoto** earthquake

**il territorio** territory

**la tesi (di laurea)** dissertation; **la discussione della —** thesis defense

**la tesina** term paper

**teso** taught, tight

**il test d'ammissione** admissions exam

**la testa** head; **a — bassa** with one's head down

**il/la testimone** witness

**il tetto** roof

**il tifoso/la tifosa** fan

**il timore** fear

**tipico** typical

**il tipo** character, type (of person or thing)

**tirare** to pull; — **la seconda** to drag out second gear

**toccare** to touch; — **a** to happen to

**il tocco di débauche** a touch of dissoluteness

**togliere** (*pp* **tolto**; *pr* **tolsi**) to remove

**tollerare** to tolerate

**tondo** round; **in —** around

**il tonfo** thud, thump

**il tono** tone

**il topo** mouse; **il topolino** little mouse

**il tormento** torment

***tornare** to return; — **indietro** to go (come) back

**la torre** tower

**la torta** cake

**il torto** wrong; **avere —** to be wrong; **dare — a** to blame

**il Totocalcio** Italian soccer betting pool

**la tovaglia** tablecloth

**tra** between, among; in

**traballare** to wobble

**il tradimento** treason, betrayal

**tradurre** (*pp* **tradotto**; *pr* **tradussi**) to translate

**trafelato** breathless

**il traffico** traffic

**il tragitto** route, way

**tralasciare** to skip, leave out

**la trama** plot

**tramandare** to pass on, hand down

**il tramezzino** sandwich

**il tramonto** sunset

**tranne (che)** except (for)

**tranquillo** calm, quiet; **essere —** to be easygoing

**trarre** (*pp* **tratto**; *pr* **trassi**) to take out

**trascinare** to drag

**trascorrere** (*pp* **trascorso**; *pr* **trascorsi**) to spend (time); — **le ferie (al mare, in campagna, in montagna, all'agriturismo)** to spend vacation time (at the beach, in the countryside, in the mountains, on a farm)

**trasferire** to transfer; ***trasferirsi (isc)** to move, change residence

**trasformare** to transform; — **in** to turn into

**traslocare** to move, change residence

**la trasmissione** broadcast

**trasportare** to transport

**il trasporto** transportation; **mezzo di —** means of transportation

**trattare** to treat; — **di** to be about, deal with; ***trattarsi di** to be a question of

**trattenere** (*pr* **trattenni**) to hold back

**il tratto** stretch, period of time; **a(d) un —** suddenly

**la trattoria** (less formal) restaurant

**la tredicesima** (*lit*) the "13th" month; year-end bonus

**tremare** to tremble, shake

**il treno** train

**la tribuna** platform

**il trillo** ring, trill

**triste** sad; **essere —** to be sad

**trovare** to find; to visit; — **la propria strada** to find one's calling; ***trovarsi** to happen to be; ***trovarsi (bene)** to like it (in a place), to feel comfortable

**tuonare** to thunder

**il tuono** thunder

**turbare** (***turbarsi**) to upset

**le turbine eoliche** wind turbines

**il turco** Turkish language

**il turismo** tourism; — **fai da te** do-it-yourself turism; — **«tutto compreso»** "all included" tourism

**il turno** turn, shift; **a —** in turn

**la tutela ambientale** environmental protection

**tuttavia** however

**tutti** all, everybody; **tutti e due (tutt'e due)** both

**tutto** all, whole; **del —** completely

## U

**ubbidiente** obedient; **essere —** to be obedient

**l'uccello** bird

**uccidere** (*pp* **ucciso**; *pr* **uccisi**) to kill

**udire** to hear

**l'ufficiale** officer

**ufficialmente** officially

**l'ufficio** office; — **prestito** lending office

**uguale** equal

**ultimo** last, latest

**umano** human

**umido** humid

**l'umore** (*m*) mood; **essere di buon (cattivo) —** to be in a good (bad) mood

**l'umorismo** humor

**unico** only; **essere figlio/a —** to be an only child

**unifamiliare** single-family

**l'università** university

**universitario** of the university

**l'uomo** (*pl* **gli uomini**) man

**l'uovo** (*pl* **le uova**) egg

**urbano** of the city

**urlare** to scream

**usare** to use

***uscire** to go out, leave; — **di casa** to leave the house; **fare —** to let out; ***prepararsi per —** to prepare oneself to go out

**uscita** exit

**gli usi e i costumi** customs

**l'uso** use; **fare — di** to use

**utile** useful

**l'utilitaria** small car

**utilizzare** to use; — **la rete** to use the Web

## V

**la vacanza** vacation; **in —** on vacation; **i pacchetti —** vacation packages; — **lampo** quick vacation

**vagare** to wander

**valere la pena** to be worth while

**la valigia** suitcase

il vapore   steam
il vaso   vase
la vecchiaia   old age
vecchio   old
vedere (*pp* visto *or* veduto; *pr* vidi)   to see, watch, meet; fare — a to show, non — l'ora di (+ *inf*) to look forward to; — un film all'aperto to attend an open-air movie; vederci to be able to see; *vedersi con to be seen with
il vedovo/la vedova   widower/widow
la veduta   view; di larghe vedute broad-minded
il veicolo   vehicle; — a gas/metano a gas/methane vehicle; — elettrico ibrido plug-in an electric hybrid plug-in vehicle
il velo   veil
veloce   fast, rapid
la velocità   speed
vendere   to sell
la vendita   sale; in — for sale; — al dettaglio wholesale
il venditore/la venditrice ambulante   street seller, peddlar
*venire   to come; — addossare to run into someone, to hit
il vento   wind; tira vento windy
veramente   truly, really
il verdone   greenfinch
la verdura   vegetable
*verificarsi   to happen
la verità   truth
vero   true, real
verso   toward, towards; about, around
la vertigine   dizziness, vertigo; avere le vertigini to be dizzy
il verso   verse
il vestiario   clothing

vestire   to dress; *vestirsi to get dressed
vestito   dressed
il vestito   dress, suit
la vetrina   shop window; guardare le vetrine window shopping
il vetro   glass
via   away; — — gradually
viaggiare   to travel
il viaggio   trip, travel; fare un — to take a trip
la vibrazione   vibration
la vicenda   event; succession; a — mutually
vicino   near
il vicino   neighbor
il videogioco   videogame
vietare   to forbid; vietato forbidden
il vigile   policeman
la vigilia   eve
in vigore   in force (of a law)
la villa   house
la villeggiatura   vacation; la località di — holiday/vacation spot; posto di — vacation place
vincere (*pp* vinto; *pr* vinsi)   to win
la visione   vision; film di prima — first-run movie
la visita   visit; fare — a to visit, pay a visit to
visitare   to visit; to examine; — la mostra d'arte to visit an art exhibition
il viso   face
la vista   view, sight; punto di —point of view
la vita   life; fare la bella — to enjoy life; — adulta adult life; il tenore di — standard of living; qualità di — quality of life
la vitamina   vitamin
la vite   screw

il vitello   veal
vittorioso   victorious
il vitto   food
vivere (di) (*pp* vissuto; *pr* vissi)   to live (on); — in famiglia to live with one's family
vivo   alive
il vizio   vice, weakness
la voce   voice; a bassa — in a low voice, softly
la voglia   desire; avere — di to feel like, to want
volentieri   with pleasure, gladly
volere (*pr* volli)   to want; —bene a to love; — dire to mean; *volerci to take (time, money, effort, etc.)
il volo   flight; — low cost low-cost flight
la volontà   will
la volta   time; turn; a sua — in turn; qualche — sometimes; alle volte at times
voltare   to turn; voltarsi to turn around
il volto   face
il voto   grade; prendere un bel/brutto — to receive a good/bad grade
vuoto   empty; un — a void

## Z

la zampa   paw; le zampette little legs
la zanzara   mosquito
lo zio/la zia   uncle/aunt
la zitella   spinster
zitto   silent; stare — to keep quiet
la zona   area; — residenziale residential area; — verde (*lit*) the green zone; a park
la zucca   squash